신비한 동양철학 112

실용 인명한자 작명

임 삼 업 편저

삼한

저자 **경의제(敬義齋) 임삼업(林三業)**

· 전라남도 나주 출생
· 광주상업고등학교 졸업
· 공군 병장 전역
· 전주 영생대학교 1년 수료
· 광주지방국세청 산하 세무서 근무(1967~1999년)
· 광주대학교 평생교육원 교수 역임
· 현재 성균관 30대 전인
　　　광주 연금 아카데미 교수
　　　一等 작명사주연구소 운영
· 저서『아호연구』,『작명 백과사전』,『호책』,『비법 작명기술』,『인
　　　명용 한자사전』,『하락이수정해』,『주역타로64』,『풍수지리
　　　나경반상해』,『주역 평생운 비록』,『실용 인명한자 작명』

전화 (062)431-0996　　팩스 (062)361-9119
휴대폰 010-5922-7324
이메일 kwansan1292@naver.com

실용 인명한자 작명

1판 1쇄 인쇄일 ｜ 2017년 5월　6일
1판 1쇄 발행일 ｜ 2017년 5월 16일

발행처 ｜ 삼한출판사
발행인 ｜ 김충호
지은이 ｜ 임삼업

신고년월일 ｜ 1975년 10월 18일
신고번호 ｜ 제305-1975-000001호

10354 경기도 고양시 일산서구 고양대로 724-17호
　　　　(304동 2001호)

대표전화 (031) 921-0441
팩시밀리 (031) 925-2647

값 49,000원
ISBN 978-89-7460-177-5　03180

夫凡人生壽不壽
只在生年月日時
夫凡人生榮不榮
只在某云名字號
桂種體體而名為用
體用俱得富具貴
邵康節先生詩 甲申春 厚山 鄭在錫

敬義爲林三業先生雅正
為祝賀用人名漢字作名叢刊

國展招待作家 厚山 鄭在錫 作

인간이 세상에 태어나 오래 살고 못사는 것은 사주팔자에 매어 있고, 인생을 영화롭게 잘살고 못사는 것은 누구라는 이름자에 달려 있으니, 사주가 몸이 되고 이름은 쓰임이니 체와 용을 구비해야 부와귀를 누린다.

책머리에

사람의 이름, 즉 성명(姓名)은 자아의 연장이며 인격의 분신이다. '천불생무록지인(天不生無祿之人) 지불장무명지초(地不長無名之草)'라 하여 하늘은 녹(祿) 없는 사람을 내지 않고, 땅도 이름없는 풀을 기르지 않는다고 하였다. 그리고 '인사유명(人死遺名) 호사유피(虎死留皮)'라 하여 호랑이는 죽어서 가죽을 남기고, 사람은 죽어서 이름을 남긴다고 하였다. 사주가 좋은 사람의 좋은 이름은 금상첨화격(錦上添花格)이 되지만, 사주가 나쁜 사람이 그나마 이름까지 나쁘다면 설상가상격(雪上加霜格)이 된다.

성명학은 1000여 년 전 중국 송(松)대 소강절(邵康節)의 팔괘작명법(八卦作名法)에 의한 찬명(撰名)을 거쳐 명(明) 태조때 상자법(相字法), 유산(酉山) 채구봉(蔡九峰)의 한자 획수에 따른 81수 원도법(八一數元圖法), 만육오(萬育吾)의 삼명통회(三名通會)에서 오음간명법(五音看命法), 조선 선조때 월정(月汀) 윤근수(尹根壽)의 추리작명법(推理作名法)으로 이어졌으며, 1927년 일본의 웅기건옹(熊崎健翁, 구마자끼 겐오)의 삼재식 수리작명법도 있다.

문자가 없던 우리나라에 한자가 들어오면서 표음(表音) 위주의 우리말을 표의(表意) 문자인 한자로 모두 적을 수 없었기에 우리 조상이 자음(字音)과 자석(字釋)을 지혜롭게 우리말로 만든 현재의 우리말(한자어)이다.

지난날을 돌아보면 국가의 백년대계인 국어(한자) 교육 정책의 좌충우돌로 한글 전용을 했다가 혼용을 표방하거나 혼용한다 하더라도 그 교육 정도의 차이가 있는 등 숱한 우여곡절을 거쳤다. 지금 40세 후반층에서는 명색이 고등교육을 받았지만 타인의 쉬운 한자 이름도 알아보지 못하는 현실을 보면 그들도 교육 피해자로 안타깝고 억울한 일이다.

지금은 초등학교에서도 일부 한자를 배우고 한자 급수시험이 유행이다. 현재 북한에서는 중등보통교육 2,000자, 대학교육 1,000자로 우리의 교육용 기초 한자(상용한자)보다 많은 3,000자를 가르친다. 우리의 일부 대학에서도 학점제를 도입해 한자 준1급 3학점, 1급 5학점 사범은 6학점을 주고 있다. 그리고 유수 기업 채용시험에서 한자 상위 급수는 합격을 좌우하는 스펙이 된 지 이미 오래되었다.

이름(姓名)은 한글 음가(音價)에 따라 한자로 짓는 것이다. 현행 인명 한자는 8,142자다. 사람 이름에 사용하는 한자가 본인은 물론 사회에서 불편이 클 정도로 사용하지 않는 난자(難字, 어려운 한자)나 벽자(僻字, 널리 쓰지 않는 낯선 글자)를 제한해 인명 한자의 범위를 정한 것은 입법 목적에 어긋난다. 국민 누구나 한자 수가 지나치게 많다고 생각하고, 지금도 초기의 인명 한자 3,000자 수준이 존속되는 줄 아는 이가 많다.

우리와 같이 번체자(繁体字)를 사용하는 대만의 상용 한자 4,808자를 보아도 그렇다. 보통 한자 3,000자를 알고 쓴다면 한자에 관한 한 상당한 지식인으로 통하는 세상이다. 더욱 한자 최고 급수인 사범이 한자 5,000자 범위고, 소형 옥편(동아활용옥편)에는 6,000자가 수록되어 있다.

한자마다 훈(訓)을 보면 여러 뜻이 있고, 그 용예(用例)를 보면 그 뜻이 아주 다양함을 알 수 있다. 인명용 한자는 결국 이름을 짓는 데 사용하는 것으로, 한자의 뜻(訓)을 보아 진선미(眞善美)한 한자를 선택한다. 소중한 이름에 사용할 한자는 자형(字形)과 발음을 고려하지만, 무엇보다 그 한자의 뜻을 제일 중시한다.

이 책은 이름에 부적당(不適當) 부적정(不適正) 부적절(不適切) 불부합(不符合) 부적격(不適格)한 한자는 한결에 두고, 작명상 실용적인 한자 4,250자를 인명 한자로 삼았다. 인명 한자마다 구체적인 명세[明細, 음령·천간오행·동속자·한자 부수·세 종류(원획·실획·곡획)의 획수 자원오행]를 붙였다. 인명 한자 외의 한자를 포함한 8,142자는 음별로 작성한 인명용 한자표에 한자마다 원획(原劃)을 넣어 음가(音價)와 성명에 사용하는 원획을 한눈에 볼 수 있게 하여 성명 한자의 길수리를 구성하는 데 편리하게 하였다.

인명 한자 사전 편제에서 일반적인 가, 나, 다 음가 순과 더불어 1, 2, 3 원획수별 사전을 따로 마련하였다. 실제 작명에서 성씨의 음령부터 길격 음령 오행을 맞추고 음(音)과 수리(數理)를 맞추는 작명법보다, 먼저 길격 수리를 맞추고 오행과 음을 맞추는 것이 더 널리 쓰는 작명법이어서다.

한자를 1, 2, 3 획수 순으로 배열한 다음 가나다 음가 순으로 배열하여 한자 사전으로 사용함에 전적으로 편리하도록 한 것이다. 인명용 한자 사전에는 성명에 사용하는 원획(元劃)과 혼동하기 쉬운 실획(實劃) 그리고 자원오행(字源五行, 원래 한자의 원천이 되는 역리오행)과 곡획(曲劃, 한자의 구부러진 획수)를 구분해서 기재해 일목요연하게 볼 수 있도록 하였다.

이 책은 인명 한자의 사전적 쓰임도 있지만 한자로 작명하는 방법으로 일반 작명법 외에 주역작명법(周易作名法), 주자식해명법(朱子式解明法), 곡획작명법(曲劃作名法), 대수론(代數論), 황극책수법(皇極策數法), 선후천역상법(先後川易象法) 7가지 작명법을 수록하였다. 주역의 괘상(卦象)이나 곡획(曲劃)을 사용하는 고급 작명도 있는데, 작명법에 관한 한 모든 것을 충족하고도 남을 것이다.

한자 옥편 오행한자전(五行漢字典) 등 몇 권의 사전을 대신하여 어떤 인명 한자의 사용에도 불편없이 활용할 수 있도록 하였고, 수준높은 작명이나 감명(鑑名)하는 데 조금도 손색이 없는 국내 유일의 『실용 인명한자 작명』이 되리라고 자부한다.

이 책을 내는 데 1년이 넘게 교정해 준 香苑 여사와 서화로 출간을 축하해 준 鄭在錫 인형께도 감사드린다. 그리고 출판을 허락해 주신 삼한출판사 김충호 사장님께 출판계 어려움에 "사장님 힘내세요" 격려를 보내며, 깊은 감사를 드립니다.

저자 임삼업

제1부. 인명용 한자표

제2부. 실용 인명 한자(음가부 가나다 순)

제3부. 실용 인명 한자(원획부 1, 2, 3 순)

제4부. 작명법

제1부. 인명용 한자표

일러두기

1. 대법원선정인명용한자 8,142자(2015. 1. 1. 시행)를 음(音, 음가音價)별 교육용기초한자(1,800자), 가족관계의등록에관한규칙의 별표 1의 인명용추가한자(6,043자)와 동규칙 별표2의 동·속약자(同俗略字)중 허용한자(299자)로 3구분(區分), 가나다 순(順)으로 배열 작성되었음.
   이는 대법원 홈페이지에서 그 이미지(Image)를 사분화한 것이다.

2. 인명용한자 8,142자마다 상단 여백에 작으나마 원획(原劃, 본부수획本部首劃)을 표시하여 성명(姓名, 인명人名)용으로 쓰임에 편리하도록 하였다.

3. 동자이음자(同字異音字)는 각각의 음대로 작성되었음(예 : 설說 열說 세說 등) 따라서 한자 글자수로 보면 인명용한자의 수도 다소 적어진다.

4. 이들 한자는 이 표에 지정된 발음(發音, 음音 음가音價)으로만 사용할 수 있으나 초성(初聲)이 "ㄴ" "ㄹ"인 한자는 각각 소리나는 바에 따라 "ㅇ" "ㄴ"으로 사용할 수 있다. (예 : 라羅→나, 림林→임 등) 그리고 인명용한자이름(인명人名, 명자名字)에 사용하는 것을 말하므로 성(姓, 성씨姓氏)에는 아무런 제한(制限)이 없다.(무관無關하다)

인명용 한자표

(가족관계의 등록 등에 관한 규칙 제37조)

한글	한문 교육용 기초한자 (2007. 8. 현재)	인명용 추가 한자 및 허용 한자	
		별표1	별표2
가	家 街 假 價 加 可 歌 架 嘉 佳	伽 呵 哥 嘉 柯 珂 迦 笳 徦 軻 賈 駕 稼 嫁 茄 枷 訶 斝 梟 檟 葭 碬 岢	恐(愨)
각	各 角 脚 閣 却 覺 刻	珏 慤 恪 殼 埆 搉 擱 桷	杆(桿) 癎(癇)
간	干 間 看 刊 肝 幹 簡 姦 懇	艮 侃 杆 玕 矸 稈 衎 迂 澗 奸 柬 諫 揀 姦 栞 桿 橺 癎 秤 磵 墾	
갈	渴	葛 喝 曷 碣 竭 褐 羯 鞨 蝎 羯	
감	甘 減 感 敢 監 鑑	坩 堪 嵌 憾 柑 疳 紺 邯 龕 瞰 轗 歛 澉 酣 橄 玲	鑑(鑒)
갑	甲 匣	釬 匣 岬 胛 閘	
강	江 降 講 康 强 鋼 綱	杠 堈 岡 姜 橿 罡 疆 顜 江 堽 茳 罁 綹 康 羌 腔 舡 薑 襁 慷 畺 舡 橿 殭 襁	强(强) 鋼(鎠) 岡(崗)
개	改 個 開 箇 介 慨 蓋 概	价 凱 塏 愷 揩 槩 豈 闓 玠 疥 箇 笄 芥 槩 揩 溉 漑	槩(槪) 個(箇) 蓋(盖)

한글	한문 교육용 기초한자 (2007. 8. 현제)	인명용 추가 한자 및 허용 한자	
		별표1	별표2
객	客[09]	喀[13]	
갱	更[07]	坑[07] 搜[13] 粳[13] 硜[12] 廣[15] 羹[19] 鏗[19]	
갹		釂[20]	
거	去[05] 巨[05] 居[08] 車 片[11] 拒[14] 距[11] 據	渠[11] 遽[23] 澽[18] 胠[09] 倨[10] 鉅[13] 昛[08] 眣[10] 苣[08] 秬[10] 祛[11] 呿[08] 祐[13] 椐[13] 袪[11] 裾[14] 鋸[14] 営[13]	
건	建[09] 乾[11] 件 健	巾[03] 虔[10] 楗[13] 鍵[17] 湕[13] 搴[14] 腱[15] 踺[16] 揵[12] 睷[15] 犍[14] 褰[16] 鞬[18]	建(湕)[13] 乾(漧)[15]
걸	傑[12] 乞[03]	桀[10] 乬[06] 朅[14] 榤[14] 碣[13] 竭[14]	傑(杰)[08]
검	儉[15] 劍[15] 檢[17]	瞼[18] 鈐[12] 黔[16] 撿[16] 芡[07]	劍(劒)[16]
겁		劫[07] 怯[08] 祛[10] 刧[07] 刦[07]	
게		揭[12] 偈[11] 憩[16]	
격	格[10] 擊[17] 激[16] 隔[13]	檄[17] 覡[14] 膈[14] 骼[16] 鬲[10] 闃[17] 鴃[15] 毄[14]	
견	犬[04] 見[07] 堅[11] 肩[08] 牽[11]	遣[14] 絹[13] 縳[18] 甄[14] 繾[19] 繭[18] 譴[20] 狷[11] 鰹[22] 蠲[23] 睍[12] 絸[13] 鵑[17] 鰹[22]	
결	結[12] 潔[15] 決[07] 缺[10]	抉[07] 訣[11] 焆[11] 契[09] 玦[09] 鴂[13]	潔(潔)[14]
겸	兼[10] 謙[17]	鎌[18] 慊[14] 箝[14] 拑[08] 鉗[13] 嗛[13] 歉[14] 縑[16] 蒹[16] 黚[17] 鼸[23] 鵮[18] 黚[17] 歉[14]	

한글	한문 교육용 기초한자 (2007. 8. 현재)	인명용 추가 한자 및 허용 한자	
		별표1	별표2
경	京 經 庚 耕 更 敬 驚 輕 慶 競 竟 境 鏡 頃 傾 硬 景 卿	倞 勁 涇 俓 坰 炅 烱 絅 耿 炯 莄 頸 誩 熲 綮 鯁 ⋯	卿(卿) 同(冏) 景(璟) 栔(椥) 京(京) 景(璟) 景(璟)
계	季 界 系 係 戒 械 繼 契 桂 啓 階 鷄 溪 成	誡 堦 絬 綪 瘈 禊 褉 稧 谿	界(堺) 綮(綮)
고	古 故 固 高 考 告 枯 孤 庫 顧 稿 苽	叩 敲 敲 拷 杲 菓 藁 栲 姑 祜 詁 鉆 鈷 靠 膏 股 羔 鼓 估 庫 糕 棞 敳 暠 枯 雇 搞 酤 故 牯 栲 詁 鵠 翱	考(攷) 皐(皋)
곡	谷 曲 穀 哭	斛 梏 谷 鵠 斛 鵠	
곤	困 坤	昆 崑 琨 錕 鯤 滾 梱 髡 悃 棍 곤 褌 緄	衮(袞)
골	骨 滑	汩 滑 榾 榾	

한글	한문 교육용 기초한자 (2007. 8. 현재)	인명용 추가 한자 및 허용 한자	
		별표1	별표2
공	工[03] 功[05] 共[08] 公[04] 攻[07] 供[08] 恭[10] 恐[10] 貢[10]	珙[11] 控[11] 槓[12] 襲[13] 釭[11] 拱[08] 棋[10] 腔[11] 鞏[15] 空[14] 蛩[12] 恭[13] 鞚[24] 贛[13]	
곳		串[07]	
과	果[08] 課[15] 過[13] 科[09] 誇[13] 寡[14]	菓[14] 跨[13] 鍋[17] 顆[17] 戈[04] 夸[06] 侉[08] 撾[12] 蝌[15] 蜾[14] 踝[15] 銙[13] 騍[18] 稞[13] 窠[13]	
곽	郭[15]	廓[14] 槨[15] 椁[12] 霍[16] 藿[20]	
관	官[08] 觀[19] 關[19] 館[17] 慣[14] 貫[11] 寬[15] 冠[09]	款[12] 琯[13] 錧[16] 菅[12] 涫[12] 灌[24] 罐[24] 爟[22] 瓘[16] 盥[16] 祼[13] 窞[13] 綰[14] 館[25] 觀[25] 鸛[20] 髖[25]	館[18](舘) 覽[14](覧)
괄		括[10] 佸[08] 恝[10] 刮[08] 聒[12] 鴰[17] 髺[16] 鴰[17]	
광	光[06] 廣[15] 鑛[23] 狂[07]	侊[08] 洸[09] 珖[11] 桄[10] 匡[06] 曠[19] 框[10] 爌[19] 爌[17] 絖[12] 纊[21] 茪[12] 誆[13] 誑[13] 軖[12] 礦[19] 黅[17]	廣[05](広) 光[08](炛・炚)
괘	掛[12]	挂[08] 罫[14] 卦[09] 咼[10] 詿[12] 註[13]	
괴	塊[13] 愧[14] 壞[16] 怪[08]	乖[08] 傀[10] 拐[10] 槐[14] 魁[14] 蒯[15] 蕢[18] 繪[19]	
괵		馘[17]	
굉		宏[07] 紘[10] 肱[10] 轟[21] 浤[11] 訇[09] 閎[12] 嶸[08]	

한글	한문 교육용 기초한자 (2007. 8. 현재) 조한자	인명용 추가 한자 및 허용 한자 별표1	별표2
교	交⁰⁸ 校¹⁰ 橋¹² 敎¹¹ 巧⁰⁵ 矯¹⁷ 郊¹³ 較¹³ 僑¹⁴ 喬¹² 嬌¹⁵ 膠¹⁵ 咬⁰⁹ 絞¹² 翹¹⁸ 蕎¹⁸ 轎¹⁹ 餃¹² 驕²² 鮫¹⁶ 皎¹¹ 咬⁰⁹ 狡⁰⁹ 鉸¹⁴ 嘐¹⁴ 嚙¹⁷ 膠¹⁸ 暞¹⁴ 徼¹⁷ 撟¹⁸ 攪²¹ 鮫²¹ 嗅¹⁴	敎(教)¹¹
구	九⁰² 口⁰³ 求⁰⁷ 救¹¹ 究⁰⁷ 句⁰⁵ 舊¹⁸ 苟⁰⁹ 拘⁰⁸ 狗⁰⁸ 丘⁰⁵ 懼²¹ 龜¹⁶ 構¹⁴ 球¹¹ 玖⁰⁸ 矩¹⁰ 邱⁰⁷ 銶¹⁵ 溝¹³ 購¹⁷ 鳩¹³ 廐¹⁴ 柩⁰⁹ 歐¹⁵ 毆¹⁵ 玽⁰⁹ 耇⁰⁹ 豿¹¹ 颶¹⁵ 訽¹³ 姤⁰⁹ 媾¹³ 嫗¹⁴ 屨¹⁷ 岣¹¹ 彀¹⁶ 扣⁰⁶ 捄¹⁰ 搆¹³ 榘¹⁴ 漚¹⁴ 璆¹⁵ 甌¹³ 疚⁰⁸ 痀¹⁰ 癯²³ 窶¹⁵ 篝¹⁶ 籧²⁴ 糗¹⁶ 朐¹⁰ 耈⁰⁹ 腒¹³ 臼⁰⁶ 舅¹³ 衢²⁴ 裘¹³ 逅¹⁰ 遘¹³ 釦¹¹ 韝¹⁸ 韭⁰⁹ 颯²⁰ 軀¹⁸ 鉤¹³ 劬⁰⁷ 倶¹⁰ 仇⁰⁴ 勾⁰⁴ 咎⁰⁸ 垢⁰⁹ 寇¹¹ 崛¹¹ 搆¹³ 摳¹⁴ 撤¹⁵ 捄¹⁴ 掬¹¹ 枸⁰⁹ 榘¹⁴ 毬¹¹ 歐¹⁵ 玖⁰⁸ 矩¹⁰ 瞿¹⁸ 蓲²⁰ 衢²⁴ 詬¹³ 謳¹⁸ 軀¹⁸ 遘¹³ 釦¹¹ 韝¹⁸ 鬮²⁶ 鷗²³ 鷇²¹ 麴¹⁷	丘(坵)⁰⁵ 者(耉)¹¹ 廏(廐)¹⁴
국	國¹¹ 菊¹² 局⁰⁷ 鞠¹⁷ 鞫¹⁸ 麴¹⁷ 匊⁰⁸ 掬¹¹ 菊¹² 麯¹⁴	國(国)⁰⁸
군	君⁰⁷ 郡¹⁰ 軍⁰⁹ 群¹³ 窘¹² 裙¹³ 捃¹⁰ 桾¹² 皸¹⁴ 麏¹⁸	
굴	屈⁰⁸ 窟¹³ 堀¹¹ 掘¹¹ 倔¹⁰ 崛¹¹ 淈¹¹ 詘¹²	
궁	弓⁰³ 宮¹⁰ 窮¹⁵ 躬¹⁰ 穹⁰⁸ 芎⁰⁹ 躳¹⁴	
권	勸²⁰ 權²² 卷⁰⁸ 券⁰⁸ 拳¹⁰ 圈¹¹ 倦¹⁰ 捲¹¹ 眷¹¹ 綣¹⁴ 卷⁰⁸ 港¹² 捲¹¹ 倦¹⁰ 劵¹² 埢¹² 桊¹⁰ 棬¹² 睠¹³ 睳¹⁴ 蜷¹⁴ 蠸²³	權(権)¹⁵
궐	厥¹² 闕¹⁸ 獗¹⁸ 蕨¹⁹ 蹶¹⁹	
궤	軌⁰⁹ 机⁰⁶ 櫃¹⁸ 潰¹⁵ 詭¹³ 饋²¹ 佹⁰⁸ 几⁰² 劂¹⁴ 匱¹⁴ 撅¹⁵ 樻¹⁶ 簋¹⁷ 繢¹⁸ 胃¹⁶ 脆¹³ 跪¹³ 闠¹⁹ 麂¹³	

한글	한문 교육용 기초한자 (2007. 8. 현재)	인명용 추가 한자 및 허용 한자	
		별표1	별표2
귀	貴[12] 歸[18] 鬼[10]	句[05] 晷[12] 鉤[14] 龜[16] 珪[08] 奎[10] 揆[11] 逵[13] 頯[15] 規[11] 葵[15] 槻[15] 硅[15] 旹[13] 皈[18] 赳[09] 閨[14] 聞[14] 邽[13] 嫢[13] 頯[15] 嬀[08] 歸[15] 捲[13] 膠[15] 瀇[13] 瞇[16] 睽[15] 睽[08] 陸[08] 閨[19] 頵[11] 旭[11]	龜(龜)[16]
규	叫[05] 規[11] 糾[04]	珪[08] 呌[12] 畇[09] 赳[08] 赳[10] 觖[12] 叫[05] 赳[10] 軌[17] 邽[13] 膠[10] 逵[11] 斄[18] 滆[20] 嬀[13] 頯[14] 葵[15] 瀉[13] 睽[15] 韤[19] 頵[11]	糾(糺)[07]
균	均[07] 菌[14]	畇[09] 鈞[12] 筠[13] 勻[04] 龜[16] 覠[18] 覩[14] 禾[08] 麕[18] 麕[14]	勻(勻)[04] 龜(龜)[16]
귤	橘[16]	橘[16]	
극	極[13] 克[07] 劇[15]	尅[08] 剋[18] 隙[18] 戟[12] 棘[12] 亟[08] 郄[10] 郤[09] 剋[14]	
근	近[13] 勤[13] 根[10] 斤[04] 僅[13] 謹[18] 瑾[16] 嫤[13] 堇[11]	墐[14] 槿[15] 瑾[16] 嫤[13] 筋[12] 劤[07] 懃[17] 芹[10] 菫[14] 覲[18] 饉[20] 堇[11] 卺[09] 盦[14] 董[14] 瑾[13] 跟[09] 斳[13] 靳[16] 慬[02]	
글		契[08] 劼[06] 勓[16]	
금	金[08] 今[04] 禁[13] 錦[16] 禽[13] 芩[10]	衾[10] 昑[08] 檎[17] 芩[10] 衿[11] 妗[07] 唫[17] 嶔[15] 欽[10] 鈐[11] 黔[18] 笒[10] 鈫[15] 矜[13] 搇[15] 噙[16] 嶔[13] 黅[15] 鈙[09] 綅[13] 芩[14]	
급	及[04] 給[12] 急[09] 級[10]	汲[07] 扱[07] 皀[18] 礏[15] 岌[07] 笈[10] 吸[08] 圾[07] 礏[18] 芨[10] 挹[11] 皀[10] 礏[10]	
긍	肯[10]	亘[06] 兢[14] 矜[09] 殑[12] 肯[10] 裦[14] 殑[10]	亘(亙)[06]

인명용 추가 한자 및 허용 한자

한글	한문 교육용 기초한자 (2007. 8. 현재)	별표1	별표2
기	己03 記10 起10 其08 紀09 忌07 技07 汽07 奇08 企06 旣11 綺14 冀16 器16 機16 旗14 碁13 汽07 寄11 耆10 棄12 岐07 騎18 欺12 畿15	妓 伎 祁 碕 箕 麒 琦 璂 錡 歧 琪 稘 磯 祺 嗜 埼 崎 琦 綺 稽 錤 綦 婍 嵆 基	棋(碁) 璣(機)
긴	緊14		
길	吉06	佶08 桔10 姞09 拮10 蛣12	
김	金08	喫12	
끽		喫12	
나	那11	奈08 柰09 娜10 拏10 挐11 挪10 那 儺 喇 懦 拿 癩 那 糯	
낙	諾16		
난	難19	偄 煖 愞 赧	
날		捺12 捏11	
남	南08 男07	楠13 湳 枏13 喃12	
납	納10	衲	

한글	한문 교육용 기초한자 (2007. 8. 현재)	인명용 추가 한자 및 허용 한자	
		별표1	별표2
낭	娘¹⁰	襄²² 孃²¹	
내	內⁰² 乃⁰² 柰⁰⁸ 耐⁰⁸	奈⁰⁹ 妳⁰⁵ 嬭¹⁷ 迺¹³ 鼐¹⁵	
녀	女⁰³	恕¹²	
녁		擦¹⁶ 碾¹⁵	
년	年⁰⁶	姩¹⁰ 拈 撚¹²	牛(牟)⁰⁸
념	念⁰⁸	恬¹²	
녕	寧¹⁴	獰¹⁸ 侫⁰⁷ 儜¹⁷ 嚀¹² 濘¹⁸	寗(甯)¹³
노	怒⁰⁸ 奴⁰⁵ 努	弩⁰⁸ 瑙¹⁴ 臑⁰⁸ 呶⁰⁷ 猱¹⁰ 獳¹³ 駑¹¹ 臑²⁰	
농	農¹³ 濃	膿¹⁷ 濃¹⁵ 儂¹⁸ 穠¹⁶ 醲²⁰	
뇌	腦¹⁵ 惱¹³	飮¹⁶	
뇨		尿⁰⁷ 鬧¹⁵ 撓¹⁶ 嫋¹⁷ 鵬¹⁸ 淖¹² 鐃²⁰	
누		耨¹¹ 啂¹¹	
눈		嫩¹⁴	
눌		訥¹¹ 呐⁰⁷ 肭¹⁰	
뉴		紐¹⁰ 鈕¹² 杻¹⁰ 狃⁰⁸	

한글	한문 교육용 기초한자 (2007. 8. 현재)	인명용 추가 한자 및 허용 한자	
		별표1	별표2
눙		𤺥[08]	
늉	能[12]		
니	泥	尼[08] 柅[18] 濔[18] 膩[14] 錔 怩 祢[10] 禰[19]	
닉		匿[11] 溺	
닐		昵[14] 暱[15]	
다	多[06] 茶[12]	爹[05] 茶[15] 槎[15] 觰[16]	多[08](듀)
단	丹[04] 但[07] 單[12] 短 端[14] 旦[06] 段[09] 壇[14] 檀[17] 斷 團[16]	鍛[15] 褍[16] 緞[17] 靼[13] 簞[18] 蜑[13] 毈[11] 彖 鄲[19] 蛋 耑[15] 鍾[13] 煓 担 傅 椴	
달	達[18]	撻[17] 獺[18] 疸[14] 闥[19] 姐 妲 怛 呾 笪[22] 疊	
담	談[15] 淡[17] 擔	譚[19] 膽[11] 澹[12] 唻[10] 憺 坍[08] 啖[08] 儋[17] 禫[19] 曇[18] 倓[11] 剡[17] 痰[13] 聃[08] 蕁[18] 薝[15] 郯[15]	
답	答[12] 踏[15]	畓[08] 遝[17]	
당	堂[11] 當[13] 唐[10] 糖[16] 黨[20]	塘[21] 鐺[21] 幢[19] 撞[15] 戀[28] 棠[12] 螳[17] 倘[10] 餳[18] 溏[14] 瑭[18]	
대	大[03] 代[05] 待[09] 對[14] 臺[14] 貸[12] 隊[20]	垈[08] 玳[10] 袋[11] 戴[17] 擡[17] 旲 岱[08] 黛[17] 儓[18] 懟[18] 汏[13] 碓[13]	擡[08] 臺(拾)

한글	한문 교육용 기초한자 (2007. 8. 현재)	인명용 추가 한자 및 허용 한자	
		별표1	별표2
댁		宅06	
덕	德15		德12(悳·㥁) 惪14
도	刀02 到09 度06/13 道16 圖10 倒 島10 徒10 都 挑14 渡10 桃10 陶16 導16 毒 稻15 塗13 逃16 途16 堵13 督13	堵12 睹13 屠 悼12 掉12 棹12 嶋14 淘12 稻18 搗14 鍍17 蹈17 綯14 萄12 賭16 濤18 禱19 壔18 橧18 擣17 櫂18 碈14 酴14 酶14 闍17 鞱14 稻19 綯19 饕22 韜19 銅19	島14(嶹)
독	讀22 獨16 篤16	瀆19 牘19 犢 纛25 櫝19 讟27	
돈	豚 敦11	墩15 惇 燉16 頓08 沌 潡15 噋12 焞 踔	
돌	突09	乭06 咄	
동	同06 洞08 童12 冬 東 銅 動 凍	棟12 疼 桐10 瞳16 憧 疃18 胴10 蝀14 曈16 朣18 僮 橦 艟15 罿14 穜 迵 涷11 蕫 烔10 彤07 胴	仝05
두	斗04 豆07 頭08	杜07 枓 兜08 痘11 竇20 荳11 讀 逗12 阧 抖 阧 肚 斁 肚13	
둔	鈍12 屯04	遁 臀19 芚 遯 窀10 迍 芚 电	
둘		乧05	

한글	한문 교육용 기초한자 (2007. 8. 현재)	별표1	별표2
득	得[11]		
등	等[12] 登[16] 燈[18] 騰[20]	藤[21] 謄[17] 橙[16] 鄧[19] 嶝[15] 磴[15] 凳[14] 嶝[15] 橙[16] 謄[17] 鐙[17] 瞪[17] 鐙[18] 滕[14] 縢[16] 螣[20] 隥[18] 艦[16] 鐙[20] 籐[20]	
라	羅[20]	蘿[25] 喇[12] 懶[20] 癩[21] 蓏[14] 瘰[25] 羅[20] 蓏[16] 曪[21] 玀[19] 砢[12] 邏[27] 儸[21] 鸁[21] 驘[21] 阿[10]	
락	洛[15] 樂[15] 絡[12]	珞[11] 酪[13] 烙[10] 犖[16] 硌[13] 雒[14] 鮥[16] 駱[16] 洛[15]	
란	卵[07] 亂[13] 蘭[23] 欄[21]	瀾[21] 丹[04] 彎[22] 爛[21] 嬾[19] 瓓[20] 鸞[30] 襴[23] 闌[21] 孄[21]	
랄		剌[09] 辣[14] 埒[10] 捋[10] 剌[09] 庲[14]	
람	覽[21] 藍[18]	嵐[12] 攬[25] 欖[25] 籃[20] 婪[11] 灆[22] 籃[20] 襤[20] 濫[18] 攬[19] 攬[11] 楠[22] 嵐[12] 惏[12] 琳[12]	攬(擥・攣)[18]
랍		拉[09] 臘[21] 蠟[21] 鑞[23]	
랑	浪[11] 郎[13] 廊[13]	琅[12] 狼[15] 朗[15] 烺[10] 蜋[13] 娘[14] 螂[17] 閬[15] 椰[14] 筤[13] 硍[15] 莨[13]	蜋(螂)[16] 郎(郞)[13]
래	來[08]	崍[11] 萊[14] 徠[11] 淶[12] 騋[18]	來(来・棶)[15]
랭	冷[07]		

- 26 -

한글	한문 교육용 기초한자 (2007. 8. 현재)	인명용 추가 한자 및 허용 한자	
		별표1	별표2
략	略 掠	畧	
량	良 兩 量 糧 諒 梁	亮 倆 喨 梁 粱 輛 俍 悢 踉 魎 悢	糧(粮) 凉(凉)
려	旅 麗 慮 勵	呂 侶 儢 厲 廬 濾 癘 黎 廬 唳 戾 糲 膂 蠣 礪 閭 驢 儷 驪 濾 蠡 臚 藜 鑢	
력	力 歷 曆	瀝 壢 攊 礫 櫟 霖 癧 轢 靂 轣 酈	
련	連 練 鍊 憐 聯 戀 蓮	煉 湅 楝 練 輦 璉 臉 鰊 攣 孌 漣 鏈 鰱	
렬	列 烈 裂 劣	洌 冽 挒 颲	
렴	廉	濂 磏 簾 斂 瀲	
렵	獵	躐 鬣	
령	令 領 嶺 零 靈	伶 玲 呤 岺 怜 昤 羚 翎 聆 逞 冷 囹 笭 綾 羚 翎	岺(岺)
례	例 禮 隷	澧 醴 鱧 禮 隷	禮(礼)

한글	한문 교육용 기초한자 (2007. 8. 현재)	인명용 추가 한자 및 허용 한자	
		별표1	별표2
로	路[13] 露[20] 老[06] 勞[12] 爐[20]	嚕[15] 擄[16] 擄[23] 撈[17] 櫓[16] 氌[17] 潞[18] 瀘[22] 潦[18] 滷[22] 轒[11] 嚧[18] 虜[12] 璐[18] 輅[17] 潦[15] 擄[19] 坴[27] 鷺[09] 鱸[22] 魯[26] 轤[23]	虜(虜)[13]
록	綠[14] 祿[13] 錄[16] 鹿[11]	彔[13] 漉[12] 簏[19] 麓[18] 騼	
론	論[15]		
롱	弄[07]	瀧[20] 瓏[21] 籠[22] 聾[17] 隴[18] 儱[18] 朧[20] 蘢[22] 隴[24]	
뢰	雷[13] 賴[16]	瀨[20] 儡[17] 牢[07] 磊[15] 賚[15] 賂[13] 耒[06] 攂[18] 礌[11] 欞[22] 籟[21] 類[19] 蕾[21] 罍[19]	賴(賴)[16]
료	料[10] 了[02] 僚[14]	遼[15] 寮[14] 廖[15] 療[17] 瞭[17] 聊[11] 蓼[15] 暸[16] 獠[18] 繚[16] 醪[16] 撩[16]	
룡	龍[16]	壟[21] 隴	龍(竜)[10]
루	屢[14] 樓[15] 累[11] 淚[12] 漏[15]	壘[18] 塿[17] 婁[11] 瘻[17] 簍[19] 耬[15] 鏤[19] 陋[09] 慺[14] 嶁[15] 嘍[13] 嶁	
류	柳[09] 留[10] 流[11] 類[19]	琉[12] 劉[15] 硫[12] 榴[14] 溜[14] 瀏[18] 琉[18] 璎[18] 膠[19] 纍[21] 縲[21] 鰡[21] 鵂	琉(瑠)[15]
륙	六[06] 陸[16]	戮[15] 勠[13]	

한글	한문 교육용 기초한자 (2007. 8. 현재)	인명용 추가 한자 및 허용 한자 별표 1	별표 2
륜	¹⁰倫 ¹⁵輪	⁰⁸侖 ¹¹崙 ¹⁴綸 ¹²淪 ¹⁶錀 ¹¹圇 ¹²掄	崙(崘)¹¹
률	⁰⁹律 ¹⁰率	¹⁴慄 ¹⁷祭? ¹²傈 ¹⁵瑮 ¹⁴溧	
륭	¹⁷隆	¹⁷癃	
륵		¹¹勒 ⁰⁸肋	
름		¹¹廪 ¹⁴菻 ¹⁷澟 ¹⁵凛(凜)¹⁵	
릉	¹⁶陵	¹⁴綾 ¹⁴棱 ¹³稜 ¹⁰倰 ¹⁴菱 ¹³楞 楞¹³	
리	¹¹里 ¹²理 ¹⁰利 ¹¹李 ¹⁵履	⁰⁹俐 ¹³璃 ¹⁶痢 ¹¹俚 ¹⁰唎 ¹¹浬 ¹²狸 ¹¹罹 ¹⁶羸 ¹²籬 ¹⁹蠡 ⁰⁸李 ¹²莉 ¹⁰蒞 ¹⁴莅 ¹³喱 ¹⁸鯉 ¹⁵犂 ¹¹犁 ²⁶釐 ²³离 ²¹魑 裏(裡)¹³ 离¹¹ 离(离)¹¹ 釐(厘)¹¹	裏(裡)¹³, 离(离)¹¹, 釐(厘)¹¹
린	¹⁹鄰	¹⁶潾 ¹⁷璘 ²³鱗 ²⁷躪 ¹⁸橉 ¹⁷轔 ¹²鏻 ¹⁶獜 ²³闖 ¹⁶嶙 ¹²躙 ¹⁹藺 ²⁰躪 ¹²遴 ¹⁴粼 ²⁰隣(鄰)²⁰	鄰(隣)²⁰
림	⁰⁸林 ¹⁷臨	¹³琳 ¹⁶霖 ¹²痳 ¹³淋 ¹³玲 ¹³琳	
립	⁰⁵立	¹¹笠 ¹⁰粒 ⁰⁸砬	
마	¹⁰馬 ¹⁶麻	¹⁵摩 ²¹魔 ¹³瑪 ²¹蹣? ¹⁷嗎 ¹⁴痲 ¹⁷蟇 ¹⁴瘋	

表

한글	한문 교육용 기초 한자 (2007. 8. 현재)	인명용 추가 한자 및 허용 한자	
		별표1	별표2
마	莫[13] 幕[14] 漠[15]	寞[14] 膜[17] 邈[21] 眽[16] 鏌[19]	
만	萬[15] 晚[11] 滿[15] 慢[14] 漫[15]	曼[11] 蔓[22] 巒[08] 娩[10] 縵[22] 彎[11] 挽[10] 輓[14] 饅[20] 鰻[22] 纏[25] 墁[14] 謾[18] 瞞[18] 饅[19] 鬘[21]	萬(万)[03]
말	末[05]	茉[10] 抹[10] 沫[14]	帓[11] 抹[14] 靺[21] 袜[10]
망	亡[03] 忙[12] 茫[11] 妄[08] 罔[09]	網[14] 芒[09] 邙[10] 芥[12] 網[14] 惘[18]	莽(莽)[12] 望(塱)[14]
매	每[07] 買[12] 賣[15] 梅[11] 媒[12] 埋[12]	眛[12] 枚[09] 煤[13] 罵[15] 魅[11] 呆[13] 呆[13] 沫[14] 玫[09] 眛[10] 苺[11] 霾[14] 昧[15] 遭[20] 糜[15]	
맥	麥[11] 脈[10]	貊[13] 陌[14] 蕥[18] 貃[13] 鈇[18]	
맹	孟[08] 猛[08] 盟[13] 盲[08]	萌[14] 甍[16] 虻[08] 盟[12] 甿[08] 瞢[08]	
먀		孊[16] 孆[13] 膜[11] 絗[13]	
면	免[07] 勉[09] 面[09] 眠[10] 緜[14]	冕[11] 棉[12] 綿[12] 緬[08] 俛[09] 麫[09] 沔[13] 晒[09] 麵[15]	麵(麵)[20]
멸	滅[14]	篾[17] 蔑[21] 衊[17] 麳[15]	

table

한글	한문 교육용 기초한자 (2007. 8. 현재)	인명용 추가 한자 및 허용 한자	
		별표1	별표2
명	名⁰⁸ 命⁰⁸ 明⁰⁸ 鳴¹⁴ 銘¹⁴ 冥	椧¹⁴ 暝 瞑¹⁵ 皿⁰⁵ 榆¹² 溟 瞑¹⁴ 酩 茗 蓂 洺 明⁰⁸ 鳴¹⁹	
몌		袂¹⁰	
모	母⁰⁵ 毛⁰⁴ 模¹⁵ 貌¹⁴ 募¹² 謀¹⁶ 慕¹⁵ 冒⁰⁹ 侮⁰⁸	摸¹⁵ 牟⁰⁶ 謨¹⁸ 姆 帽¹² 摹¹⁴ 牳 耄¹⁰ 瑁¹¹ 眸¹⁰ 耗¹⁰ 旄 芼 芽¹¹ 牙 撫⁰⁵ 耄¹⁰ 旄 眸 耄 姥⁰⁹ 侔 姆¹⁵ 娒¹⁰ 庬 兒¹⁰ 旄⁰⁷ 瞀 孳 蝥¹⁵ 蝥 髦¹⁴ 氂	
목	木⁰⁴ 目⁰⁵ 牧⁰⁸ 睦¹³	穆¹⁶ 鶩²⁰ 沐⁰⁸ 苜 睦¹¹	
몰	沒⁰⁸	歿⁰⁸	
몽	夢¹⁴ 蒙¹⁶	朦¹⁷ 曚¹⁸ 朦¹⁸ 濛¹⁶ 懞¹⁸ 瞢²⁰ 礞¹³ 雺	
묘	卯⁰⁵ 妙⁰⁷ 田⁰⁵ 畝¹¹ 墓¹⁴	描¹³ 錨¹⁷ 昴⁰⁹ 杳⁰⁸ 渺¹² 淼¹² 猫¹² 眇⁰⁹ 貓¹⁶	妙⁰⁹(玅)
무	戊⁰⁵ 茂¹¹ 武⁰⁸ 務¹¹ 無¹² 舞¹⁴ 貿¹² 霧¹⁹	拇⁰⁷ 珷¹² 嶽¹⁰ 橅¹⁸ 懋¹⁷ 巫⁰⁷ 嫵¹³ 母⁰⁴ 繆¹⁷ 無¹⁸ 鵡¹⁸ 舞¹⁸ 嘸¹⁵ 廡¹⁵ 憮¹⁸ 蕪¹⁸ 鷡	無⁰⁴(无)
묵	墨¹⁵ 默¹⁶	嘿¹⁵	

한글	한문 교육용 기초한자 (2007. 8. 전제)	인명용 추가 한자 및 허용 한자 [별표1]	별표2
문	門[11] 聞[14] 問[04] 文	汶[08] 炆[09] 紋[10] 們[11] 刎 吻[06] 宎[07] 抆 俛[11] 懣[18] 捫[12] 璊[16] 亹[18]	
물	勿[04] 物	沕[08]	
미	米[08] 未[05] 味[08] 美[08] 尾[13] 迷[13] 微[09] 眉[11]	渼[13] 薇[19] 彌[17] 媄[12] 媚[12] 嵋[12] 湄[13] 謎[19] 糜[17] 獼[20] 瀰[18] 嫩[14] 娓[10] 娤[14] 媚[14] 瓕[21] 麋[17] 黴[23] 麋[22] 洱[09] 敉[10] 瀰[21] 麊[17] 縻[17] 釄[25]	彌(弥)[08]
민	民[05] 敏[11] 樹[16]	玟[08] 旻[08] 珉[12] 砇[11] 岷[07] 愍[13] 憫[15] 惛[14] 忞[08] 閔[12] 緡[15] 緍[15] 顝[14] 潣[16] 潤[15] 啓[11] 頣[16] 顚[14] 閩[14] 緡[15] 暋[13] 瑉[14] 珉[11] 繁[17] 黽[13]	珉(瑉·砇·碈)[14] 岷(㟭)[08]
밀	密[11] 蜜[14]	謐[17] 樒[15] 鎰[16]	
박	泊[08] 拍[08] 迫[08] 朴[08] 博[11] 薄[13]	珀[10] 撲[15] 璞[16] 鉑[13] 舶[11] 剝[10] 樸[16] 粕[11] 縛[16] 膊[16] 雹[13] 駁[14] 亳[10] 樸[21] 博[14] 鎛[18] 駮[16]	
반	反[04] 飯[13] 牛[05] 般[09] 盤[15] 返[08] 叛[09] 伴[11] 班[10]	畔[13] 頒[15] 磐[15] 拌[12] 搬[14] 攀[19] 斑[15] 汴[09] 瘢[15] 礬[20] 絆[11] 蟠[18] 媻[13] 娤[09] 扳[08] 盼[12] 胖[11] 頖[14] 礬[17] 泮[13] 蟠[17] 爿[13]	
발	發[09] 拔[15] 髮	渤[12] 潑[16] 鉢[13] 勃[09] 撥[16] 跋[12] 醱[19] 鈸[13] 胈[13] 脖[13] 浡[11] 艴[14] 韍[18] 哱[12] 綍[12] 蔪[18] 鵓[18]	

한글	한문 교육용 기초한자 (2007. 8. 현재)	인명용 추가 한자 및 허용 한자 별표1	인명용 추가 한자 및 허용 한자 별표2
방	方 房 防 放 訪 倣 傍 妨 芳 勞 幇 倣	坊 彷 龐 幇 謗 紡 肪 艕 舫 肪 滂 昉 髣 魴 舫 膀 謗 膀 諦 膀 謗 解 膀 鎊 舫 紡 膀 謗 蒡 髣 舫	幇(邦)
배	拜 杯 配 排 輩 背 培 焙	裵 焙 徘 胚 精 暗 北 陪 員 杯 扐	杯(盃) 裵(裴)
백	白 百 伯	佰 帛 魄 柏 苔 趙 珀	柏(栢)
번	番 煩 繁 飜	蕃 幡 旛 樊 藩 膰 繙 緐 飜	飜(翻)
벌	伐 罰	閥 筏 橃 罸	
범	凡 範	帆 机 氾 汎 范 梵 泛 颿	
법	法	琺	
벽	壁 碧	壁 闢 辟 僻 劈 擘 檗 癖 霹 檗 甓 鷹 襞 甓 甓 璧 鷹	檗(蘗)
변	變 辯 辨 邊	卞 弁 便 采 忭 抃 邊 辮 骿 胼 辨 辮 鳩	

한글	한문 교육용 기초한자 조한자 (2007. 8. 현재)	인명용 추가 한자 및 허용 한자	
		별표1	별표2
별	別	瞥 鼈 徹 撆 黻 撇 彆 弊	鼈(鱉)
병	丙 柄 兵 並 屛	拚 迸 倂 缾 甁 輧 炳 柄 餠 鉼 餅 騈 軿 骿	竝(並) 拚(幷)／抨 柄(椂) 餅(鉼)
보	保 步 報 普 譜 補 寶	堡 甫 輔 菩 潽 褓 洑 湺 珤 鴇	寶(寳)／珤・琔 步(歩)
복	福 伏 服 複 腹 卜 覆	馥 鍑 僕 匐 輹 幞 蝠 鰒 濮 扑	
본	本	畚	
봉	奉 逢 封 峰 鳳	俸 捧 琫 烽 縫 蓬 鋒 蜂 夆 丰 篷	峯(峰) 逢(逢)

한글	한문 교육용 기초한자 (2007. 8. 현재)	인명용 추가 한자 및 허용 한자	
		별표1	별표2
부	夫扶父浮否負部付符腐膚赴賦婦副	孚芺傅溥敷復不俯剖埠孵俘埠傅缶抔培蔀埠討莩掊椨栿殕砆芙郛玞耐扶鈇頫鮒頯麩	
북	北		
분	分紛粉噴奔墳	汾芬枌盼吩忿扮焚賁雰体全賁膳畚盆笨坌坋糞棻蚡噴轒歕	
불	不佛拂	佛弗巿祓韍	
붕	朋崩	鵬棚硼繃硼	
비	比非悲飛鼻備批碑妃肥祕	庇枇琵砒翡扉匪誹斐榧毖泌沘毗毘憊俾馡妣淝痺鄙費婢脾裨緋菲扉俳蜚匕緋棐陛婓睤痺陴羆貔羆輺匪騑騞	祕(秘) 毗(毘)

한글	한문 교육용 기초한자 (2007. 8. 현제)	인명용 추가 한자 및 허용 한자	
		별표1	별표2
빈	貧[11] 賓[14] 頻[16]	彬[11] 斌[12] 濱[18] 嬪[17] 儐[19] 檳[18] 殯[18] 浜[18] 瀕[20] 牝[06] 邠[11] 繽[20] 霦[17] 贇[22] 鑌[19] 臏[18] 髕[20] 顰[24] 矉[24]	份[08] (份)
빙	氷[11] 聘[14]	憑[16] 騁[17] 娉[10] 馮[10]	
사	四 巳 士 仕 寺 舍 死 事 捨 使 史 謝 師 用 思 絲 司 詞 蛇 沙 邪 賜 社 似 査 寫 許 辭 斯 祀 記	泗[08] 砂[09] 糸[08] 紗[10] 娑[10] 徙[12] 奢[12] 嗣[13] 赦[11] 乍[05] 些[08] 唆[10] 梭[11] 楂[13] 榭[14] 莎[13] 蓑[15] 渣[12] 瀉[18] 祠[10] 笥[11] 剚[13] 覗[12] 駟[15] 魦[15] 樹[14] 橰[14] 柶[13] 汜[06] 柶... 俟[09] 僿[15] 麝[21] 徛[11] 嵜[11] 竢[14] 餕[14] 峕[11] 涘[11] 竢[14] 畯[14] 嗜[14] 柶[14]	
삭	削 朔	數[15] 索[10] 爍[19] 鑠[23] 搠[14] 槊[16]	
산	山 産 散算	珊[10] 傘[12] 删[08] 汕[06] 疝[08] 霰[11] 酸[14] 産[11] 麻[13] 薩[18] 剷[13] 姍[22] 蒜... 徹[15] 澘[16] 潸[16] 撒[17] 鏟[19] 彎[22]	
살	殺	撒[20] 薩[20] 乷...	
삼	三	參[11] 森[12] 芟[09] 杉[07] 蔘[15] 滲[15] 糝[17] 彡[03] 釤[11] 衫[09]	
삽	插	揷[13] 鍤[17] 澁[16] 鈒[14] 颯[14] 卅[04] 唼[11] 歃[13] 翣[16] 鈒[14]	揷[13] (揷)

한글	한문 교육용 기초한자 (2007. 8. 현재)	인명용 추가 한자 및 허용 한자	
		별표1	별표2
상	上03 尙08 常11 賞15 商11 相09 霜17 想13 傷13 喪12 嘗14 裳14 詳13 祥11 象12 像14 床07 桑10 狀08 償17	庠09 湘13 箱15 翔12 爽11 塽14 孀20 峠09 廂12 橡16 觴18 樣15 牀08 慡15 潒16 徜11 晌10 殤15 甞13 緗15 鎟18 顙19 鸘21	
새	塞13	璽19 賽17 鰓20	
색	色06 索10	嗇13 穡18 塞13 槭15 濇17 瀒19	
생	生05	牲09 甥12 省09 笙11 眚10 鉎13	
서	西06 序07 書10 署15 敍11 徐10 庶11 恕10 暑13 緖15 誓14 逝14	抒08 舒12 瑞14 棲12 曙18 壻12 㥠13 諝16 墅14 嶼17 犀12 筮13 絮12 胥11 薯20 鋤15 黍12 鼠13 藇20 揟13 悆11 湑13 偦11 稰14 [illegible]12 遾20 噬16 撕16 澨17 紓10 耡13 芧10 鉏13	敍(叙09 · 敘11) 棲(栖10 · 捿12) 壻(婿12) 嶼(㠘17) 恕(㤝07) 胥(縃12) 諝(諿15)
석	石05 夕03 昔08 惜12 席10 析08 釋20	碩14 奭15 汐07 淅12 晳12 柘10 鉐13 錫16 潟16 蓆16 舃12 鼫18 褯16 矽08 腊14 蜥14	晳(晰12)

한글	한문 교육용 기초한자 (2007. 8. 현재) 조한자	인명용 추가 한자 및 허용 한자	
		별표1	별표2
선	先[06] 仙[05] 鮮[17] 善[12] 線[15] 船[11] 選[16] 旋[11] 禪[17] 宣[09] 宣	扇[09] 涫 珤[14] 愃[13] 璿[18] 鐥[12] 琁 琔[15] 嬋[16] 銑[13] 珗[11] 煽[14] 烇[16] 煁[15] 糤[22] 璔[23] 譔[18] 譱[13] 譔[06] 誼[19] 嘼[16] 璇[18] 礪[16] 兘[05] 詵[16] 鮮[14] 飯[20] 嬔[33] 嚲[23] 璥[16] 譔[17] 譹[17] 譹[11] 揳[09] 鱬[12] 婵[15] 墵[14] 紃[11]	膳(饍)[21]
설	雪[11] 說[14] 設[11] 舌[06] 古	薛[19] 揳[08] 偰[17] 渫[12] 潔[09] 禼[11] 揳[17] 藝[21] 蔎[17] 楔[14] 禼[19] 熱[15] 碟[14] 紲[11]	卨(离)[11]
섬		纖[23] 剡[16] 渫[19] 暹[20] 瞻[21] 閃[10] 陝[15] 孅[13] 憸[17] 掺[20] 睒[15] 銛[14] 譣[17]	
섭	涉[11] 攝[22]	燮[17] 葉[15] 樔[14] 喋[21] 嚵[25] 嗓[21] 躡[22] 謵[18] 鑷[26] 顳[27]	
성	姓[08] 性[07] 成[07] 城[10] 誠[14] 盛[12] 省[09] 聖[13] 聲[17] 星[09]	珹[12] 娍[11] 理[10] 鋥[13] 醒[16] 晟[13] 腥[13] 胜[11] 晠[14] 盛[13] 宬[10] 誠[14] 娍[12] 惺[13] 筬[13] 郕[11] 騂[17]	晟(晟·晠)[19] 聖(垩)[13]
세	世[05] 洗[09] 稅[12] 細[11] 勢[13] 歲[13] 貰[12] 笹[11] 說[14] 伏[06] 酒[10] 沴[11] 娷[09] 墊[15] 蜕[13]	沼[08] 裍[09] 紹[11] 邵[07] 巢[11] 遡[14] 銷[15] 逍[11] 瑱[16] 塑[13] 搔[10] 梳[11] 蕭[16] 篩[15] 韶[14] 酥[12] 穌[16] 鞘[16] 惣[16] 傃[14] 玿[09] 筱[15] 傈[14] 溯[13] 騷[18]	疏(疎)[12] 穌(甦)[12] 笑(咲)[09] 遡(溯)[14] 霄(霄)[19]
소	小[03] 少[04] 所[08] 笑[10] 召[05] 燒[16] 疏[12] 蔬[17] 素[10] 騷[20] 掃[11] 疏		

한글	교육용 기초한자 (2007. 8. 현재)	인명용 추가 한자 및 허용 한자	
		별표1	별표2
속	俗⁰⁹ 速¹⁴ 續²¹ 束⁰⁷ 粟¹² 屬²¹ 樂	洬¹¹ 謖¹⁷ 謖²² 贖¹⁸ 遬	
손	孫¹⁰ 損¹⁴	遜¹⁷ 巽¹² 蓀¹⁶ 飧¹²	愻(飱)¹¹
솔	率	帥¹¹ 窣²² 衛⁰⁷ 窣¹⁸ 窣¹⁷	
송	松⁰⁸ 送⁰⁹ 頌¹³ 訟¹³ 誦	宋⁰⁷ 淞 悚 竦¹¹ 憁¹⁸	
쇄	刷⁰⁸ 鎖¹⁸	殺¹¹ 灑²³ 碎¹³ 曬²³ 瑣¹⁵	鎖(鏁)¹⁸
쇠	衰¹⁰	釗¹⁰	
수	水⁰⁴ 手⁰⁴ 受⁰⁸ 授¹¹ 首⁰⁹ 守⁰⁶ 收⁰⁶ 誰¹⁵ 須¹² 雖¹⁷ 愁¹³ 樹¹⁶ 壽¹⁴ 數¹⁵ 修¹⁰ 秀⁰⁷ 囚⁰⁵ 需¹⁴ 帥⁰⁹ 殊¹⁰ 隨¹⁶ 獸¹⁹ 睡¹³ 遂¹³ 讐 搜¹⁴	洙¹⁰ 琇¹² 銖¹⁴ 穗¹⁷ 繡¹⁸ 隋¹² 袖¹¹ 嗽¹⁵ 燧¹⁷ 狩⁰⁹ 璲 綏 廋 瘦¹⁵ 髓²³ 茱¹¹ 蒐¹³ 蓚¹⁴ 酬²¹ 銹¹⁵ 睟¹³ 豎¹² 睢¹³ 脺¹⁸ 垂⁰⁸ 涒¹³ 搜¹⁵ 嫂¹⁵ 嗾 汓⁰⁷ 瑪¹⁸ 售¹¹ 叟¹⁸ 傁 脩¹¹ 膄¹⁴ 慃¹⁹ 飀 餿¹⁹ 饈	壽(为)⁰⁷ 修(脩)¹³ 穗(穂)¹⁵ 帥(甶)⁰⁸ 豎(竪)¹² 讎(讐) 睢(濉)
숙	叔⁰⁸ 淑¹¹ 宿¹¹ 孰¹¹ 熟¹⁵ 肅¹³	塾¹⁴ 琡¹³ 璹¹⁸ 橚¹⁶ 夙⁰⁶ 潚¹⁸ 俶¹⁰ 儵¹⁹ 婌¹¹ 驌²³ 鷫²³	

한글	한문 교육용 기초한자 (2007. 8. 현재)	인명용 추가 한자 및 허용 한자	
		별표1	별표2
순	順 純 循 脣 瞬 句 殉 巡	洵 珣 恂 荀 筍 舜 淳 焞 諄 錞 醇 徇 徇 栒 楯 詢 詢 眴 眴 昀 句 旬 恂 腯 椁 駒 駒 輴 鬊 髥 弱	
술	戌 述 術	鉥 絉	
숭	崇	嵩 崧 菘	
쉬		倅 淬	
슬		瑟 膝 璱 蝨 蟋 蝨 瑟 氢	
습	習 拾 濕 襲	褶 慴 槢 隰	
승	乘 承 勝 昇 僧	丞 陞 繩 蠅 升 滕 塍 阰 阩 陞 昪 譽	陞(阩)
시	市 示 是 時 施 試 視 詩 始 侍 失 食	柴 恃 匙 嘶 媤 諟 偲 媞 猜 翅 著 蒔 誧 諰 淰 絁 漦 澌 廝 施 顋 鍉 饎 釃 諡 蟴 謚	柹(柿·枾)
식	式 食 植 識 飾	栻 埴 殖 湜 軾 寔 拭 熄 篒 蝕 媳	
신	身 申 神 臣 辛 信 新 伸 晨 慎	紳 莘 薪 迅 訊 侁 呻 娠 宸 燼 腎 蓋 蜃 辰 愼 脤 頤 脹 燊 藎 贐 燼 薪	

한글	한문 교육용 기초한자 (2007. 8. 현재)	인명용 추가 한자 및 허용 한자 (별표1)	별표2
실	失⁰⁵ 室⁰⁹ 實¹⁴	悉¹¹ 蟋¹⁷	實(实)⁰⁸
심	心⁰⁴ 甚⁰⁸ 深¹¹ 探¹² 尋¹² 審¹⁵	沁⁰⁸ 瀋¹⁹ 燖¹⁰ 潯¹⁸ 蕁¹⁵ 鐔²⁰ 蟳²³	
십	十⁰²	什⁰⁴ 拾¹⁰	
쌍	雙¹⁸		雙(双)⁰⁴
씨	氏⁰⁴		
아	兒⁰⁸ 我⁰⁷ 牙⁰⁴ 亞⁰⁸ 芽⁰⁸ 雅¹² 餓¹⁶ 娥¹⁰ 峨¹⁰ 衙¹³ 俄⁰⁹ 啞¹¹ 莪¹³ 硪¹¹ 迓¹⁰ 鴉¹⁵ 鵝¹⁸ 訝¹¹ 阿⁰⁸ 妸¹¹ 婭¹² 椏¹² 埡¹¹ 丫⁰³ 桠¹² 鵶¹⁶ 錏¹⁶ 婀¹¹	兒(兒)⁰⁷ 亞(亜)⁰⁷ 峨(莪)¹⁰ 婀(媛)¹¹
악	惡¹² 岳⁰⁸	樂¹⁵ 堊¹¹ 嶽¹⁷ 幄¹² 愕¹³ 握¹² 渥¹² 鄂¹¹ 鍔¹⁷ 顎¹⁸ 鰐²⁰ 齷²⁴ 偓¹¹ 咢⁰⁹ 喔¹² 腭¹⁵ 萼¹⁶ 覨¹⁸ 鄂¹¹	
안	安⁰⁶ 案¹⁰ 顏¹⁸ 眼¹¹ 岸⁰⁸ 雁¹²	晏¹⁰ 按⁰⁹ 鞍¹⁵ 鮟¹⁷ 姲⁰⁹ 婩¹¹ 矸⁰⁸ 侒⁰⁸ 饍¹⁷ 扞⁰⁷	雁(鴈)¹⁵ 案(桉)¹⁰
알	謁¹⁶	斡¹⁴ 軋⁰⁸ 謁¹⁶ 閼¹⁶ 嘎¹⁴ 揠¹³ 空⁰⁶ 訐¹⁰ 渴¹² 頌¹⁵	
암	暗¹³ 巖²⁰	庵¹¹ 菴¹⁴ 唵¹¹ 癌¹⁷ 闇¹⁷ 啽¹² 媕¹² 晻¹⁵ 腤¹⁵ 葊¹⁷ 馣¹⁷ 黯²¹ 蓭¹⁶ 喑¹²... 頷¹⁶	嚴(岩)⁰⁸

한글	한문 교육용 기초한자 (2007. 8. 현재)	인명용 추가 한자 및 허용 한자	
		별표1	별표2
압	壓[17] 押[08]	鴨[18] 狎[09]	
앙	仰[06] 央[05] 殃[09]	鴦[16] 秧[10] 昻[09] 卬[04] 块[10] 軮[14] 泱[09]	昻(昂)[09]
애	愛[13] 哀[09] 涯[12]	厓[08] 崖[11] 挨[10] 埃[09] 睚[19] 隘[15] 欸[11] 誒[13] 皚[15] 曖[16] 靉[25] 譺[22] 娾[10] 嗳[16] 嘊[17]	礙(碍)[13]
액	厄[04] 額[18]	液[12] 扼[08] 掖[12] 縊[16] 腋[12] 呝[11] 搤[14] 阨[05] 阸[12]	
앵		鶯[21] 櫻[21] 嚶[20] 罌[13] 鸚[20] 嫈[16] 罃[16]	
야	也[03] 夜[08] 野[11] 耶[09]	冶[07] 倻[11] 惹[13] 椰[13] 爺[11]	野(埜)[11] 揶(捓)[13]
약	若[09] 弱[10] 約[09] 藥[21] 躍[21]	葯[15] 蒻[16] 爚[22] 禴[22] 龠[23] 籥[25] 鰯[21] 篛[21] 鑰[17]	
양	羊[06] 洋[09] 養[15] 揚[12] 陽[12] 讓[24] 壤[20] 樣[15] 楊[13]	襄[17] 孃[20] 漾[14] 佯[08] 恙[10] 攘[20] 陽[19] 揚[13] 漢[19] 洋[22] 禳[22] 穰[24] 讓[25] 颺[18] 瀼[25]	陽(昜)[09] 揚(敭)[13]
어	魚[11] 漁[14] 於[08] 語[14] 御[11]	圄[10] 瘀[13] 禦[16] 馭[11] 齬[22] 唹[11] 圉[11] 敔[11] 淤[12] 飫[13]	
억	億[15] 憶[16] 抑[07]	檍[17] 臆[17] 繶[19]	

한글	한문 교육용 기초한자 (2007. 8. 현재)	인명용 추가 한자 및 허용 한자 [별표1]	[별표2]
언	言[07] 焉[11]	諺[16] 彦[08] 偃[11] 堰[12] 嫣[14] 偐[13] 讞[27] 鄢[18] 饜[23] 鰋[23]	彦(彥)[09]
얼		臬[19] 蘖[22] 蘖[23]	蘖(蘖)[23]
엄	嚴[20]	奄[08] 俺[10] 俺[12] 掩[12] 淹[11] 罨[20] 醃[24] 龑[15] 閹[16] 广[03]	嚴(嚴)[17]
업	業[13]	業[16] 鄴[20] 嶪[16]	
에		恚[10] 暗[16]	
엔		円[04]	
여	余[07] 餘[16] 如[06] 汝[07] 與[14] 輿	歟[18] 璵[19] 礖[13] 艅[13] 茹[12] 妤[07] 好[07] 舁[10] 轝[21] 悆[11]	
역	亦[06] 易[08] 逆[09] 譯[20] 役[07] 疫[09] 域[11]	晹[12] 繹[19] 嶧[16] 懌[17] 蜴[14] 閾[16] 減	
연	然[12] 煙[12] 硏[13] 延[07] 燕[16] 沿[08] 鉛[13] 宴[10] 軟[11] 緣[15]	衍[09] 淵[12] 姸[09] 涓[10] 娟[11] 沇[07] 筵[13] 瑌[18] 堧[12] 嚥[18] 挻[11] 椽[13] 涎[11] 縯[15] 硯[12] 燃[16] 醼[23] 嬿[15] 兗[09] 讌[20] 蜒[15] 延[13] 莚[13] 悁[13] 掾[13] 渷[19] 瓀[20] 均[07] 囦[11]	煙(烟)[10] 淵(渊)[12] 兗(兖)[08] 姸(妍)[09] 娟(姢)[09] 軟(輭)[16] 硯(硯)[11]
열	熱[15] 悅[10] 閱[15]	說[14] 咽[09] 潗[16] 噎[15]	

한글	한문 교육용 기초한자 (2007. 8. 현제)	인명용 추가 한자 및 허용 한자	
		별표1	별표2
염	08炎 13染 24鹽	13埮 24覘 焰14 冉 閹16 羥 厭18 尿12 柴 壚23 魘24 魘26	19豔(艶)
엽	15葉	燁16 曄 焜16 燁14 曅 爗20 爗23	
영	05永 15英 11迎 09榮14 12詠 13瑩 14影 詠 映	渶13 楹13 塋15 盈09 梬21 鍈17 孆22 穎16 嬰17 瀛 瀴 瓔20 纓 瀯22 瀯 碤14 郢	08榮(栄·荣12) 映(暎13) 18濚(渶)
예	21藝 16豫 譽 銳15	叡18 預17 芮02 倪10 刈04 抁11 抴12 陒 蕊 霓 蚋14 翳 蜺 堄 鯢21 齯 麑22	14叡(睿·壡12) 藝(埶11·芸12) 蕊(蘂13)
오	08午 07吾 悟13 汚 14誤 烏 娛 06惡 傲	伍06 奧17 旿07 吳 寤11 俉 仵 汙09 忤 扜11 梧18 祦12 迃 筽13 迕16 螯21 鼇 鰲19	籞(簧)
옥	05玉 屋 14獄	沃08 鈺13	
온	14溫	瑥15 媼 穩19 瘟 榲14 轀 縕16 蘊22 薀 韞18 褞 媼19 鞰 酼14 饂 氳	14穩(穩) 08榲(榲)
올		兀03 扤07 杌 嗢13 膃16	

한글	한문 교육용 기초한자 (2007. 8. 현재)	인명용 추가 한자 및 허용 한자	
		별표1	별표2
옹	翁 擁	雍 瓮 甕 壅 邕 饔 雝 雖 顒	
와	瓦 臥	渦 窩 蛙 哇 訛 譌 窪	
완	完 緩	玩 浣 莞 垸 婠 婉 宛 阮 岏 腕 豌 頑 琬 翫 阮 杬 椀 刓 碗 脘 盌	
왈	曰		
왕	王 往	旺 汪 枉 瀇 注	
왜		娃 歪 倭 媧	
외	外 畏	鬼 巍 偎 嵔 煨 碨 隈 瞶 隗	
요	要 搖 遙 腰 謠	夭 饒 堯 僥 耀 窈 曜 姚 凹 妖 拗 擾 橈 燒 嶢 繞 繇 邀 嬈 喓 窯 祅 祆 殀 傲 窅 窔 窰 鷂	
욕	欲 浴 慾 辱	縟 褥 溽 蓐	

한글	한문 교육용 기초한자 (2007. 8. 현재)	인명용 추가 한자 및 허용 한자	
		별표1	별표2
용	用[05] 勇[09] 容[10] 庸[04]	溶[14] 鎔[15] 瑢[15] 榕[14] 蓉[14] 涌[16] 埇[10] 踊[14] 鏞[19] 茸[12] 墉[14] 甫[14] 備[13] 傭[09] 慂[15] 蛹[12] 踴[16] 綿[14] 俑[12] 槊[14] 冗[04] 宂[06]	鎔(熔)[14] 涌(湧)[13] 冗(宂)[04]
우	于[03] 宇[06] 右[07] 牛[04] 友[04] 雨[08] 遇[13] 羽[06] 郵[11] 偶[11] 優[17] 愚[13] 恩[13]	佑[10] 祐[10] 禹[09] 瑀[14] 寓[12] 堣[12] 隅[17] 珝[10] 俁[09] 紆[10] 玗[08] 釪[11] 慪[15] 嵎[12] 瓁[06] 芋[07] 吁[06] 盱[08] 慪[11] 呼[08] 嫗[15] 疣[14] 鳾[21] 麀[15] 齲[24] 饇[21] 麌[18] 壎[18]	雨(水)[07]
욱		旭[06] 昱[09] 煜[13] 郁[13] 頊[13] 彧[10] 稶[15] 栯[07] 燠[17] 稶[14]	稶(稶)[15]
운	云[04] 雲[12] 運[13] 韻[19]	沄[08] 澐[16] 耘[10] 暈[13] 橒[16] 殞[14] 熉[14] 昀[08] 賱[18] 夽[08] 員[10] 鄖[17] 顒[19] 渾[13] 煇[13] 紜[10] 賞[18]	賞(筼)[18]
울		蔚[17] 鬱[29] 宛[14] 乙[01]	
웅	雄[12]	熊[14]	
원	元[04] 原[10] 願[19] 遠[14] 園[13] 圓[13] 員[10] 院[10] 源[14] 援[12]	袁[10] 垣[09] 洹[10] 沅[08] 瑗[13] 媛[12] 嫄[13] 愿[14] 苑[11] 轅[17] 婉[13] 婥[14] 阮[12] 鋺[16] 鍰[17] 鵷[20] 鴛[16] 寃[11] 鈹[10] 琬[13] 碗[13] 惋[12] 椀[12] 鵷[19] 谿[17] 踠[15] 恕[14] 宛[08] 帵[11] 苑[14] 宛[14]	冤(冤)[11] 員(負)[09]

한글	한문 교육용 기초한자 (2007. 8. 현재)	인명용 추가 한자 및 허용 한자	
		별표1	별표2
월	月04 越12	鉞13 刖06 粵12	
위	位07 危06 爲12 偉11 威09 胃11 謂16 圍12 衛16 違16 委08 慰15 僞14 緯15	尉11 韋09 瑋14 暐13 渭13 魏18 萎14 葦15 蔿18 蝟15 褘15 衛16 韡21 喟12 幃12 熨15 痿13 葳15 諉15 逶15 闈17 韙18 餧17 骪13	
유	由05 油09 酉07 有06 猶13 唯11 遊16 柔09 遺19 幼05 幽09 惟12 維14 乳08 儒16 裕13 誘14 愈13 悠11	侑08 洧10 宥09 庾12 喩12 兪09 楡13 瑜14 猷13 濡18 愉13 秞10 攸07 柚09 琟13 釉12 孺17 揄13 楢13 游13 癒18 臾08 萸15 諛16 諭16 踰16 蹂16 逾16 鍮17 嚅18 婑11 囿09 牖15 逌14 婑09 聈11 蕤18 猶12 滺13 瑈14 需14 揉13 帷11 尢04 呦08 壝19 泑09 䶑18 龥26 瘉14 痍14 窬14 窳15 籲32 糅15 緌14 腴15 莠13 蕕18 蚴11 蚰11 蝤15 褕15 黝17 讉23 鞣18 鮪17	兪(俞09) 濡(渪13)
육	肉06 育10	堉11 毓14 儥17	
윤	閏12 潤16	尹04 允04 玧09 鈗12 胤11 阭12 奫14 贇19 昀08 芛13 鋆13 橍16 沇08	閏(閠15 · 閏13) 胤(𦙍11)
율		聿06 燏16 汩08 建13 潏16 䮼16 矞12 颶13	
융		融16 戎06 瀜20 絨12 狨10	
은	恩10 銀14 隱22	垠09 殷10 誾15 溵14 珢11 慇14 濦18 檼16 听07 璁15 圻07 蘟23 櫽18 檃17 訢11 嶾16 泿10 蒽16 憖16 圁10 嶾17 蘟27 溵14 㒚18 垽10 狺11 癮22 言10 鄞18 齗19	誾(闇19)

한글	한문 교육용 기초한자 (2007. 8. 현재)	인명용 추가 한자 및 허용 한자	
		별표1	별표2
을	乙	圪[06] 紇[12]	
음	音 吟[07] 飮[04] 陰[10]	陰[17] 愔[13] 喑[20] 暗[12] 霪[19]	
읍	邑[07] 泣[09]	揖[13] 悒[11] 挹[11] 浥[11]	
응	應 凝[16]	膺[19] 鷹[22] 臆[22]	
의	衣[06] 依[08] 義[13] 議[20] 矣[07] 醫[18] 意[13] 疑[14] 儀[15] 宜[08]	倚[10] 誼[15] 毅[15] 擬[18] 椅[12] 漪[15] 儀[19] 曦[19] 蟻[19] 艤[21] 饐[16] 撎[16] 劓[16]	
이	二[02] 以[05] 異[11] 移[11] 耳[06] 夷[06]	珥[11] 伊[06] 易[08] 弛[06] 爾[14] 頤[16] 痍[11] 餌[15] 貽[12] 迤[13] 胎[09] 貳[12] 暆[12] 杝[07] 朅[12] 姨[09] 姅[12] 肄[13] 媐[11] 羨[14] 廙[14] 咿[09] 邇[17] 飴[14] 爾[05] 尔[05] 迩[08] 隶[08] 肄[12] 肄[12] 配[10] 俚[09] 庾[12] 尼[05]	彛[18] 彝(彛)
익	益[10] 翼[17]	翊[11] 瀷[21] 謚[18] 翌[11] 熤[15] 煜[13] 鷁[21]	
인	人[02] 引[04] 仁[04] 因[06] 忍[07] 認[14] 姻[09] 寅[11] 印[06]	咽[09] 湮[12] 絪[10] 茵[10] 蚓[10] 蚓[13] 靭[12] 刃[03] 芒[07] 璘[14] 韌[09] 紳[10] 氤[10] 腴[13] 兒[08] 螾[17] 嫋[14] 裀[12] 禋[14] 絪[12]	韌(靭)[12] 仁(忎·忈)[08]
일	一 日[04] 逸[12]	溢[14] 鎰[18] 佾[08] 駰[14] 佚[07] 壹[12] 劮[07] 泆[08] 軼[12]	逸(逸)[14]
임	壬[04] 任[06] 賃[13]	妊[07] 稔[13] 恁[10] 荏[11] 託[11] 証[12] 紝[10] 姙[09] 絍[11] 誑[14] 鵀[18]	妊(姙)[08]

한글	한문 교육용 기초한자 (2007. 8. 현재)	별표1	별표2
입	入[02]	廿[04]	廿(卄)[03]
잉		剩[12] 仍[04] 孕[10] 礽[13] 芿	
자	子[03] 字[06] 自[08] 姉[09] 者[11] 慈[12] 紫[13] 姿[14] 資[15] 恣[16] 刺[18]	仔[05] 滋[14] 磁[15] 藉[16] 諮[17] 瓷[09] 咨[07] 孜[09] 炙[07] 煮[09] 疵[10] 泚[12] 茈[12] 蔗[13] 秄[08] 秭[10] 蔗[18] 呰[12] 頿[16] 髭[15] 鮓[16] 鷓[18] 鶿[20] 柘[10] 莿[13] 雌[13] 庇[11]	姉(姊)[08] 玆(茲)[12]
작	作[07] 昨[09] 酌[10] 爵[18]	灼[07] 勺[03] 嚼[21] 雀[11] 鵲[19] 綽[14] 焯[13] 炸[09] 芍[07] 岝[13] 斫[13] 斱[12] 柞[09] 斮[12]	
잔	殘[12]	孱[12] 棧[12] 潺[16] 盞[13] 剗[10] 驏[22]	
잠	潛[16] 暫[15]	箴[15] 岑[07] 簪[18] 蠶[24] 涔[11]	潛(潜)[16]
잡	雜[18]	卡[05] 囃[21] 眨[09] 磼[17] 襍[18]	
장	長[07] 章[11] 帳[08] 張[11] 場[12] 壯[11] 將[11] 丈[03] 莊[13] 裝[12] 奬[12] 牆[20] 粧[12] 掌[12] 臟[22] 腸[13] 墻[16] 狀[16] 葬[24] 藏[18]	匠[06] 杖[07] 奘[10] 漳[15] 樟[16] 暲[19] 薔[15] 蔣[17] 伏[05] 檣[17] 欌[22] 漿[15] 狀[08] 獐[13] 嶂[14] 嬙[16] 幛[10] 糚[14] 臧[15] 贓[21] 醬[18] 鄣[14] 麞[22] 餦[18] 長[08] 帳[13] 奬[18] 牂[07] 粧[17] 壯[10]	將(将)[10] 奬(奖)[15] 牆(墙)[17] 壯(壮)[06] 莊(庄)[06]

– 49 –

언급	한문 교육용 조한자 기 (2007. 8. 권제)	인명용 추가 한자 및 취용 한자 별표1	별표2
재	才[04] 材[07] 財[10] 哉[06] 裁[08] 栽[12] 再[08] 載[13] 宰[10]	梓[11] 縡[17] 滓[13] 澤[14] 齋[16] 捱[21] 睠[11] 滅[16] 粢[12] 扗[07] 榟[14] 灾[07] 纏[23]	
쟁	爭[08]	錚[16] 崢[14] 諍[15] 猙[11] 箏[12] 鎗[18]	
저	著[15] 貯[12] 低[07] 抵[09]	苧[11] 邸[12] 楮[13] 沮[07] 佇[07] 儲[18] 咀[08] 楮[13] 樗[15] 這[10] 猪[09] 狙[08] 疽[10] 箸[11] 紵[13] 詛[14] 諸[20] 咀[13] 睢[14] 氏[05] 瀦[20] 褚[15] 貯[11] 宁[05] 杼[11] 堵[12] 閜[16] 柢[16] 羝[11] 觝[13] 砥[16] 陼[16]	
적	的[08] 赤[08] 適[15] 摘[13] 滴[13] 寂[16] 積[17] 績[18] 跡[13]	迪[12] 勣[13] 吊[06] 嫡[14] 狄[07] 糴[14] 翟[14] 謫[18] 賊[13] 炙[08] 笛[11] 蹟[18] 鏑[19] 籍[20] 謫[13] 迹[13] 炙[14] 蹢[22] 狄[11] 勺[11] 菂[15] 楠[15]	
전	全[06] 典[08] 電[13] 傳[16] 專[11] 展[10] 錢[16] 轉[18] 殿[13]	佺[11] 栓[12] 痊[11] 銓[14] 琠[13] 甸[07] 塡[13] 雋[12] 佃[07] 剪[11] 塼[14] 戩[13] 箋[14] 煎[13] 畑[09] 奠[12] 筌[12] 篆[14] 剪[21] 甎[16] 顚[19] 篆[24] 馢[11] 膞[17] 篆[11] 輾[10] 涮[13] 輇[13] 腆[14] 鈿[17] 遭[13] 遭[20] 鳽[17] 鰱[24] 鑽[18] 橳[15] 鬋[19] 氈[24]	
절	節[12] 絶[12] 切[04] 折[08] 竊[22]	哲[14] 截[11] 浙[20] 癤[20] 岊[07]	絶[12] (絶)

한글	한문 교육용 기초한자 (2007. 8. 현재)	인명용 추가 한자 및 허용 한자	
		별표1	별표2
점	店[08] 占[07] 點[15] 漸[15]	岾[08] 粘[11] 霑[16] 鮎[16] 鮎[16] 佔[05] 墊[14] 坫[10] 玷[10] 笘[11] 簟[18] 苫[11] 蔪[17] 貼[11] 跕[12] 颭[14] 黏[17]	點(点·奌)[09][08]
접	接[12] 蝶[15]	摺[01] 椄[12] 楪[14] 蜨[16] 蹀[16] 鰈[20]	
정	丁[02] 頂[11] 停[11] 井[04] 正[05] 政[08] 定[08] 貞[09] 精[14] 情[11] 靜[16] 淨[11] 庭[10] 亭[09] 訂[09] 廷[07] 程[12] 征[08] 整[16]	汀[06] 打[05] 町[07] 呈[07] 程[12] 珵[12] 玎[06] 町[07] 偵[11] 湞[13] 禎[14] 挺[11] 挺[11] 綎[16] 鉦[15] 証[12] 鉦[15] 錠[16] 鉦[15] 晸[12] 汀[11] 淳[12] 釘[10] 柾[13] 庭[13] 婷[12] 艇[13] 奵[09] 霆[15] 彭[12] 珽[11] 禎[11] 挺[11] 打[07] 婧[12] 梃[11] 腚[13] 莛[13] 鋌[15] 証[12] 遉[16] 頲[14] 叮[05] 婧[11] 婧[12] 娗[11] 征[08] 根[11] 莛[13] 妌[07] 証[12] 娗[13] 遉[16] 遉[14]	靜(静)[14]
제	弟[07] 第[11] 祭[11] 帝[09] 題[18] 除[10] 諸[16] 製[14] 提[12] 堤[12] 制[08] 際[14] 齊[14] 濟[17]	悌[11] 梯[11] 堤[12] 碮[14] 臍[19] 儕[16] 禔[14] 侪[11] 偙[11] 媞[12] 姼[09] 哲[11] 娣[12] 瑅[12] 晳[12] 睇[13] 跻[21] 嫋[13] 鮧[16] 鯷[20] 鯷[17]	濟(済)[12]
조	鳥[11] 早[06] 造[11] 助[07] 弔[04] 調[15] 朝[12] 操[16] 照[13] 燥[17] 潮[15] 組[11] 租[10] 條[11] 祖[10]	彫[11] 措[11] 晁[10] 兆[06] 祚[10] 趙[14] 肇[14] 詔[12] 釣[11] 曹[11] 遭[14] 眺[11] 凋[11] 嘲[15] 裵[13] 槽[15] 漕[14] 窕[18] 稠[13] 粗[11] 糟[17] 組[09] 조[13] 雕[16] 曹[11] 嘈[16] 槽[14] 漕[15] 嘈[17] 糨[17] 糟[17] 搮[11] 滫[08] 藻[21] 窕[11] 躁[25] 晁[13] 窕[14] 蜩[20] 鮡[14] 誂[14] 鯛[19] 鯛[19] 鮹[17]	曹(曺)[10] 棗(枣)[08]

한글	한문 교육용 기초한자 (2007. 8. 현재)	인명용 추가 한자 및 허용 한자 별표1	별표2
족	足[07] 族[11]	簇[17] 鏃[19] 瘯[16]	
존	存[06] 尊[12]	拵[10]	
졸	卒[08] 拙[08]	猝[12]	
종	宗[08] 種[14] 鐘[20] 終[11] 從[14] 縱[17]	倧[10] 琮[13] 淙[12] 悰[12] 棕[12] 綜[14] 瑽[15] 慒[14] 樅[15] 瘇[16] 腫[13] 踵[16] 椶[16] 柊[09] 伀[06]	瑽(棕)[12] 踪(踪)[15]
좌	左[05] 坐[07] 佐[07] 座[10]	挫[11] 剉[09] 痤[12] 髽[17] 莝[13] 髽[17]	
죄	罪[14]		
주	主[05] 宙[08] 舟[06] 周[08] 注[07] 住[07] 朱[06] 晝[11] 書[10] 酒[10] 柱[09] 奏[09] 州[06] 洲[09] 珠[11] 株[10] 籌[22]	胄[11] 湊[13] 炷[11] 註[12] 嚋[19] 喌[11] 湊[15] 遒[13] 駐[15] 妊[08] 誅[16] 薵[11] 做[11] 呪[08] 疇[19] 紬[11] 婤[08] 睭[14] 胕[10] 澍[18] 拄[13] 賙[17] 紸[11] 粙[11] 姝[12] 酎[15] 調[15] 宝[08] 俟[08] 侏[08] 硃[11] 咮[12] 喌[12] 詋[14] 記[13] 說[15] 躊[16] 陦[13] 蛀[11] 洀[17] 霌[16] 廚[13] 嘲[20] 厨[11] 駎[13] 丟[06] 殶[14] 廚[13] 輈[13]	洀(酒)[14]
죽	竹[06]	粥[12]	

한글	한문 교육용 기초한자 조한자 (2007. 8. 현제)	인명용 추가 한자 및 허용 한자	
		별표1	별표2
준	準[14] 俊[09] 遵[19]	峻[10] 浚[11] 晙[11] 梭[12] 竣[12] 駿[17] 准[10] 濬[18] 雋[13] 儁[13] 埻[11] 綧[14] 偆[11] 隼[16] 儁[17] 埻[15] 畯[12] 陖[10] 寯[16] 樽[16] 罇[20] 鐏[20] 俊[12] 儁[14] 淳[15] 惷[13] 惷[15] 蠢[18] 蠢[14] 餕[16] 鱒[23] 踆[19] 竴[18] 罇[14] 懏[16] 墫[18] 僔[14] 儁[17]	準(准) 濬(峇)[12] 陵(埈)[10]
줄		茁[11] 乼[09]	
중	中[04] 重[09] 仲[06]	衆[11]	
즉	卽[09]	喞[12]	卽(即)[07]
즐		櫛[19] 騭[20]	
즙		汁[06] 楫[13] 葺[15] 檝[17] 戢[19]	
증	曾[12] 增[15] 證[19] 憎[16] 贈[19] 症[10] 蒸[13]	烝[10] 甑[17] 拯[10] 繒[18] 嶒[15] 矰[17] 罾[18] 鄫[18] 嶒[18]	
지	只[05] 支[04] 枝[08] 止[04] 指[09] 知[08] 至[06] 志[07] 池[06] 紙[10] 誌[14] 智[12] 遲[16]	旨[06] 沚[08] 址[07] 祉[09] 趾[11] 祗[10] 脂[12] 咫[09] 漬[15] 疻[10] 墀[14] 榰[14] 芷[10] 贄[18] 識[19] 摯[15] 鋕[15] 胝[11] 泜[09] 坻[08] 汦[07] 坻[12] 趺[11] 砥[10] 底[08] 抵[08] 軹[12] 阯[07] 遲[14] 趎[16] 痄[08] 岻[08] 踟[15] 魑[22] 鷙[22] 纸[10] 痣[12] 疷[09] 底[10] 揓[10]	知(衂)[10] 智(蛭)[16]

한글	한문 교육용 기초한자 초한자 (2007. 8. 현재)	인명용 추가 한자 및 허용 한자	
		별표1	별표2
직	職[18] 織[18] 直[08]	稙[13] 禝[15]	
진	進[15] 盡[14] 陣[15] 陳[16] 鎭[18] 震[18] 眞[10] 辰[07] 振[11] 珍[20]	晉[10] 珒[15] 瑨[17] 璡[12] 塵[14] 禛[18] 縝[14] 填[18] 晉[10] 瑨[15] 塡[12] 榛[14] 稹[15] 賑[10] 溱[10] 珍[13] 跡[11] 袗[16] 唇[08] 疹[10] 瑧[11] 瞋[13] 震[20]	眞(真)[10] 晉(晉)[10] 瑨(瑨)[15] 珍(珎)[13] 盡(尽)[08]
질	質[15] 秩[10] 疾[09] 姪[09]	瓆[20] 叱[05] 嫉[08] 侄[11] 桎[13] 窒[12] 膣[17] 郅[13] 蛭[12] 跌[12] 迭[09] 疾[16]	
짐		斟[13] 朕[10] 鴆[15]	
집	集[12] 執[11]	什[04] 潗[16] 輯[16] 緝[15] 咠[09] 耳[13] 戢[13]	潗[16]
징	徵[15] 懲[19]	澄[16] 澂[19] 瀓[20] 癥[17] 瞪[20] 瞠[17]	
차	且[05] 次[06] 此[06] 借[10] 差[10]	車[07] 叉[08] 侘[15] 嗟[13] 嵯[17] 箚[14] 茶[12] 艖[21] 硨[11] 磋[15] 齹[18] 硨[12] 奲[24] 姹[08]	
착	着[12] 錯[16] 捉[11]	搾[14] 窄[10] 鑿[28] 齪[22] 戳[18] 斲[14]	

- 54 -

한글	한문 교육용 기초한자 (2007. 8. 현제)	인명용 추가 한자 및 허용 한자	
		별표1	별표2
찬	贊¹⁹ 讚²⁸	撰²⁰ 纂¹⁶ 竄¹³ 粲²¹ 澯¹⁷ 燦²⁰ 璨²⁵ 瓚²⁷ 纘²³ 鑽²⁷ 劗²¹ 瓉²² 篡²³ 纘²² 讃²³ 禮²³ 賛¹⁶ 餐¹⁶ 饌²¹ 擴²³ 讚²² 饡²³ 瓚²⁶	贊(賛)¹⁵ 纂(纂)¹⁷ 讚(讃)²² 鑽(鑚)¹⁷
찰	察¹⁴	札⁰⁵ 刹⁰⁸ 擦¹¹ 扎⁰⁵	
참	參¹¹ 慘¹⁵ 慙¹⁵	僭¹⁴ 塹¹⁴ 懺²¹ 斬¹¹ 站¹⁰ 讒²⁴ 讖²⁴ 儳²⁴ 鑱²¹ 欃²¹ 纔¹⁹ 巉²⁰ 饞²⁶ 驂²¹ 黲²³ 驔²⁰	慙(慚)¹⁵
창	昌⁰⁸ 唱¹¹ 窓¹¹ 倉¹⁰ 創¹² 暢¹⁴	刱¹⁵ 彰¹⁴ 愴¹² 敞¹² 廠¹⁵ 娼¹¹ 倡¹⁰ 娼¹² 愴¹² 槍¹⁴ 漲¹⁵ 脹¹² 脹¹⁴ 艙¹⁶ 滄¹³ 傖¹² 猖¹¹ 瘡¹⁴ 搶¹⁴ 氅¹⁶ 瑲¹⁵ 窗¹⁶ 蒼¹⁶ 錩¹⁶ 閶²¹ 鬯²¹	
채	采⁰⁸ 採¹¹ 彩¹¹ 債¹³	采⁰⁸ 埰¹¹ 寀¹¹ 蔡¹⁷ 綵¹⁴ 砦¹¹ 釵¹³ 琗¹² 責¹¹ 棌¹³ 婇¹¹ 睬¹³ 茝¹²	
책	責¹¹ 冊⁰⁵ 策¹²	柵⁰⁹ 嘖¹⁴ 磔¹⁵ 簀¹⁷ 笧¹¹	冊(册)⁰⁵
처	妻⁰⁸ 處¹¹	凄¹⁰ 悽¹² 郪¹⁴ 覷¹⁸ 覰¹⁶	
척	尺⁰⁵ 斥⁰⁵ 拓⁰⁸ 戚¹¹	陟¹⁰ 倜¹⁰ 刺¹⁵ 剔¹⁰ 擲¹⁸ 滌¹⁵ 瘠¹⁵ 脊¹² 蹠¹⁸ 隻¹⁰ 墌¹⁴ 慼¹⁵ 堉¹² 踢¹⁵	拓(坧)⁰⁸ 慽(慼)¹⁵
천	天⁰⁴ 千⁰³ 川⁰³ 泉⁰⁹ 淺¹² 賤¹⁵ 踐¹² 遷¹⁵ 薦¹⁹	仟⁰⁵ 阡⁰⁶ 喘¹¹ 擅¹⁶ 玔¹¹ 穿⁰⁹ 舛⁰⁹ 釧¹¹ 闡²⁰ 韆²⁴ 茜¹² 臶¹⁴ 祆⁰⁹ 舛⁰⁹ 荐¹² 俴¹⁰ 倩¹⁰ 俵¹⁴ 値¹⁰ 湔¹² 辿¹⁰ 嵵¹² 靝¹⁸	

한글	한문 교육용 기초한자 (2007. 8. 현재)	인명용 추가 한자 및 허용 한자 별표1	인명용 추가 한자 및 허용 한자 별표2
철	鐵²¹ 哲¹⁰ 徹¹⁵	撤¹⁶ 澈¹⁶ 轍¹⁸ 綴¹⁴ 凸⁰⁵ 輟¹⁵ 悊¹¹ 瞮¹⁷ 剟¹⁰ 畷¹¹ 埑¹² 掇¹² 惙¹² 綴¹² 歠¹⁹	哲(喆)¹² 鐵(鉄)¹³
첨	尖⁰⁶ 添¹²	僉¹³ 瞻¹⁸ 沾⁰⁸ 甜¹¹ 簽¹⁹ 籤²³ 詹¹³ 檐¹⁷ 櫼²¹ 幨¹⁷ 襜²¹ 瀸²¹	甜(甛)¹¹
첩	妾⁰⁸	帖⁰⁸ 捷¹² 堞¹² 牒¹³ 疊²² 睫¹³ 諜¹⁶ 貼¹² 輒¹⁴ 喋¹² 怗⁰⁸ 褺¹⁷	
청	靑⁰⁸ 淸¹² 晴¹² 請¹⁵ 聽²² 廳²⁵	菁¹⁴ 鯖¹⁹ 蜻¹⁴ 凊¹⁰ 圊¹¹ 婧¹¹ 鶄¹¹	靑(靑)⁰⁸ 淸(清)¹² 請(請)¹⁵ 晴(晴)¹²
체	體²³ 切⁰⁴ 涕⁰⁷ 替¹² 滯¹⁴ 逮¹⁵ 遞¹⁷ 締¹⁵	諦¹⁶ 切⁰⁴ 剃⁰⁹ 涕¹⁰ 玼⁰⁹ 砌⁰⁹ 彘¹² 蒂¹⁵ 靆²⁴	
초	初⁰⁷ 草⁰⁹ 招⁰⁸ 肖⁰⁷ 超¹² 抄⁰⁷ 礎¹⁸ 秒⁰⁹	樵¹⁶ 焦¹² 蕉¹⁵ 楚¹³ 剿¹³ 哨¹⁰ 憔¹⁶ 稍¹¹ 貂⁰⁹ 醋¹² 佾¹¹ 俏⁰⁹ 髫¹⁵ 椒¹² 炒⁰⁸ 悄¹⁰ 綃¹³ 誚¹⁴ 噍¹⁵ 僬¹⁵ 峭¹¹ 嫶¹⁵ 稍¹⁰ 趠¹⁵ 軺¹² 鈔¹²	草(艸)⁰⁸
촉	促⁰⁹ 燭¹⁷ 觸²⁰	囑²⁴ 矗²⁴ 蜀¹³ 燭¹⁹ 囑²³ 躅²³	
촌	寸⁰³ 村⁰⁷	忖⁰⁷ 吋⁰⁶	村(邨)¹¹
총	銃¹⁴ 總¹⁷ 聰¹⁷	寵¹⁹ 叢¹⁸ 悤¹¹ 憁¹⁷ 蔥¹⁵ 叢¹⁷ 銃¹⁹ 驄²¹	聰(聡)¹⁷ 冢(塚)¹³ 總(総)¹⁴

한글	한문 교육용 기초한자 (2007. 8. 현제)	인명용 추가 한자 및 허용 한자	
		별표1	별표2
췰		撮16	
최	最12 最13	催11 暇15 推15 榱14 榱15 擢16 漼16 濯16 繀16 縗13 膗	
추	秋17 醜17 追13 推12 抽09 畜09 畜10	楸13 榱18 樞15 鎚17 錐16 鏆16 錘18 鄒20 縋11 齱20 僦12 娵12 諏13 漱15 皺15 搥06 箠14 鞦14 攣18 掫18 隹16 鰌18 錐19 雛21 黜16 紲08 繂18 篘20 鶵19 饎 21 籱 33 韆	鰌20(鰍)
축	丑 祝10 畜16 蓄17 築18 逐14 縮15	軸12 妯 竺12 筑 蹴18 娹11 鰹18 豖 踘18 鬵 18	
춘	春09	椿09 瑃13 賰14 蝽16 踳16	
출	出05	朮 秫10 訹17 黜	
충	充06 忠08 蟲18 衝15	衷08 沖 琉11 珫10 忡 衝 18	
췌		萃14 悴 膵12 贅13 惴13 揣13 瘁 癢17 顀	
취	取08 吹07 就12 臭 醉15 趣	翠14 聚12 嘴15 娶11 毳 惢脆12 鷲23 驟24 橇12 橇16 緅12 墅	

인명용 추가 한자 및 허용 한자

한글	한문 교육용 기초한자 (2007. 8. 현재)	별표1	별표2
측	側[11] 測[13]	仄[04] 側[13] 廁[12] 昃[08]	廁(厠)[11]
층	層[15]	層[15]	
치	治[09] 致[15] 齒[10] 値[10] 置[14] 恥[10]	熾[16] 峙[09] 雉[13] 馳[13] 侈[08] 嗤[15] 幟[15] 卮[06] 哆[09] 厄[09] 緇[14] 痔[11] 菑[11] 淄[12] 緻[14] 絺[13] 痓[13] 蚩[10] 鯔[16] 鴟[16] 畤[07] 跱[13] 鯔[16]	癡(痴)[13] 稚(穉)[17]
칙	則[13]	勅[09] 飭[11]	
친	親[16]	櫬[20] 襯[22]	
칠	七[07] 漆[15]	柒[13]	
침	針[10] 浸[09] 侵[08] 寢[08] 枕[08]	琛[13] 砧[10] 鍼[17] 棽[12] 忱[08] 椹[13] 梫[11] 鋟[17] 駸[17]	
칩	蟄[17]	縶[17]	
칭	稱[14]	秤[10]	
쾌	快[08]	夬[04] 噲[16]	

- 58 -

한글	한문 교육용 기초한자 (2007. 8. 현재)	인명용 추가 한자 및 허용 한자 별표1	별표2
타	他 打 妥 墮	咤 垜 惰 拕 詑 舵 橢 陀 馱 駝 鴕 佗 楕 柁 柂 鼉 馲 橢	楕(㮡)
탁	濁 濯 卓	度 侂 晫 踔 擢 鐸 托 拆 琢 擇 籜	橐(橐)
탄	炭 歎 彈 誕	呑 坦 灘 嘆 綻 憚 攤 癱 驒	
탈	脫 奪	倪	
탐	探 貪	耽 眈 嗿	
탑	塔	榻 傝 搨	
탕	湯	宕 帑 糖 蕩 燙 盪 盪	
태	太 泰 怠 殆 態 胎	汰 兌 台 胎 邰 笞 苔 跆 颱 鈦 珆 鮐 脫 兌	
택	宅 澤 擇	垞	
탱		撑 掌	

한글	한문 교육용 기초한자 (2007. 8. 현제)	인명용 추가 한자 및 허용 한자	
		별표1	별표2
토	土03 吐08 討10	攄19	
토	免08	免08	兔07 (兎)
톨		噋15	
통	通14 統12 痛10	桶11 慟15 洞10 恫12 筒13 樋15 筒13	
퇴	退13	堆13 槌14 褪16 腿16 頹20 隤20	
투	投08 透14 鬪20	偸11 妬10 妒07 姤13 淘14	
특	特10	偸07	
특	忒10	慝15 忒07	
틈	闖18	闖18	
파	破 波 派10 播16 罷08 頗17 把11	巴04 芭13 琶08 杷11 婆12 擺19 爬08 跛12 叵05 妸07 跛08 怕08 灞25	
판	判07 板11 版08 阪12 販08 版	阪12 販08 辦19 瓣19	
팔	八08	叭05 捌11 汃06	

인명용 추가 한자 및 허용 한자 표

한글	한문 교육용 기초한자 (2007. 8. 현재)	별표1	별표2
패	⁰⁷貝 敗	¹¹浿 ⁰⁸佩 ¹²牌 ¹⁰唄 ¹¹悖 ⁰⁸沛 ¹¹沮 孛 ¹⁰施 ¹¹琲 ¹⁵霈 ²¹覇	¹⁸霸(覇)
팽		¹²彭 ¹⁶澎 ¹¹烹 ¹⁰砰 ¹⁸膨 蟚 蟛	
퍅		¹³愎	
편	⁰⁴片 ¹⁵便 ¹⁵篇 ¹⁵編 ¹¹遍 ¹⁶偏	⁰⁹扁 ¹⁵翩 ¹⁹騗 ¹¹匾 ¹³徧 ¹³緶 ¹⁵篇 ¹⁵騙 ¹⁶緶 ¹⁵褊	
폄		¹²貶 ¹⁰砭 ¹⁰窆	
평	⁰⁵平 ¹²評	⁰⁸坪 ⁰⁹枰 ¹⁴泙 ¹¹苹 ¹⁰砯 ¹⁴泙 ¹⁶鮃	
폐	¹¹閉 ¹⁰肺 ¹⁵廢 ¹⁵蔽 ¹⁵弊 ¹⁵幣	¹⁵陛 ⁰⁷吠 ¹²斃 ¹⁸獘 ¹¹狴 ¹⁶嬖 ¹⁷癈	
포	⁰⁵布 ⁰⁹抱 ⁰⁵包 ¹¹捕 ⁰⁷胞 ¹⁴鮑 蒲 浦	甫 俌 匍 ¹¹咆 圃 ⁰⁸哺 ⁰⁹泡 ¹⁰疱 暴 ¹⁵暴 ⁰⁹泡 ⁰⁹炮 ⁰⁸炰 ¹⁴誧 鋪 ¹⁶誧 袍 ¹³脯 鮑 ¹⁶鯆 ¹⁷庖 ¹¹庖 ¹⁴鋪	⁰⁸拋(抛)

- 61 -

한글	한문 교육용 기초한자 (2007. 8. 현재)	인명용 추가 한자 및 허용 한자	
		별표1	별표2
폭	暴¹⁵ 爆¹⁹ 幅¹²	曝¹⁹ 瀑¹⁹ 輻¹⁶	
표	表⁰⁸ 票¹¹ 標¹⁵ 漂¹⁴	杓⁰⁷ 豹¹⁰ 彪¹¹ 驃²¹ 剽¹³ 劇¹⁶ 嘌¹⁵ 慓¹⁴ 瓢²⁰ 飆²¹ 飇²¹ 瞟¹⁷ 慓¹³ 勳¹³ 嫖¹⁴ 摽¹⁴ 標¹⁵ 縹¹⁷ 鰾²² 鏢²³ 髟¹⁰ 鰾²	飆²¹ (飈)
품	品⁰⁹	稟¹³	
풍	風⁰⁹ 豊¹⁸	諷¹⁶ 馮¹² 楓¹³ 瘋¹⁴	豊¹³ (豐)
피	皮⁰⁵ 彼⁰⁸ 疲¹⁰ 被¹⁰ 避²⁰	披¹⁵ 陂⁰⁸ 陂¹³ 詖¹³ 鞁¹⁴ 髲¹⁵	
핍		腷¹⁵	
필	必⁰⁵ 匹⁰⁴ 筆¹² 畢¹¹	沁¹² 邲⁰⁸ 弼¹² 泌⁰⁷ 疋⁰⁵ 珌¹⁴ 鉍¹⁴ 縪¹⁷ 馝¹⁵ 鞸¹⁷ 韠¹⁷ 鞸¹⁵ 鰝¹⁷ 鬕¹⁷ 鞸¹⁷ 鼉¹⁷	
핍	乏⁰⁵ 逼¹³	偪¹¹	
하	下⁰³ 夏¹⁰ 賀¹² 何⁰⁷ 河⁰⁸ 荷¹¹	廈¹³ 瑕¹⁵ 蝦¹⁶ 嘏¹⁷ 鰕¹⁹ 遐¹³ 呀⁰⁹ 岈⁰⁷ 嚇¹⁴ 閜¹⁷ 碬¹⁴ 罅¹⁷ 閊¹⁶ 嘏¹³ 鍜¹⁹ 讚¹⁹ 煆¹³	廈¹² (廈) 夏⁰⁹ (昰)
학	學¹⁶ 鶴²¹	壑¹⁷ 虐⁰⁹ 謔¹⁷ 瘧¹⁵ 皬¹² 确¹² 郝¹⁴ 鷽²⁴	學⁰⁸ (学)
한	閑¹² 恨¹⁰ 限⁰⁹ 韓¹⁷ 漢¹⁴ 旱⁰⁷ 汗⁰⁶	澣¹⁷ 瀚²⁰ 翰¹⁶ 閒¹² 閑¹¹ 悍¹² 罕⁰⁷ 澗¹⁸ 瀯¹⁴ 鼾²³ 邗¹⁰ 嫻¹⁵ 嫺¹⁶ 橺¹⁷ 幱²¹ 閞⁰⁷ 扞⁰⁷	

한글	한문 교육용 기초한자 (2007. 8. 현재) 조한자	인명용 추가 한자 및 허용 한자 별표1		별표2
할	割[12]	瞎[15] 辖[17]		
함	咸[09] 含[07] 陷[16]	喊[12] 檻[18] 緘[15] 諴[18] 醎[20] 銜[14] 誠[16] 轞[20] 闞[20] 函[08] 涵[12] 艦[21] 鹹[20]		銜(啣)[11]
합	合[06]	哈[08] 盒[11] 蛤[14] 閤[12] 闔[18] 陜[10] 榼[14] 溘[14] 盍[13] 郃[13] 盇[13] 郶[13]		
항	恒[10] 巷[09] 港[12] 項[12] 抗[07] 航[10]	亢[04] 沆[07] 姮[09] 伉[06] 杭[08] 缸[09] 肛[08] 行[06] 降[09] 炕[08] 夯[05] 頏[13]		恒(恆)[10] 姮(嫦)[14]
해	害[10] 海[10] 亥[06] 解[13] 該[13]	偕[11] 楷[13] 諧[16] 咳[09] 垓[09] 孩[09] 懈[16] 瀣[20] 蟹[19] 邂[20] 駭[16] 薤[19] 獬[16] 沍[11] 廨[16] 醢[17] 頦[15] 陔[13] 鮭[17] 頃[13]		海(海)[10]
핵	核[10]	劾[08] 翮[16] 覈[19]		
행	行[06] 幸[08]	杏[07] 倖[10] 荇[12] 涬[12]		
향	向[06] 香[09] 鄉[13] 響[20]	珦[11] 嚮[19] 餉[15] 饗[22] 麘[20] 晑[10]		
허	虛[12] 許[11]	墟[15] 噓[16] 嘘[14] 歔[18] 盨[23] 憶[19] 田[14]		
헌	軒[10] 憲[16] 獻[20]	幰[19] 攇[18] 櫶[20] 蘇[23] 軒[10] 憶[19] 田[14]		

한글	한문 교육용 기초한자 (2007. 8. 현재)	인명용 추가 한자 및 허용 한자	
		별표1	별표2
혈		歇[13]	
험	險[21] 驗[23]	嶮[16] 獫[17] 玁[24]	
혁	革[09]	赫[14] 爀[18] 奕[09] 焱[12] 侐[11] 焃[21] 嚇[17] 㷬[10] 闋[18]	
현	現[12] 賢[15] 玄[05] 絃[11] 縣[16] 懸[20] 顯[23]	見[07] 睍[11] 眩[11] 泫[11] 炫[09] 鉉[13] 眩[12] 絢[12] 俔[09] 晛[09] 睍[12] 舷[11] 絃[14] 俔[15] 偘[15] 儇[16] 嬛[12] 娟[11] 妶[09] 娊[10] 娹[12] 睍[16] 縣[18] 譞[16] 䜇[18] 鋗[14] 蜆[16] 駽[13] 蜌[14]	顕(顯)[18]
혈	血[06] 穴[05]	子[03] 頁[06] 絜[12] 趣[13]	
혐	嫌[13]		
협	協[08] 脅[12]	俠[09] 挾[11] 峽[10] 夾[07] 浹[11] 鋏[13] 頰[16] 冾[08] 叶[05] 埉[10] 協[10] 狹[13] 愜[13] 篋[15]	脅(脅)[12]
형	兄[05] 刑[07] 形[07] 亨[07] 螢[16] 蛍[08] 衡[16]	型[09] 邢[11] 珩[10] 洞[09] 炯[09] 瑩[15] 鎣[18] 馨[20] 熒[14] 濚[22] 澖[18] 瀅[18] 荊[12] 鑒[18]	泂(泂)[13]
형	兄[05] 刑[07] 形[07] 亨[07] 螢[16] 蛍[08] 衡[16]	聖[12] 經[12] 婞[10] 娙[12]	
혜	惠[12] 慧[15] 兮[04]	蕙[18] 彗[11] 憓[22] 譓[19] 嚖[15] 蹊[17] 謑[17] 醯[19] 鞋[15] 譓[19] 譓[20] 鏸[17] 㒑[02] 訏[11] 傒[12]	恵(惠)[10]

한글	한문 교육용 기초한자 (2007. 8. 현재)	인명용 추가 한자 및 허용 한자	
		별표1	별표2
호	戶04 平05 呼06 好06 虎08 號13 湖12 互14 毫14 豪15 胡11 浩13 護21	晧11 皓12 昊08 淏11 吴12 昦18 淲12 濠18 澔15 祜10 琥13 弧08 怙08 瓠11 狐09 頀23 顥21 蒿13 蔰15 嚆17 滸14 猢15 楛13 熩15 皞19 餬19 嫭15 嫮14 昈08 唬11 籇18 戽08 滬14 鄗13 槁14 鎬18 壕17 濠11 淲10 嘷15 皜15 皥16 皞13 謞16 蝴16	芐10(芦) 浩(澔)16 號05(号)
혹	惑12	酷14 熇14	
혼	婚11 混11 昏08 魂14	渾13 琿13 俒10 顚09 圂10 溷13 圂16 閽16	
홀	忽08	惚12 笏10 歾07 圂07	
홍	紅09 洪10 弘05 鴻17	泓10 虹09 訌10 哄09 汞07 鉄14 晎15 汞13 澒16 項15 閧16	
화	火04 化04 花07 貨11 和08 話13 華14 畵13 禾05 禍14	嬅15 樺16 譁19 驊22 嘩16 靴13 俰10 澕16 吪07 姡16 鉌22 鏵	畵13(畫)
확	確15 穫19 擴18	廓14 攫20 矍20 矡25 礭21 鑊	碻15(碻)
환	患11 丸03 換12 還17 環18 歡22	喚12 奐09 渙13 煥11 桓10 皖12 紈10 晥12 宦08 幻04 懽21 圜16 鰥21 轘23 擐17 豢13 寰16 逭10 澣17 瓛23 絙12 瑍16 環13 繯23 闤15	

인명용 추가 한자 및 허용 한자

한글	한문 교육용 기초한자 (2007. 8. 현재)	별표1	별표2
활	活[10]	闊[17] 濶[14] 猾[14] 蛞[12]	闊(濶)[18]
황	黃[12] 皇[09] 況[09] 荒[12]	凰[11] 惶[12] 媓[14] 滉[14] 榥[14] 晃[10] 怳[13] 徨[13] 恍[14]	晃(恍)[10]
		慌[14] 潢[16] 篁[18] 簧[18] 瑝[16] 遑[15] 蝗[15] 遑[19] 璜[14] 瑾[12] 貺[09] 皝[09] 鎤[24]	
회	回[06] 會[13] 悔[11] 懷[20]	廻[09] 恢[10] 檜[17] 澮[17] 繪[19] 誨[14] 匯[09] 徊[09] 獪[12]	繪(繪)[12] 會(会)[06]
		晦[11] 賄[13] 灰[06] 徊[08] 盔[10] 詼[13] 迴[09] 頮[16]	
획	獲[18] 劃[14]	嵔[07]	
횡	橫[16]	鐄[20] 鈜[08] 澋[12] 鍠[25] 黌[18]	
효	孝[07] 效[10] 曉[16]	涍[12] 洨[04] 嘵[20] 嗃[20] 崤[17] 梟[11] 曅[12] 譇[18]	效(効)[08]
		微[12] 泬[10] 烋[11] 婋[15] 淆[21] 罍[21] 餚[17]	
후	後[09] 厚[09] 侯[09] 候[10]	后[06] 逅[13] 吼[07] 喣[11] 嗅[12] 朽[06] 欹[12] 姁[08] 芋[18] 吘[08]	厚(垕)[09]
		帿[12] 猴[13] 詡[13] 餱[18] 酗[11] 餦[11]	
훈	訓[10]	勳[16] 燻[17] 薰[19] 纁[20] 壎[13] 曛[18] 熏[14] 煇[15]	勳(勛)[12]·勳[13] 薰(蕲)[22] 薰(薫)[06]
		勛[11] 焄[11] 燻[12] 鑂[22] 畢[14] 纁[19] 薰[18] 燻[18] 葷[14]	
훼		欻[12]	
휴		虧[19]	

한글	한문 교육용 기초한자 (2007. 8. 현재)	인명용 추가 한자 및 허용 한자 별표1	별표2
훤		喧¹² 暄¹³ 煊¹³ 萱¹⁵ 愃¹³ 煖¹³ 烜¹³ 咺⁰⁸ 諠¹⁶ 誼¹⁶ 諼¹⁶	
훼	毁¹³ 毀¹⁵	喙¹² 毁¹³ 毀¹³ 卉⁰⁶ 虺⁰⁹ 虺⁰⁹	卉(卉)⁰⁵
휘	揮¹³ 輝¹⁵	暉¹³ 徽¹⁷ 煇¹³ 諱¹⁶ 撝¹⁵ 麾¹⁵	
휴	休⁰⁶ 携¹⁴	畦¹¹ 庥⁰⁹ 虧¹⁷ 咻⁰⁹ 髹¹⁷ 隳²³ 烋¹⁰ 休¹⁷	
휼		恤¹⁰ 譎¹⁹ 鷸²³	
흉	凶⁰⁴ 胸¹²	兇⁰⁶ 匈⁰⁶ 洶¹⁰ 胸¹⁰ 胷¹²	
흑	黑¹²		
흔		欣⁰⁸ 炘⁰⁸ 痕¹¹ 很⁰⁹ 掀¹² 掀¹² 釁²⁵	
흘		屹⁰⁶ 仡⁰⁵ 汔⁰⁷ 訖¹⁰ 迄⁰⁷ 迄¹⁰	
흠	欽¹²	欠⁰⁴ 歆¹³ 鑫²⁴ 廞¹⁵	
흡	吸⁰⁷	洽¹⁰ 恰¹⁰ 翕¹² 噏¹⁵ 歙¹⁶ 潝¹⁶ 翖¹²	

한글	한문 교육용 기초한자 (2007. 8. 현제)	인명용 추가 한자 및 허용 한자	
		별표1	별표2
흥	興[15]		
희	希[07] 喜[12] 稀[12] 戲[18]	姬[09] 晞[09] 俙[11] 僖[11] 憘[13] 憙[14] 暿[16] 橲[16] 凞[16] 熙[16] 熺[16] 爔[19] 餼[19] 戱[16] 嬉[15] 熹[16] 曦[20] 犧[20] 燹[20] 爔[20] 囍[22] 烋[06] 欷[11] 歖[11] 羲[16] 餼[28]	熙[13] (熙·煕)[14] 姬[09](姫) 熹[16](熺) 戲[16](戱)
힐		詰[13] 犵[07] 纈[21] 襭[21] 頡[15] 黠[18]	

주: 1. 위 한자는 이 표에 지정된 발음으로만 사용할 수 있다. 그러나 첫소리(初聲)가 "ㄹ" 또는 "ㄴ"인 한자는 각각 소리나는 바에 따라 "ㅇ" 또는 "ㄴ"으로 사용할 수 있다.

2. 동자(同字)·속자(俗字)·약자(略字)는 별표 2의 ( )내에 기재된 것에 한하여 사용할 수 있다.

3. "示" 변과 "礻" 변, "++" 변과 "艹" 변은 서로 바꾸어 쓸 수 있다.

예 : 福 = 福, 蘭 = 蘭

제2부. 실용 인명한자

음가부(音價部, 가나다 순)

일러두기

1. 대법원선정인명용한자 8,142자(2015. 1. 1. 시행) 중 한자의 뜻(의미意味)과 자형(字形) 등으로 이름(성명姓名)에 부적합(不適合)할 수 있고, 그 사용이 극미(極微)할 수 밖에 없는 한자(3,892자)를 제외(除外)한 한자 4,250를 나름대로 수록(收錄)하였다. 이는 실제 이름에서 쓰일만한 그나마 실용적인 한자들이다. 물론 인명용한자 전체 8,142자는 제 1부 인명용한자 표의 원획까지 기재된 개별 한자를 사용하면 된다.

2. 가나다 음가(音價) 순으로 배열한 다음 원획(原劃)순으로 배열하였다. 각기 "음"아래 ( )안에는 음가별 발음오행(發音五行)을 木火土金水로 기재하였다. 획수 중 1~9는 앞에 0을 붙여 기재하였다.

3. 음 다음 "획수"는 10단위 숫자로 원획(原劃, 본부수획本部首劃)이다. 원획은 성명(姓名)에 사용하는 획수로 실획(實劃, 약부수획略部首劃)과 다름에 유의(留意)한다. 또 옥편(玉篇)으로 이용할 때에도 마찬가지다.

4. 동자(同字) 속자(俗字) 약자(略字) 고자(古字) 와자(訛字) 등은 "뜻"란에 동, 속자임과 본자(本字)의 원획수를 ( )에 기재하였다.

5. "뜻" 다음 칸 옆으로 "부수"는 한자 색인(索引)으로 쓰이는 부수(部首)이다. "실획"은 한자의 실획(實劃, 정획正劃, 필획筆劃, 약부수획略部首劃)이다. 일부 한자는 부수에 따라 원획과 1~5획의 차이가 난다. 예를 들면 氵삼수변의 洙(물가 수)의 경우 원획은 10인데 실획은 9이다. 실획은 주역(周易)에서 작괘(作卦)할 때 등 구별 사용된다.

6. "자원"은 한자의 자원오행(字源五行)를 말하는데 이름 작명에 사주의 용신(用神)을 반영하여 선천국합국(先天局合局)에 활용된다.

7. "곡획"은 한자의 곡획(曲劃)이다. 곡획은 한자의 구부러진 획을 말하는데, 예를 들면 새을乙은 원획 "1"인데 곡획은 "4"이고, 길도道는 원획 "16" 실획 "13" 곡획 "15"이다. 곡획은 주역에서 작괘(作卦)할 때 등 원획, 실획과 구별 사용된다.

음	획수	한자	뜻	부수	실획	자원	곡획	음	획수	한자	뜻	부수	실획	자원	곡획
	05	可	옳을 허락할	口	5	水	7		14	嘉	아름다운 착할	口	14	水	18
	05	加	더할 베풀	力	5	水	8	가 (木)	15	價	값 가치	人	15	火	17
	08	佳	아름다울 좋을	人	8	火	8		15	稼	심을 농사	禾	15	木	17
	09	架	시렁 건너지를	木	9	木	12		15	駕	탈것 부릴 수레	馬	15	火	20
	09	柯	줄기 바리 자루	木	9	木	11		17	謌	노래 칭송할	言	17	金	22
	10	家	집 집안	宀	10	木	12		06	各	각각 서로	口	6	水	8
	10	哥	노래 소리	口	10	水	14		07	角	뿔 견줄	角	7	木	10
	10	珂	옥이름 구슬이름	玉	9	金	11		08	刻	새길 모질	刀	8	金	10
	10	哿	옳을 좋을 맷돌 돌	口	10	水	14		10	珏	쌍옥	玉	9	金	9
	11	苛	잔풀 매울	艸	9	木	11		10	恪	삼갈 조심할	心	9	火	11
가 (木)	11	茄	연 연줄기	艸	9	木	12	각 (木)	11	桷	서까래	木	11	木	14
	11	袈	가사 승려옷	衣	11	木	15		12	殼	껍질 내려칠	殳	12	金	19
	11	耞	도리깨	耒	11	金	14		13	脚	다리 발	肉	11	水	16
	12	街	거리 한길	行	12	火	13		14	閣	누각 선반	門	14	木	19
	12	迦	부처이름	辵	9	土	13		14	慤	성실할 착할	心	14	火	20
	12	軻	굴래 차축	車	12	火	15		20	覺	깨달을 드러날	見	20	火	25
	13	暇	겨를 한가할	日	13	火	17		03	干	방패 천간	干	3	木	3
	13	嫁	시집갈 일할	女	13	土	16	간 (木)	05	刊	책 펴낼 새길	刀	5	金	6
	13	賈	값 가격	貝	13	金	15		06	艮	머무를 간괘	艮	6	土	8
	14	歌	노래 새지저귈	欠	14	金	19		07	杆	나무이름 박달나무	木	7	木	7

음	획수	한자	뜻	부수	실획	자원	곡획	음	획수	한자	뜻	부수	실획	자원	곡획
간 (木)	08	侃	강직할	人	8	火	11	갈	18	鞨	오랑캐이름 말갈	革	18	金	23
	08	玕	그리워할 사모할	玉	7	金	7	감 (木)	05	甘	달 느슨할	甘	5	土	5
	08	矸	그리워할 사모할	石	8	金	9		09	柑	감귤 감자나무	木	9	木	9
	09	看	볼 지켜볼	目	9	木	10		09	玲	옥돌	玉	8	金	9
	09	肝	간 마음	肉	7	木	10		11	紺	감색 야청빛	糸	11	木	13
	09	竿	장대 횃대	竹	9	木	9		11	勘	헤아릴 정할	力	11	土	15
	12	間	사이 이간할	門	12	土	16		12	敢	군셀 감히	攴	12	金	14
	12	稈	짚 볏짚	禾	12	木	13		12	堪	견딜 하늘	土	12	土	14
	13	幹	줄기 맡을	干	13	木	14		12	酣	즐길 한참 성할	酉	12	金	14
	13	揀	가릴 분별할	手	12	木	14		13	感	느낄 감동할	心	13	火	16
	16	墾	개간할 힘쓸	土	16	土	19		14	監	볼감 거울삼을	皿	14	金	17
	16	澗	산골물 시내	水	15	水	19		16	橄	감람나무	木	16	木	16
	17	懇	그리워할 사모할	心	17	火	22		17	瞰	볼 내려다볼	目	17	木	18
	17	磵	도랑 시내 산골물	石	17	金	22		17	歛	바랄 탐할	欠	17	金	20
	18	簡	편지 대쪽	竹	18	木	22		22	鑑	볼 거울, 비칠	金	22	金	25
갈 (木)	06	罨	땅이름	乙	6	土	12		22	龕	감실, 평정 절의탑	龍	22	土	29
	11	秸	볏짚 새이름	禾	11	木	12	갑 (木)	05	甲	갑옷, 껍질 첫째 손톱	田	5	木	6
	15	葛	칡 덩굴	艸	13	木	17		07	匣	갑 작은상자	匚	7	木	9
	15	褐	털옷 베옷	衣	14	木	19		08	岬	산허리 산기슭	山	8	土	10
	16	噶	다짐할 맹세할	口	16	水	21		13	鉀	갑옷	金	13	金	14

음	획수	한자	뜻	부수	실획	자원	곡획	음	획수	한자	뜻	부수	실획	자원	곡획
강(木)	07	江	강 큰내 별이름	水	6	水	6	강(木)	17	講	강론할 익힐	言	17	金	20
	07	杠	다리 깃대	木	7	木	7		17	櫃	군셀 감탕나무	木	17	木	19
	07	扛	들 멜	手	6	木	7		17	糠	겨 쌀겨	米	17	木	19
	08	岡	산등성이	山	8	土	11		17	繦	포대기 밧줄	糸	17	木	25
	08	矼	징검다리 돌다리	石	8	金	9		17	襁	포대기 업을	衣	16	木	23
	08	玒	공옥강	玉	7	金	7		19	顜	밝을	頁	19	火	22
	09	姜	강할, 군셀 생강	女	9	土	10		19	疆	지경 군은 땅	田	19	土	25
	09	舡	배, 선박 술잔	舟	9	木	11	개(木)	04	介	끼일 도울	人	4	火	4
	10	剛	군셀 엑셀	刀	10	金	14		06	价	착할 클	人	6	火	6
	11	堈	언덕 항아리	土	11	土	14		07	改	고칠 고쳐질	攴	7	金	10
	11	康	편안할 튼튼할	广	11	木	13		09	皆	다 두루 마칠	白	9	火	13
	11	強	강할 힘쓸	弓	11	金	17		09	玠	홀 큰홀	玉	8	金	8
	12	强	強(11)속자 강할, 힘쓸	弓	12	金	18		10	個	낱, 한쪽 낱 치우칠	人	10	火	12
	13	畺	지경 밭두둑	田	13	土	19		12	凱	이길 착할	几	12	木	17
	13	踦	세울 머뭇거릴	足	13	土	16		12	開	열 깨우칠	門	12	火	15
	14	降	내릴 내려올	阜	9	土	13		13	塏	즐거울 높고건조할	土	13	土	15
	14	綱	벼리 대강	糸	14	木	19		14	愷	즐거울 편안할	心	13	火	15
	14	嫝	여자이름자	女	14	土	17		15	槩	절개 풍채	木	15	木	19
	16	彊	강할 힘쓸	弓	16	金	22		15	漑	물댈 닦을	水	14	水	18
	16	鋼	강철 강쇠	金	16	金	19		16	蓋	덮을 덮개	艸	14	木	16

음	획수	한자	뜻	부수	실획	자원	곡획	음	획수	한자	뜻	부수	실획	자원	곡획
개	18	鎧	갑옷 무장	金	18	金	20	거(木)	17	據	의거할 웅거할	手	16	木	20
객	09	客	손 나그네	宀	9	木	12		18	擧	들, 행동 거사	臼	18	木	21
갱(木)	07	更	다시, 더욱 반대로	日	7	火	8		20	遽	역말 급할	辵	17	土	24
	12	硜	돌소리 경쇠소리	石	12	金	16	건(木)	03	巾	수건 덮을	巾	3	木	5
	13	粳	메벼	米	13	木	14		06	件	사건 구분할	人	6	火	6
	19	鏗	금옥소리 거문고소리	金	19	金	21		09	建	세울 열쇠	廴	9	木	12
갹	20	醵	술잔치 수렴할	酉	20	金	25		10	虔	베풀 삼갈	虍	10	木	13
거(木)	05	去	갈 버릴	厶	5	水	6		11	乾	하늘 건괘	乙	11	金	15
	05	巨	클 많을	工	5	火	6		11	健	굳셀 튼튼할	人	11	火	14
	07	車	수레 그물	車	7	火	8		12	湕	물이름	水	11	水	15
	08	居	살 앉을	尸	8	木	10		13	楗	문빗장 방죽	木	13	木	16
	09	炬	횃불 사를	火	9	火	10		13	揵	멜 막을	手	12	木	16
	09	拒	막을 겨룰	手	8	木	10		14	瞯	셀 헤아릴	目	14	木	18
	09	昛	밝을	日	9	火	11		18	鞬	동개 화살통	革	18	金	22
	11	袪	소매 떠날	衣	10	木	12	걸(木)	06	乬	걸, 매달을 걸어둘,음역자	乙	6	火	10
	12	距	떨어질 막을	足	12	土	14		08	杰	傑(12)속자 준걸,뛰어날	木	8	木	8
	13	鋸	클 강할	金	13	金	14		12	傑	준걸 뛰어날	人	12	火	14
	13	渠	우두머리 도랑	水	12	水	13	검(木)	12	鈐	비녀장 자물쇠	金	12	金	13
	15	踞	웅크링 걸터앉을	足	15	土	18		15	儉	검소할 흉년들	人	15	火	17
	16	鋸	톱 톱질할	金	16	金	18		15	劒	칼 죽일	刀	15	金	18

음	획수	한자	뜻	부수	실획	자원	곡획	음	획수	한자	뜻	부수	실획	자원	곡획
검(木)	16	黔	검을 그을	黑	16	水	18	견	20	繾	극진할 정성스런	糸	20	木	26
	17	檢	봉할 조사할	木	17	木	19	결(木)	08	決	결정할 끊을	水	7	水	8
겁(木)	07	劫	위협할 겁탈, 무한	力	7	水	10		08	抉	도려낼 들추어낼	手	7	木	9
	12	迲	갈 자내	辵	9	土	11		09	絜	맑을 깨끗할	女	9	土	12
게(木)	11	偈	쉴 불시, 가타	人	11	火	15		09	玦	패옥 깍지	玉	8	金	9
	13	揭	높이들 걸	手	12	木	17		11	訣	비결, 이별 헤어질	言	11	金	13
	16	憩	쉴 휴식할	心	16	火	19		12	結	맺을 마칠	糸	12	木	15
격(木)	10	格	인격, 격식 지위	木	10	木	12		13	迼	뛸	辵	10	土	12
	10	挌	칠 두드릴	手	9	木	12		16	潔	깨끗할	水	15	水	19
	17	擊	칠 죽일	手	17	木	24	겸(木)	10	兼	겸할 쌓을	八	10	金	12
	17	激	부딪칠 과격할	水	16	水	19		13	鉗	칼 낫	金	13	金	13
	17	檄	격서 편지	木	17	木	20		13	嗛	겸손할 흉년들	口	13	水	15
	18	隔	막을 뜰	阜	13	土	19		14	橸	문설주 문	木	14	木	15
견(木)	07	見	볼 견해	見	7	火	10		16	縑	비단 명주	糸	16	木	19
	10	肩	어깨 이길	肉	8	水	11		17	謙	겸손할 사양할	言	17	金	19
	11	堅	굳을 군셀	土	11	土	14	경(木)	07	更	바꿀 고칠	曰	7	金	8
	11	牽	끌 이끌	牛	11	土	14		07	冏	빛날 밝을	冂	7	火	11
	13	絹	명주 비단	糸	13	木	18		08	京	서울 클	亠	8	土	10
	14	甄	가마 질그릇	瓦	14	土	19		08	庚	별, 천간 나이	广	8	金	9
	17	遣	보낼 버릴	辵	14	土	18		08	坰	들 교외	土	8	土	11

음	획수	한자	뜻	부수	실획	자원	곡획	음	획수	한자	뜻	부수	실획	자원	곡획
	08	炅	빛날 밝을	火	8	火	9		13	敬	공경, 훈계 삼갈, 절제	攴	13	金	16
	09	俓	곧을 지름길	人	9	火	12		13	傾	기울일 다툴	人	13	火	16
	09	勁	셀 굳셀	力	9	金	14		13	莖	줄기 칼자루	艸	11	木	14
	09	畊	밭갈 농사지을	田	9	土	10		13	綆	두레박줄 밧줄	糸	13	木	16
	09	亰	京(8)동자 서울, 클	亠	9	土	11		14	逕	좁은길 지날	辵	11	土	15
	10	耕	갈 농사	耒	10	土	10		14	輕	가벼울 경솔할	車	14	火	18
	10	徑	지름길 빠를	彳	10	火	13		14	境	지경 경계	土	14	土	17
	10	倞	굳셀 겨룰	人	10	火	12		15	熲	빛 불빛	火	15	火	18
	10	耿	빛 밝을	耳	10	火	10		15	儆	경계할	人	15	火	18
경 (木)	10	勍	셀 강할	力	10	金	14	경 (木)	15	慶	경사 착할	心	15	火	19
	11	竟	마칠, 지경 마침내	立	11	金	14		16	磬	경쇠 다할	石	16	金	22
	11	頃	잠깐 기울	頁	11	火	14		16	憬	깨달을 동경할	心	15	火	18
	11	梗	막힐 굳셀	木	11	木	12		16	曔	밝을 볕,경치	日	16	火	20
	11	涇	통할 곧을	水	10	水	13		17	璟	옥빛 광채	玉	16	金	19
	11	焵	빛날	火	11	火	15		17	擎	들, 받들 우뚝솟을	手	17	木	21
	11	絅	끌어죌 엄할, 홑옷	糸	11	木	16		17	檠	도지개 등불	木	17	木	20
	12	景	볕, 빛 경치 밝을	日	12	火	15		17	憼	공경 경계할	心	17	火	20
	12	硬	강할 단단할	石	12	金	14		17	曒	밝을 마를	日	17	火	20
	12	卿	벼슬 선생	卩	12	木	16		18	璥	경옥 옥이름	玉	17	金	20
	13	經	글, 경서 날실	糸	13	木	18		19	鏡	거울 안경	金	19	金	22

음	획수	한자	뜻	부수	실획	자원	곡획	음	획수	한자	뜻	부수	실획	자원	곡획
경 (木)	19	鯨	고래	魚	19	水	23	계 (木)	12	堦	섬돌, 층계 사다리	土	12	土	16
	19	鶊	꾀꼬리	鳥	19	火	23		14	溪	시내 산골짜기	水	13	水	15
	20	競	다툴 쫓을	立	20	金	25		14	誡	경계할 경계	言	14	金	16
	20	警	경계할 경보	言	20	金	24		15	磎	谿(17)속자 시내, 계곡	石	15	金	18
	20	瓊	옥 구슬	玉	19	金	23		15	稽	머무를 상고할	禾	15	木	18
	23	驚	놀랄 두려울	馬	23	火	28		17	階	섬돌 층계	阜	12	土	18
계 (木)	07	系	실, 핏줄 실마리	糸	7	木	9		17	谿	시내 계곡	谷	17	水	20
	07	戒	경계할 고할	戈	7	金	8		20	繼	이을 맬	糸	20	木	30
	08	季	계절, 끝 막내, 말년	子	8	水	10	고 (木)	05	古	옛, 선조 우선	口	5	水	6
	08	屆	이를 지극할	尸	8	木	10		05	叩	두드릴 조아릴	口	5	水	8
	09	癸	열째천간 경도,헤아릴	癶	9	水	10		07	告	고할 물을	口	7	水	8
	09	界	지경 경계	田	9	土	10		07	估	값, 팔 값놓을	人	7	火	8
	09	計	셀 꾀할	言	9	金	10		08	考	생각할	耂	6	土	9
	09	係	이을, 맬 끝	人	9	火	11		08	固	굳을 진실로	口	8	水	10
	09	契	계약 맺을	大	9	木	11		08	孤	외로울 홀로	子	8	水	11
	10	桂	계수나무	木	10	木	10		08	杲	밝을 높을	木	8	木	9
	10	烓	화덕 밝을	火	10	火	10		09	故	연고, 사건 옛, 이유	攴	9	金	10
	11	械	기구 형틀	木	11	木	12		09	枯	마를 쇠할	木	9	木	10
	11	啓	열 인도할	口	11	水	13		10	高	높을 높일	高	10	火	14
	12	堺	界(9)속자 지경, 경계	土	12	土	13		10	庫	곳집 창고	广	10	木	11

음	획수	한자	뜻	부수	실획	자원	곡획	음	획수	한자	뜻	부수	실획	자원	곡획
고 (木)	10	拷	칠고 두드릴	手	9	木	13	곡 (木)	16	縠	주름비단 명주	糸	16	木	23
	10	羔	새끼양 흑양	羊	10	土	10		18	鵠	고니 흰빛	鳥	18	火	22
	10	股	넓적다리 정강이	肉	8	水	14	곤 (木)	08	坤	땅 곤괘	土	8	土	9
	11	苦	쓸 괴로울	艸	9	木	10		08	昆	형, 맏 자손	日	8	火	12
	11	皐	언덕 늪	白	11	水	12		10	袞	곤룡포	衣	10	木	12
	12	雇	품팔, 품살 고용할	隹	12	火	13		11	崑	곤륜산 산이름	山	11	土	16
	13	槀	볏짚	禾	12	木	14		11	梱	문지방 두드릴	木	11	木	12
	13	鼓	불칠 연주할	鼓	13	金	15		11	悃	정성	心	10	火	11
	13	賈	장사 상인	貝	13	金	15		11	捆	두드릴	手	10	木	12
	14	敲	두드릴 회초리	攴	14	金	19		13	琨	옥돌 패옥	玉	12	金	16
	14	暠	횔 밝을	日	14	火	19		14	緄	띠 꿰맬	糸	14	木	20
	14	誥	고할 가르칠	言	14	金	16		15	滾	흐를 샘솟을	水	14	水	16
	15	稿	초 볏짚	禾	15	木	19		16	錕	곤오산 산이름	金	16	金	20
	16	膏	살찔 기름질	肉	14	水	19	골 (木)	08	汩	빠질 다스릴	水	7	水	8
	20	藁	볏집	艸	18	木	22		10	骨	뼈 뼈대	骨	10	金	14
	21	顧	돌아갈 당길	頁	21	火	23		14	搰	팔 들출	手	13	木	18
곡 (木)	06	曲	굽을 가락	曰	6	土	7		14	榾	등걸 장작	木	14	木	18
	07	谷	곡 막힐	谷	7	水	8	공 (木)	03	工	장인 교묘할	工	3	火	3
	11	斛	헤아릴 휘	斗	11	火	14		04	公	공변될 존칭, 관청	八	4	金	6
	15	穀	곡식 기를	禾	15	木	20		04	孔	공, 공로 매우, 클	子	4	水	8

음	획수	한자	뜻	부수	실획	자원	곡획
공 (木)	05	功	공, 공로 공치사	力	5	木	7
	06	共	함께 공경할	八	6	金	6
	07	攻	칠 다스릴	攵	7	金	7
	08	空	하늘 공간	穴	8	水	10
	08	供	베풀 받들	人	8	火	8
	10	恭	공손할 받들	心	10	火	11
	10	貢	바칠 천거할	貝	10	金	11
	10	拱	껴안을 맞잡을	手	9	木	10
	10	栱	두공 말뚝	木	10	木	10
	11	珙	옥 구슬	玉	10	金	10
	12	控	당길 고할	手	11	木	14
	14	槓	지렛대	木	14	木	15
곳	07	串	곳 익힐	丨	7	金	9
과 (木)	05	瓜	오이 참외	瓜	5	木	6
	08	果	과실 해낼	木	8	木	9
	08	侉	자랑할 뽐낼	人	8	火	11
	09	科	과정, 과거 조목, 정도	禾	9	木	9
	13	誇	자랑할 거칠	言	13	金	17
	13	跨	넘을 건너갈	足	13	土	17
	13	稞	보리 알곡식	禾	13	木	14

음	획수	한자	뜻	부수	실획	자원	곡획
과 (木)	14	寡	적을 홀어미	宀	14	木	18
	14	菓	실과 과자	艹	12	木	13
	15	課	부서, 매길 조세, 시험	言	15	金	17
	16	過	지나칠 예전	辶	13	土	18
	17	鍋	냄비 노구솥	金	17	金	21
곽 (木)	14	廓	넓을 외성	广	14	木	19
	15	郭	성곽 둘레	邑	11	土	16
	20	鞹	가죽	革	20	金	26
관 (木)	08	官	벼슬 관청	宀	8	木	11
	09	冠	갓 어른	冖	9	木	13
	11	貫	꿸 익숙할	貝	11	金	14
	11	梡	도마, 땔나무 장작	木	11	木	14
	12	款	정성 사랑할	欠	12	金	14
	13	琯	피리 옥저	玉	12	金	15
	13	寬	寬(14)속자 너그러울	宀	13	木	17
	14	管	관 맡을	竹	14	木	17
	14	菅	골풀 난초	艹	12	木	15
	14	綰	얽을 관통할	糸	14	木	19
	15	寬	너그러울	宀	15	木	19
	15	慣	익숙할 버릇	心	14	火	17

음	획수	한자	뜻	부수	실획	자원	곡획	음	획수	한자	뜻	부수	실획	자원	곡획
관(木)	16	舘	館(17)속자 집, 관사	舌	16	水	20	광(木)	12	筐	침상 광주리	竹	12	木	13
	17	館	집 관사	食	17	水	21		12	絖	솜 솜옷	糸	12	木	16
	17	竅	빌, 구멍 법도	穴	17	水	21		15	廣	넓을 널리	广	15	木	16
	19	關	기관 관계할	門	19	木	27		17	礦	쇳돌, 조광 원석	石	17	金	19
	22	灌	물댈 씻을	水	21	水	23		18	壙	광 공허할	土	18	土	19
	22	爟	봉화	火	22	火	24		19	曠	밝을 빌	日	19	火	21
	23	瓘	옥 옥이름	玉	22	金	24		19	爌	불빛 환할	火	19	火	20
	24	罐	두레박 항아리	缶	24	土	27		21	纊	솜, 솜옷 누에고치	糸	21	木	24
	25	觀	볼 생각할	見	25	火	30		23	鑛	쇳돌 광물	金	23	金	24
괄(木)	08	佸	이를 모일	人	8	火	9	괘(木)	08	卦	걸 점칠	卜	8	木	8
	10	括	묶을 담을	手	9	木	11		10	挂	걸, 나눌 통과할	手	9	木	10
	10	栝	노송나무 전나무	木	10	木	11		12	掛	걸 걸쳐놓을	手	11	木	12
	13	适	빠를 신속할	辵	10	土	12	괴(木)	12	傀	클 성할	人	12	火	13
광(木)	05	広	廣(15)속자 넓을, 널리	广	5	木	6		13	塊	덩어리 흙덩이	土	13	土	17
	06	光	빛 빛낼	儿	6	火	8		14	槐	홰나무 느티나무	木	14	木	18
	06	匡	바를 구원할	匚	6	土	7		14	魁	으뜸 우두머리	鬼	14	火	18
	08	侊	성찬, 클 진수성찬	人	8	火	10		17	瓌	구슬이름 아름다울	玉	16	金	18
	10	洸	굳셀 성낼	水	9	水	11	괵(木)	17	馘	귀벨 얼굴	首	17	水	20
	10	桄	베틀 나무	木	10	木	12	굉(木)	07	宏	클 넓을	宀	7	木	9
	11	珖	옥피리 옥이름	玉	10	金	12		10	紘	갓끈 넓을	糸	10	木	13

음	획수	한자	뜻	부수	실획	자원	곡획	음	획수	한자	뜻	부수	실획	자원	곡획
굉(木)	11	滃	용솟음칠 빨리흐름	水	10	水	12	교(木)	17	矯	바로잡을 거짓	矢	17	金	21
	21	轟	울림 우뢰소리	車	21	火	24		17	膠	아교 굳을	肉	15	水	19
교(木)	06	交	사귈 섞일	亠	6	火	6		18	翹	꼬리 날개	羽	18	火	24
	08	佼	예쁠 사귈	人	8	火	8		24	攪	손놀릴 어지러움	手	23	木	29
	09	姣	예쁠 부드러울	女	9	土	10	구(木)	03	口	입 인구	口	3	水	4
	10	校	학교 교정볼	木	10	木	10		03	久	오랠 기다릴	丿	3	水	4
	10	晈	달빛 깨끗할	日	10	火	11		04	勾	굽을, 갈고리 잡을	勹	4	金	7
	11	敎	가르칠, 학교	攴	11	金	13		05	句	글귀 굽을	勹	5	水	8
	11	教	敎(11)속자 가르칠, 학교	攴	11	金	13		05	丘	언덕 무덤	一	5	土	6
	11	皎	달빛 흴	白	11	金	12		07	求	구할 탐할	水	7	水	8
	12	喬	높을 교만할	口	12	水	16		07	究	연구할 궁구할	穴	7	水	12
	12	窖	움, 움집 구멍	穴	12	水	15		07	灸	뜸 구을	火	7	火	8
	13	郊	들, 교외 근교	邑	9	土	11		08	具	갖출 차림	八	8	金	9
	13	較	비교할 대략	車	13	火	14		08	玖	옥돌 검은옥돌	玉	7	金	8
	14	僑	더부살이 높을	人	14	火	18		08	咎	허물 재앙	口	8	水	10
	15	嬌	아리따울 맵시	女	15	土	20		09	九	아홉 아홉번	乙	2	水	5
	15	嶠	높은산 산길	山	15	土	20		09	拘	잡을, 안을 망설일	手	8	木	12
	15	餃	경단 엿	食	15	水	16		09	枸	구기자나무 탱자나무	木	9	木	12
	16	橋	다리 강할	木	16	木	20		09	垢	때 티끌	土	9	土	10
	16	撟	들 올라갈	手	15	木	20		09	姤	만날 아름다울	女	9	土	11

음	획수	한자	뜻	부수	실획	자원	곡획	음	획수	한자	뜻	부수	실획	자원	곡획
	09	晌	따뜻할	日	9	火	13		15	銶	끌, 낫 갈고리	金	15	金	16
	10	俱	함께 갖출	人	10	火	11		15	歐	토할 때릴	欠	15	金	20
	10	矩	모날, 곱자 법도, 네모	矢	10	金	11		15	毆	칠 때릴	殳	15	金	23
	10	珣	옥돌	玉	9	金	12		16	龜	땅이름	龜	16	水	25
	11	救	구원할 도울	攴	11	金	12		17	購	살 구해드림	貝	17	金	20
	11	區	구역 나눌	匸	11	土	15	구 (木)	17	颶	구풍	風	17	木	21
	11	苟	진실로 구차할	艸	9	木	12		17	屨	신, 짚신 가죽신	尸	17	木	21
	11	耈	명길 오래살	老	9	土	12		18	舊	옛, 오랠 친구	臼	18	土	19
	11	毬	공, 제기 공모양	毛	11	火	14		18	軀	몸 신체	身	18	水	24
	11	釦	금테두를 구슬박을	金	11	金	12		18	瞿	살필 노려볼	目	18	木	20
구 (木)	12	球	구슬, 공 경석	玉	11	金	12		21	驅	몰, 대열 내보낼	馬	21	火	27
	12	邱	언덕, 구릉 땅이름	邑	8	土	10		22	鷗	갈매기 백	鳥	22	火	29
	13	鳩	비둘기 편안할	鳥	13	火	19		24	衢	네거리 강구, 기로	行	24	火	27
	13	絿	구할 급박할	糸	13	木	16		07	局	판 사태	尸	7	木	11
	13	鉤	낫, 창 갈고리	金	13	金	16		08	国	國(11)속자 나라, 서울	口	8	水	9
	13	嫌	화친할 겸혼인	女	13	土	16		11	國	나라, 고향 서울	口	11	水	14
	14	構	얽을 맺을	木	14	木	16	국 (木)	14	菊	국화 대	艸	12	木	14
	14	溝	도랑 어리석을	水	13	水	15		14	箣	대뿌리 대나무뿌리	竹	14	木	16
	14	嶇	험할 깍지	山	14	土	19		17	鞠	기를 굽힐	革	17	金	20
	14	廏	마구간	广	14	木	20		17	麴	누룩 곡자	麥	17	木	19

음	획수	한자	뜻	부수	실획	자원	곡획	음	획수	한자	뜻	부수	실획	자원	곡획
군(木)	07	君	임금 남편	口	7	水	9	권(木)	11	圈	둘레 동그라미	口	11	水	16
	09	軍	군사 진칠	車	9	火	11		11	眷	돌볼, 은혜 친척	目	11	木	12
	11	捃	주울 취할	手	10	木	13		12	港	물돌아흐를 물모양	水	11	水	15
	13	群	무리 많을	羊	13	土	15		12	捲	거둘 힘쓸	手	11	木	16
	13	裙	속옷 치마	衣	12	木	15		14	綣	정다울	糸	14	水	20
	14	郡	고을, 관청 쌓을, 무리	邑	10	土	14		15	権	權(22)속자 권세, 저울	木	15	木	15
굴(木)	08	屈	굽을 다할	尸	8	土	11		20	勸	권할 도울	力	20	土	20
	11	堀	굴 땅굴	土	11	土	14		22	權	권세 저울	木	22	木	24
	11	崛	우뚝할 우뚝솟을	山	11	土	15	궐(木)	12	厥	속일 짧을	厂	12	土	14
	12	掘	팔 파낼	手	11	土	15		18	闕	대궐문 뚫을	門	18	木	23
	12	淈	흐릴	水	11	水	14		19	蹶	넘어질 미끄러질	足	19	土	22
	13	窟	굴, 움집 토굴	穴	13	水	18	궤(木)	06	机	책상 나무이름	木	6	木	9
궁(木)	03	弓	활 궁형	弓	3	火	7		09	軌	바퀴굴대 법도, 궤도	車	9	火	13
	08	穹	높을 하늘	穴	8	水	14		13	跪	꿇어앉을 집게발	足	13	土	19
	10	宮	집 궁궐	宀	10	木	13		14	匱	함, 삼태기 상자	匚	14	木	16
	10	躬	몸 몸소	身	10	水	16		16	樻	나무이름 영수목	木	16	木	18
	15	窮	궁할 궁리할	穴	15	水	23		18	櫃	함 궤	木	18	木	20
권(木)	08	卷	책 두루마리	卩	8	木	12		18	繢	토끝 채색할	糸	18	木	22
	08	券	문서 계약	刀	8	金	10		21	饋	먹일 대접할	食	21	水	24
	10	拳	주먹 지닐	手	10	木	11	귀	05	句	구절 굽을	口	5	水	8

음	획수	한자	뜻	부수	실획	자원	곡획	음	획수	한자	뜻	부수	실획	자원	곡획
귀(木)	12	貴	귀할 값비쌀	貝	12	金	14	균(木)	07	均	고를 평평할	土	7	土	9
	12	晷	햇빛 해그림자	日	12	火	15		09	畇	개간할 밭일꾼	田	9	土	12
	16	龜	거북 등골뼈	龜	16	水	25		12	鈞	고를, 놀로 서른조	金	12	金	14
	18	歸	돌아올 시집갈	止	18	土	24		13	筠	대나무 대껍질	竹	13	木	15
규(木)	06	圭	홀, 서옥 저울눈	土	6	土	6		14	覲	크게볼 대껍질	見	14	火	19
	08	糾	얽힐 규명	糸	8	木	11		16	龜	터질 갈라질	龜	16	水	25
	09	奎	별 이름	大	9	土	9	귤	16	橘	귤 귤나무	木	16	木	23
	09	赳	재능 용맹할	走	9	火	10	극(木)	07	克	이길, 참을 능할	儿	7	木	10
	11	規	법 사로잡을	見	11	火	14		09	剋	이길, 정할 다스릴	刀	9	金	13
	11	珪	서옥 홀	玉	10	金	10		12	戟	창 갈라진창	戈	12	金	14
	11	硅	규소 깨뜨릴	石	11	金	12		13	極	지극할 다할	木	13	木	17
	13	揆	헤아릴 법도	手	12	木	14		15	劇	심할, 혹독할 장난할	刀	15	金	19
	13	湀	물솟아흐를 샘솟아흐를	水	12	水	14		18	隙	틈 기를	阜	13	土	17
	13	煃	불꽃	火	13	火	13	근(木)	04	斤	도끼	斤	4	金	4
	13	楏	호미자루 감탕나무	木	13	木	13		06	劤	힘셀 강할	力	6	金	8
	15	槻	느티나무 물푸레나무	木	15	木	18		10	根	뿌리 근본	木	10	木	12
	15	逵	큰길 길	辵	12	土	15		11	近	가까울 사랑할	辵	8	土	9
	16	窺	엿볼 반걸음	穴	16	水	21		12	筋	힘줄, 살 정맥, 힘	竹	12	木	16
	18	竅	구멍 통할	穴	18	水	23		13	勤	부지런할 근무할	力	13	土	16
균	04	勻	적을 고를	勹	4	金	6		13	僅	겨우 적을	人	13	火	14

음	획수	한자	뜻	부수	실획	자원	곡획	음	획수	한자	뜻	부수	실획	자원	곡획
근 (木)	14	墐	매흙질할 묻을	土	14	土	15	급 (木)	06	伋	속일 생각할	人	6	火	8
	14	嫤	아름다울 고울	女	14	土	16		08	汲	물길을 당길	水	7	水	9
	15	漌	맑을 물맑을	水	14	水	15		08	扱	미칠 처리할	手	7	木	10
	15	槿	무궁화 무궁화나무	木	15	木	16		10	級	등급 층계	糸	10	木	14
	16	瑾	옥 아름다운 옥	玉	15	金	16		12	給	줄, 베풀 선사, 하사	糸	12	木	15
	17	懃	은근할 부지런할	心	17	火	21	긍 (木)	06	亘	건널 뻗침	二	6	火	7
	18	謹	삼갈 공경할	言	18	金	20		09	矜	숭상할 창자루	矛	9	金	13
글 (木)	06	劼	뜻, 힘있는 지친모양	力	6	土	11		10	肯	긍정할 감히	肉	8	水	10
	09	契	맺을 언약할	大	9	木	11		14	兢	조심할 떨릴	儿	14	水	19
금 (木)	04	今	이제 바로	人	4	火	5	기 (木)	03	己	몸 자기	己	3	土	6
	08	金	쇠 금빛	金	8	金	8		06	企	도모할 발돋음할	人	6	火	6
	08	昑	밝을 환할	日	8	火	10		06	伎	재주 기생	人	6	火	7
	10	衾	이불 침구	衣	10	木	12		07	杞	소태나무 나무이름	木	7	木	10
	10	衿	옷깃 옷고름	衣	9	木	11		07	岐	산이름 갈림길	山	7	土	10
	10	芩	풀이름 수초이름	艹	8	木	9		07	圻	서울지경 언덕	土	7	土	7
	13	禁	금지할 대궐	示	13	木	14		08	技	재주 재능	手	7	木	9
	13	琴	거문고 거문고소리	玉	12	金	13		08	奇	기이할 속임수	大	8	土	10
	16	錦	비단 비단옷	金	16	金	19		08	玘	패옥 노리개	玉	7	金	10
	17	檎	능금나무 사과나무	木	17	木	20		08	沂	물이름	水	7	水	7
급	04	及	미칠 이를	又	4	水	6		08	祁	성할 많을	示	8	木	10

음	획수	한자	뜻	부수	실획	자원	곡획	음	획수	한자	뜻	부수	실획	자원	곡획
	09	紀	벼리, 해 세월, 단서	糸	9	木	14		13	琦	옥 옥이름	玉	12	金	14
	09	祈	빌, 기도 고할	示	9	木	9		13	琪	옥이름 아름다울	玉	12	金	13
	09	祇	다만귀신 편안할	示	9	木	11		13	嗜	즐길 좋아할	口	13	水	17
	10	記	기록할 기억할	言	10	金	14		13	稘	돌 한주기	禾	13	木	13
	10	起	일어날 시작할	走	10	火	13		14	旗	기 표지	方	14	木	16
	10	氣	기운 기후	气	10	水	12		14	綺	비단 아름다울	糸	14	木	18
	10	豈	어찌 그	豆	10	水	12		14	箕	삼태기 별이름	竹	14	木	14
	10	耆	늙을 힘셀	老	10	土	13		14	暿	날씨, 일기 별기운	日	14	火	17
	10	芰	마름	艸	8	木	9		14	榿	오리나무	木	14	木	16
기 (木)	11	基	터기 근본	土	11	土	11	기 (木)	15	畿	경기 지경	田	15	土	21
	11	旣	이미 다할	无	11	水	17		16	器	그릇 재능	口	16	水	20
	11	寄	부칠 의지할	宀	11	木	14		16	機	기계 베틀	木	16	木	21
	11	埼	갑, 해안머리 언덕머리	土	11	土	13		16	璣	피변옥 꾸미개옥	玉	15	金	15
	11	崎	험할 어려울	山	11	土	14		16	錤	호미	金	16	金	16
	12	期	때 기약할	月	12	水	14		16	錡	세발솥 가마솥	金	16	金	18
	12	幾	빌기, 바랄 얼마	幺	12	火	17		16	冀	바랄 바라건데	八	16	土	19
	12	淇	물이름 강이름	水	11	水	11		17	璣	구슬, 별이름 선기	玉	16	金	21
	12	朞	돌 아기돌	月	12	水	14		17	磯	물가 몸부딪칠	示	17	金	23
	12	棋	바둑 장기	木	12	木	12		18	騎	말탈 기병	馬	18	火	22
	13	祺	복 편안할	示	13	木	13		18	騏	준마 검푸른말	馬	18	火	20

음	획수	한자	뜻	부수	실획	자원	곡획	음	획수	한자	뜻	부수	실획	자원	곡획
기 (木)	18	機	밭갈	耒	18	木	23	나 (火)	11	挪	옮길 문지를	手	10	木	15
	19	麒	기린	鹿	19	土	23		11	梛	나무이름 전할, 난할	木	11	木	15
	25	羈	재갈 말굴레	网	24	木	28		12	旒	깃발펼럭일	方	12	木	16
	27	驥	천리마 준마	馬	27	火	32		18	懦	나약할 부드러울	心	17	火	20
긴	14	緊	굽을, 급할 팽팽할	糸	14	木	19		20	糯	찰벼	米	20	木	23
길 (木)	06	吉	길할 상서로울	口	6	水	7	낙	16	諾	대답할 허락할	言	16	金	18
	08	佶	바를 강건할	人	8	火	9	난 (火)	13	暖	따뜻할 온순할	日	13	火	16
	09	姞	삼갈	女	9	土	11		13	煖	더울 따뜻할	火	13	火	14
	10	桔	도라지 두레박틀	木	10	木	11		18	餪	풀보기잔치 음식보낼	食	18	水	21
	10	拮	일할 깍지낄	手	9	木	11	날 (火)	11	捏	이길 주워모을	手	10	木	12
김	08	金	성(姓)씨	金	8	金	8		12	捺	누를, 삐침 조장찍을	手	11	木	13
끽	12	喫	마실 끽 먹을 끽	口	12	水	15	남 (火)	07	男	사내, 아들 장정, 남자	田	7	土	10
나 (火)	08	奈	나락 어찌	大	8	火	9		09	南	남녘, 임금 풍류이름	十	9	火	11
	09	柰	능금나무 어찌	木	9	木	10		12	喃	재잘거릴 글읽는소리	口	12	水	15
	09	拏	잡을 맞잡을	手	9	木	12		13	楠	녹나무 매화나무	木	13	木	15
	10	娜	아리따울 휘청거릴	女	10	土	15		13	湳	물이름 추장	水	12	水	14
	10	拿	붙잡을 사로잡을	手	10	木	12	납 (火)	10	納	들일 바칠	糸	10	木	14
	10	挐	잡을 붙잡을	手	10	木	13		10	衲	옷수선할 중의옷	衣	9	木	12
	10	夥	많을	夕	10	水	14	낭 (火)	10	娘	아가씨 여자, 어미	女	10	土	13
	11	那	어찌 편안할	邑	7	土	11		22	囊	주머니 자루, 고환	口	22	水	27

음	획수	한자	뜻	부수	실획	자원	곡획	음	획수	한자	뜻	부수	실획	자원	곡획
내(火)	02	乃	이에, 아무 접때, 곧	ノ	2	金	6	노(火)	07	努	힘쓸 힘들일	力	7	土	11
	04	內	안 들일	入	4	木	7		08	弩	쇠뇌, 큰활 군사이름	弓	8	金	14
	08	奈	나락 어찌	示	8	火	9		08	呶	지껄일	口	8	水	11
	09	耐	견딜 참을	而	9	水	12		09	怒	성낼 기세	心	9	火	12
	09	柰	능금나무 어찌	木	9	木	10		11	笯	새장 새기를	竹	11	木	12
	15	鼐	가마솥 큰솥	鼎	15	火	22		14	瑙	옥돌 마노	玉	13	金	17
녀	03	女	계집, 딸 처녀, 여자	女	3	土	4	농(火)	13	農	농사 힘쓸	辰	13	土	15
녁	12	恝	허출한 근심, 생각	心	12	火	14		17	濃	짙을 두터울	水	16	水	18
년(火)	06	年	해 나이	干	6	木	6		18	穠	무성할 깊을	禾	18	木	20
	08	秊	年(6)본자 해, 나이	禾	8	木	8		20	醲	진한 후한	酉	20	金	24
	15	碾	맷돌 돌절구	石	15	金	18	뇌	15	腦	뇌 머리	肉	13	水	19
	15	撚	비틀 잡을	手	15	木	17	뇨(火)	12	淖	진흙, 이토 온화할	水	11	水	12
념(火)	08	念	생각 욀	心	8	火	10		13	嫋	예쁠 아름다울	女	13	土	22
	09	拈	집을 집어비틀	手	8	木	10		15	鬧	시끄러울 들렐	門	15	金	18
	10	恬	편안할 조용할	心	9	火	10		20	鐃	징, 굽힐 작은 징	金	20	金	22
	12	捻	비틀 집어들	手	11	木	14	누(火)	11	嗕	젖먹을 젖을줄	口	11	水	16
녑	12	惗	사랑할 생각할	心	11	火	13		16	耨	김 맬, 호미 괭이	耒	16	金	18
녕(火)	14	寧	편안할 차라리	宀	14	火	18	눈	14	嫩	어릴 예쁠	女	14	土	16
	17	嚀	간곡할 정중할	口	17	水	22	눌(火)	07	吶	말더듬을 과묵할	口	7	水	10
	18	濘	진창 끓을	水	17	水	21		11	訥	과묵할 입 무거울	言	11	金	14

음	획수	한자	뜻	부수	실획	자원	곡획	음	획수	한자	뜻	부수	실획	자원	곡획
뉴 (火)	08	杻	박달나무 감탕나무	木	8	木	9	단 (火)	05	旦	아침 밝은	日	5	火	6
	10	紐	끈 묶을	糸	10	水	13		07	但	다만 단지	人	7	火	8
	10	袎	부드러운 옷 매듭	衣	9	木	11		09	段	조각 고를	殳	9	金	13
	12	鈕	손잡이 꼭지	金	12	金	13		09	彖	판단할 결단할	彑	9	火	12
뉵	10	衄	코피 폐할 꺽일	血	10	水	12		09	昍	밝을	日	9	火	11
능	12	能	능할 재능	肉	10	水	17		11	袒	옷벗어멜 웃통벗을	衣	10	木	12
니 (火)	09	泥	진흙 진창	水	8	水	11		12	單	홀로 클	口	12	水	15
	09	柅	무성할 꿤목	木	9	木	12		12	短	짧을 허물	矢	12	金	17
	14	馜	진한향기 향기로운	香	14	木	18		13	亶	믿을 진실	亠	13	土	16
	16	愵	마음 좋을	心	15	火	17		13	湍	여울 빠를	水	12	水	15
닉 (火)	11	匿	숨을 숨길	匚	11	水	12		13	煓	빛날 성할	火	13	火	16
	14	溺	빠질 잠길	水	13	水	21		13	椴	자작나무 무궁화나무	木	13	木	17
닐(火)	09	昵	친할, 측근 아비사당	日	9	火	13		14	端	바를 실마리	立	14	金	17
	15	暱	친할 친족	日	15	火	17		14	團	둥글 모을	口	14	水	17
다 (火)	06	多	많을 뛰어날	夕	6	水	8		15	緞	비단	糸	15	木	21
	06	夛	多(6)속자 많을, 뛰어날	夕	6	水	8		16	壇	단 제단	土	16	土	19
	12	茶	차 차나무	艸	10	木	10		17	檀	박달나무 단향목	木	17	木	20
	12	窞	깊을 깊은모양	穴	12	水	15		17	鍛	쇠칠 익힐	金	17	金	21
	15	㯗	차나무	木	15	木	15		18	簞	대광주리 상자	竹	18	木	21
단	04	丹	붉을 주사	丶	4	火	6	달	08	妲	여자이름 여자의자	女	8	土	10

음	획수	한자	뜻	부수	실획	자원	곡획	음	획수	한자	뜻	부수	실획	자원	곡획
달 (火)	14	鞳	다룸가죽 부드러울	革	14	金	16	담 (火)	19	膽	쓸개 씻을	肉	17	水	23
	16	達	통달할 이를	辵	13	土	14		21	黮	검을 흑황색	黑	21	水	24
	17	撻	매질할 종아리칠	手	16	木	18	답 (火)	08	沓	합할 거듭	日	8	水	11
	17	澾	미끄러울	水	16	水	17		09	畓	논 수전	田	9	土	12
	21	闥	문, 관청 문의총칭	門	21	木	25		12	答	대답할 갚을	竹	12	木	13
담 (火)	07	坍	무너질 물이언덕칠	土	7	土	9		15	踏	밟을 발판	足	15	土	19
	08	炎	불꽃 불탈	火	8	火	8	당 (火)	10	唐	당나라 길, 제방	口	10	水	12
	10	倓	고요할	人	10	火	10		11	堂	집 당당할	土	11	土	13
	11	埮	평평한	土	11	土	11		12	棠	해당화 팥배나무	木	12	木	14
	12	淡	엷을 싱거울	水	11	水	11		13	當	마땅할 맡을	田	13	土	16
	12	覃	퍼질 넓을	襾	12	金	14		13	塘	못 방죽	土	13	土	15
	12	啿	넉넉할 많은	口	12	水	14		15	幢	휘장 기	巾	15	木	18
	13	湛	즐길 빠질	水	12	水	14		15	瑭	옥이름	玉	14	金	16
	15	談	말씀 이야기할	言	15	金	16		16	糖	사탕 엿	米	16	木	19
	16	潭	못 깊을	水	15	水	17		16	撞	부딪칠 칠	手	15	木	17
	16	曇	흐릴 구름낄	日	16	火	19		18	璫	귀고리옥 구슬	玉	17	金	20
	17	憺	편안할 고요할	心	16	火	20		19	鐺	종소리 북소리	金	19	金	21
	17	擔	멜 맡을	手	16	木	21		20	黨	무리 마을	黑	20	水	23
	17	澹	싱거울 담박할	水	16	水	20		21	鐋	쇠사슬 종고소리	金	21	金	24
	19	譚	클 이야기할	言	19	金	22	대	03	大	큰, 존귀한 중요한	大	3	木	3

음	획수	한자	뜻	부수	실획	자원	곡획	음	획수	한자	뜻	부수	실획	자원	곡획
대 (火)	05	代	대신할 시대	人	5	火	6	도 (火)	10	島	섬 도서	山	10	土	14
	07	昊	햇빛 날빛	日	7	火	8		10	徒	무리 걸어다닐	彳	10	火	10
	08	坮	터 집터	土	8	土	9		10	倒	넘어질 거꾸로	人	10	火	14
	08	岱	클 태산	山	8	土	10		10	挑	돋울, 가릴 부추길	手	9	木	12
	09	待	기다릴 대할	彳	9	火	10		10	桃	복숭아 복숭아나무	木	10	木	12
	11	帶	띠, 참 근처	巾	11	木	15		12	堵	담 담장	土	12	土	13
	11	袋	자루 주머니	衣	11	木	13		12	棹	노 노저을	木	12	木	13
	12	貸	빌릴 줄	貝	12	金	14		12	掉	흔들 움직일	手	11	木	13
	14	對	대답할 대할	寸	14	木	15		12	淘	일 씻을	水	11	水	14
	14	臺	대 돈대	至	14	土	17		13	跳	뛸 달아날	足	13	土	16
	17	隊	무리, 떼 군대	阜	12	土	16		13	渡	건널 나루	水	12	水	13
	17	戴	일 받들	戈	17	金	19		13	塗	진흙 매흙질할	土	13	土	14
	18	擡	들 치켜들	手	17	木	21		14	圖	그림 꾀할	口	14	水	18
댁	06	宅	댁, 집 대지	宀	6	木	8		14	途	길 도로	辵	11	土	13
덕 (火)	12	悳	德(15)고자 덕, 인품	心	12	火	15		14	睹	볼 분별할	目	14	木	16
	14	德	悳(12)동자 덕, 인품	彳	14	火	16		14	搗	찧을 두드릴	手	13	木	18
	15	德	덕 인품	彳	15	火	17		14	滔	물넘칠 그득할	水	13	14	14
도 (火)	02	刀	칼, 화폐 거룻배	刀	2	金	4		14	萄	포도, 머루 풀이름	艸	12	木	15
	08	到	이를 주밀할	刀	8	金	10		15	稻	벼 쌀일을	禾	15	木	16
	09	度	법, 자 도수, 횟수	广	9	木	10		16	道	길, 다스릴 인도할	辵	13	土	15

음	획수	한자	뜻	부수	실획	자원	곡획	음	획수	한자	뜻	부수	실획	자원	곡획
도 (火)	16	都	도읍, 도시 마을	邑	12	土	15	돈 (火)	12	焞	귀갑태우는불	火	12	火	15
	16	覩	볼 알	見	16	火	20		13	頓	조아릴 머무를	頁	13	火	17
	16	陶	질그릇 만들	阜	11	土	16		15	墩	돈대 걸상	土	15	土	18
	16	導	인도할 이끌	寸	16	木	19		16	暾	아침해 해돋을	日	16	火	20
	16	稌	향기날 향내날	香	16	木	19		16	燉	불빛 불이글거릴	火	16	火	19
	17	鍍	울릴 도금할	金	17	金	18		16	潡	큰물 물깊을	水	15	水	18
	17	蹈	밝을 슬퍼할	足	17	土	19	돌 (火)	06	乭	돌, 아이 이름, 음역자	石	6	金	10
	18	燾	비칠 덮을	火	18	火	21		09	突	부딪칠 내밀	穴	9	水	12
	18	濤	큰물결 물결	水	17	水	20		12	埉	부엌 창 구들, 굴뚝	土	12	土	15
	19	禱	빌 기원할	示	19	木	22	동 (火)	5	冬	겨울 겨울지낼	冫	5	水	6
독 (火)	13	督	감독할 재촉할	目	13	木	16		05	仝	同(6)고자 한가지, 무리	人	5	火	5
	16	篤	도타울 단단할	竹	16	木	18		06	同	한가지 무리	口	6	水	9
	17	獨	홀로 외로울	犬	16	土	21		07	彤	붉을 붉게칠할	彡	7	火	9
	19	瀆	도랑 하수도	水	18	水	21		08	東	동녘 봄	木	8	木	9
	19	牘	편지 나무조각	片	19	木	22		09	垌	동막이 항아리	土	9	土	12
	22	讀	읽을 셀	言	22	金	26		10	洞	동네, 마을 골, 동굴	水	9	水	12
돈 (火)	08	旽	밝을 친밀할	日	8	火	12		10	桐	오동나무 거문고	木	10	木	13
	08	沌	흐릴 어두울	水	7	水	10		10	烔	태울 열기	火	10	火	13
	12	敦	도타울 힘쓸	攴	12	金	15		11	動	움직일 동물	力	11	水	14
	12	惇	도타울 진심	心	11	火	14		12	童	아이, 종 대머리	立	12	金	13

음	획수	한자	뜻	부수	실획	자원	곡획	음	획수	한자	뜻	부수	실획	자원	곡획
동 (火)	12	棟	마룻대 들보	木	12	木	13	둔 (火)	12	鈍	무딜 굼뜰	金	12	金	15
	14	蝀	무지개	虫	14	水	16		16	遁	숨을 달아날	辵	13	土	15
	14	銅	구리, 동화 동기	金	14	金	17		18	遯	달아날 피할	辵	15	土	19
	15	董	바로잡을 물을	艸	13	木	14	둘	05	乧	둘 음역자	乙	5	火	8
	16	憧	그리워할 어리석을	心	15	火	16	득	11	得	얻을, 탐할 깨달을	彳	11	火	13
	16	潼	물이름 높을	水	15	水	16	등 (火)	12	等	무리 등급	竹	12	木	13
	16	曈	동틀 밝은모양	日	16	火	18		12	登	오를 나아갈	癶	12	火	14
	16	橦	나무이름 북소리	木	16	木	17		15	嶝	고개 언덕	山	15	土	18
	17	瞳	눈동자 볼	目	17	木	19		16	燈	등잔 촛불	火	16	火	18
두 (火)	04	斗	말, 구기 별이름	斗	4	火	4		16	橙	등자나무 귤, 오렌지	木	16	木	18
	07	豆	콩 제기이름	豆	7	木	8		17	謄	베낄 등사할	言	17	金	20
	07	杜	막을 팥배나무	木	7	木	7		19	鄧	나라이름 땅이름	邑	15	土	19
	08	科	구기 두공	木	8	木	8		20	騰	오를 탈	馬	20	火	24
	11	兜	투구 두건	儿	11	金	16		21	藤	등나무	艸	19	木	22
	12	阧	치솟을 가파를	阜	7	土	9	라 (火)	09	剌	칠 가지칠	刀	9	金	12
	13	荳	콩 수레이름	艸	11	木	12		10	砢	돌쌓일 서로도울	石	10	金	13
	16	頭	머리, 처음 우두머리	頁	16	火	18		12	喇	나팔 승려	口	12	水	15
	22	讀	구절, 구두 읽을	言	22	金	26		15	摞	정돈할 다스릴	水	14	木	18
둔 (火)	04	屯	진칠 언덕	屮	4	木	7		16	蓏	풀열매	艸	14	木	14
	10	芚	싹나올 둔나올	艸	8	木	11		19	覼	자세할 좋게볼	見	19	火	26

음	획수	한자	뜻	부수	실획	자원	곡획	음	획수	한자	뜻	부수	실획	자원	곡획
라 (火)	20	羅	벌일, 그물 그물질	网	19	木	22	랄 (火)	10	埒	담, 둑 경계	土	10	土	11
	25	蘿	쑥, 무 미나리	艸	23	木	26		14	辣	매울 몹시매울	辛	14	金	15
	26	邏	순행할 둘러막을	辵	23	土	27		14	辢	매울 지독할	辛	14	金	15
락 (火)	10	洛	낙수 가이름	水	9	水	10	람 (火)	11	娥	예쁠 예쁜모양	女	11	土	12
	10	烙	지질, 화침 단근질	火	10	火	12		12	嵐	남기 산바람	山	12	土	16
	11	珞	구슬목걸이 옥돌	玉	10	金	12		18	濫	퍼질 물넘칠	水	17	水	20
	12	絡	두를 묶을	糸	12	木	16		18	爁	불번질 세력이강한	火	18	火	21
	13	酪	과즙 죽	酉	13	金	17		19	瓓	옥이름	玉	18	金	21
	15	落	떨어질 낙엽, 마을	艸	13	木	15		20	藍	쪽 남빛	艸	18	木	21
	15	樂	즐길 즐거울	木	15	木	20		20	籃	바구니 광주리	竹	20	木	23
란 (火)	04	丹	붉을 정성	丶	4	火	6		21	覽	볼 두루볼	見	21	火	27
	07	卵	알 기를	卩	7	水	10		25	欖	감람나무	木	25	木	31
	21	欄	난간, 울간 외양간	木	21	木	25		25	攬	잡을	手	24	木	31
	21	爛	빛날 문드러질	火	21	火	25		27	纜	닻줄 밧줄	糸	27	木	35
	21	瀾	큰물결 뜨물	水	20	水	24	랍 (火)	09	拉	끌, 꺽을 부러뜨릴	手	8	木	9
	22	璘	옥무늬 옥광채	玉	21	金	25		23	鑞	땜납, 주석 백철	金	23	金	30
	23	蘭	난초 목련	艸	21	木	25	랑 (火)	11	浪	물결 방자할	水	10	水	12
	23	欒	나무이름 가름대	木	23	木	28		11	朗	밝을 맑을	月	11	水	15
	27	鑾	방울 제왕의 수레	金	27	金	32		11	烺	빛밝을 밝고환한	火	11	火	13
	30	鸞	난새, 방울 임금의수레	鳥	30	火	38		12	硠	돌소리 우뢰소리	石	12	金	15

음	획수	한자	뜻	부수	실획	자원	곡획	음	획수	한자	뜻	부수	실획	자원	곡획
랑 (火)	13	廊	행랑 곁채	广	13	木	17	량 (火)	13	粮	糧(18)동자 양식, 급여	米	13	木	15
	14	郎	사내 낭군	邑	10	土	14		15	諒	진실 믿을	言	15	金	18
	14	榔	나무 이름 빈랑나무	木	14	木	18		15	樑	들보 나무다리	木	15	木	17
	15	瑯	옥돌 금옥소리	玉	14	金	18		15	輛	수레 필적할	車	15	火	18
래 (火)	07	来	來(8)속자 올, 미래	木	7	火	7		18	糧	양식 급여	米	18	木	20
	08	來	올 미래	人	8	火	8	려 (火)	07	呂	풍류, 등뼈 법칙, 음률	口	7	水	9
	11	崍	산이름	山	11	土	12		09	侶	짝 벗할	人	9	火	11
	11	徠	올 위로할	彳	11	火	11		10	旅	나그네 무리, 군대	方	10	土	13
	12	淶	강이름 고을이름	水	11	水	11		15	慮	생각할 걱정할	心	15	火	19
랭 (火)	07	冷	찰, 쓸쓸할 맑을	冫	7	水	9		15	閭	마을 이문	門	15	木	20
략 (火)	11	略	간약할 다스릴	田	11	土	14		15	黎	검을, 많을 무리, 늙을	黍	15	木	18
	11	畧	다스릴 대략	田	11	土	14		17	勵	힘쓸 권장할	力	17	土	22
량 (火)	07	良	어질 곧을	艮	7	土	9		19	麗	고울 빛날	鹿	19	土	25
	08	兩	두, 둘 짝, 쌍	入	8	土	12		19	廬	주막 오두막	广	19	木	23
	09	亮	밝을 도울	亠	9	火	12		19	櫚	종려나무 모과나무	木	19	木	24
	10	倆	재부 솜씨	人	10	火	12		19	曬	퍼질 햇살퍼질	日	19	火	23
	11	梁	들보 징검돌	木	11	木	13		20	礪	거친숫돌 굴	石	20	金	24
	12	量	양, 기량 헤아릴	里	12	火	14		21	儷	짝 부부	人	21	火	27
	12	涼	서늘할 맑을	水	11	水	13	력 (火)	02	力	힘 힘쓸	力	2	土	4
	12	喨	소리맑을	口	12	水	17		16	歷	지낼 다닐	止	16	火	16

음	획수	한자	뜻	부수	실획	자원	곡획	음	획수	한자	뜻	부수	실획	자원	곡획
력 (火)	16	曆	책력 일기	日	16	土	17	렬 (火)	10	烈	세찰 군셀	火	10	火	12
	20	瀝	거를 스밀	水	19	水	19		10	洌	맑을 찰	水	9	水	11
	20	礫	조약돌 자갈	石	20	金	26		12	裂	찢을 자투리	衣	12	木	15
	24	靂	벼락 천둥	雨	24	水	25	렴 (火)	13	廉	청렴할 살필	广	13	木	14
련 (火)	13	煉	이길 달굴	火	13	火	14		17	濂	엷을 시내 이름	水	16	水	17
	14	連	이을 이어질	辵	11	土	13		17	斂	거둘 감출	攴	17	金	19
	15	練	익힐 겪을	糸	15	木	18		19	簾	발, 주렴 주막기	竹	19	木	20
	15	漣	물놀이 물문채	水	14	水	16	렵 (火)	19	獵	사냥 사로잡을	犬	18	土	26
	16	輦	손수레 연	車	15	火	16		22	躐	밟을 뛰어넘을	足	22	土	30
	16	璉	호련 종묘제기	玉	15	金	17	령 (火)	05	令	법령, 규칙 하여금	人	5	火	7
	17	鍊	익힐 불린쇠	金	17	金	18		07	伶	영리할 악공	人	7	火	9
	17	聯	연이을 나란히 할	耳	17	火	23		08	姈	슬기로울 여자 이름	女	8	土	11
	19	蓮	연 연밥	艸	15	木	17		08	岭	고개	山	8	土	11
	19	鏈	쇠사슬 케이블	金	19	金	21		09	怜	영리할 지혜로울	心	8	火	10
	22	孌	아름다울 예쁜모양	女	22	土	28		09	昤	날빛 빛날	日	9	火	12
	23	戀	그리워할 사모할	心	23	火	29		09	泠	깨우칠 떨어질	水	8	水	10
	23	攣	걸릴 얽매일	手	23	木	29		10	玲	금옥소리 고울	玉	9	金	11
	26	欒	맬 철할	車	26	火	32		11	羚	큰양 영양	羊	11	土	13
렬 (火)	06	列	줄지을 벌릴	刀	6	金	8		11	翎	새깃 화살깃	羽	11	火	17
	08	冽	찰 맵게추울	冫	8	水	10		11	聆	들을, 나이 깨달을	耳	11	火	13

음	획수	한자	뜻	부수	실획	자원	곡획	음	획수	한자	뜻	부수	실획	자원	곡획
령 (火)	13	零	떨어질 영, 비올	雨	13	水	16	로 (火)	16	盧	밥그릇 검을	皿	16	水	20
	13	鈴	방울 방울소리	金	13	金	15		16	撈	잡을 건져낼	手	15	木	19
	14	領	다스릴 받을	頁	14	火	17		16	潞	강이름 물이름	水	15	水	19
	14	逞	굳셀 통할	辵	11	土	13		18	璐	아름다운옥	玉	17	金	20
	17	嶺	재 산봉우리	山	17	土	21		19	櫓	방패 배젓는노	木	19	木	22
	17	澪	맑을 물이름	水	16	水	19		19	嚧	웃을	口	19	水	24
	20	齡	나이 연령	齒	20	金	23		20	露	이슬 드러날	雨	20	水	24
	24	靈	신령 영혼	雨	24	水	28		20	爐	화로 향로	火	20	火	24
례 (火)	06	礼	禮(18)고자 예도, 예절	示	6	木	8		22	蘆	갈대 무우	艸	20	木	24
	08	例	법식 본보기	人	8	火	10		23	鷺	백로 해오라기	鳥	23	火	30
	16	隷	종, 죄인 종속할	隶	16	水	19	록 (火)	08	彔	새길 근본	彑	8	火	11
	17	澧	강이름 물이름	水	16	水	18		11	鹿	사슴 산기슭	鹿	11	土	15
	18	禮	예도 예절	示	18	木	20		13	祿	복 녹줄	示	13	木	16
	20	醴	단술 좋은맛	酉	20	金	24		13	碌	돌모양 자갈땅	石	13	金	17
로 (火)	06	老	늙을 어른	老	6	土	8		14	綠	초록빛 조개풀	糸	14	木	19
	11	鹵	소금 염밭	鹵	11	水	12		16	錄	기록할 나타낼	金	16	金	19
	12	勞	수고할 노곤할	力	12	火	15		19	麓	산림 산기슭	鹿	19	土	23
	13	路	길, 도로 도의, 방도	足	13	土	16	론	15	論	논할 견해	言	15	金	18
	13	輅	수레 큰수레	車	13	火	16	롱 (火)	19	壟	언덕 밭이랑	土	19	土	25
	15	魯	노둔할 노나라	魚	15	水	18		20	瀧	적실 비올	水	19	水	25

음	획수	한자	뜻	부수	실획	자원	곡획	음	획수	한자	뜻	부수	실획	자원	곡획
룡 (火)	20	朧	흐릿할 달처럼밝을	月	20	水	28	룡 (火)	10	竜	龍(16)고자 용, 임금	立	10	金	13
	21	瓏	옥소리 환할	玉	20	金	26		16	龍	용 임금	龍	16	土	22
	22	籠	대그릇 새장	竹	22	木	28		21	龔	용, 임금 비범한사람	龍	21	土	18
뢰 (火)	06	耒	쟁기 쟁기자루	耒	6	木	6	루 (火)	11	累	포갤 누끼칠	糸	11	木	14
	13	雷	천둥, 우뢰 북을칠	雨	13	水	15		11	婁	별이름 빌	女	11	土	14
	13	賂	재화 뇌물줄	貝	13	金	16		14	屢	여러, 자주 빨리, 번잡	尸	14	水	18
	15	賚	뇌물줄 하사할	貝	15	金	16		14	嶁	봉우리 산꼭대기	山	14	土	18
	15	磊	돌무덤 돌첩첩할	石	15	金	18		15	樓	다락 망루	木	15	木	18
	16	賴	의뢰할 이익	貝	16	金	20		15	慺	정성스러울 공근할	心	14	火	17
	19	蕾	꽃봉우리	艸	17	木	19		15	熡	불꽃	火	15	火	18
료 (火)	20	了	마칠 똑똑할	亅	2	金	4		17	縷	실 명주	糸	17	木	22
	10	料	헤아릴 거리, 값	斗	10	火	10		18	壘	성채 진	土	18	土	21
	11	聊	애오라지 의지, 이명	耳	11	火	14		19	鏤	강철 새길	金	19	金	22
	14	僚	동료, 관리 벼슬아치	人	14	火	16	류 (火)	09	柳	버드나무 별이름	木	9	木	12
	15	寮	동관, 창문 벼슬아치	宀	15	木	18		10	留	머무를 오랠	田	10	土	14
	16	燎	밝을 화롯불	火	16	火	18		11	流	흐를 귀양보낼	水	10	水	13
	16	撩	다스릴 부추길	手	15	木	18		12	琉	유리	玉	11	金	14
	16	暸	밝을 환할	日	16	火	19		12	硫	유황	石	12	金	16
	17	瞭	눈밝을 아득할	目	17	木	20		14	榴	석류나무 석류	木	14	木	18
	19	遼	멀, 느슨할 강이름	辵	16	土	19		14	溜	물방울 여울, 급류	水	13	水	17

음	획수	한자	뜻	부수	실획	자원	곡획	음	획수	한자	뜻	부수	실획	자원	곡획
류(火)	15	劉	죽일, 이길 도끼	刀	15	金	19	릉(火)	17	隆	높을 성할	阜	12	土	15
	17	遛	머무를 정지할	辵	14	土	19		17	窿	활꼴 활꼴모양	穴	17	水	22
	19	類	무리, 패 동아리	頁	19	火	20	륵(火)	09	泐	돌결일 물결, 새길	水	8	水	12
	19	瀏	맑을, 밝을 물맑을	水	18	水	22		11	勒	굴레 자갈	力	11	金	14
륙(火)	06	六	여섯 여섯 번	八	4	土	4	름(火)	15	凜	찰 흐릿할	冫	15	水	17
	13	勠	합할 함께힘쓸	力	13	土	17		16	廩	곳집, 녹미 구호미	广	16	木	18
	16	陸	뭍, 언덕 여섯	阜	11	土	15		17	澟	서늘할 차가울	水	16	水	18
륜(火)	08	侖	생각할 덩어리	人	8	火	10	릉(火)	10	凌	까볼 능가할	冫	10	水	13
	10	倫	인륜, 윤리 무리, 차례	人	10	火	12		13	稜	논두렁 모서리	禾	13	木	16
	11	崙	곤륜산	山	11	土	14		13	楞	네모질	木	13	木	16
	12	淪	물놀이 잔물결	水	11	水	13		14	綾	비단 무늬비단	糸	14	木	19
	12	掄	가릴, 선택 꿰뚫을	手	11	木	14		14	菱	마름 마름열매	艸	12	木	15
	14	綸	낚싯줄 다스릴	糸	14	木	18		16	陵	언덕, 능 무덤	阜	11	土	16
	15	輪	바퀴 둘레	車	15	火	18	리(火)	06	吏	아전 벼슬아치	口	6	水	7
	16	錀	금 금색	金	16	金	18		07	里	마을 헤아릴	里	7	土	8
률(火)	09	律	법, 법칙 비율, 가락	彳	9	火	10		07	利	이로울 날카로울	刀	7	金	8
	10	栗	밤 공손할	木	10	木	11		07	李	오얏, 도리 다스릴	木	7	木	9
	11	率	비율 제한	玄	11	火	13		09	俚	속될 힘입을	人	9	火	10
	14	溧	강이름 모래섬	水	13	水	14		09	俐	영리할	人	9	火	10
	15	瑮	옥무늬	玉	14	金	5		10	唎	작은소리 가는소리	口	10	水	12

음	획수	한자	뜻	부수	실획	자원	곡획	음	획수	한자	뜻	부수	실획	자원	곡획
리 (火)	11	浬	해리 해상거리	水	10	水	11	린 (火)	18	繗	이을 실 뽑을	糸	18	木	22
	11	梨	배나무 배	木	11	木	12		19	鄰	이웃 보필	邑	15	土	19
	11	涖	임할 다스릴	水	10	水	10		20	隣	鄰(19)속자 이웃, 보필	阜	15	土	19
	12	理	다스릴 이치, 도리	玉	11	金	12		20	鏻	굳셀 굳센 모양	金	20	金	22
	12	犁	얼룩소	牛	12	土	14		23	麟	기린	鹿	23	土	29
	13	裏	안 속	衣	13	木	15	림 (火)	08	林	수풀 많을	木	8	木	8
	13	莉	말리 말리꽃	艸	11	木	12		09	玲	옥, 옥돌 아름다운옥	玉	8	金	9
	13	裡	裏(13)동자 안, 속	衣	12	木	14		12	棽	무성할	木	12	木	13
	15	履	신, 신발 밟을	尸	15	木	18		12	晽	알고자할	日	12	火	13
	15	摛	펼 표현할	手	14	木	17		13	琳	옥 옥이름	玉	12	金	12
	16	璃	유리 구름 이름	玉	15	金	18		13	碄	깊을 깊은 모양	石	13	金	14
	16	釐	바를 반듯할	支	16	土	18		17	臨	임할, 곡할 내려달 볼	臣	17	火	22
	18	釐	다스릴	里	18	土	19	립 (火)	05	立	설 세울	立	5	金	5
	18	鯉	잉어, 편지 서찰	魚	18	水	21		08	岦	산우뚝할	山	8	土	9
	19	離	떠날 산신	隹	19	火	22		10	砬	돌소리 약돌	石	10	金	11
	25	籬	울타리	竹	25	木	28		11	笠	삿갓 우산	竹	11	木	11
린 (火)	07	吝	탐할 아낄	口	7	水	8		11	粒	낟알, 쌀알 쌀밥먹을	米	11	木	11
	16	潾	돌샘 맑을	水	15	水	17	마 (水)	10	馬	말 산가지	馬	10	火	12
	16	燐	반딧불 도깨비불	火	16	火	18		11	麻	삼 참깨	麻	11	木	13
	17	璘	옥빛 옥 광채	玉	16	金	18		15	摩	연마할 어루만질	手	15	木	18

음	획수	한자	뜻	부수	실획	자원	곡획	음	획수	한자	뜻	부수	실획	자원	곡획
마 (水)	15	瑪	마노 석영이름	玉	14	金	16	만 (水)	22	巒	뫼 산봉우리	山	22	土	28
	15	碼	마노, 야드 저울추	石	15	金	18		22	彎	굽을 당길	弓	22	金	31
	16	磨	갈 맷돌	石	16	金	19		26	灣	물굽이 배정박할	水	25	水	34
	17	蟆	두꺼비	虫	17	水	19	말 (水)	08	帕	머리띠 머리동이	巾	8	木	11
막 (水)	13	莫	없을, 장막 어두울	艸	11	木	12		09	抹	바를 칠할	手	8	木	9
	14	幕	장막 막부	巾	14	木	17		09	沫	침 물방울	水	8	水	8
	14	寞	고요할 쓸쓸할	宀	14	木	16		10	秣	꼴 말먹이	禾	10	木	10
	15	漠	사막 넓을	水	14	水	15		11	茉	말리 말리꽃	艸	9	木	9
	17	膜	막 어루만질	肉	15	水	18	망 (水)	07	忙	바쁠 빠를	心	6	火	7
만 (水)	03	万	萬(15)동자 일만, 만무	一	3	木	5		09	罔	그물 없을	罒	9	木	11
	06	卍	만자 길상의표시	十	6	火	6		10	邙	산이름 고을이름	邑	6	土	9
	10	娩	해산할 순박할	女	10	土	15		11	望	바랄 보름	月	11	水	14
	11	晚	저물 늦을	日	11	火	16		14	朢	望(11)동자 바람, 보름	月	14	水	18
	11	曼	길 뻗을 아름다울	日	11	土	14		14	莽	풀우거질	艸	12	木	12
	11	挽	당길 말릴	手	10	木	15		14	網	그물, 조직 포위망	糸	14	木	19
	14	輓	끌, 수레끌 애도, 만사	車	14	火	9		15	輞	바퀴 테	車	15	火	19
	15	萬	일만 만무	艸	13	木	13	매 (水)	07	每	매양 마다	母	7	土	10
	15	滿	찰 채울	水	14	水	16		08	枚	줄기 석가래	木	8	木	8
	15	漫	질펀할 넓을	水	14	水	17		09	昧	새벽 어두울	日	9	火	10
	17	蔓	덩굴 퍼질	艸	15	木	18		09	沬	땅이름 별이름	水	8	水	8

음	획수	한자	뜻	부수	실획	자원	곡획	음	획수	한자	뜻	부수	실획	자원	곡획
매 (水)	11	梅	매화나무 매우, 장마	木	11	木	14	면 (水)	07	免	벗어날 면할	儿	7	木	12
	12	買	살 구매할	貝	12	金	14		08	沔	물흐를 씻을	水	7	水	10
	12	媒	중매 중개자	女	12	土	13		09	勉	힘쓸 권면할	力	9	金	15
	13	煤	그을음 석탄, 먹	火	13	火	13		09	面	낯, 표정 면, 얼굴	面	9	火	10
	14	酶	술 밑 누룩	酉	14	金	19		11	冕	면류관 관을 쓸	冂	11	木	16
	15	賣	팔 퍼트릴	貝	15	金	17		12	棉	목화 목화솜	木	12	木	15
	20	邁	갈 떠날	辵	17	土	21		14	綿	솜 솜옷	糸	14	木	19
맥 (水)	11	麥	보리 귀리	麥	11	木	12		15	緬	멀, 아득할 가는실	糸	15	木	18
	12	脈	맥 연달음	肉	10	水	13		15	絲	솜, 솜옷 명주, 햇솜	糸	15	木	20
	13	貊	오랑캐 고용할	豸	13	水	15		20	麵	麪의동자 국수, 밀가루	麥	20	木	22
	14	陌	밭두렁길	阜	9	土	12	멸 (水)	17	蔑	없을 업신여길	艸	15	木	17
	21	驀	말탈 갑자기	艸	19	火	24		17	篾	대껍질 도죽	竹	17	木	19
맹 (水)	08	孟	맏, 맹랑할 맏이, 맹자	子	8	水	11	명 (水)	05	皿	그릇, 접시 그릇덮개	皿	5	金	6
	08	氓	백성 서민	氏	8	火	12		06	名	이름 이름날	口	6	水	8
	12	猛	사나울 엄할	犬	11	土	15		08	命	목숨, 수명 운수, 명령	口	8	水	11
	13	盟	맹세 맹세할	皿	13	土	17		08	明	밝을 나타낼	日	8	火	11
	14	萌	싹 싹틀	艸	12	木	15		09	眀	밝게 볼 밝을	目	9	木	12
멱 (水)	11	覓	찾을 곁눈질	見	11	火	14		10	洺	강이름 고을이름	水	9	水	11
	13	幎	덮을 가릴	巾	13	木	17		12	椧	홈통 절이름	木	12	木	15
	16	冪	덮을, 보 흙손질할	冖	16	土	20		12	茗	차, 차싹 차나무	艸	10	木	12

음	획수	한자	뜻	부수	실획	자원	곡획	음	획수	한자	뜻	부수	실획	자원	곡획
명 (水)	14	鳴	울, 울릴 부를, 말할	鳥	14	火	18	모 (水)	15	摸	본뜰 더듬을	手	14	木	16
	14	銘	새길, 금석 명심할	金	14	金	16		15	摹	베낄 본뜰	手	15	木	17
	14	愭	너그러울 생각깊을	心	13	火	15		16	謀	꾀할 상의할	言	16	金	17
	16	蓂	명협 달력풀	艸	14	木	16		16	橅	법 규범	木	16	木	16
몌	10	袂	소매 도포 소매	衣	9	木	11		18	謨	꾀, 계책 계획할	言	18	金	20
모 (水)	04	毛	털 모피	毛	4	火	6	목 (水)	04	木	나무, 목재 목재기구	木	4	木	4
	05	母	어미, 할미 모체, 근본	母	5	土	8		05	目	눈, 시력 조목, 제목	目	5	木	6
	05	矛	창 세모진창	矛	5	金	8		08	牧	목장, 기를 다스릴	牛	8	土	8
	06	牟	보리, 제기 소우는 소리	牛	6	土	7		08	沐	목욕할 머리감을	水	7	水	7
	09	冒	무릅쓸 가릴	冂	9	水	11		13	睦	화목할 온화할	目	13	木	16
	10	耗	줄, 흉년들 소비할	耒	10	火	12		16	穆	화목할 공경할	禾	16	木	18
	11	眸	눈 눈동자	目	11	木	13	몰 (水)	08	沒	빠질, 죽을 잠수할	水	7	水	10
	11	茅	띠, 띠집 깃발, 두름	艸	9	木	12		08	歿	죽을, 끝날 떨어질	歹	8	水	12
	12	帽	모자, 두건 붓뚜껑	巾	12	木	16	몽 (水)	13	雺	안개 아지랑이	雨	13	水	17
	13	募	뽑을, 모을 부름, 햇빛	力	13	土	16		14	夢	꿈 꿈꿀	夕	14	木	17
	14	貌	모양, 얼굴 자태	豸	14	水	18		14	濛	이슬비 가랑비	水	13	水	15
	14	瑁	서옥 바다거북	玉	13	金	15		16	蒙	어릴 우매할	艸	14	木	16
	15	暮	저물 늦을	日	15	火	17		18	朦	풍부할 큰모양	月	18	水	22
	15	模	법, 법식 모양, 본뜰	木	15	木	16		18	曚	어두울 어리석을	日	18	火	21
	15	慕	사모할 본받을	心	15	火	17	묘	05	卯	토끼, 기한 넷째지지	卩	5	木	8

음	획수	한자	뜻	부수	실획	자원	곡획	음	획수	한자	뜻	부수	실획	자원	곡획
묘 (水)	07	妙	묘할 예쁠	女	7	土	9	무 (水)	16	儛	춤출, 무용 조롱할	人	16	火	18
	08	杳	어두울 아득할	木	8	木	9		17	懋	힘쓸 성대히할	心	17	火	21
	09	昴	별이름 별자리이름	日	9	火	13		19	霧	안개 안개낄	雨	19	水	25
	10	畝	이랑, 두둑 면적단위	田	10	土	12	묵 (水)	15	墨	먹, 먹줄 점쾌, 형벌	土	15	土	16
	11	苗	모, 모종 핏줄, 백성	艸	9	木	10		16	嘿	잠잠할 입다물	口	15	水	17
	13	描	그릴 묘사할	手	12	木	14		16	黙	잠잠할 고요할	黑	16	水	17
	15	廟	사당 묘당	广	15	木	18	문 (水)	04	文	글월, 법도 문서, 서적	文	4	木	4
	17	錨	닻 닻줄	金	17	金	18		07	吻	입술 말투	口	7	水	10
무 (水)	05	戊	천간, 창 무성할	戈	5	土	6		08	門	문, 집안 동문, 부문	門	8	木	11
	08	武	호반, 군인 병법, 병기	止	8	土	9		08	汶	물이름 불결한	水	7	水	7
	09	拇	엄지손가락 엄지발가락	手	8	木	12		08	炆	따뜻할 뭉근한불	火	8	火	8
	10	畝	이랑, 두둑 면적단위	田	10	土	12		08	抆	닦을 문지를	手	7	木	8
	11	茂	무성할 빼어날	艸	9	木	10		10	紋	무늬 문채	糸	10	木	12
	11	務	일, 권면 정사, 업무	力	11	土	16		10	紊	어지러울 문란할	糸	10	木	12
	12	無	없을 아닐	火	12	火	12		11	問	물을 찾을	口	11	水	15
	12	貿	바꿀 장사할	貝	12	金	16		12	雯	구름무늬	雨	12	水	13
	12	珷	옥돌 옥돌이름	玉	11	金	13		14	聞	들을 소문	耳	14	火	17
	14	舞	춤, 무용 회롱할	舛	14	木	16	물 (水)	04	勿	말, 없을 근심할	勹	4	金	6
	16	撫	어루만질 사랑할	手	15	水	16		08	物	만물, 재물 물건, 사람	牛	8	土	10
	16	橅	법, 규범 어루만질	木	16	木	16		08	沕	숨을 아득할	水	7	水	9

음	획수	한자	뜻	부수	실획	자원	곡획	음	획수	한자	뜻	부수	실획	자원	곡획
	05	未	아닐, 미래 장차	木	5	木	5	미 (水)	16	躾	가르칠 가정교육	身	16	土	18
	06	米	쌀 미터	米	6	木	6		17	彌	두루 그칠	弓	17	金	23
	07	尾	꼬리 끝	尸	7	水	10		18	瀰	물가득할 넘칠	水	17	水	19
	08	味	맛 맛볼	口	8	水	9		19	薇	고비, 장미 백일홍	艸	17	木	20
	08	侎	어루만질	人	8	火	8		05	民	백성, 사람 직업인, 나	氏	5	火	8
	09	美	아름다울 미국, 맛난	羊	9	土	9		08	旻	하늘 가을하늘	日	8	火	9
	09	眉	눈썹 가장자리	目	9	木	11		08	旼	온화할 화할	日	8	火	9
	10	娓	장황할 힘쓸, 예쁠	女	10	土	14		08	岷	산이름 산봉우리	山	8	土	12
	10	洣	강이름 물이름	水	9	水	9		08	忞	힘쓸, 노력할	心	8	火	9
미 (水)	10	敉	어루만질 편안한	攵	10	金	10		09	玟	옥돌 아름다운돌	玉	8	金	8
	12	媚	아첨할 사랑할	女	12	土	15		09	敃	강할 힘쓸	攵	9	金	12
	12	媄	예쁠, 고울 아름다울	女	12	土	13	민 (水)	09	砏	珉(10)동자 옥돌	石	9	金	10
	12	嵋	산이름	山	12	土	15		10	珉	옥돌	玉	9	金	12
	12	嵄	산 깊은산	山	12	土	13		11	敏	민첩할 공손할	攵	11	金	14
	13	微	작을 희미할	彳	13	火	16		12	閔	위문할 근심할	門	12	木	15
	13	渼	잔물결 물이름	水	12	水	12		13	愍	근심할 노력할	心	13	火	17
	13	湄	물가 더운 물	水	12	水	14		13	暋	강할, 애쓸 번민할	日	13	火	17
	13	煝	빛날, 불꽃 가무는기운	火	13	火	15		13	緡	돈꿰미 생업, 세금	金	13	金	16
	13	媺	착할, 좋을 선미할	女	13	土	16		13	瑉	옥돌	玉	12	金	15
	14	瑂	옥돌	玉	13	金	15		14	頣	강할	頁	14	火	18

음	획수	한자	뜻	부수	실획	자원	곡획	음	획수	한자	뜻	부수	실획	자원	곡획
민(水)	14	碈	珉(10)동자 옥돌	石	14	金	19	박(水)	16	縛	묶을 얽을	糸	16	木	16
	14	瑉	珉(10)동자 옥돌	玉	13	金	17		17	璞	옥덩이 소박할	玉	16	金	20
	14	緡	낚시줄 성할, 합할	糸	14	木	19		19	薄	얇을 박할	艸	17	木	19
	15	慜	총명할 민첩할	心	15	火	19	반(水)	05	半	반 가운데	十	5	土	5
	18	顟	강할	頁	18	火	23		07	伴	짝 모실	人	7	火	7
밀(水)	11	密	빽빽할 은밀할	宀	11	木	14		08	放	나눌 나누어줄	攴	8	金	10
	14	蜜	꿀 꿀벌	虫	14	水	17		08	扳	끌어당길 더위잡을	手	7	木	9
	15	樒	침향 향나무	木	15	木	18		09	拌	버릴 쪼갤	手	8	木	9
	17	謐	고요할 상세할	言	17	金	20		09	泮	학교 반궁	水	8	水	8
박(水)	06	朴	순박할 나무껍질	木	6	木	6		09	盼	눈예쁠 돌아볼	目	9	木	12
	09	泊	배댈 머무를	水	8	水	8		10	般	돌릴, 옮길 즐길	舟	10	木	16
	09	拍	칠 박자	手	8	木	10		10	胖	나눌 구실매길	肉	8	水	12
	10	珀	호박 호박그릇	玉	9	金	10		11	絆	줄 옭아맬	糸	11	木	13
	11	舶	배, 선박 옷깃	舟	11	木	14		11	班	나눌 돌아갈	玉	10	金	10
	11	粕	지개미 자강	米	11	木	12		11	返	돌아올 갚을	辵	8	土	10
	12	迫	다그칠 닥칠	辵	9	土	11		11	胖	희생 안심	肉	9	水	11
	12	博	넓을, 많을 노름	十	12	水	14		12	斑	얼룩 아롱질	文	12	木	12
	13	鉑	금박 금종이	金	13	金	14		13	飯	밥 먹을	食	13	水	15
	14	箔	발 금속조각	竹	14	木	15		13	頒	나눌 반쯤셀	頁	13	火	16
	16	樸	통나무 질박할	木	16	木	15		14	搬	옮길 운반할	手	13	木	20

음	획수	한자	뜻	부수	실획	자원	곡획	음	획수	한자	뜻	부수	실획	자원	곡획
반 (水)	14	槃	쟁반 소반	木	14	木	20	방 (水)	08	枋	나무이름 다목	木	8	木	10
	15	盤	쟁반 돌	皿	15	金	22		08	房	집, 방 규방, 침실	戶	8	木	11
	15	磐	너럭바위 넓을	石	15	金	22		08	放	내놓을 방자할	攴	8	金	10
	16	潘	쌀뜨물 소용돌이	水	15	水	16		08	昉	밝을 비로소	日	8	火	11
	17	磻	강이름	石	17	金	19		09	庬	클 풍족할	厂	9	水	11
	18	蟠	서릴 두를	虫	18	水	20		10	芳	꽃다울 향내날	艸	8	木	10
	19	攀	당길 더위잡을	手	19	木	20		10	倣	본뜰 모방할	人	10	火	12
	20	礬	명반, 백반 꽃이름	石	20	金	21		10	旁	곁, 옆 두루, 보좌	方	10	土	13
발 (水)	09	拔	뽑을, 가릴 뛰어날	手	8	木	9		10	舫	배, 선박 방주, 꽃배	舟	10	木	14
	09	勃	노할, 성할 갑자기	力	9	土	14		10	紡	길쌈, 실 비단	糸	10	木	14
	09	炦	불기운	火	9	火	9		11	訪	찾을, 방문 물을, 정찰	言	11	金	14
	12	發	펼, 쏠, 떠날 드러날	癶	12	火	21		11	邦	나라, 수도 봉할, 제후	邑	11	土	9
	12	跋	밟을 갈	足	12	土	13		12	防	막을, 둑 방죽, 요새	阜	7	土	12
	13	渤	바다이름 안개낄	水	12	水	17		12	傍	곁, 옆 가까이	人	12	火	15
	13	鈸	방울, 동발 자바라	金	13	金	13		15	磅	돌소리 파운드	石	15	金	19
	16	潑	물뿌릴 솟아날	水	15	水	24		17	幫	도울 무리	巾	17	木	21
	16	撥	없앨 다스릴	手	15	木	15		19	龐	클, 높을 어지러울	龍	19	土	25
방 (水)	04	方	모, 본뜰 방향, 방법	方	4	土	6	배 (水)	05	北	달아날 북녘	匕	5	水	7
	07	坊	동네, 관청 별채, 집	土	7	土	9		07	坏	언덕, 벽 담장	土	7	土	7
	07	彷	거닐 비슷할	彳	7	火	9		08	杯	잔 대접	木	8	木	8

음	획수	한자	뜻	부수	실획	자원	곡획	음	획수	한자	뜻	부수	실획	자원	곡획
배(水)	09	拜	절, 공경 방문, 벼슬	手	9	木	9	백	15	魄	혼, 넋 몸, 달빛	鬼	15	火	20
	09	盃	杯(8)동자 잔, 대접	皿	9	木	10	번(水)	12	番	차례, 짝 횟수	田	12	土	13
	10	倍	곱, 더욱 곱할, 암송할	人	10	火	11		13	煩	번민할 번거로울	火	13	火	14
	10	配	짝지을 나눌	酉	10	金	15		15	幡	깃발, 행주 먹수건	巾	15	木	18
	11	培	북돋울 가꿀	土	11	土	12		16	燔	구울 말릴	火	16	火	17
	12	排	물리칠 늘어설	手	11	木	12		17	繁	많을 무성할	糸	17	木	22
	12	焙	불에쬘 배롱	火	12	火	13		17	磻	강이름	石	17	金	19
	13	湃	물결소리 물결셀	水	12	水	12		18	蕃	우거질 번성할	艹	16	木	17
	14	裵	치렁치렁할	衣	14	木	15		18	繙	번역할 연구할	糸	18	木	21
	14	裴	裵(14)동자 치렁치렁할	衣	14	木	15		21	飜	날 번역할	飛	21	火	26
	15	輩	무리 견줄	車	15	火	16		21	藩	덮을 지킬	艹	19	木	20
	15	賠	배상할 물어줄	貝	15	金	17	벌(水)	06	伐	칠, 벨 자랑할	人	6	火	7
	16	陪	모실 도울	阜	11	土	14		12	筏	뗏목, 떼 큰배	竹	12	木	13
백(水)	05	白	흰 깨끗할	白	5	金	6		14	閥	가문, 문벌 기둥, 공훈	門	14	木	18
	06	百	립백 백번	白	6	水	7		16	橃	뗏목 큰배	木	16	木	25
	07	伯	맏 큰아버지	人	7	火	8	범(水)	03	凡	무릇 범상할	几	3	水	6
	08	佰	일백 우두머리	人	8	火	9		06	帆	돛 돛달	巾	6	木	11
	08	帛	비단 명주	巾	8	木	11		06	氾	넘칠 넘을	水	5	水	9
	09	柏	측백 잣나무	木	9	木	10		07	汎	뜰 넓을	水	6	水	9
	10	珀	호박	玉	9	金	10		07	机	뗏목 수부나무	木	7	木	10

음	획수	한자	뜻	부수	실획	자원	곡획	음	획수	한자	뜻	부수	실획	자원	곡획
범 (水)	11	梵	범어 불경	木	11	木	15	변 (水)	20	辮	땋을, 엮음 꼼	糸	20	木	22
	11	釩	떨칠, 그릇 잔	金	11	金	14		21	辯	말잘할 바로잡을	辛	21	金	22
	13	渢	풍류소리 큰 소리	水	12	水	15		22	邊	변방 가장자리	辵	19	土	25
	15	範	법, 규범 모범, 한계	竹	15	木	20		23	變	변할 고칠	言	23	金	28
법 (水)	09	法	법, 방법 본받을	水	8	水	9	별 (水)	07	別	나눌, 다를 이별, 구별	刀	7	金	11
	13	琺	법랑 에나멜	玉	12	金	13		09	炦	불기운	火	9	火	9
벽 (水)	13	辟	임금, 천자 주군, 장관	辛	13	金	15		13	馝	향기 향기날	香	13	木	15
	14	碧	옥돌 푸른옥돌	石	14	金	16		13	莂	모종낼 씨뿌릴	艸	11	木	15
	16	壁	벽 울타리	土	16	土	18		17	瞥	잠깐볼 언뜻볼	目	17	木	20
	17	檗	회양목	木	17	木	19	병 (水)	05	丙	남녁, 불 사물의등급	一	5	火	7
	18	璧	둥글옥 구슬	玉	18	金	20		07	兵	병사, 군사 무기 전쟁	八	7	金	7
	18	甓	벽돌 기와	瓦	18	土	23		08	幷	아우를 합할	干	8	火	8
	21	闢	문열 열릴	門	21	木	26		08	秉	잡을, 자루 볏단	禾	8	木	9
	21	霹	벼락 천둥	雨	21	水	24		09	炳	빛날 밝을	火	9	火	11
변 (水)	04	卞	법, 법도 성급할	卜	4	土	4		09	柄	자루 권세	木	9	木	11
	05	弁	고를 빠를	廾	5	木	6		09	昺	昞(9)동자 밝을, 불꽃	日	9	火	12
	07	采	나눌 분별할	采	7	火	7		09	昞	밝을 불꽃	日	9	火	12
	13	賆	더할 늘어날	貝	13	金	14		09	抦	잡을 붙잡을	手	8	木	11
	16	辨	분별할 나눌	辛	16	金	16		10	竝	나란히 모두	立	10	金	10
	16	駢	나란히할 합칠, 겹칠	馬	16	火	18		10	倂	나란히할 다툴	人	10	火	10

음	획수	한자	뜻	부수	실획	자원	곡획	음	획수	한자	뜻	부수	실획	자원	곡획
병 (水)	11	屛	병풍, 가릴 물리칠	尸	11	水	12	보 (水)	14	菩	보살 보리	艸	12	木	13
	12	棅	자루 권세	木	12	木	13		15	褓	포대기	衣	14	木	16
	13	鈵	굳을 단단한	金	13	金	15		16	潽	끓을 물넓을	水	15	水	16
	15	輧	수레 거마소리	車	15	火	16		19	譜	족보, 적을 계보, 악보	言	19	金	21
	16	鉼	판금 금화	金	16	金	16		20	寶	보배 국새, 돈	宀	20	金	23
	18	騈	나란히할 굳은살, 이웃	馬	18	火	20	복 (水)	06	伏	엎드릴 숨을	人	6	火	6
보 (水)	07	步	걸을 보병	止	7	土	8		08	服	옷 복종할	月	8	水	13
	07	甫	클, 많을 겨우, 자	用	7	水	9		12	復	회복할 돌아올	彳	12	火	14
	08	宝	寶(20)속자 보배, 국새, 돈	金	8	金	9		14	福	복, 행복 간직할	示	14	木	16
	08	玨	옥그릇	玉	7	金	7		15	腹	배, 마음 두터울	肉	13	土	17
	09	保	보전할 보증, 기를	人	9	火	10		15	複	겹칠, 겹옷 솜옷	衣	14	木	17
	09	備	도울 보필할	人	9	火	11		15	墣	흙덩이	土	15	土	15
	10	洑	나루 보	水	9	水	9		16	輹	복토 바퀴통	車	16	火	19
	11	珤	寶(20)고자 보배, 국새, 돈	玉	10	金	11		16	輻	모여들 바퀴살	車	16	火	19
	12	報	갚을, 아뢸 나아갈	土	12	土	15		17	鍑	가마솥 술가마	金	17	金	19
	12	普	넓을 나라이름	日	12	火	13		18	馥	향기 향기로울	香	18	木	21
	12	堡	작은성 방죽, 둑	土	12	土	13		18	覆	다시, 배반 엎어질	襾	18	金	21
	13	補	도울, 맡길 옷기울	衣	12	木	15	본	05	本	근본, 뿌리 마음, 본성	木	5	木	5
	13	湺	보 사람이름	水	12	水	13	볼	08	乶	땅이름 음역자	乙	8	土	13
	14	輔	도울, 재상 광대뼈	車	14	火	17	봉	07	夆	이끌, 만날 녁녁할	夂	7	水	8

음	획수	한자	뜻	부수	실획	자원	곡획	음	획수	한자	뜻	부수	실획	자원	곡획
	08	奉	받을, 녹봉 이바지할	大	8	木	8		08	府	마을 관청	广	8	土	9
	09	封	봉할, 편지 무덤	寸	9	土	10		08	附	분부할 숨내쉴	口	8	水	10
	10	俸	녹, 봉급 봉직할	人	10	火	10		08	阜	언덕 대륙	阜	8	土	10
	10	峯	산봉우리	山	10	土	12		08	抔	움킬 움큼	手	7	木	8
	10	峰	峯(10)속자 산봉우리	山	10	土	12		09	負	질, 빗질 타식, 감탄	貝	9	金	11
	11	烽	봉화 경계	火	11	火	12		09	赴	다다를 알릴	走	9	火	9
	12	捧	받들 공경할	手	11	木	12		09	拊	어루만질 손잡이	手	8	木	10
봉 (水)	13	蜂	벌, 꿀벌 봉망	虫	13	水	15		09	玞	옥돌	玉	8	金	8
	13	琫	칼집장식 칼장식옥	玉	12	金	12		10	芙	연꽃 부용	艸	8	木	8
	13	絳	꿰맬, 기울 붙일	糸	13	木	16	부 (水)	10	釜	가마 솥의범칭	金	10	金	10
	14	逢	만날 맞을	辵	11	土	13		11	符	부호, 증거 부적, 예언서	竹	11	木	12
	14	鳳	봉새, 봉황 산이름	鳥	14	火	19		11	副	버금, 도울 둘째, 부본	刀	11	金	14
	15	鋒	칼날, 병기 선봉	金	15	金	16		11	埠	부두 선창	土	11	土	13
	15	熢	봉화 봉화대	火	15	火	17		11	跗	책상다리할 발등, 반침	足	11	土	12
	15	漨	물이름	水	14	水	16		12	富	부유할, 성할 부자, 행복	宀	12	木	15
	17	縫	붙일 꿰맬	糸	17	木	21		12	傅	스승, 도울 수표, 증서	人	12	火	15
	04	夫	지아비 사내	大	4	木	4		12	復	다시 중복될	彳	12	火	14
부 (水)	05	付	줄 부탁할	人	5	火	6		13	附	붙을, 붙일 창자	阜	8	土	11
	06	缶	장군, 양병 질장구	缶	6	土	7		13	艀	거룻배 작은배	舟	13	水	17
	08	扶	도울 부축할	手	7	木	8		14	溥	펼 베풀을	水	13	水	15

음	획수	한자	뜻	부수	실획	자원	곡획	음	획수	한자	뜻	부수	실획	자원	곡획
부 (水)	14	榑	부상 뽕나무	木	14	木	16	불 (水)	08	彿	비슷할 서로같을	彳	8	火	12
	15	部	거느릴 마을, 분류	邑	11	土	14		09	拂	떨칠, 닦을 거스릴	手	8	木	13
	15	賦	부세, 구실 군사, 문채	貝	15	金	17		11	紱	인끈, 인수 제복, 입을	糸	11	木	13
	15	敷	펼, 두루 분할, 널리	攴	15	金	18	붕 (水)	08	朋	벗 무리	月	8	水	12
	15	駙	곁마 가까울	馬	15	火	18		12	棚	시렁 선반	木	12	木	16
	17	膚	살갗 아름다울	肉	15	水	20		13	硼	붕사	石	13	金	18
	19	簿	문서, 장부 다스릴	竹	19	木	21		17	繃	감을 묶을	糸	17	木	24
북	05	北	북녘, 북쪽 북쪽으로 갈	匕	5	水	7		19	鵬	붕새, 큰새 대붕	鳥	19	火	26
분 (水)	04	分	나눌 분명할	刀	4	金	6	비 (水)	04	比	견줄, 도울 친할	比	4	火	7
	07	吩	뿜을 명령할	口	7	水	10		05	丕	클 으뜸	一	5	水	5
	08	奔	달릴 달아날	大	8	木	8		06	妃	왕비, 아내 여신	女	6	土	10
	08	汾	클 많을 물이름	水	7	水	9		07	庇	덮을 감쌀	广	7	木	10
	08	扮	꾸밀 쥘	手	7	木	10		08	卑	낮을 낮출	十	8	土	9
	08	昐	햇빛	日	8	火	11		08	枇	비파나무 참빗	木	8	木	11
	09	盆	동이 질그릇	皿	9	金	12		09	飛	날 높을	飛	9	火	13
	10	粉	가루 색칠	米	10	木	12		09	毗	도울 쇠퇴	比	9	火	13
	10	芬	향내날 향내	艸	8	木	10		09	泌	샘물흐를	水	8	水	9
	12	賁	클, 날렐 아름다울	貝	12	金	13		10	肥	살찔, 비옥 거름, 지방	肉	8	水	13
	16	奮	떨칠 휘두를	大	16	木	17		10	祕	숨길 신비할	示	10	木	11
불	07	佛	부처, 불교 불경, 불안한	人	7	火	11		10	紕	가선, 꾸밀 모직물	糸	10	木	15

음	획수	한자	뜻	부수	실획	자원	곡획	음	획수	한자	뜻	부수	실획	자원	곡획
	11	斐	클	大	11	木	11		14	賓	손님, 사위 인도할	貝	14	金	16
	11	埤	더할 낮은 낮은담	广	11	土	13		16	頻	급할 자주	頁	16	火	18
	12	備	갖출 예방할	人	12	火	14		16	儐	인도할 대접할	人	16	火	18
	12	扉	문짝, 가옥 사립문	戶	12	木	13		17	嬪	아내 궁녀	女	17	土	20
	12	斐	문채날 문채	文	12	木	12		18	濱	물가 가가울	水	17	水	19
	12	棐	도울 얇을 광주리	木	12	木	12		18	檳	빈랑나무	木	18	木	20
	13	碑	비석, 비문 돌기둥	石	13	金	16		18	擯	물리칠 인도할	手	17	木	20
비 (水)	13	琵	비파 비파탈	玉	12	金	15	빈 (水)	19	贇	예쁠, 빛날 문채	貝	19	金	21
	14	榧	비자나무	木	14	木	15		19	璸	옥 무의 구슬 이름	玉	18	金	20
	14	緋	비단, 명주 붉은빛	糸	14	木	16		19	穦	향기 말더듬을	禾	19	木	21
	14	裨	도울 보탤	衣	13	木	15		19	霦	옥광채 옥빛	雨	19	水	20
	16	陴	성가퀴 보필, 도울	阜	11	土	15		20	瀕	물가 따를	水	19	水	21
	17	馡	향기로울	香	17	木	18		20	繽	성할 어지러울	糸	20	木	24
	18	騑	곁말, 부마 계속달릴	馬	18	火	20		22	鑌	강철 광채낼	金	22	金	24
	19	驆	빠른 말 준마	馬	19	火	25		23	馪	향내날 향내많이날	香	23	木	26
	20	譬	비유할 깨달을	言	20	金	23		05	氷	얼음 얼	水	5	水	7
	09	玭	구슬이름	玉	8	金	11	빙 (水)	10	娉	장가들 예쁠	女	10	土	15
빈 (水)	11	彬	빛날 밝을	彡	11	火	11		16	憑	의지할 건널	心	16	火	19
	11	邠	나라이름 문채성할	邑	7	土	11		17	騁	달릴 회포 풀	馬	17	火	23
	12	斌	빛날 아롱질	文	12	木	13	사	03	士	선비, 관리 직무, 칭호	士	3	水	3

음	획수	한자	뜻	부수	실획	자원	곡획	음	획수	한자	뜻	부수	실획	자원	곡획
사 (金)	04	四	넷, 녁 / 사방	口	5	水	7	사 (金)	10	唆	대답할 / 부추길	口	10	水	15
	05	仕	벼슬 / 섬길	人	5	火	5		10	師	스승, 군사 / 벼슬, 신령	巾	10	木	14
	05	史	사기 / 사관	口	5	水	6		10	紗	비단, 깁 / 견직물	糸	10	木	13
	05	司	맡을, 벼슬 / 관아	口	5	水	8		11	斜	기울 / 비스듬할	斗	11	火	12
	06	寺	절 / 사찰	寸	6	木	7		11	徙	옮길 / 넘길	彳	11	火	11
	06	糸	실, 견사 / 가는실	糸	6	木	8		11	赦	용서할 / 사면할	赤	11	火	12
	07	私	사사, 가족 / 간통, 은혜	禾	7	木	8		11	梭	북 / 베짜는북	木	11	木	15
	07	伺	살필 / 엿 볼	人	7	火	10		12	絲	실, 명주실 / 생사, 견사	糸	12	木	16
	08	使	부릴, 사신 / 하여금	人	8	火	9		12	詞	말, 말씀 / 글, 고할	言	12	金	16
	08	舍	집, 여관 / 머무를	舌	8	火	9		12	捨	버릴 / 베풀	手	11	木	13
	08	事	일, 재능 / 사업, 관직	亅	8	木	11		12	斯	쪼갤 / 떠날	斤	12	金	12
	08	社	모일, 단체 / 제사, 행정	示	8	木	8		12	奢	사치할 / 넉넉할	大	12	木	13
	08	沙	모래 / 사막	水	7	水	8		13	嗣	이을, 후사 / 익힐	口	13	水	19
	09	思	생각, 심정 / 사상, 마음	心	9	火	11		14	獅	사자	犬	13	土	18
	09	查	조사할 / 사실할	木	9	木	10		15	賜	줄 / 하사할	貝	15	金	19
	09	泗	물이름 / 콧물	水	8	水	10		15	寫	베낄, 그릴 / 토로할	宀	15	木	19
	09	砂	모래, 물가 / 사막, 단사	石	9	金	11		15	駟	말 / 사마	馬	15	火	19
	09	俟	클 / 기다릴	人	9	火	10		15	駛	달릴 / 빠를	馬	15	火	18
	09	柶	수저 / 윷	木	9	木	11		17	謝	사례할 / 사양, 끊을	言	17	金	21
	10	射	쏠 / 빠를	寸	10	土	13		19	辭	말씀, 사퇴 / 사양할	辛	19	金	24

음	획수	한자	뜻	부수	실획	자원	곡획	음	획수	한자	뜻	부수	실획	자원	곡획
사 (金)	19	瀉	물쏟을 물흐를	水	18	水	22	삼 (金)	07	杉	삼나무 적삼	木	7	木	7
	21	麝	사향 사향노루	鹿	21	土	28		09	衫	적삼, 옷 윗도리	衣	8	木	9
삭 (金)	10	朔	초하루 처음, 북쪽	月	10	水	13		11	參	석, 셋 인삼	厶	11	火	14
	10	索	노끈 동아줄	糸	10	木	13		12	森	빽빽할 심을, 성할	木	12	木	12
	15	數	자주 여러 번	攵	15	金	18		15	滲	스밀 흘러나올	水	14	水	17
	19	爍	빛날, 끊을 무너뜨릴	火	19	火	24		17	蔘	인사 늘어질	艸	15	木	18
	23	鑠	녹일, 태울 아름다울	金	23	金	28	삽 (金)	04	卅	서른 삼십	十	4	水	4
산 (金)	03	山	뫼, 산, 능 산신, 사찰	山	3	土	4		12	鈒	창, 새길 아로새길	金	12	金	14
	10	珊	산호 패옥소리	玉	9	金	11		13	揷	꽂을 가래	手	12	木	14
	10	祘	셈, 수효 나이, 지혜	示	10	金	10		14	颯	격을 바람소리	風	14	木	17
	11	産	産(11)동자 낳을, 자산	生	11	木	11		17	鍤	가래, 바늘 돗바늘	金	17	金	18
	11	產	낳을, 기를 출신, 재산	生	11	木	11	상 (金)	03	上	위, 이전 군주, 오를	一	3	木	3
	12	傘	우산 일산	人	12	火	12		07	床	밥상 평상	广	7	木	7
	14	算	셈, 수효 수명, 세금	竹	14	木	15		08	尙	오히려 자랑, 숭상	小	8	金	11
	15	傪	온전한덕 많을	心	14	火	14		08	牀	평상 마루	爿	8	木	9
	16	橵	산자 사람이름	木	16	木	18		08	狀	모양 형상	犬	8	土	9
	22	孿	쌍둥이 이어질	子	22	水	29		09	相	서로, 정승 형상, 접대	目	9	木	10
살 (金)	08	乷	살 음역자	乙	8	木	12		09	庠	학교, 태학 점잖을	广	9	木	9
	20	薩	보살, 보리 여신도	艸	18	木	20		10	桑	뽕나무 뽕잎딸	木	10	木	13
삼	03	三	석, 셋 자주, 거듭	一	3	火	3		11	常	항상, 범상 떳떳할	巾	11	木	15

음	획수	한자	뜻	부수	실획	자원	곡획	음	획수	한자	뜻	부수	실획	자원	곡획
상 (金)	11	商	장사, 장수 몫, 헤아릴	口	11	水	15	생 (金)	05	生	날 목숨	生	5	木	5
	11	祥	상서로울 재앙, 제사	示	11	金	11		09	省	덜 생략할	目	9	木	11
	11	爽	시원할 밝을, 굳셀	爻	11	火	11		11	笙	생황, 악기 대자리	竹	11	木	11
	12	象	코끼리, 법 모양, 징후	豕	12	水	15	서 (金)	06	西	서녘 서양	襾	6	金	8
	12	翔	날, 빙빙돌 상서로울	羽	12	火	16		07	序	차례 서문	广	7	木	10
	13	想	생각, 사색 상상, 원할	心	13	火	15		08	抒	풀, 표현할 털어놓을	手	7	木	11
	13	詳	자세할 상서로울	言	13	金	14		09	叙	敍(11)속자 차례, 서문	又	9	水	11
	14	裳	치마, 바지 보통	衣	14	木	17		10	書	글, 장부 편지, 기록	曰	10	木	12
	14	像	형상, 본뜰 닮을, 규범	人	14	火	17		10	徐	천천히 찬찬할	彳	10	火	11
	15	賞	상줄, 증여 숭상, 칭찬	貝	15	金	18		10	恕	용서 어질	心	10	火	13
	15	箱	상자 곳집	竹	15	木	16		10	栖	棲(12)속자 깃돌일, 살	木	10	木	12
	16	橡	상수리나무 도토리	木	16	木	19		11	敍	펼 차례	攴	11	金	13
	16	潒	세찰, 떠돌 흐름이세찰	水	15	水	18		11	敘	敍(11)속자 펼, 차례	攵	11	金	12
	17	霜	서리, 세월 깨끗한절개	雨	17	水	19		11	庶	무리 서민	广	11	木	11
	17	償	갚을, 배상 보상, 속죄	人	17	火	20		11	胥	서로 함께	肉	9	土	12
새 (金)	13	塞	변방 요새	土	13	土	14		11	恕	기뻐할 느슨해질	心	11	火	13
	19	璽	도장 옥새	玉	19	金	30		11	偦	재주있을 도둑잡을	人	11	火	14
색 (金)	02	色	빛, 색채 낯, 색정	色	6	土	10		12	黍	기장 무게단위	黍	12	木	13
	10	索	찾을 더듬을	糸	10	木	13		12	棲	깃들일 살	木	12	木	14
	18	穡	거둘, 농사 검소할	禾	18	木	20		12	舒	펼, 퍼질 드러낼	舌	12	火	16

음	획수	한자	뜻	부수	실획	자원	곡획	음	획수	한자	뜻	부수	실획	자원	곡획
서 (金)	13	暑	더울, 더위 여름	日	13	火	15	석 (金)	16	錫	주석, 구리 지팡이	金	16	金	19
	13	惛	지혜 지혜로울	心	12	火	15		20	釋	풀, 깨달을 용서할	釆	20	火	21
	13	揟	고기잡을 거를	手	12	木	16	선 (金)	05	仙	신선, 선교 신선될	人	5	火	6
	14	瑞	상서, 부절 서옥, 길조	玉	13	金	16		06	先	먼저, 처음 선구, 조상	儿	6	木	8
	14	誓	맹세할 경계할	言	14	金	16		09	宣	베풀 밝힐	宀	9	火	11
	14	稰	거두어들일 추수할	禾	14	木	17		10	洗	깨끗할 결백할	水	9	水	11
	15	署	임명할 마을, 부서	网	14	木	16		11	船	재, 선박 술잔	舟	11	木	17
	15	緒	실마리 시초, 차례	糸	15	木	18		11	旋	돌릴 돌아올	方	11	木	14
	15	鋤	호미, 김맬 없앨	金	15	金	18		11	珗	옥돌	玉	10	金	12
	16	諝	슬기 지혜	言	16	金	20		12	善	착할, 친할 훌륭할	口	12	水	13
	17	嶼	섬 작은섬	山	17	土	20		12	琔	옥, 구슬 옥이름	玉	11	金	12
	18	曙	새벽 밝을	日	18	火	21		13	愃	잊을 유쾌할	心	12	火	14
석 (金)	03	夕	저녁 밤	夕	3	水	4		13	詵	많을 머일	言	13	金	16
	05	石	돌, 녹봉 섬, 비석	石	5	金	6		14	瑄	도리옥 여섯치옥	玉	13	金	15
	10	席	자리, 베풀 돗자리	巾	10	木	12		14	銑	무쇠, 꾸밀 뿌릴	金	14	金	16
	10	秨	섬 먹라수	禾	10	木	11		14	嫙	예쁠 아리다울	女	14	土	18
	12	晳	밝을 분석할	日	12	火	13		15	線	줄, 실 노선, 단서	糸	15	木	20
	13	鉐	놋쇠 성(姓)씨	金	13	金	14		15	墡	백토 하얀 흙	土	15	土	16
	14	碩	클, 찰 충실할	石	14	金	16		15	嬋	아름다울 끊이지않을	女	15	土	19
	15	奭	클, 성할 쌍백	大	15	火	17		16	璇	옥 별이름	玉	15	金	18

음	획수	한자	뜻	부수	실획	자원	곡획	음	획수	한자	뜻	부수	실획	자원	곡획
선 (金)	16	歚	수선할 글잘쓸	欠	16	金	17	섬	23	纖	가늘 고운비단	糸	23	木	26
	17	鮮	고울, 생선 싱싱할	魚	17	水	19	섭 (金)	11	涉	건널 겨울	水	10	水	11
	17	禪	선, 봉선 양위선	示	17	木	20		14	緤	명주 비단	糸	14	木	17
	18	繕	기울, 갖출 다스릴	糸	18	木	21		17	燮	화할, 불꽃 낙엽소리	火	17	火	19
	19	選	가릴, 뽑을 선거할	辶	16	土	23		21	欇	삿자리 돗자리	木	21	木	23
	19	璿	옥, 구슬 손기	玉	18	金	20		22	攝	다스릴 잡을, 겸할	手	21	木	22
	20	鐥	복자 좋은쇠	金	20	金	21	성 (金)	07	成	成(7)속자 이룰, 비대	戈	7	火	9
설 (金)	09	契	사람이름	大	9	木	11		07	成	이룰 비대	戈	7	火	9
	11	雪	눈, 눈올 씻을	雨	11	水	13		08	姓	성, 성씨 겨레, 천성	女	8	土	9
	11	設	베풀 설령	言	11	金	16		09	性	성품, 마음 목숨, 성별	心	8	火	8
	11	偰	맑을 깨끗할	人	11	火	13		09	星	별, 세월 점, 첨문	日	9	火	10
	13	楔	문설주 쐐기	木	13	木	15		09	省	살필, 관청 마음, 명심	目	9	木	11
	14	說	말씀, 말할 문체이름	言	14	金	19		10	城	城(10)속자 재, 성, 무덤	土	10	土	12
	14	稧	볏짚	禾	14	木	16		10	城	재, 성 무덤	土	10	土	12
	17	蔎	향풀, 차 향기로울	艸	15	木	20		10	娍	아름다울 휜칠한	女	10	土	13
	19	薛	쑥, 향부자 성(姓)씨	艸	17	木	19		11	晟	晟(11)속자 빛날, 찬미	日	11	火	14
섬 (金)	16	暹	해떠오를 섬라, 태국	日	16	火	18		11	晠	晟(11)동자 빛날, 찬미	日	11	火	14
	19	蟾	두꺼비 연적, 달	虫	19	水	24		11	晟	빛날 찬미	日	11	火	14
	20	贍	도울 넉넉할	貝	20	金	25		12	盛	盛(12)동자 성할, 담을	皿	12	火	15
	20	孅	가늘, 작을 세밀할	女	20	土	22		12	盛	성할 담을	皿	12	火	15

음	획수	한자	뜻	부수	실획	자원	곡획	음	획수	한자	뜻	부수	실획	자원	곡획
성 (金)	12	瑊	옥이름 구슬이름	玉	11	金	13	세	14	說	달랠 유세할	言	14	木	19
	12	賮	재물 재물관리인	貝	12	金	13	소 (金)	04	少	젊을, 적을 부족, 경멸	小	4	水	5
	13	惺	깨달을 영리할	心	12	火	13		05	召	부를, 아릴 청할	口	5	水	8
	13	聖	聖(13)동자 성인, 천자	耳	13	火	14		07	邵	높을 뛰어날	口	7	火	12
	13	聖	성인 천자	耳	13	火	14		07	劭	힘쓸, 권할 아름다울	力	7	木	12
	14	誠	誠(14)동자 정성, 만약	言	14	金	17		08	所	곳, 방법 얼마	戶	8	木	9
	14	誠	정성 만약	言	14	金	17		09	昭	밝을 밝힐	日	9	火	13
	14	瑆	옥, 옥빛 빛날	玉	13	金	14		09	沼	늪, 못 연못	水	8	水	11
	16	醒	깰, 깨달을 청신할	酉	16	金	19		09	炤	밝을, 환할 환히보일	火	9	火	12
	17	聲	소리, 풍류 명예, 선언	耳	17	火	22		10	笑	웃음 조소	竹	10	木	10
세 (金)	05	世	인간, 평생 세대, 세상	一	5	火	6		10	素	흴, 바탕 정성, 평소	糸	10	木	12
	10	洗	씻을 그릇	水	9	水	11		10	珤	아름다운옥	玉	9	金	12
	10	洒	물뿌릴 깊을	水	9	水	11		11	紹	이을 소개할	糸	11	木	16
	11	細	가늘 자세할	糸	11	木	14		11	巢	새집, 망루 집지을	巛	11	水	15
	11	涗	잿물 맑을 미온탕	水	10	水	14		12	疏	트일 적을	疋	12	土	16
	11	彗	혜성, 비 총명할	彐	11	火	12		12	邵	고을이름 아름다울	邑	8	土	13
	12	稅	거둘 보낼	禾	12	木	16		12	甦	蘇(16)동자 소생할, 모을	生	12	水	13
	12	貰	세낼 용서할	貝	12	金	14		12	傃	향할 분수지킬	人	12	火	14
	13	勢	세력 형세	力	13	金	18		13	塐	흙빛을 토우	土	13	土	16
	13	歲	해 나이	止	13	土	15		13	塐	토우 흙빛을	土	13	土	15

음	획수	한자	뜻	부수	실획	자원	곡획	음	획수	한자	뜻	부수	실획	자원	곡획
소 (金)	14	逍	거닐 노닐	辶	11	土	14	손	17	遜	겸손할 달아날	辶	14	土	19
	14	韶	아름다울 풍류이름	音	14	金	18	솔 (金)	09	帥	거느릴 앞장, 따를	巾	9	木	13
	14	愫	정성 성심	心	13	火	15		09	乺	솔 음역자	乙	9	水	14
	15	嘯	휘파람 울부짖을	口	15	水	20		11	率	거느릴 소탈, 경솔	玄	11	火	13
	15	銷	녹일 흩어질	金	15	金	17		17	衛	거느릴	行	17	火	20
	15	霄	하늘 밤	雨	15	水	18		18	達	거느릴 군사거느릴	辶	15	火	18
	16	穌	소생할 모을	禾	16	木	18	송 (金)	07	宋	성(姓)씨 송나라	宀	7	木	8
	16	衞	깨끗할 멈출, 그칠	行	16	火	19		08	松	솔, 소나무 더벅머리	木	8	木	9
	16	璱	옥돌, 장실 영소	玉	15	金	19		12	淞	강이름 상고대	水	11	水	12
	17	遡	거스릴 향할	辶	14	土	18		13	送	보낼, 전송 배웅, 선물	辶	10	土	11
	22	蘇	깨날 깍을	艹	20	木	22		13	頌	칭송할 암송, 점사	頁	13	火	15
속 (金)	07	束	묶을, 단속 약속할	木	7	木	8		14	誦	읽을, 말할 암송, 비방	言	14	金	18
	12	粟	조, 벼 곡식	米	12	木	13	쇄 (金)	08	刷	인쇄할 닦을, 씻을	刀	8	金	12
	14	速	빠를, 부를 삼가할	辶	11	土	13		15	瑣	자질구레할 세분할	玉	14	金	15
	17	謖	일어날 뛰어날	言	17	金	22		23	灑	뿌릴, 청소 드리울	水	22	水	28
	21	續	이를 계속	糸	21	木	26		23	曬	별에쬘 별이날	日	23	火	30
손 (金)	10	孫	손자, 자손 겸손할	子	10	水	14	쇠 (金)	10	衰	쇠할 약할	衣	10	木	12
	12	飧	저녁밥 먹을	食	12	水	15		10	釗	쇠, 철 사람이름	金	10	金	11
	12	巽	부드러울 사양, 손괘	己	12	木	18	수 (金)	04	水	물, 수성 액체, 홍수	水	4	水	6
	16	蓀	난초, 향풀 창포	艹	14	木	18		04	手	손, 재주 가락, 계략	手	4	木	5

음	획수	한자	뜻	부수	실획	자원	곡획	음	획수	한자	뜻	부수	실획	자원	곡획
수(金)	06	守	지킬, 직책 임무	宀	6	木	8	수(金)	13	睟	바로볼 윤이날	目	13	木	14
	06	收	거둘, 잡을 가질	攵	6	金	7		14	壽	목숨 수명	士	14	水	17
	07	秀	빼어날 이삭	禾	7	木	11		14	需	구할, 요구 머뭇거릴	雨	14	水	17
	07	寿	壽(14)속자 목숨, 수명	寸	7	木	8		14	銖	중량 단위 무딜, 저울눈	金	14	金	14
	08	受	받을 이를	又	8	水	10		14	粹	순수할 저일할	米	14	木	14
	08	垂	드리울 변방, 거의	土	8	土	8		14	綬	끈, 줄 인끈	糸	14	木	18
	08	岫	산굴 산봉우리	山	8	土	10		15	竪	세울 아이	豆	15	木	19
	09	首	머리, 으뜸 우두머리	首	9	水	10		15	數	셈, 등급 이치, 책략	女	15	金	18
	09	帥	장수 거느릴	巾	9	水	13		15	賥	재물 재화	貝	15	金	16
	10	殊	죽일, 다를 뛰어날	歹	10	水	11		16	樹	나무, 심을 세울, 막을	木	16	木	18
	10	洙	물가 물이름	水	9	水	9		16	輸	보낼, 짐 경혈, 깰	車	16	火	21
	10	修	닦을, 다스릴	人	10	火	10		16	遂	이룰 나갈	辵	13	土	16
	11	宿	별자리 지킬, 성수	宀	11	木	13		16	蒐	모을, 은닉 검열, 사냥	艸	14	木	18
	12	授	줄, 전수 가르칠	手	11	木	14		17	雖	비록 추천할	隹	17	火	19
	12	須	수염, 바랄 기다릴	頁	12	火	13		17	穗	이삭 벼이삭	禾	17	木	19
	13	琇	옥돌 빛날	玉	11	金	15		17	隋	수나라	阜	12	土	16
	13	竪	竪(15)속자 세울, 아이	立	13	金	16		17	燧	봉화 부싯돌	火	17	火	20
	13	綏	편안할 안심할	糸	13	木	16		18	璲	패옥 서옥	玉	17	金	20
	13	酬	갚을 술권할	酉	13	金	15		18	瓇	옥이름	玉	17	金	20
	13	脩	修(10)동자 닦을, 다스릴	肉	11	水	13		19	繡	수놓을 비단	糸	19	木	24

음	획수	한자	뜻	부수	실획	자원	곡획	음	획수	한자	뜻	부수	실획	자원	곡획
수(金)	21	隨	따를 따라서	阜	16	土	21	순(金)	11	珣	옥이름 옥그릇	玉	10	金	13
	21	隧	길, 도로 굴	阜	16	土	21		12	順	순할, 순응 가르칠	頁	12	火	13
	21	璲	구슬 진주조개	玉	20	金	25		12	循	돌, 질서 머뭇거릴	彳	12	火	13
숙(金)	11	宿	묵을, 지킬 당직, 숙소	宀	11	木	13		12	荀	풀이름 사람이름	艸	10	木	13
	11	孰	누구, 익을 정통, 익숙	子	11	水	16		12	舜	순임금 무궁화	舛	12	木	15
	12	淑	착할, 맑을 사모할	水	11	水	13		12	淳	순박할 맑을, 돈독	水	11	水	14
	13	肅	엄숙할 공경할	聿	13	火	16		12	焞	밝을 성할	火	12	火	15
	13	琡	옥이름 큰홀	玉	12	金	14		13	楯	난간 빼낼	木	13	木	14
	14	塾	글방 문 옆방	土	14	土	20		13	詢	물을 꾀할	言	13	金	17
	15	熟	익을, 전통 숙련, 깊이	火	15	火	20		13	馴	따를 길들일	馬	13	火	15
	16	橚	밋밋할 무성할	木	16	木	20		15	諄	도울 지극할	言	15	金	19
	16	潚	빠를 강이름	水	15	水	19		15	醇	진할, 순수 도타울	酉	15	金	20
	19	璹	옥그릇 옥이름	玉	18	金	21		16	橓	무궁화나무	木	16	木	19
순(金)	06	旬	열흘, 두루 열번, 십년	日	6	火	9		18	蕣	무궁화	艸	16	木	19
	07	巡	돌 순행할	巛	7	水	11	술(金)	06	戌	개, 온기 정성	戈	6	土	7
	09	徇	두루 주창할	彳	9	火	12		11	術	재주, 사업 술수, 학문	行	11	火	14
	09	紃	끈, 규칙 따를	糸	9	木	11		12	述	펼, 말할 저술, 서술	辵	9	土	12
	10	純	순수할 착할	糸	10	木	15		13	鉥	돗바늘 이끌, 찌를	金	13	金	15
	10	恂	정성 믿을	心	9	火	12	숭(金)	11	崇	높을, 존중 채울, 마칠	山	11	土	14
	10	栒	가름대 나무 이름	木	10	木	13		11	崧	산이름 우뚝솟을	山	11	土	13

음	획수	한자	뜻	부수	실획	자원	곡획	음	획수	한자	뜻	부수	실획	자원	곡획
숭	13	嵩	높을 높은산	山	11	土	18		05	市	저자, 장사 가격, 시가	巾	5	木	7
쉬 (金)	10	倅	버금, 다음 수령, 원님	人	10	水	10		05	示	보일, 간주 고시, 명령	示	5	木	6
	11	淬	담금질할 물들, 범할	水	10	火	10		05	矢	화살, 곧을 대변, 시행	矢	5	金	5
	12	焠	담금질 지질, 칭할	火	12	火	12		07	豕	돼지	豕	7	水	8
슬 (金)	14	瑟	큰거문고 비파, 엄숙	玉	13	金	14		08	始	비로소 처음, 근본	女	8	土	11
	16	璱	진주 푸른구슬	玉	15	金	17		08	侍	모실, 기를 부탁, 권할	人	8	火	9
	18	璱	진주 푸른구슬	玉	17	金	18		09	是	이, 옳을 바로잡을	日	9	火	10
습 (金)	10	拾	주을, 모을 습득할	手	9	木	11		09	施	베풀 전할	方	9	土	15
	11	習	익힐, 연습 앙감질	羽	11	火	16		09	柴	섶, 지킬 시제사	木	9	木	12
	18	濕	축축할 습기	水	17	水	22		09	柿	감나무 감	木	9	木	14
승 (金)	04	升	되, 오를 천거할	十	4	木	4	시 (金)	09	眂	볼, 본받을 다스릴	目	9	木	12
	05	永	이을, 받들 장가들	水	5	水	8		10	恃	믿을, 의뢰 어머니	心	9	火	10
	06	丞	정승, 받들 도울, 잡길	一	6	木	9		10	時	때, 철 때맞출	日	10	火	12
	08	承	이을, 받들 도울, 후계	手	8	木	11		11	匙	숟가락 열쇠	匕	11	金	14
	08	昇	오를, 올릴 임금	日	8	火	9		11	偲	굳셀, 재능 책선할	人	11	火	13
	10	乘	탈, 오를 곱할	丿	10	火	12		12	視	볼, 맡을 본받을	見	12	火	15
	12	勝	이길, 나을 뛰어날	力	12	土	16		12	媞	편안할 아름다울	女	12	土	14
	13	塍	밭두둑 둑, 제방	土	13	土	15		13	詩	시, 시경 기록, 받들	言	13	金	15
	15	陞	오를 승진	阜	10	土	12		13	試	시험, 검증 훈련, 비교	言	13	金	15
	19	繩	노끈, 법도 먹줄, 통제	糸	19	木	25		13	偲	책선할 권장할	心	12	火	14

음	획수	한자	뜻	부수	실획	자원	곡획	음	획수	한자	뜻	부수	실획	자원	곡획
시 (金)	14	禔	복, 행복 편안할	示	14	木	15	신 (金)	07	辰	때, 기회 별, 택일	辰	7	土	8
	15	緦	시마복 모을	糸	15	木	19		07	辛	매울, 고생 살생, 허물	辛	7	金	7
	16	蓍	시초 서초	艸	14	木	17		07	伸	펼, 누울 해명, 사뢸	人	7	火	8
	16	諡	시호 행장	言	16	金	21		08	侁	걷는모양 떼지어갈	人	8	火	10
	16	諟	바로잡을 살필	言	16	金	18		09	信	믿을, 성실 성실, 편지	人	9	火	10
	16	蒔	모종낼 옮겨심을	艸	14	木	16		10	迅	빠를 억셀	辵	7	土	10
식 (金)	06	式	법, 의식 삼갈	弋	6	金	7		10	宸	집, 처마 대궐, 하늘	宀	10	木	12
	09	食	밥, 제사 벌이, 생계	食	9	水	11		11	晨	새벽, 시일 별이름	日	11	火	13
	10	息	쉴, 숨쉴 중지, 번식	心	10	火	12		11	紳	큰띠 벼슬아치	糸	11	木	14
	11	埴	찰흙 점토	土	11	土	13		13	新	새, 개선할 처음, 신년	斤	13	金	13
	12	植	심을, 세울 번식, 식물	木	12	木	14		13	莘	족두리풀 세신, 많을	艸	11	木	11
	12	殖	번성할 불릴, 수립	歹	12	水	15		14	愼	삼갈, 근심 진실로	心	13	火	17
	12	寔	이것, 방치 진실로	宀	12	木	14		19	薪	땔나무 섶나무	艸	17	木	17
	13	湜	맑을 엄정할	水	12	水	13		19	璶	옥돌	玉	18	金	20
	13	軾	수레난간 절할	車	13	火	15	실 (金)	08	実	實(14)동자 열매, 내용	宀	8	木	9
	14	飾	꾸밀 가선 두를	食	14	水	17		09	室	집, 아내 가족	宀	9	木	11
	19	識	알, 지식 식견, 친분	言	19	金	22		11	悉	다, 갖출 깨달을, 펼	心	11	火	12
신 (金)	05	申	납, 펼 거듭, 아뢸	田	5	金	6		14	實	열매 내용	宀	14	木	18
	06	臣	신하, 백성 하인, 포로	臣	6	火	8	심 (金)	04	心	마음, 염통 가운데	心	4	火	5
	07	身	몸, 줄기 자신, 출신	身	7	火	9		08	沁	물스며들 물이름	水	7	水	8

음	획수	한자	뜻	부수	실획	자원	곡획	음	획수	한자	뜻	부수	실획	자원	곡획
심 (金)	08	沈	성(姓)씨 즙	水	7	水	11	아 (土)	10	哦	옳을 노래할	口	10	水	13
	10	芯	골풀 등심초	艸	8	木	9		10	峨	높을 위엄	山	10	土	13
	12	深	깊을 깊게할	水	11	水	13		11	婀	아름다울	女	11	土	16
	12	尋	찾을, 연구 토벌, 계승	寸	12	金	15		12	雅	바를 악기이름	隹	12	火	14
	15	審	살필, 들을 조사, 정할	宀	15	木	17		12	硪	바위 산이높을	石	12	金	15
	16	諶	진실 헤아릴	言	16	金	19		12	皒	흰빛 흰색	白	12	金	15
	16	潯	물가, 소 강이름	水	15	水	18		13	阿	언덕, 아첨 아름다울	阜	8	土	12
십 (金)	04	什	열, 십 열사람	人	4	火	4		13	衙	관청 대궐	彳	13	火	16
	10	十	열, 열번 열배, 전부	十	2	水	2	악 (土)	08	岳	큰 산, 조종 제후, 대신	山	8	土	9
	10	拾	열 십	手	9	木	11		11	堊	백토 회칠할	土	11	土	15
쌍 (金)	04	双	雙(18)속자 둘, 쌍, 짝수	又	4	水	6		12	幄	휘장 천막	巾	12	木	16
	18	雙	둘, 쌍, 짝수	隹	18	火	19		13	握	쥘 잡을	手	12	木	15
씨	04	氏	씨, 성씨 존칭, 호칭	氏	4	火	5		13	渥	젖을 두터울	水	12	木	14
아 (土)	04	牙	어금니 대장기	牙	4	金	6		15	樂	노래, 아기 풍류, 아뢸	木	15	木	20
	07	我	나, 우리 외고집	戈	7	金	9		16	噩	놀랄 엄숙할	口	16	水	20
	08	亞	버금 동서	二	8	火	12		16	諤	직언함	言	16	金	22
	08	妸	고울 아름다울	女	8	土	11		17	嶽	큰산 크고높을	山	17	土	20
	09	砑	갈, 광택 광석, 맷돌	石	9	金	12	안 (土)	06	安	편안, 안존 좋아할	宀	6	木	8
	10	芽	싹 싹틀	艸	8	木	10		08	岸	언덕, 층계 뛰어날	山	8	土	9
	10	娥	예쁠 항아	女	10	土	13		08	侒	편안할 잔치할	人	8	火	10

음	획수	한자	뜻	부수	실획	자원	곡획	음	획수	한자	뜻	부수	실획	자원	곡획
안 (土)	09	姲	종용할	女	9	土	12	앙 (土)	05	央	가운데 넓을	大	5	土	6
	10	晏	맑을, 늦을 편안할	日	10	火	13		06	仰	우러러볼 높을	人	6	火	9
	10	案	안건 책상	木	10	木	12		08	昂	오를 밝을	日	8	火	12
	10	按	살필 생각할	手	9	木	12		10	秧	모, 모내기 재배, 묘목	禾	10	木	11
	11	媩	고울	女	11	土	13		16	鴦	원앙 원앙새	鳥	16	火	20
	15	鞍	안장 안장지울	革	15	金	18	애 (土)	08	厓	언덕, 물가 한계, 흘길	厂	8	土	8
	18	顔	낯, 표정 색채, 체면	頁	18	火	19		08	艾	약쑥 늙은이	艸	6	木	6
알 (土)	06	穵	구멍 구멍뚫을	穴	6	水	12		10	埃	먼지 티끌	土	10	土	11
	14	斡	관리할 돌이킬	斗	14	火	15		11	崖	모날 낭떠러지	山	11	土	12
	16	謁	뵐, 고할 객사, 명함	言	16	金	21		11	焁	빛날, 더울 이글이글할	火	11	火	12
암 (土)	08	岩	巖(23)속자 바위, 석굴	山	8	土	10		11	崕	벼랑, 언덕 경계, 물가	山	11	土	12
	11	庵	암자 초막	广	11	木	14		12	涯	물가, 끝 근처, 단속	水	11	水	11
	14	菴	우거질 암자	艸	12	木	15		12	捱	막을	手	11	木	12
	16	諳	욀, 암송 깨달을	言	16	金	18		13	愛	사랑, 인정 탐욕, 소중	心	13	火	16
	17	蓭	암자 초막	艸	15	木	18		15	賥	사람이름 넉넉할	貝	15	金	16
	17	馣	향기로울 향기	香	17	木	21		15	漄	물가, 근처 한계, 단속	水	14	水	15
	23	巖	바위 석굴	山	23	土	26		15	磑	맷돌 단단할	石	15	金	18
압 (土)	09	押	찍을, 잡을 주관할	手	8	木	10		18	隘	좁을 험할	阜	13	土	16
	16	鴨	오리 집오리	鳥	16	火	20		22	藹	우거질 윤택할	艸	20	木	25
	17	壓	누를 막을	土	17	土	20	액	08	扼	누를 잡을	手	7	木	12

음	획수	한자	뜻	부수	실획	자원	곡획	음	획수	한자	뜻	부수	실획	자원	곡획
액 (土)	14	搤	잡을, 조를 명에, 막을	手	13	木	15	양 (土)	13	暘	해돋이 밝을, 말릴	日	13	火	17
	18	額	이마 현판	頁	18	火	22		13	煬	쬘, 환할 태울, 덮을	火	13	火	16
앵 (土)	21	鶯	휘파람새 꾀꼬리	鳥	21	火	25		15	養	기를, 봉양 가르칠	食	15	水	17
	21	櫻	앵두나무 벚나무	木	21	木	24		15	樣	본 모양	木	15	木	18
야 (土)	07	冶	대장간 주물	冫	7	水	9		17	陽	볕, 해 양기	阜	12	土	17
	08	夜	밤, 침실 휴식할	夕	8	水	9		17	襄	오를, 도울 치울, 높을	衣	17	木	20
	11	倻	가야 나라이름	人	11	火	13		20	壤	땅 고운흙	土	20	土	23
	11	野	들, 문밖 민간	里	11	土	15		21	攘	뺏을 물리칠	手	20	木	24
	11	若	반야, 난야	艸	9	木	10		22	穰	번성할 벼줄기	禾	22	木	25
	11	捓	놀릴 희롱	手	10	木	15		24	讓	겸손할 사양할	言	24	金	28
	13	惹	이끌 끌어당길	心	13	火	15	어 (土)	11	魚	고기, 어대 고기잡을	魚	11	水	13
	13	椰	야자나무 야자, 무릇	木	13	木	15		11	御	모실 부릴	彳	11	火	14
약 (土)	09	約	묶을 간략할	糸	9	木	13		11	唹	웃을 웃음지을	口	11	水	14
	11	若	같을, 만일 어조사	艸	9	木	10		12	馭	다스릴 말부릴	馬	12	火	15
	21	藥	약, 약초 아편, 화약	艸	19	木	24		13	飫	포식할 하사할	食	13	水	14
	21	躍	뛸 뛰게할	土	21	土	24		14	語	말씀, 소리 의논, 발표	言	14	金	17
양 (土)	06	羊	양, 배회할 상서로울	羊	6	土	6		15	漁	고기잡을 낚을	魚	14	水	16
	10	洋	큰 바다 서양, 외국	水	9	水	9		16	禦	막을 지킬	示	16	木	20
	13	揚	오를 날릴	手	12	木	16	억 (土)	15	億	억, 헤아릴 편안할	人	15	火	17
	13	楊	버들 버드나무	木	13	木	16		17	檍	참죽나무 박달나무	木	17	木	19

음	획수	한자	뜻	부수	실획	자원	곡획	음	획수	한자	뜻	부수	실획	자원	곡획
억	17	憶	생각, 기억 추억, 우울	心	16	火	18	여(土)	06	如	같을, 대항 어조사	女	6	土	8
언(土)	07	言	말씀 여쭐	言	7	金	8		07	余	나, 남을 여가, 다른	人	7	火	8
	09	彦	선비 뛰어날	彡	9	火	9		07	汝	너 이름	水	6	水	7
	12	堰	방죽 막을	土	12	土	15		11	忞	잊을, 편안 기뻐할	心	11	火	13
	13	傿	고을이름 에누리	人	13	火	16		14	與	줄, 참여 함께, 간섭	臼	14	土	16
	14	嫣	웃을 예쁜모양	女	14	土	18		16	餘	나머지 남길	食	16	水	18
얼(土)	09	㘽	땅이름 음역자	乙	9	土	14		17	輿	수레, 가마 땅, 하인	車	17	火	19
	23	糱	누룩 곡자	米	23	木	25		19	璵	옥 보배옥	玉	18	金	20
엄(土)	10	俺	클 어리석을	人	10	火	13	역(土)	08	易	바꿀, 무역 배반, 주역	日	8	火	11
	11	崦	산이름	山	11	土	15		11	域	지경 나라	土	11	土	13
	12	淹	담글 적실	水	11	水	14		12	睗	별날 해반짝날	日	12	火	16
	20	嚴	엄할 높을	口	20	水	22		16	嶧	산이름 산잇닿을	山	16	土	18
	20	龑	고명할 높고 맑을	龍	20	土	26		19	繹	풀어낼 다스릴	糸	19	木	22
	22	儼	공경할 의젓할	人	22	火	24		20	譯	통변할 풀이할	言	20	金	22
업(土)	13	業	업, 공적 시작할	木	13	木	13		23	驛	역말, 역관 정거장	馬	23	火	26
	16	嶪	험준할 산 높을	山	16	土	17	연(土)	07	延	끌, 미칠 늘일, 인도	廴	7	土	10
에(土)	10	恚	성낼	心	10	火	11		07	姸	姸(9)속자 예쁠, 총명할	女	7	土	8
	16	曀	구름 낄	日	16	火	19		08	沇	물흐를 물이름	水	7	水	10
엔	04	円	화폐 단위	冂	4	土	6		09	姸	예쁠 총명할	女	9	土	10
여	04	予	나, 줄, 팔 승인, 용서	亅	4	金	7		09	沿	물따라감 쫓을	水	8	水	9

음	획수	한자	뜻	부수	실획	자원	곡획	음	획수	한자	뜻	부수	실획	자원	곡획
연 (土)	09	衍	넘칠 퍼질	行	9	火	10	연 (土)	19	嬿	아름다울 편안, 안락	女	19	土	24
	09	姢	娟(10)속자 예쁠, 날씬	女	9	土	13		19	瓀	옥돌	玉	18	金	21
	10	宴	잔치, 즐길 편안할	宀	10	木	13		20	曣	맑을, 성할 청명할	日	20	火	25
	10	娟	예쁠 날씬	女	10	土	14	열 (土)	11	悅	기쁠, 사랑 심복할	心	10	火	14
	10	娫	빛날, 예쁠 환할	女	10	土	14		14	說	기뻐할 공경, 아첨	言	14	金	19
	11	硏	갈, 벼루 연구할	石	11	金	12		15	熱	더울, 바쁠 흥분할	火	15	火	19
	11	軟	연할 약할	車	11	火	13		15	閱	볼, 읽을 분간, 지체	門	15	金	22
	11	涓	물방울 깨끗할	水	10	水	13		16	澧	물흐를	水	15	水	17
	12	硯	벼루	石	12	金	16	염 (土)	08	炎	불꽃 더울	火	8	火	8
	12	然	그럴, 불탈 허락, 명백	火	12	火	13		12	焰	불꽃, 불빛 불붙을	火	12	火	15
	12	淵	못 깊을	水	11	水	14		13	琰	옥 깎을	玉	12	金	12
	12	堧	빈터, 공지 상하전	土	12	土	14		18	檿	산뽕나무	木	18	木	21
	13	椽	석가래 사다리	木	13	木	16		19	艶	고울 예쁠	色	19	土	25
	13	筵	대자리 자리	竹	13	木	16	엽 (土)	14	熀	이글거릴 환할	火	14	火	17
	14	瑌	옥돌	玉	13	金	15		15	葉	잎, 장 꽃잎, 후손	艸	13	木	14
	15	演	흐를 윤택할	水	14	水	16		16	燁	빛날 번쩍거릴	火	16	火	16
	15	緣	인연, 이유 가설, 장식	糸	15	木	20		16	曄	빛날 공채날	日	16	火	17
	15	嬿	성(姓)씨 여자의 자태	女	15	土	17		20	爗	빛날 밝힐	火	20	火	21
	16	燕	제비, 잔치 업신여길	火	16	火	20	영 (土)	05	永	길, 깊을 깊게할	水	5	水	8
	17	縯	길 당길	糸	17	木	21		08	咏	노래할 읊을	口	8	水	12

음	획수	한자	뜻	부수	실획	자원	곡획	음	획수	한자	뜻	부수	실획	자원	곡획
	09	泳	헤엄 헤엄칠	水	8	水	11	영 (土)	18	濚	물흐를 물돌아나갈	水	17	水	20
	09	映	비칠 햇빛	日	9	火	11		21	瀯	물소리	水	20	水	23
	09	盈	찰 남을	皿	9	水	15		22	瓔	옥돌 구슬목걸이	玉	21	金	24
	11	英	꽃부리 명예, 재주	艸	9	木	10		08	汭	물속 물굽이	水	7	水	9
	11	迎	맞이할 맞출	辵	8	土	12		08	艾	다스릴 양육, 미모	艸	6	木	6
	12	詠	읊을, 시가 노래할	言	12	金	16		10	芮	물가, 옷솔 나라이름	艸	8	木	10
	12	渶	물맑을 강이름	水	12	水	13		10	玴	옥돌	玉	9	金	10
	13	煐	빛날, 사람이름	火	13	火	14		10	芸	藝(21)약자 재주, 심을	艸	8	木	9
	13	暎	映(9)동자 비칠 햇빛	日	13	火	15		12	容	叡(16)고자 밝을, 총명할	谷	12	火	14
	13	楹	기둥 둥근 기둥	木	13	木	19		13	裔	후손, 옷단 가선, 변방	衣	13	木	18
영 (土)	13	朠	달빛	月	13	水	16	예 (土)	13	詣	이를 도착할	言	13	金	17
	14	榮	영화 성할	木	14	木	15		13	預	미리 즐길	頁	13	火	17
	14	瑛	옥빛 패옥	玉	13	金	14		14	嫕	유순할	女	14	土	17
	15	影	그림자 화상	彡	15	火	18		14	睿	叡(16)고자 밝을, 총명	目	14	木	16
	15	潁	강이름 물이름	水	15	水	20		16	豫	미리 기뻐할	豕	16	水	22
	15	瑩	옥돌 빛날	玉	15	金	16		16	叡	밝을 총명	又	16	火	19
	16	穎	이삭 빼어날	頁	16	木	19		16	橤	드리울 꽃술	木	16	木	19
	17	營	경영할 다스릴	火	17	火	20		19	嫛	아름다울	妟	19	金	25
	17	鍈	방울소리	金	17	金	18		21	藝	재주 심을	艸	19	木	24
	17	濚	瀯(21)동자 물소리	水	17	水	18		21	譽	기릴 명예	言	21	金	24

음	획수	한자	뜻	부수	실획	자원	곡획	음	획수	한자	뜻	부수	실획	자원	곡획
오 (土)	04	午	낮, 정오 다섯, 교착	十	4	火	4	오	18	遨	놀	辵	15	土	18
	05	五	다섯, 오행 제위	二	4	土	5	옥 (土)	05	玉	구슬, 옥 임금, 소중	玉	5	金	5
	06	伍	다섯사람 대오, 동반자	人	6	火	7		08	沃	기름질 물댈	水	7	水	7
	07	吾	나, 우리 글읽는소리	口	7	水	9		09	屋	집, 주거 지붕, 덮개	尸	9	木	11
	07	吳	오나라 큰소리할	口	7	水	10		13	鈺	보배 쇠	金	13	金	13
	08	旿	밝을 한낮	日	8	火	9	온 (土)	10	盈	어질 온화	皿	10	火	12
	09	俉	맞이할 만날	人	9	火	11		14	溫	따뜻할 온천, 쌓을	水	13	水	15
	10	烏	까마귀 검을	火	10	火	13		14	氳	기운성할 기운어릴	气	14	水	18
	10	娛	즐길, 농담 안정	女	10	土	14		14	穩	穩(19)속자 평안, 신중	禾	14	木	17
	11	悟	깨달을 슬기로울	心	10	火	12		15	瑥	사람이름	玉	14	金	16
	11	梧	오동나무 책상, 기둥	木	11	木	12		15	穩	번성할	禾	15	木	17
	11	晤	만날, 총명 밝을, 대면	日	11	火	14		17	輼	수레	車	17	火	20
	12	珸	옥돌 옥빛	玉	11	金	13		17	醞	빚을, 온화 조화	酉	17	金	21
	13	塢	둑 마을	土	13	土	16		19	穩	평안 신중	禾	19	木	21
	13	奧	깊을, 흐릴 그윽할	大	13	木	14		19	馧	향기로울	香	19	木	22
	14	寤	잠깰 깨달을	宀	14	火	18		22	蘊	쌓을 간직할	艸	20	木	24
	16	塸	물가, 뭍 육지	土	16	土	17	올 (土)	03	兀	우뚝할 위태로울	儿	3	土	5
	16	寤	부엌 깨달을	穴	16	水	22		07	杌	위태로울 걸상	木	7	木	9
	17	澳	깊을 강이름	水	16	水	17		13	嗢	목멜 크게 웃을	口	13	水	16
	17	燠	따뜻할	火	17	火	18	옹	09	瓮	독 항아리	瓦	9	土	13

음	획수	한자	뜻	부수	실획	자원	곡획	음	획수	한자	뜻	부수	실획	자원	곡획
옹 (土)	10	邕	막힐, 화할 화락할	邑	10	土	17	완 (土)	11	婠	품성 좋을 예쁠, 살찔	女	11	土	15
	13	雍	화할, 막을 화목할	隹	13	火	15		11	婉	아름다울 순할	女	11	土	18
	16	壅	막을 북돋을	土	16	土	18		12	琓	서옥 사람이름	玉	11	金	14
	17	擁	안을 막을	手	16	木	19		12	涴	물 흐를 물 굽이칠	水	11	水	17
	18	甕	독 단지	瓦	18	土	23		13	莞	왕골, 골풀 웃을	艸	11	木	14
	18	顒	엄숙할 온화할	頁	18	火	22		13	琬	아름다울옥 홀	玉	12	金	18
와 (土)	05	瓦	기와 질그릇	瓦	5	土	8		13	頑	둔할 완고할	頁	13	火	16
	08	臥	누울 침실	臣	8	火	10		15	緩	느릴 부드러울	糸	15	木	18
	08	枙	옹이	木	8	木	12		15	翫	희롱할 탐할, 연습	羽	15	火	20
	11	媧	날씬할	女	11	土	13	왈	04	曰	가로되 이에이를	曰	4	火	5
	14	窩	굴 움집	穴	14	水	20	왕 (土)	04	王	임금, 으뜸 왕성, 갈	玉	4	金	4
	14	窪	웅덩이 맑은물	穴	14	水	16		08	往	갈, 보낼 과거 이후	彳	8	火	8
완 (土)	07	完	완전할 튼튼할	宀	7	木	10		08	旺	고울 왕성할	日	8	火	9
	07	妧	좋을 고을	女	7	土	10		08	汪	넓을, 연못 바다, 눈물	水	7	水	7
	07	岏	산높을 산봉우리	山	7	土	10		19	瀇	깊을 물깊고넓을	水	18	水	19
	08	宛	굽을 완연할	宀	8	木	14	왜 (土)	09	娃	예쁠 미인	女	9	土	10
	08	杬	나무이름 어루만질	木	8	木	10		12	媧	여신 사람이름	女	12	土	17
	09	玩	장난, 익힐 사랑할	玉	8	金	10	외 (土)	05	外	밖, 외국 외댈	夕	5	火	6
	10	垸	바를, 칠할 굴러갈	土	10	土	13		11	偎	어렴풋할 친근할	人	11	火	13
	11	浣	씻을, 말미 열흘	水	10	水	13		12	嵬	구불구불할 산이름	山	12	土	15

음	획수	한자	뜻	부수	실획	자원	곡획	음	획수	한자	뜻	부수	실획	자원	곡획
외 (土)	12	嵬	산높을 높고 험할	山	12	土	15	요 (土)	20	耀	빛날, 광채 영광, 현혹	羽	20	火	25
	15	磈	높고험할 돌많을	石	15	金	20		20	邀	맞을 초대할	辵	17	土	21
	21	巍	높고클 장원할	山	21	土	27		21	饒	넉넉할 용서할	食	21	水	24
요 (土)	09	要	중요, 요약 요구, 요긴	襾	9	金	11	욕 (土)	11	欲	하고자할 욕심	欠	11	金	13
	09	姚	예쁠 날랠	女	9	土	12		11	浴	목욕 미역감길	水	10	水	11
	10	窈	고요할 그윽할	穴	10	水	16		16	縟	무늬 화문놓을	糸	16	木	20
	11	偠	호리호리할 단아할	人	11	火	13	용 (土)	05	穴	무익 여가	宀	5	木	8
	12	堯	높을 요임금	土	12	土	14		05	用	쓸, 등용 시행, 베풀	用	5	水	7
	14	搖	흔들 움직일	手	13	木	16		07	甬	길 물솟을	用	7	水	10
	14	暚	밝을 햇빛	日	14	火	17		09	勇	날랠 용감할	力	9	土	13
	15	嶢	산높을	山	15	土	18		09	俑	목우 목우인형	人	9	火	12
	15	瑤	옥돌 아름다울	玉	14	金	16		10	容	얼굴, 담을 용서할	宀	10	木	12
	15	窯	가마 오지그릇	穴	15	水	17		10	埇	길돋울 땅이름	土	10	土	13
	15	樂	좋아할 바랄	木	15	木	20		11	庸	고용할 범상할	广	11	木	14
	15	嬈	예쁠 아름다울	女	15	土	18		11	涌	솟을 오를	水	10	水	13
	17	遙	멀 거닐	辵	14	土	17		12	茸	우거질 녹용, 버섯	艸	10	木	10
	17	謠	노래할 소문	言	17	金	20		12	俗	아름다울 용화	人	12	火	14
	18	曜	요일, 빛날 일월성신	日	18	火	13		13	湧	솟을 오를	水	12	水	16
	18	燿	빛날 비칠	火	18	火	22		14	溶	녹을 질펀히흐를	水	13	水	15
	18	繞	얽을 두를	糸	18	木	22		14	榕	용나무 나무이름	木	14	木	16

음	획수	한자	뜻	부수	실획	자원	곡획	음	획수	한자	뜻	부수	실획	자원	곡획
용 (土)	14	踊	뛸 오를	足	14	土	18	우 (土)	07	扜	당길 끌어당길	手	6	木	8
	14	墉	담 성채	土	14	土	17		07	宋	雨(8)고자 비, 비올	水	7	水	10
	14	熔	鎔(18)속자 녹일, 주조	火	14	火	16		08	雨	비 비올	雨	8	水	10
	15	瑢	옥소리	玉	14	金	16		08	玗	옥돌	玉	7	金	8
	15	槦	나무이름 화살대	木	15	木	18		09	禹	임금, 벌레 곡척, 도울	内	9	土	12
	16	蓉	부용 연꽃	艸	14	木	16		09	俁	얼굴클	人	9	火	12
	16	踴	뛸, 춤출 오를, 신발	足	16	土	21		10	祐	복, 도울 올릴, 진헌	示	10	金	11
	17	聳	솟을 솟게할	耳	17	火	17		11	偶	짝, 짝수 만날, 배필	人	11	火	14
	18	鎔	녹일 주조	金	18	金	20		12	寓	부칠, 위탁 기탁, 우거	宀	12	木	16
	19	鏞	쇠북 큰종	金	19	金	22		12	堣	모퉁이 땅이름	土	12	土	15
우 (土)	02	又	또, 더욱 용서할	又	2	水	3		13	愚	기뻐할 황홀할	心	12	火	15
	04	牛	소, 별이름 희생, 고집	牛	4	土	4		13	愚	어리석을 우직, 고지식	心	13	火	17
	04	友	벗, 우애 사랑, 순종	又	4	水	5		13	虞	헤아릴 염려할	虍	13	木	18
	04	尤	더욱, 으뜸 허물, 원한	尤	4	土	6		14	瑀	패옥 옥돌	玉	13	金	16
	05	右	오른, 우익 숭상, 서쪽	口	5	水	6		14	霯	물소리 깃털, 살깃	雨	14	水	19
	06	宇	집, 하늘 천하, 도량	宀	6	木	8		14	禑	복	示	14	木	17
	06	圩	둑 우묵할	土	6	土	7		15	郵	역발, 우편 오두막집	邑	11	土	13
	06	羽	깃, 새 살깃, 부채	羽	6	火	10		16	遇	만날 대접할	辵	13	土	17
	07	佑	도울, 도움 올릴, 진헌	人	7	火	8		17	優	넉넉할 뛰어날	人	17	火	21
	07	旴	클, 해뜰 해뜨는모양	日	7	火	9		17	燠	따뜻할 불안할	火	17	火	21

음	획수	한자	뜻	부수	실획	자원	곡획	음	획수	한자	뜻	부수	실획	자원	곡획
우	21	藕	연 연뿌리	艸	19	木	22	운 (土)	16	篔	왕대 대이름	竹	16	木	18
욱 (土)	06	旭	아침 해 해뜰, 만족	日	6	火	17		19	韻	울림 운치	音	19	金	22
	09	昱	빛날, 환할 햇빛 밝을	日	9	火	10	울 (土)	04	芛	땅이름 음역자	乙	4	木	8
	10	彧	문채, 광채 무성할	彡	10	火	10		14	菀	자완 무성할	艸	12	木	18
	11	勖	힘쓸, 노력 권면할	力	11	土	15		17	蔚	고을이름 빽빽할	艸	15	木	18
	13	煜	빛날 불꽃	火	13	火	14	웅 (土)	12	雄	수컷, 굳셀 뛰어날	隹	12	火	13
	13	郁	땅이름 성할	邑	9	土	13		14	熊	곰 빛날	火	14	火	21
	13	稶	서직 무성할	禾	13	木	15	원 (土)	04	元	으뜸 근원	儿	4	木	6
운 (土)	04	云	이를, 구름 운행, 하늘	二	4	水	5		08	沅	물이름	水	7	水	9
	07	夽	높을 클	大	7	木	8		08	杬	나무이름 주무를	木	8	木	10
	08	沄	넓을 돌아흐를	水	7	水	8		09	垣	담, 담장 별이름	土	9	土	10
	10	耘	김 멜 없 엘	耒	10	木	11		09	貟	員(10)동자 인원, 관원	貝	9	金	11
	10	芸	궁궁이 평지, 향기	艸	8	木	9		10	員	인원 관원	口	10	水	12
	12	雲	구름, 습기 높음, 많음	雨	12	水	14		10	原	근원, 언덕 저승, 벌판	厂	10	土	12
	13	暈	무리, 멀미 달무리	日	13	火	16		10	袁	옷깃 옷치렁거릴	衣	10	木	12
	14	煇	누런빛 누런모양	火	14	火	16		10	洹	물이름 세차게흐를	水	9	水	10
	16	運	옮길, 운 궁리, 운용	辵	13	土	16		10	筎	대무늬	竹	10	木	12
	16	澐	큰물결 큰물력일	水	15	水	17		10	倦	즐거워할 권할, 사색	人	10	火	16
	16	贇	재운 녁녁할	貝	16	金	19		11	苑	동산 문채날	艸	9	木	14
	16	橒	나무무늬 나무이름	木	16	木	18		11	婉	고을 아름다울	女	11	土	18

음	획수	한자	뜻	부수	실획	자원	곡획	음	획수	한자	뜻	부수	실획	자원	곡획
	12	媛	여자, 미인 예쁜, 궁녀	女	12	土	14	월	13	鉞	도끼 뛰어넘을	金	13	金	15
	12	阮	관청이름 나라이름	阜	7	土	11		07	位	자리, 지위 왕위, 방위	人	7	火	7
	13	園	동산, 담장 뜰, 밭, 능	口	13	水	15		08	委	맡길, 버릴 용용할	女	8	土	9
	13	圓	둥글, 원만 둘레, 온전	口	13	水	16		09	威	위엄, 세력 공덕	女	9	土	11
	13	援	당길 구조할	手	12	木	14		09	韋	가죽 어길	韋	9	金	12
	13	嫄	사람이름 여자의자	女	13	土	16		11	偉	클, 기여할 성할, 위대	人	11	火	14
	13	湲	맑을 물 흐를	水	12	水	13		11	尉	벼슬, 편안 위로할	寸	11	土	14
	13	楥	느티나무	木	13	木	14		12	爲	할, 위할 다스릴	爪	12	金	16
	14	源	근원, 기원 수원, 출처	水	13	水	15		12	圍	둘레, 에울 포위, 아람	口	12	水	16
원 (土)	14	瑗	옥 도리옥	玉	13	金	14		13	暐	환할 햇빛	日	13	火	17
	14	愿	성실할 정성	心	14	火	17	위 (土)	13	渭	물이름 강이름	水	12	水	15
	15	院	집, 절, 담 마을, 관아	阜	10	土	15		14	萎	마를 시들	艸	12	木	13
	15	褑	패옥띠 옷	衣	14	木	16		14	瑋	옥 진기할	玉	13	金	16
	16	鴛	원앙 원앙새	鳥	16	火	24		15	緯	씨줄, 주관 예언서	糸	15	木	20
	16	鋺	식기 양수사	金	16	金	22		15	慰	위로할 위안할	心	15	火	19
	17	遠	멀, 깊을 멀리할	辵	14	土	16		15	葦	갈대 작은배	艸	13	木	16
	19	願	바랄, 소망 사모할	頁	19	火	22		15	褘	아름다울 장막	衣	14	木	18
	19	薗	동산	艸	17	木	19		15	衛	지킬, 막을 경영, 의심	行	15	火	19
월 (土)	04	月	달, 세월 광음, 달빛	月	4	水	6		16	謂	이를, 설명 고할, 힘쓸	言	16	金	20
	12	越	넘을, 지날 멀리할	走	12	火	16		16	衞	지킬, 막을 경영, 의심	行	16	火	21

음	획수	한자	뜻	부수	실획	자원	곡획	음	획수	한자	뜻	부수	실획	자원	곡획
위	18	魏	높을 나라이름	鬼	18	火	23		11	唯	오직, 다만 대답할	口	11	水	12
유 (土)	05	由	말미암을 쫓을, 까닭	田	5	木	6		11	悠	멀 한가할	心	11	火	12
	05	幼	어릴 어릴때	幺	5	火	9		11	婑	아리따울 날씬할	女	11	土	13
	06	有	있을 가질	月	6	水	8		11	聏	고요할	耳	11	木	15
	07	酉	닭, 술 연못, 물댈	酉	7	金	9		12	惟	생각할 오직, 홀로	心	11	火	11
	08	攸	곳, 다릴 아득할	攴	7	金	7		12	庾	곳집 미곡창고	广	12	木	12
	08	侑	권할, 도울 배식, 용서	人	8	火	10		12	喩	깨달을 좋아할	口	12	水	17
	08	乳	젖, 유방 기를, 부화	乙	8	水	12		12	釉	광택, 보배 보물, 유빈	釆	12	金	13
	09	臾	잠깐, 잠시 비옥, 활	臼	9	土	10		13	裕	넉넉할 너그러울	衣	12	木	14
유 (土)	09	油	기름, 광택 유막, 유동	水	8	水	9	유 (土)	13	楡	느릅나무	木	13	木	17
	09	柔	부드러울 복종할	木	9	木	12		13	愉	기뻐할 즐길	心	12	火	16
	09	幽	그윽할 숨을	幺	9	火	14		13	瑈	옥돌 새이름	玉	12	金	12
	09	宥	너그러울 용서, 도울	宀	9	木	12		13	揄	끌 이끌	手	12	木	17
	09	俞	兪(19)동자 대답, 수긍	入	9	土	12		13	游	헤엄칠 여행, 교제	水	12	水	16
	09	兪	대답할 수긍할	入	9	土	14		14	維	밧줄, 맬 벼리, 오직	糸	14	木	16
	09	柚	유자나무	木	9	木	10		14	瑜	옥 옥빛	玉	13	金	18
	09	囿	동산, 담장 영토, 모일	口	9	水	12		15	牖	들창 깨우칠	片	15	木	19
	09	姷	짝	女	9	土	12		16	遊	놀, 여행 유세할	辵	13	土	18
	10	洧	물이름 땅이름	水	9	水	11		16	儒	선비, 유교 학자, 유약	人	16	火	19
	10	秞	무성할 곡식무성할	禾	10	木	11		16	諭	인도할 깨우칠	言	16	金	21

음	획수	한자	뜻	부수	실획	자원	곡획	음	획수	한자	뜻	부수	실획	자원	곡획
유 (土)	16	踰	넘을, 건널 물가 언덕	足	16	土	21	윤 (土)	16	潤	젖을, 은혜 윤택할	水	15	水	18
	16	蹂	밟을, 빠를 축축할	足	16	土	20		19	贇	예쁠, 빛날 문채	貝	19	金	21
	16	逾	멀 넘을	辵	13	土	18	율 (土)	06	聿	붓, 몸소 마침내	聿	6	火	7
	17	鍮	놋쇠 자연동	金	17	金	21		08	汩	물흐를 다스릴	水	7	水	8
	18	濡	젖을 베풀	水	17	水	20		13	建	걸어갈 나누어줄	辵	10	土	12
	19	遺	남을 남길	辵	16	土	19		13	颭	큰바람 벼슬이름	風	13	木	17
육 (土)	10	育	기를, 어릴 자랄, 낳을	肉	8	水	11		16	燏	빛날 불빛	火	16	火	23
	11	堉	기름진땅	土	11	土	14		16	潏	물흐를 샘솟을	水	15	水	22
	14	毓	기를 번성할	毋	14	土	20	융 (土)	12	絨	융 고운배	糸	12	木	15
윤 (土)	04	尹	다스릴 벼슬, 믿음	尸	4	水	5		16	融	녹을, 통할 화합할	虫	16	水	21
	04	允	진실로, 맏 믿음, 아첨	儿	4	土	7		20	瀜	물깊을	水	19	水	24
	08	昀	햇빛 일광	日	8	火	11	은 (土)	07	听	웃는 모양 따질	口	7	水	8
	08	沇	물이름 고을이름	水	7	水	10		07	圻	지경, 영토 전야	土	7	土	7
	09	玧	귀막이옥	玉	8	金	11		09	垠	지경, 땅끝 벼랑, 언덕	土	9	土	11
	11	胤	이을 자손	肉	9	水	14		10	恩	은혜, 인정 온정, 사랑	心	10	火	12
	12	阭	높을	阜	7	土	12		10	殷	성할, 클 부유, 은나라	殳	10	金	17
	12	閏	윤달, 잉여	門	12	火	15		10	浪	물가	水	9	水	11
	13	閏	閏(12)동자 윤달, 잉여	門	13	火	16		11	珢	옥돌 옥무늬	玉	10	金	12
	14	奫	물충충할 물깊고넓을	大	14	水	17		11	訢	화평할	言	11	金	12
	15	閠	閏(12)동자 윤달, 잉여	門	15	火	18		14	銀	은, 은빛 화폐, 경계	金	14	金	16

음	획수	한자	뜻	부수	실획	자원	곡획	음	획수	한자	뜻	부수	실획	자원	곡획
은 (土)	14	濈	물소리 물이름	水	13	水	20	응 (土)	17	應	응할, 응당 승낙, 조짐	心	17	火	18
	15	誾	온화 향기	言	15	金	19		22	矓	물끄러미볼	目	22	木	24
	15	㻶	사람이름	玉	14	金	16	의 (土)	06	衣	옷 입을	衣	6	木	7
	16	儗	기댈 의지할	人	16	火	18		08	依	의지할 쫓을	人	8	火	9
	17	嶾	산높을	山	17	土	20		08	宜	옳을 마땅할	宀	8	木	10
	18	濦	강이름	水	17	水	19		09	娭	여자이름 여자의자	女	9	土	11
	18	檼	도지개 마룻대	木	18	木	20		10	倚	의지할 맡길, 믿을	人	10	火	12
	22	隱	숨을, 점칠 근신할	阜	17	土	21		12	椅	의자, 걸상 의나무	木	12	木	14
을 (土)	01	乙	새, 제비 생선 창자	乙	1	木	4		13	義	옳을, 정의 순응, 혼합	羊	13	土	15
	06	圪	우뚝할	土	6	土	9		13	意	뜻, 생각 의심, 기억	心	13	火	15
음 (土)	07	吟	읊을, 탄식 노래, 취주	口	7	水	8		15	儀	거동, 법 본받을	人	15	火	17
	09	音	소리, 그늘 음악, 소식	音	9	金	10		15	誼	옳을 의논할	言	15	金	18
	13	愔	화평할 그윽할	心	12	火	13		15	毅	굳셀, 용맹 화낼	殳	15	金	20
	13	飮	마실, 호흡 음식, 숨길	食	13	水	15		18	醫	의원, 의사 무당, 치료	酉	18	金	25
	17	蔭	덮을 그늘	艸	15	木	19		18	擬	헤아릴 비길	手	17	木	22
	20	馨	화할 화음소리	音	20	金	26		20	議	의논, 토의 분간, 주장	言	20	金	23
읍 (土)	07	邑	고을, 읍 도읍, 영지	邑	7	土	11		22	懿	아름다울 칭송, 탄식	心	22	火	26
	11	挹	뜰, 당길 권장할	手	10	木	15	이 (土)	02	二	두, 두마음 버금, 둘째	二	2	木	2
	13	揖	읍할 사양할	手	12	木	14		06	耳	귀, 들을 뿐, 성할	耳	6	火	6
응	16	凝	엉길, 얼을 모을, 멈출	冫	16	水	20		06	伊	저, 그, 또 이리하여	人	6	火	7

음	획수	한자	뜻	부수	실획	자원	곡획	음	획수	한자	뜻	부수	실획	자원	곡획
이 (土)	07	梔	나무이름 단목	木	7	木	11	익 (土)	17	翼	날개, 처마 도울, 명일	羽	17	火	22
	08	易	쉬울, 평온 경시, 간략	日	8	火	11		17	謚	웃을 웃는모양	言	17	金	19
	09	怡	기뻐할 온화할	心	8	火	10	인 (土)	02	人	사람, 남자 백성, 인격	人	2	火	2
	09	姨	여자이름 여자의자	女	9	土	10		04	引	끌, 인도 천거, 당길	弓	4	火	8
	10	珆	옥돌	玉	9	金	11		04	仁	어질 사랑	人	4	火	4
	11	異	다를 이상할	田	11	土	12		06	因	인할, 원인 의지, 부탁	口	6	水	7
	11	珥	귀고리 해무리	玉	10	金	10		06	印	도장, 관직 찍을, 인상	卩	6	木	8
	11	移	옮길, 변할 연루, 베풀	禾	11	木	17		07	忍	참을 잔인할	心	7	火	10
	12	貳	두, 변할 두마음	貝	12	金	14		07	牣	충만할 가득찰	牛	7	土	9
	12	貽	끼칠, 증여 전할, 남길	貝	12	金	15		09	姻	혼인, 장인 인척, 연분	女	9	土	11
	12	媐	기쁨 즐거워할	女	12	土	19		10	氤	기운성할	气	10	水	13
	13	肄	익힐 노력할	聿	13	火	16		11	寅	범, 동관 공경, 당길	宀	11	木	13
	14	飴	엿, 단맛 먹일, 음식	食	14	水	17		11	秵	벼꽃	禾	11	木	12
	15	頤	턱, 기를 보양, 부릴	頁	15	火	19		12	絪	기운, 깔개 기운이성한	糸	12	木	15
	16	彝	떳떳할 법	彑	16	火	19		12	靭	질길	革	12	金	17
	21	邇	가까울 가까이할	辵	18	土	21		13	靷	가슴걸이 잡아당길	革	13	金	18
익 (土)	10	益	더할, 이익 향상, 방해	皿	10	水	11		14	認	알, 인식 허가, 인정	言	14	金	18
	11	翊	도울, 공경 삼갈, 날개	羽	11	火	15		14	夤	조심할	夕	14	木	17
	11	翌	이튿날 명일	羽	11	火	15		16	璌	사람이름	玉	15	金	17
	15	熤	사람이름	火	15	火	19		16	諲	공경할 삼갈	言	16	金	19

음	획수	한자	뜻	부수	실획	자원	곡획	음	획수	한자	뜻	부수	실획	자원	곡획
일(土)	01	一	한, 모두 하나, 만약	一	1	木	1	잉(土)	10	芿	풀, 잡초 새풀싹	艸	8	木	12
	04	日	날, 해, 낮 태양, 햇빛	日	4	火	5		12	剰	남을, 거세 길, 더욱	刀	12	金	15
	08	佾	줄춤	人	8	火	10	자(金)	03	子	아들, 사람 경칭, 번식	子	3	水	5
	12	壹	한, 오직 통일, 순박	士	12	木	14		05	仔	자세할 견딜, 새끼	人	5	火	7
	14	溢	넘칠, 교만 삼갈, 홍수	水	13	水	14		06	字	글자, 낳을 정혼할	宀	6	木	9
	14	馹	역말 역마	馬	14	火	17		06	自	스스로 모소, 자기	自	6	木	7
	14	逸	逸(15)동자 편안할, 숨을	辵	11	土	16		07	孜	힘쓸 부지런할	子	7	水	9
	15	逸	편안할 숨을	辵	12	土	17		08	炙	친근할 고기구울	火	8	火	9
	18	鎰	무게이름 중량단위	金	18	金	19		09	姿	맵시 풍치	女	9	土	11
임(土)	04	壬	북방, 간사 아첨, 성대	士	4	水	4		10	玆	검을 이에	玄	10	火	14
	06	任	맡길, 맞을 능할, 임신	人	6	火	6		11	者	놈, 장소 무리, 사람	老	9	土	10
	10	恁	믿을 생각할	心	10	火	11		11	紫	자줏빛 자줏빛옷	糸	11	木	16
	11	訫	생각할	言	11	金	12		11	瓷	오지그릇 사기그릇	瓦	11	土	16
	12	絍	짤, 길쌈 명주, 비단	糸	12	木	14		12	茲	玆(10)동자 검을, 이에	艸	10	木	14
	13	稔	여물 쌓일	禾	13	木	15		12	貲	재물, 자본 대속, 측량	貝	12	金	16
	13	誑	믿을 생각할	言	13	金	14		13	資	재물, 비용 의뢰, 도용	貝	13	金	15
입(土)	02	入	들, 수입 투신, 섬길	入	2	木	3		13	孳	부지런할 낳을, 무성	子	13	水	19
	03	廿	廾(4)동자 스물, 이십	十	3	水	3		14	慈	사랑, 동정 어머니	心	14	火	19
	04	廿	스물 이십	十	4	水	4		14	滋	불을, 번식 맛있을	水	13	水	17
잉	04	仍	인할, 슬픔 거듭, 따를	人	4	火	8		15	磁	지남석 사기그릇	石	15	金	20

음	획수	한자	뜻	부수	실획	자원	곡획	음	획수	한자	뜻	부수	실획	자원	곡획
자(金)	16	諮	물을 자문할	言	16	金	19	잠(金)	15	箴	바늘, 침 경계할	竹	15	木	17
	16	褯	포대기 기저귀	衣	15	木	18		16	潛	잠길 감출	水	15	水	21
	20	藉	깔개, 빌릴 도울	艸	18	木	19	잡(金)	17	礠	높을 산높을	石	17	金	18
작(金)	07	作	지을 일할	人	7	火	7		18	雜	섞일 번거로울	隹	18	火	18
	07	灼	불사를 밝을, 성할	火	7	火	9		18	襍	섞일	衣	17	木	18
	09	昨	어제, 옛날 이전	日	9	火	10	장(金)	03	丈	어른 길이	一	3	木	3
	09	斫	벨 찍을	斤	9	金	10		06	庄	莊(13)속자 씩씩할, 전장	广	6	木	6
	09	炸	터질 폭발할	火	9	火	9		07	壯	장할 굳셀	士	7	木	8
	09	柞	떡갈나무 작목	木	9	木	9		08	長	긴, 어른 나이먹을	長	8	木	9
	10	酌	따를, 더할 가릴	酉	10	金	14		08	狀	모양 형상	犬	8	土	9
	11	雀	참새 공작새	隹	11	火	12		10	奘	큰 몸집클	大	10	木	11
	13	碏	삼갈	石	13	金	15		11	將	장수 장차	寸	11	土	14
	14	綽	여유 너그러울	糸	14	木	17		11	章	글, 조목 표지, 단락	立	11	金	12
	18	爵	벼슬, 술잔 참새	爪	18	金	21		11	張	베풀 펼	弓	11	金	16
잔(金)	12	殘	남을 해칠	歹	12	水	15		11	帳	휘장 장부	巾	11	木	14
	12	棧	잔도 사다리	木	12	木	14		12	場	마당, 때 장소, 무대	土	12	土	15
	13	盞	술잔 등잔	皿	13	金	16		12	粧	단장할 화장, 분장	米	12	木	12
	16	潺	물소리	水	15	水	22		12	掌	손바닥 맡을	手	12	木	15
잠(金)	07	岑	봉우리 산작고높은	山	7	土	9		13	莊	씩씩할 전장	艸	11	木	12
	15	暫	잠깐 별안간	日	15	火	17		13	裝	꾸밀 넣을	衣	13	木	15

음	획수	한자	뜻	부수	실획	자원	곡획	음	획수	한자	뜻	부수	실획	자원	곡획
	14	臧	착할 두터울	臣	14	火	18		10	宰	재상 주관할	宀	10	木	11
	14	嶂	산봉우리	山	14	土	16		10	財	재물, 재화 재단할	貝	10	金	12
	14	獎	장려 권면	犬	14	木	17		12	裁	결단, 판결 마름질할	衣	12	木	14
	15	漳	물이름 고을이름	水	14	水	15		13	載	심을, 이을 오를	車	13	火	15
	15	樟	녹나무 예장나무	木	15	木	16	재 (金)	13	溨	맑을	水	12	水	14
	15	暲	해돋을 밝을	日	15	火	17		14	梓	가래나무	木	14	木	15
장 (金)	16	璋	홀, 반쪽홀 구슬, 밝을	玉	15	金	16		16	縡	일 실을	糸	16	木	19
	16	墻	담 경계	土	16	土	18		16	賊	재물, 재화 곧바로	貝	16	金	19
	17	檣	돛대	木	17	木	19		17	齋	재계, 공경 시주, 정진	齊	17	土	20
	17	糚	꾸밀, 치장 단장, 화장	米	17	木	18		13	琤	옥소리 부딪는소리	玉	12	金	14
	18	醬	간장 젓갈	酉	18	金	23	쟁 (金)	14	箏	쟁 풍경	竹	14	木	16
	19	障	막을, 보루 병풍, 지경	阜	14	土	17		16	錚	쇠소리 징	金	16	金	18
	19	薔	장미 장미꽃	艸	17	木	19		18	鎗	종소리 술그릇	金	18	金	20
	20	藏	감출, 곳집 오장	艸	18	木	22		07	佇	기다릴 우두커니	人	7	火	9
	04	才	재주, 재능 바탕, 결단	手	3	木	4		08	底	밑, 이룰 그칠	广	8	木	10
	06	在	있을 살필	土	6	土	6		08	杵	방망이 절구공이	木	8	木	8
재 (金)	06	再	두번 두번할	冂	6	木	8	저 (金)	09	抵	닥트릴 겨룰, 다다를	手	8	木	11
	07	材	재목 재주	木	7	木	8		09	沮	막을 저지할	水	8	水	9
	09	哉	비로소 비롯할	口	9	水	11		09	柢	뿌리, 근본 기초	木	9	木	11
	10	栽	심을, 분재 묘목	木	10	木	11		11	紵	모시 모시베	糸	11	木	15

음	획수	한자	뜻	부수	실획	자원	곡획	음	획수	한자	뜻	부수	실획	자원	곡획
저 (金)	12	貯	쌓을, 저축 상점, 행복	貝	12	金	15	적	20	籍	문서, 호적 올릴	竹	20	木	21
	13	楮	닥나무 종이, 돈	木	13	木	14	전 (金)	05	田	밭, 봉토 사냥, 농사	田	5	木	6
	13	渚	물가 모래섬	水	12	木	13		06	全	온전할 모두, 낮을	入	6	土	7
	14	這	이 이것 맞이할	辶	11	土	13		07	甸	경기, 경계 사냥할	田	7	火	10
	15	著	나타날 지을, 비축	艸	13	木	14		08	典	법, 경전 책, 저당	八	8	金	9
	15	櫧	벗나무 가죽나무	木	15	木	19		08	佺	이름 신선이름	人	8	火	8
	18	儲	쌓을, 저축 버금, 태자	人	18	火	20		09	前	앞, 미래 소멸, 인도	刀	9	金	12
	20	躇	머뭇거릴 밟을	足	20	土	22		09	畑	화전 밭	火	9	土	10
적 (金)	07	赤	붉을, 빌 벌거벗을	赤	7	火	8		10	展	펼, 나갈 기록, 살필	尸	10	水	12
	11	笛	피리, 저 대나무	竹	11	木	12		10	栓	나무 못 병마개	木	10	木	10
	11	寂	고요할 막막할	宀	11	木	14		11	專	오로지 홀로, 전일	寸	11	土	13
	12	迪	나아갈 이끌	辶	9	土	11		12	奠	정할, 제물 제사	大	12	木	14
	13	跡	자취 뒤밟을	足	13	土	15		12	荃	향초 통발	艸	10	木	10
	13	勣	공적, 공로 업적	力	13	土	16		13	電	번개 전기	雨	13	水	17
	13	迹	행적 발자국	辶	10	土	12		13	傳	전할 전기	人	13	火	15
	15	滴	물방울 물댈	水	14	水	17		13	鈿	비녀 금장식	金	13	金	14
	16	積	쌓을 주름	禾	16	木	17		13	詮	설명할 법, 도리	言	13	金	14
	17	績	공, 일 길쌈할	糸	17	木	20		13	琠	옥이름 귀막이	玉	12	金	13
	18	適	갈 맞을	辶	15	土	19		13	塡	메울 채울	土	13	土	17
	18	蹟	자취 쫓을	足	18	土	20		13	殿	큰집 대궐	殳	13	金	18

음	획수	한자	뜻	부수	실획	자원	곡획	음	획수	한자	뜻	부수	실획	자원	곡획
전 (金)	14	銓	저울질할 가릴, 전형	金	14	金	14	절 (金)	12	絕	끊을 건널	糸	12	木	19
	14	塼	벽돌 지명	土	14	土	16		14	截	끊을 다스릴	戈	14	金	15
	14	箋	기록할 문서, 명함	竹	14	木	16		15	節	마디, 절개 예절, 절기	竹	15	木	18
	14	嫥	오로지 사랑, 전일	女	14	土	17	점 (金)	05	占	점칠 물을	卜	5	火	6
	14	腆	두터울 많을, 착할	肉	12	水	15		08	店	가게, 상점 여관	广	8	木	9
	15	廛	가게 집터	广	15	木	18		08	奌	點(17)속자 점, 얼룩	大	8	火	9
	15	篆	전자, 관인 도장, 새길	竹	15	木	18		09	点	點(17)속자 점, 얼룩	火	9	火	10
	16	錢	돈, 동전 자금, 세금	金	16	金	18		11	粘	붙을 끈끈할	米	11	木	12
	16	磚	벽돌	石	16	金	19		12	覘	엿볼 볼	見	12	火	16
	17	輾	구를 발전할	車	17	火	20		14	颭	물결 일	風	14	木	18
	17	餞	보낼 전별할	食	17	水	20		15	漸	점점, 적실 차츰, 험할	水	14	水	15
	17	氈	양탄자 모전	毛	17	火	22		16	霑	젖을 잠길	雨	16	水	18
	18	轉	구를 옮길	車	18	火	21		17	點	점 얼룩	黑	17	水	19
	19	顚	이마 정수리	頁	19	火	24	접 (金)	12	接	접할, 모일 대접할	手	11	木	13
	21	纏	얽힐 묶을	糸	21	木	25		12	跕	밟을, 서행 떨어질	足	12	土	14
	21	鐫	새길 쪼갤	金	21	金	24		13	楪	평상, 접을 살평상	木	13	木	14
	22	巓	산이마 머리	山	22	土	27		15	蝶	나비 들나비	虫	15	水	17
절 (金)	04	切	벨, 간절히 절박할	刀	4	金	8		16	蹀	밟을, 장식 잔걸음	足	16	土	18
	11	晢	밝을, 총명 슬기로울	日	11	火	13	정 (金)	02	丁	고무래 일꾼, 장정	一	2	火	3
	11	淛	쌀 씻을 강이름	水	10	水	11		04	井	우물, 정전 마을	二	4	水	4

음	획수	한자	뜻	부수	실획	자원	곡획	음	획수	한자	뜻	부수	실획	자원	곡획
	05	正	바를, 정당 정직, 결정	止	5	土	5		11	挺	뽑을 빼어날	手	10	木	13
	06	汀	물가 모래섬	水	5	水	6		11	偵	염탐, 정탐 염탐꾼	人	11	火	12
	06	灯	열화 맹렬한 불	火	6	火	7		11	桯	기둥 서안	木	11	木	12
	06	朾	칠, 쐐기 도리깨	木	6	木	7		11	停	머무를 멈출, 정비	人	11	火	14
	07	廷	조정, 관서 마을, 공정	廴	7	木	9		11	旌	기장목	方	11	木	13
	07	町	밭두둑 경계	田	7	土	9		11	靘	청정할	靑	11	木	13
	07	呈	나타낼 드릴	口	7	水	8		11	婧	날씬할 단정할	女	11	土	14
	07	玎	옥소리	玉	6	金	7		12	淨	깨끗할 밝을	水	11	水	13
	07	姃	안존할 얌전할	女	7	土	8		12	程	한도, 법 계량기, 길	禾	12	木	13
정 (金)	08	政	정사, 법규 칠, 조세	攵	8	金	9	정 (金)	12	珵	패옥 노리게	玉	11	金	12
	08	定	정할 머무를	宀	8	木	9		12	斑	옥이름 옥돌	玉	11	金	15
	08	征	칠 갈	彳	8	火	8		12	晶	수정 맑을	日	12	火	12
	08	婳	단정할 여저의자	女	8	土	10		12	晟	해뜰 해드는모양	日	12	火	14
	09	貞	곧을, 정조 점칠, 성심	貝	9	金	10		12	婷	예쁠 아리따울	女	12	土	16
	09	亭	정자 머무를	亠	9	火	12		13	湞	물이름	水	12	水	13
	09	訂	바로잡을 맺을	言	9	金	11		13	綎	인끈 가죽띠	糸	13	木	17
	09	柾	나무 나무 바를	木	9	木	9		13	鼎	솥, 점괘 말뚝, 의자	鼎	13	火	16
	09	炡	빛날 불번쩍거릴	火	9	火	9		13	鉦	징 징소리	金	13	金	13
	10	庭	뜰, 조정 궁중, 관청	广	10	木	12		13	靖	꾀할, 편할 다스릴	靑	13	木	15
	11	頂	이마 꼭대기	頁	11	火	13		13	睛	눈동자	目	13	木	16

음	획수	한자	뜻	부수	실획	자원	곡획	음	획수	한자	뜻	부수	실획	자원	곡획
	13	碇	닻 배멈출	石	13	金	15		11	悌	화락할 공손할	心	10	火	14
	13	艇	배 거룻배	舟	13	木	17		11	梯	사다리 기댈, 새싹	木	11	木	15
	14	精	찧을, 정할 우수, 총명	米	14	木	16		11	晢	별빛날 총명, 슬기	日	11	火	13
	14	禎	상서, 바를 길조, 복	示	14	木	15		12	堤	둑 제방	土	12	土	13
	14	靘	검푸른빛 안존할곳	靑	14	木	20		12	媞	편안할 아름다울	女	12	土	14
	15	鋌	광석, 동석 달릴, 판금	金	15	金	17		12	済	濟(18)속자 건널, 구제	水	11	水	11
	15	靚	단장할 조용할	靑	15	木	20		13	提	끌, 단절 거느릴	手	12	木	14
정 (金)	15	霆	번개 천둥소리	雨	15	水	18		14	製	지을, 만들 모습, 비옷	衣	14	木	18
	16	靜	고요할 깨끗할	靑	16	木	20		14	齊	가지런할 다스릴	齊	14	土	17
	16	整	전돈할 가지런할	攴	16	金	17	제 (金)	14	瑅	옥이름	玉	13	金	14
	16	諪	고를 조정할	言	16	金	20		14	禔	복, 기쁨 편안할	示	14	木	15
	16	錠	제기이름 은화, 정제	金	16	金	17		15	緹	붉은비단 붉을	糸	15	木	18
	17	頴	아름다울	頁	17	火	20		16	諸	모두, 모든 무릇, 지차	言	16	金	18
	17	檉	능수버들	木	17	木	18		16	儕	무리, 동배 함께, 동행	人	16	火	19
	19	鄭	정나라 정나라풍류	邑	15	土	19		17	鍗	큰가마 가마솥	金	17	金	20
	07	弟	아우, 제자 순서, 공경	弓	7	水	11		17	隄	둑, 제방 언덕, 다리	阜	12	土	15
	08	制	법, 마를 억제할	刀	8	金	11		18	題	제목, 물음 이마, 품평	頁	18	火	20
제 (金)	09	帝	임금, 천자 하느님, 클	巾	9	木	12		18	濟	건널 구제	水	17	火	20
	09	娣	예쁠	女	9	土	12		19	際	즈음, 사이 사귈, 끝	阜	14	土	19
	11	第	집, 차례 과거	竹	11	木	15		22	霽	갤 누비 그칠	雨	22	水	26

음	획수	한자	뜻	부수	실획	자원	곡획	음	획수	한자	뜻	부수	실획	자원	곡획
조 (金)	06	兆	조, 조짐 뫼	儿	6	火	8	조 (金)	12	綃	실 수효 올, 명주	糸	12	木	16
	06	早	새벽 이를	日	6	火	7		13	稠	고를 빽빽할	禾	13	木	16
	07	助	도울, 원조 유익, 조세	力	7	土	10		13	照	비칠 거울	火	13	火	17
	09	昭	밝을 밝힐	日	9	火	13		13	琱	옥 다듬을 새길, 그릴	玉	12	金	15
	10	祖	할아버지 조상, 시조	示	10	金	11		14	造	지을, 처음 이를	辶	11	土	13
	10	租	구실, 징수 세금, 벼	禾	10	木	11		14	趙	나라, 찌를 빠를, 넘을	走	14	火	16
	10	晁	아침 땅이름	日	10	火	13		14	肇	시작할 바로잡을	聿	14	火	16
	10	祚	복, 해 제위, 보답	示	10	金	10		14	銚	가래, 쟁기 긴창	金	14	金	16
	10	曺	曹(11)동자 무리, 마을	日	10	土	12		15	調	고를, 구실 조롱할	言	15	金	19
	11	曹	무리 마을	日	11	土	13		16	潮	조수 밀물	水	15	水	18
	11	鳥	새, 봉황 별이름	鳥	11	火	14		16	雕	새길 독수리	隹	16	火	19
	11	條	가지, 조리 법규	人	11	木	11		17	操	잡을 지조	手	16	木	20
	11	組	끈 짤	糸	11	木	14		17	嬥	날씬할 춤출, 바꿀	女	17	土	22
	11	彫	새길, 꾸밀 시들	彡	11	火	14		17	澡	씻을, 깨끗 다스릴	水	16	水	19
	11	窕	조용할 아리따울	穴	11	水	15		18	璪	면류관옥 옥무늬	玉	17	金	20
	11	眺	살필 바라볼	目	11	木	14		19	繰	야청통견 야청빛	糸	19	木	24
	12	朝	아침, 조정 정사, 문안	月	12	水	15	족 (金)	07	足	발, 엿볼 근본, 족할	足	7	土	8
	12	措	높을, 베풀 처리할	手	11	木	13		11	族	겨레 무리	方	11	木	13
	12	詔	조서, 왕호 지도, 보좌	言	12	金	16		17	簇	모일 조릿대	竹	17	木	19
	12	棗	대추	木	12	木	16	존	06	存	있을 보존할	子	6	水	8

음	획수	한자	뜻	부수	실획	자원	곡획	음	획수	한자	뜻	부수	실획	자원	곡획
존(金)	10	拵	의거할 꽃을	手	9	木	12	종(金)	17	鍾	쇠북, 술병 모을, 부여	金	17	金	18
	12	尊	높을, 어른 공경, 관리	寸	12	木	16		18	蹤	자취 발자취	足	18	土	19
졸(金)	08	卒	군사, 하인 마칠	十	8	金	8		20	鐘	쇠북, 종 시계	金	20	金	21
	09	拙	졸할 옹졸할	手	8	木	11	좌(金)	05	左	왼, 그를 증거	工	5	火	5
종(金)	08	宗	종묘, 마루 높일	宀	8	木	10		07	坐	앉을, 연루 지킬	土	7	土	7
	09	柊	나무이름 메	木	9	木	10		07	佐	도울, 보좌 속료, 권할	人	7	火	7
	10	倧	한배 신인	人	10	火	12		10	座	자리, 자석 좌, 방석	广	10	木	10
	11	從	쫓을, 세로 종사할	彳	11	火	11	죄	14	罪	허물, 과실 재앙, 조인	网	13	木	14
	12	淙	물댈 물소리	水	11	水	13	주(金)	05	主	주인, 등불 주장할	丶	5	木	5
	12	悰	즐길 즐거울	心	11	火	13		06	朱	붉을, 화장 연지, 주목	木	6	木	6
	12	椶	종려나무	木	12	木	14		06	舟	배, 선박 배타고건널	舟	6	木	8
	13	琮	옥홀 모난옥	玉	12	金	14		06	州	고을, 섬 나라, 모일	巛	6	水	6
	14	種	씨, 종류 심을	禾	14	木	15		07	住	살, 머무를 그칠, 세울	人	7	火	7
	14	綜	모일 바디	糸	14	木	18		07	走	달릴 달아날	走	7	火	7
	15	慫	권할 놀랄	心	15	火	16		08	宙	집, 하늘 때, 주거	宀	8	木	10
	15	踪	자취 발자취	足	15	土	18		08	周	두루, 둘레 주나라	口	8	水	11
	15	樅	전나무 무성할	木	15	木	15		08	姓	여자 이름 예쁠	女	8	土	9
	16	璁	패옥소리 옥 소리	玉	15	金	15		09	姝	예쁠 연약할	女	9	土	10
	16	踵	발꿈치 쫓을	足	16	土	18		09	注	흐를, 물댈 주낼	水	8	水	8
	17	縱	세로, 놓을 늘어질	糸	17	木	19		09	柱	기둥, 버틸 줄기, 비방	木	9	木	9

음	획수	한자	뜻	부수	실획	자원	곡획	음	획수	한자	뜻	부수	실획	자원	곡획
주(金)	09	奏	아뢸, 상소 곡조	大	9	木	9	주(金)	14	綢	얽을 숨길	糸	14	木	19
	09	炷	심지, 자루 불사를	火	9	火	9		14	聭	귀 귀가밝을	耳	14	火	17
	10	酒	술, 잔치 무술, 주연	水	9	水	12		15	週	돌, 둘레 전체, 주일	辵	12	土	16
	10	株	그루, 줄기 주식	木	10	木	10		15	駐	머무를 낙타, 체류	馬	15	火	17
	10	洲	물, 섬 모래섬	水	9	水	9		15	調	아침	言	15	金	19
	11	晝	낮, 정오 땅이름	日	11	火	13		16	遒	닥칠 모일	辵	13	土	16
	11	胄	자손, 맏아들	肉	9	水	12		16	輳	모일 몰려들	車	16	火	17
	11	珠	구슬, 진주 방울, 붉은	玉	10	金	10		18	燽	밝을 드러날	火	18	火	21
	11	紬	명주	糸	11	木	14		19	疇	이랑, 북 세습, 삼밭	田	19	土	23
	11	紸	댈 서로 닿을	糸	11	木	13		22	鑄	부어만들 쇠불릴	金	22	金	25
	11	珘	옥, 구슬 사람이름	玉	10	金	12	죽(金)	06	竹	대, 대쪽 피리, 죽간	竹	6	木	7
	12	註	주해, 기록 해석, 물댈	言	12	金	13		12	粥	죽, 미음 허약할	米	12	木	20
	12	絑	붉을 분홍색비단	糸	12	木	14	준(金)	09	俊	뛰어날 준걸, 높을	人	9	火	13
	12	貯	재물	貝	12	金	13		10	峻	높을, 험할 가파를	山	10	土	15
	12	晭	밝을	日	12	火	17		10	埈	峻(10)동자 높을, 험할	土	10	土	14
	12	暀	햇빛	日	12	火	16		10	准	허가할 승인, 법도	冫	10	水	10
	13	鉒	쇳돌, 광석 손잡이	金	13	金	13		10	隼	송골매 새매	隹	10	火	10
	13	皗	밝을 흰비단	白	13	金	17		10	純	선두를 테두리	糸	10	木	15
	13	邾	나라이름 고을이름	邑	9	土	11		11	浚	깊을, 맑을 준설할	水	10	水	14
	13	趎	사람이름	走	13	火	13		11	晙	밝을 이를	日	11	火	16

음	획수	한자	뜻	부수	실획	자원	곡획
준 (金)	11	埻	과녁, 법 표준, 기준	土	11	土	14
	12	畯	농부 권농관	田	12	土	17
	12	準	準(14)속자 법도, 본받을	氵	12	水	12
	12	睿	叡(16)고자 준설할	谷	12	水	14
	13	雋	영특할, 준걸 뛰어날	隹	13	火	16
	14	準	법도 본받을	水	13	水	13
	14	僔	모일, 많을 겸손할	人	14	火	17
	15	儁	영특할 뛰어날	人	15	火	18
	15	陖	峻(14)동자 높을, 험할	阜	10	土	16
	16	寯	준걸 모일	宀	16	木	20
	17	駿	준마 준걸	馬	17	火	23
	17	竴	기쁠	立	17	土	20
	18	儁	뛰어날 우수할	門	18	水	21
	18	濬	준설할 깊을	水	17	水	19
	19	遵	따라갈 쫓을	辵	16	土	20
줄 (金)	09	乽	줄 음역자	乙	9	水	12
	11	茁	풀싹 성할	艸	9	木	11
중 (金)	04	中	가운데, 속 마음, 장부	丨	4	土	5
	06	仲	버금, 둘째 가운데,중간	人	6	火	7
	09	重	무거울 소중, 삼갈	里	9	土	10
중	12	衆	무리, 군사 백성, 토지	血	12	水	13
즉 (金)	07	即	卽(9)속자 곧, 나아갈	卩	7	水	11
	09	卽	곧 나아갈	卩	9	水	14
즐 (金)	19	櫛	빗, 빗질할 늘어설	木	19	木	22
즐 (金)	20	騭	수말,말부릴 이룰, 오를	馬	20	火	25
즙 (金)	13	楫	노 돛대	木	13	木	14
	15	葺	기울 지붕이을	艸	13	木	14
	17	檝	노, 배 수집	木	17	木	19
증 (金)	10	拯	건질 구조할	手	9	木	13
	12	曾	일찍 거듭	曰	12	火	15
	15	增	늘 더할	土	15	土	18
	17	甑	시루	瓦	17	土	22
	18	繒	비단 명주	糸	18	木	23
	19	證	증거 깨달을	言	19	金	22
	19	贈	줄 선물	貝	19	金	23
지 (金)	04	支	지탱할 가지, 계산	支	4	土	5
	04	止	그칠 머무를	止	4	土	4
	06	地	땅, 처지 장소, 논밭	土	6	土	10
	06	至	이를 동지	至	6	土	7
	06	旨	맛, 조서 뜻, 성지	日	6	火	9

음	획수	한자	뜻	부수	실획	자원	곡획	음	획수	한자	뜻	부수	실획	자원	곡획
지 (金)	07	志	뜻, 적을 기억할	心	7	火	8	지 (金)	15	鋕	새길 명심할	金	15	金	16
	07	池	못, 연못 해자, 수로	水	6	水	10		15	漬	담글 적실	水	14	水	15
	07	址	터	土	7	土	7		19	識	적을, 표 표현할	言	19	金	22
	08	枝	가지, 사지 분산, 버틸	木	8	木	9	직 (金)	08	直	곧을, 대할 바로잡을	目	8	木	10
	08	知	알 슬기	矢	8	金	9		13	稙	올벼 이른벼	禾	13	木	15
	08	沚	물가 모래톱	水	7	水	7		15	稷	기장 농관	禾	15	木	19
	09	祉	복 천복	示	9	木	9		18	職	직분, 맡을 벼슬	耳	18	火	20
	09	泜	물이름	水	8	水	9		18	織	짤 직물	糸	18	木	22
	10	指	손발가락 가리킬	手	9	木	13	진 (金)	06	尽	盡(14)속자 다할, 극치	尸	6	金	7
	10	紙	종이, 장 신문	糸	10	木	11		07	辰	별, 수성 별이름	辰	7	土	8
	10	持	가질, 버틸 도울	手	9	木	11		09	晪	밝을	日	9	火	10
	10	祇	공경할	示	10	金	12		10	眞	참 본질	目	10	木	14
	10	芝	영지 버섯	艸	8	木	8		10	真	眞(10)속자 참, 본질	目	10	木	11
	10	䂢	知(8)동자 알, 슬기	矢	10	金	12		10	晉	나아갈 누를	日	10	火	13
	11	趾	발, 터 발가락	足	11	土	12		10	晋	晉(10)속자 나아갈, 누를	日	10	火	11
	12	智	슬기 재능	日	12	火	14		10	珍	보배, 귀할	玉	9	金	9
	14	誌	기록할 표지	言	14	金	16		10	津	나루, 인연 윤택, 수단	水	9	水	10
	14	榰	주춧돌 주추, 버틸	木	14	木	17		10	秦	진나라 벼이름	禾	10	木	10
	14	駤	군셀 검은호랑이	馬	14	火	17		10	畛	밭두렁 밭 지경	田	10	土	11
	14	禔	복, 행복 즐거움	示	14	木	15		11	振	떨칠, 건질 정돈할	手	10	木	12

음	획수	한자	뜻	부수	실획	자원	곡획	음	획수	한자	뜻	부수	실획	자원	곡획
진(金)	11	珒	옥이름	玉	10	金	11	진(金)	16	儘	다할, 조금 어떻든	人	16	火	18
	12	軫	수레 슬퍼할	車	12	火	13		17	璡	옥돌	玉	16	金	17
	12	診	볼, 점칠 진찰할	言	12	金	13		18	鎭	누를, 안택 진정, 항상	金	18	金	22
	13	塡	누를 다할	土	13	土	17	질(金)	08	帙	책권 차례 책갑, 책	巾	8	木	10
	13	鉁	珍(10)속자 보배, 귀할	金	13	金	13		09	垤	개밋둑 작은언덕	土	9	土	10
	14	溱	많을 성할	水	13	水	13		10	秩	차례, 벼슬, 녹봉, 항상	禾	10	木	10
	14	盡	다할 극치	皿	14	金	16		11	窒	막힐 막을	穴	11	水	14
	14	賑	넉넉할 구휼할	貝	14	金	16		13	郅	고을이름 이를, 성할	邑	9	土	12
	14	槇	뿌리 고울	木	14	木	18		15	質	바탕, 품질 저당물	貝	15	金	16
진(金)	15	進	나아갈 오를, 힘쓸	辵	12	土	13		20	瓆	사람이름	玉	19	金	20
	15	陣	진칠, 싸움 한바탕	阜	10	土	13	짐(金)	10	朕	나, 짐 조짐, 징조	月	10	水	13
	15	瑨	옥돌 옥석	玉	14	金	17		13	斟	짐작할 요리, 음료	斗	13	火	16
	15	瑱	귀막이옥 옥	玉	14	金	18	집(金)	11	執	잡을 막을	土	11	土	13
	15	震	천둥소리 진동, 놀랄	雨	15	水	17		12	集	모을, 도달 가지런할	木	12	火	12
	15	禛	복받을	示	15	木	19		13	楫	노 노저을	木	13	木	14
	15	稹	떨기로날 치밀할	禾	15	木	19		15	緝	낳을 길쌈	糸	15	木	18
	16	陳	늘어놓을 묵을, 말할	阜	11	土	14		16	潗	샘솟을 세찰	水	15	水	15
	16	縝	고울, 촘촘 검은머리	糸	16	木	22		16	輯	모을 화목할	車	16	火	18
	16	縉	붉은비단 분홍빛	糸	16	木	21		20	鏶	판금 금속판	金	20	金	20
	16	臻	이를 모일	至	16	土	17	징	15	徵	부를 조짐	彳	15	火	16

음	획수	한자	뜻	부수	실획	자원	곡획	음	획수	한자	뜻	부수	실획	자원	곡획
징 (金)	16	澄	맑을 맑게할	水	15	水	17	찬 (金)	17	儧	儹(19)속자 모을, 빠를	人	17	火	18
	16	澂	맑을	水	15	水	16		18	璨	옥 빛날	玉	17	金	19
	19	瀓	맑을	水	18	水	19		19	贊	도울 찬사	貝	19	金	23
차 (金)	06	次	버금, 차례 장소, 위계	欠	6	火	7		20	纂	모을 이을	糸	20	木	23
	07	車	수레, 잇몸 이틀	車	7	火	8		21	儹	모을 빠를	人	21	火	25
	09	姹	자랑할 소녀, 예쁠	女	9	土	13		21	饌	반찬, 음식 저술, 법칙	食	21	水	28
	10	借	빌릴 가령	人	10	火	11		22	讃	讚(26)속자 기릴, 도울	言	22	金	24
	10	差	다를, 선택 파견, 한탄	工	10	火	10		23	攢	모일, 뚫을 토롱할	手	22	木	27
	12	茶	차, 소녀 동백나무	艸	10	木	10		23	欑	떨기 이룰 모을, 가매	木	23	木	27
	13	嵯	우뚝솟을	山	13	土	14		25	纘	이을 모을	糸	25	木	31
	15	瑳	고울 웃을	玉	14	金	14		26	讚	기릴 도울	言	26	金	31
	15	磋	갈, 연마 연구, 논의	石	15	金	16	찰 (金)	05	札	패 편지	木	5	木	7
착 (金)	11	捉	잡을, 체포 지탱할	手	10	木	12		05	扎	뽑을, 쪽지 구출할	手	4	木	7
	12	着	붙을, 입을 다다를	目	12	土	13		14	察	살필 자세할	宀	14	木	17
	16	錯	꾸밀, 섞일 어긋날	金	16	金	17		18	擦	비빌 문지를	手	17	木	22
찬 (金)	13	粲	밝을, 정미 쌀찧을	米	13	木	15	참 (金)	10	站	역마을 일어설	立	10	金	11
	15	賛	贊(19)속자 도울, 찬사	貝	15	金	16		11	參	참여, 관계 섞일, 탄핵	厶	11	火	14
	16	撰	지을, 기록 저술, 규칙	手	15	木	22		14	嶄	높을 도려낼	山	14	土	16
	17	澯	맑을, 녹두 조개풀	水	16	水	18		15	槧	판, 판목 편지, 문서	木	15	木	16
	17	燦	빛날 찬란할	火	17	火	19		19	鏨	새길	金	19	金	20

음	획수	한자	뜻	부수	실획	자원	곡획	음	획수	한자	뜻	부수	실획	자원	곡획
참 (金)	21	欃	혜성, 수문 나무이름	木	21	木	30	창	16	蒼	푸를, 늙을 우거질	艸	14	木	16
	21	驂	곁말, 배승 승용마	馬	21	火	26	채 (金)	08	采	캘, 가릴 채색	采	8	木	8
	24	讖	예언, 참서 비결, 조짐	言	24	金	26		10	砦	진철 울타리	石	10	金	14
창 (金)	08	昌	창성할 착할	日	8	火	10		11	彩	무늬 채색	彡	11	火	11
	09	昶	해길 화창할	日	9	火	13		11	寀	采(8)동자 녹봉, 채지	宀	11	木	12
	10	倉	곳집 푸를	人	10	火	12		11	釵	비녀 인동덩굴	金	11	金	12
	11	唱	부를 노래	口	11	水	14		11	婇	여자이름	女	11	土	12
	11	窓	창 창문	穴	11	水	16		12	採	가릴, 캘 나무꾼	手	11	木	12
	12	創	비롯할 다칠	刀	12	金	15		13	琗	옥빛 옥무늬	玉	12	金	12
	12	敞	통창할 넓을	攵	12	金	15		14	綵	비단 채색	糸	14	木	16
	12	淐	물이름	水	11	水	13	책 (金)	05	册	册(5)동자 책, 칙서	冂	5	木	7
	12	倡	사람이름	日	12	火	15		05	冊	책 칙서	冂	5	木	9
	12	淌	큰물결	日	11	水	14		09	柵	목책 울타리	木	9	木	11
	14	滄	큰바다 한랭할	水	13	水	15		11	責	꾸짖을 책임	貝	11	金	12
	14	暢	통할, 자랄 화창할	日	14	火	18		11	箒	책, 칙서 점대, 채찍	竹	11	木	13
	14	彰	밝을 드러낼	彡	14	火	15		12	策	꾀, 문서 대쪽	竹	12	木	13
	15	廠	헛간 공장	广	15	木	18	처 (金)	11	處	곳 머무를	虍	11	土	17
	15	漲	물불을 물넘쳐흐를	水	14	水	19		14	萋	우거질 공손할	艸	12	木	14
	15	瑲	옥소리 방울소리	玉	14	金	16		19	覰	엿볼	見	19	火	24
	16	艙	선창 갑판밑	舟	16	木	20	척	04	尺	자 길이	尸	4	木	5

음	획수	한자	뜻	부수	실획	자원	곡획	음	획수	한자	뜻	부수	실획	자원	곡획
척 (土)	05	斥	물리칠 가르킬	斤	5	金	5	천 (金)	11	釧	팔찌	金	11	金	11
	08	坧	墌(14)속자 터, 기지	土	8	土	9		15	踐	밟을 오를	足	15	土	18
	10	倜	높이들 대범할	人	10	火	13		18	靝	하늘	靑	18	木	22
	12	跖	발바닥 밟을	足	12	土	14		19	遷	옮길 천도	辵	16	土	21
	14	墌	터닦을	土	14	土	14		19	薦	드릴 천거할	艸	17	木	20
	15	慼	슬플 근심	心	15	火	18		19	濺	흩뿌릴 빨리 흐를	水	18	水	21
	15	滌	씻을 닦을	水	14	水	14		20	闡	열 넓힐	門	20	木	26
	15	陟	오를 올릴	阜	10	土	13	철 (金)	10	哲	밝을 슬기	口	10	水	12
	18	蹠	밟을 나아갈	足	18	土	19		10	埑	밝을, 결단 슬기로울	土	10	土	11
	19	擲	던질 버릴	手	18	木	23		11	悊	공경할 지혜로울	心	11	火	13
천 (金)	03	千	일천 천번	十	3	水	3		12	喆	밝을 슬기	口	12	水	14
	03	川	내, 물귀신 굴, 들판	川	3	水	3		13	銕	鐵(21)동자 쇠, 철물	金	13	金	13
	04	天	하늘, 자연 하느님, 운명	大	4	火	4		14	綴	꿰맬 지을	糸	14	木	20
	05	仟	일천 무성할	人	5	火	5		15	徹	통할, 뚫을 치울	彳	15	火	18
	08	玔	옥고리 옥팔찌	玉	7	金	7		16	澈	맑을 물맑을	水	15	水	18
	09	泉	샘, 지하수 돈 저승	水	9	水	12		16	撤	거둘 치울	手	15	木	19
	09	穿	구멍 뚫을	穴	9	水	14		19	轍	흔적 바퀴자국	車	19	火	23
	09	祆	하늘	示	9	木	9		21	鐵	쇠 철물	金	21	金	23
	10	倩	예쁠 입모양예쁜	人	10	火	12	첨 (金)	06	尖	뾰족할 작을	小	6	金	7
	11	阡	길, 일천 무성할	阜	6	土	8		09	沾	더할 첨가할	水	8	水	9

음	획수	한자	뜻	부수	실획	자원	곡획	음	획수	한자	뜻	부수	실획	자원	곡획
첨 (金)	11	甜	달 낮잠	甘	11	土	12	청 (金)	15	請	청할 물을	言	15	金	18
	12	添	더할 안주	水	11	水	12		15	請	請(15)동자 청할, 물을	言	15	金	18
	13	僉	모두 도리깨	人	13	火	15		22	聽	드를 기다릴	耳	22	火	24
	13	詹	이를 도달함	言	13	金	16		25	廳	마을, 관청 대청	广	25	木	27
	17	檐	처마 짊어질	木	17	木	20	체 (金)	09	砌	섬돌	石	9	金	14
	18	瞻	볼 우러러볼	目	18	木	22		12	替	바꿀, 패할 쇠할	曰	12	火	13
	19	簷	처마, 차양 모첨	竹	19	木	22		15	締	맺을 맺힐	糸	15	木	20
	23	籤	제비 심지	竹	23	木	24		15	逮	잡을 미칠	辵	12	土	15
첩 (金)	08	帖	문서, 장부 편안할	巾	8	木	11		16	諦	살필 바로잡을	言	16	金	20
	12	捷	이길 빠를	手	11	木	13		16	諟	살필 이치	言	16	金	18
	12	貼	붙을 전당잡을	貝	12	金	14		17	遞	번갈아 역말	辵	14	土	20
	13	牒	공문서 글씨판	片	13	木	15		23	體	몸, 형체 체험, 생각	骨	23	金	29
	22	疊	접을 겹쳐질	田	22	土	27	초 (金)	06	艸	草(12)고자 풀, 거칠	艸	6	木	8
청 (金)	08	靑	푸를, 젊을	靑	8	木	10		07	初	처음 시작	刀	7	金	10
	08	青	靑(8)동자 푸를, 젊을	靑	8	木	10		08	岧	높을 높고험할	山	8	土	12
	11	婧	날씬할 단정할	女	11	土	14		09	肖	닮을 본받을	肉	7	水	9
	12	淸	맑을 깨끗할	水	11	水	13		09	招	부를 요구할	手	8	木	12
	12	清	淸(12)속자 맑을, 깨끗할	水	11	水	13		09	秒	초 초심	火	9	木	10
	12	晴	갤 맑을	日	12	火	14		09	俏	닮을, 본뜰 예쁠	人	9	火	11
	12	晴	晴(12)동자 갤, 맑을	日	12	火	15		11	釥	좋은 아름다울	金	11	金	12

음	획수	한자	뜻	부수	실획	자원	곡획	음	획수	한자	뜻	부수	실획	자원	곡획
초 (金)	12	草	풀 거칠	草	10	木	11	총 (金)	14	総	합할 종합	糸	14	木	19
	12	超	뛰어넘을 뛰어날	走	12	火	15		14	聡	밝을 총명	耳	14	火	16
	13	楚	가시나무 매질, 초나라	木	13	木	14		15	摠	모두 거느릴	手	14	木	18
	13	綃	생사 명주실	糸	13	木	17		17	總	합할 종합	糸	17	木	22
	15	醋	초 술권할	酉	15	金	18		17	聰	밝을 총명	耳	17	火	20
	15	嶕	높을 산꼭대기	山	15	土	16		18	叢	모일, 떨기 번잡할	又	18	水	19
	16	樵	나무할 장작, 망루	木	16	木	16		19	寵	총애, 사랑 교만, 영예	宀	19	木	26
	17	鍬	가래	金	17	金	17	촬	16	撮	모을, 취합 취할, 자방	手	15	木	18
	18	礎	주춧돌 기초, 밑	石	18	金	20	최 (金)	11	崔	높을, 헛될 뒤섞일	山	11	土	12
	18	蕉	파초 땔나무	艸	16	木	16		12	最	가장, 모을 으뜸, 요점	曰	12	水	14
촉 (金)	13	蜀	촉나라 고을이름	虫	13	水	17		13	催	재촉, 베풀 일어날	人	13	火	14
	17	燭	촛불, 등불 비칠, 간파	火	17	火	21		14	榱	서까래	木	14	木	16
	24	囑	맡길 부탁할	口	24	水	30		16	璀	빛날, 광채 옥이름	玉	15	金	16
	24	矗	곧을 우거질	目	24	木	30	추 (金)	09	秋	가을, 때 세월, 근심	禾	9	木	9
	25	矚	비출 비칠	日	25	火	31		09	抽	뽑을, 제거 당길, 싹틀	手	8	木	10
	25	爥	촛불	火	25	火	30		09	酋	두목, 살해 가을, 성숙	酉	9	金	11
촌 (金)	07	村	마을 시골	木	7	木	8		12	推	밀 옮을	手	11	木	12
	07	忖	헤아릴	心	6	火	7		12	椎	뭉치 방망이	木	12	木	12
	11	邨	마을 시골	邑	7	土	12		12	捶	종아리 칠 채찍, 망치	手	11	木	12
총	14	銃	총 도끼구멍	金	14	金	17		13	追	쫓을 뒤따라	辵	10	土	13

음	획수	한자	뜻	부수	실획	자원	곡획	음	획수	한자	뜻	부수	실획	자원	곡획
추 (金)	13	楸	개오동나무 바둑판	木	13	木	13	축	19	蹴	찰 밟을	足	19	土	24
	13	湫	늪 다할	水	12	水	12	춘 (金)	09	春	봄, 청춘, 정욕, 사궐	日	9	火	10
	14	甃	벽돌담 우물벽돌	瓦	14	土	17		13	椿	참죽나무 부친, 신령	木	13	木	14
	15	諏	꾀할 물을	言	15	金	17		14	瑃	옥, 차오 집게발	玉	13	金	14
	15	樞	지도리 고동	木	15	木	19		16	賰	넉넉할 부유할	貝	16	金	18
	16	錐	송곳 무게	金	16	金	16	출 (金)	05	出	날, 추방 꿰어날	凵	5	土	7
	16	錘	저울추 도거니	金	16	金	16		05	朮	차주 삽주	木	5	木	7
	17	鄒	추나라 마을	邑	13	土	21		10	秫	차조, 찹쌀 찰수수	禾	10	木	12
	18	趨	쫓을 달릴	走	17	火	23		17	黜	물리칠 내리칠	黑	17	水	20
	18	鎚	저울 쇠망치	金	18	金	21	충 (金)	06	充	찰, 막을 살찔	儿	6	木	9
	18	鞦	그네 밀치끈	革	18	金	19		06	冲	沖(8)동자 화할, 상충	冫	6	水	7
	18	騶	오추마 말이름	馬	18	土	20		08	沖	화할 상충	水	7	水	8
축 (金)	04	丑	소, 수갑 둘째지지	一	4	土	5		08	忠	충성, 정성 공평	心	8	火	10
	08	竺	대나무 두터울	竹	8	木	8		11	珫	귀고리	玉	10	金	13
	10	祝	빌, 기원 축하, 하례	示	10	金	13	췌 (金)	13	揣	잴, 측량 생각, 단련	手	12	木	16
	10	畜	저축, 가축 기를	田	10	土	13		14	萃	모을 야윌	艸	12	木	12
	12	軸	굴대 두루마리	車	12	火	14	취 (金)	07	吹	불 바람	口	7	水	9
	14	逐	쫓을 달릴	辵	11	土	13		08	取	취할 강가들	又	8	水	9
	16	蓄	쌓을, 기를 저축	艸	14	木	17		08	炊	불땔 밥 지을	火	8	火	9
	16	築	건축물 쌓을	竹	16	木	19		12	就	나아갈 이룰, 마칠	尢	12	土	16

음	획수	한자	뜻	부수	실획	자원	곡획	음	획수	한자	뜻	부수	실획	자원	곡획
취 (金)	12	脆	연할 무릎	肉	10	水	17	치 (金)	14	置	둘, 버릴 베풀, 석방	网	13	木	16
	14	翠	비취색 물총새	羽	14	火	18		14	緇	검은옷 검은비단	糸	14	木	20
	14	聚	모을, 무리 마을	耳	14	火	15		15	幟	기 표적	巾	15	木	19
	15	趣	뜻, 취지 풍취, 자태	走	15	火	16		15	緻	고을 찬찬할	糸	15	木	19
측 (金)	04	仄	기울 우뚝 솟을	人	4	火	4		15	輜	짐수레	車	15	火	20
	08	昃	기울 오후	日	8	火	9		16	熾	맹렬할 불꽃	火	16	火	18
	11	側	곁, 기울 어렴풋할	人	11	火	13		16	錙	저울눈 작은양	金	16	金	20
	12	厠	뒷간 곁	广	12	木	14	칙 (金)	09	則	법칙, 이치 본받을	刀	9	金	11
	13	測	젤 맑을	水	12	水	14		09	勅	칙서, 신칙 삼갈, 정돈	力	9	土	12
층	15	層	층, 계단 겹, 층집	示	15	木	19		13	飭	경계할 신칙할	食	13	水	16
치 (金)	09	治	다스릴 익힐, 수양	水	8	水	10	친 (金)	16	親	친할, 몸소 어버이	見	16	火	19
	09	峙	우뚝솟을 쌓을	山	9	土	11		22	襯	속옷, 접근 베풀, 노출	衣	21	木	25
	09	哆	클 많을	口	9	水	12	칠 (金)	07	七	일곱, 칠재 일곱 번	一	2	金	4
	10	致	이를, 보낼 면밀, 다할	至	10	土	11		09	柒	옻, 검은 일곱, 삼갈	木	9	木	11
	10	値	값, 가치 즈음, 당번	人	10	火	12		15	漆	옻, 검은 일곱, 삼갈	水	14	水	15
	11	梔	치자나무	木	11	木	14	침 (金)	08	枕	베개 말뚝	木	8	木	11
	12	淄	검은빛 강이름	水	11	水	15		10	針	바늘, 침 찌를	金	10	金	10
	13	稚	어릴 어린애	禾	13	木	13		10	砧	다듬잇돌 모탕	石	10	金	12
	13	馳	달릴 전할	馬	13	火	19		12	琛	우거질 무성할	木	12	木	13
	13	寘	둘, 채울 받아드릴	宀	13	木	18		13	琛	보배	玉	12	金	15

음	획수	한자	뜻	부수	실획	자원	곡획	음	획수	한자	뜻	부수	실획	자원	곡획
침 (金)	14	寢	잠, 쉴 누울	宀	14	水	19	탁 (火)	10	倬	클 환할	人	10	火	11
	15	郴	고을이름	邑	11	土	13		10	託	부탁할 의지할	言	10	金	13
	17	鍼	침, 바늘 녹로, 찌를	金	17	金	19		12	晫	환할 밝을	日	12	火	14
칩	17	蟄	숨을 모일	虫	17	水	20		13	琢	쫄, 닦을 가릴	玉	12	金	13
칭 (金)	10	秤	저울 공평할	禾	10	木	10		13	琸	이름 사람이름	玉	12	金	13
	14	稱	일컬을 칭찬, 저울	禾	14	木	16		14	槖	橐(16)동자 전대, 풀무	木	14	木	16
쾌 (金)	04	夬	터놓을 결정, 쾌패	大	4	木	5		16	橐	전대 풀무	木	16	木	19
	08	快	쾌할, 빠를 방종할	心	7	火	8		18	濯	씻을, 클 빛날	水	17	水	21
	16	噲	목구멍 상쾌, 밝을	口	16	水	19		18	擢	뽑을 빼낼	手	17	木	22
타 (火)	07	妥	편안할 온당할	女	7	土	8		21	鐸	방울 요령	金	21	金	22
	07	佗	다를, 더할 끌, 덮을	人	7	火	10	탄 (火)	07	吞	삼킬 감출	口	7	水	8
	09	拖	당길 잡아끌	手	8	木	13		08	坦	평평할 너그러울	土	8	土	9
	09	柁	키, 선박키 나무 단단할	木	9	木	12		09	炭	숯 석탄	火	9	火	10
	11	舵	선박키	舟	11	木	16		14	誕	태어날 클, 거짓	言	14	金	18
	13	楕	길쭉할	木	13	木	15		16	暺	밝을	日	16	火	20
	13	馱	태울 짐실을	馬	13	火	15		17	憻	평평할	心	16	火	19
	16	橢	길쭉할	木	16	木	20		23	灘	여울 물가	水	22	水	23
탁 (火)	07	托	맡길, 반침 의지할	手	6	木	9	탈 (火)	13	脫	벗을, 빠질 떨어질	肉	11	水	13
	08	卓	높을 탁자	十	8	木	9		14	奪	빼앗을 삭탈, 징수	大	14	木	15
	09	度	잴, 셀 물을	广	9	木	10	탐	10	耽	즐길, 처질 빠질	耳	10	火	13

음	획수	한자	뜻	부수	실획	자원	곡획	음	획수	한자	뜻	부수	실획	자원	곡획
탐 (火)	11	貪	탐할, 탐욕 희망, 자초	貝	11	金	13	태 (火)	14	態	모양 형상	心	14	火	22
	12	探	찾을, 염탐 연구, 유람	手	11	木	15		14	颱	태풍 바람	風	14	木	19
	14	嗿	많을	口	14	水	17	택 (火)	06	宅	집, 무덤 임용, 안정	宀	6	木	9
탑 (火)	13	塔	탑, 충집 절	土	13	土	14		09	垞	언덕 비탈길	土	9	土	12
	14	榻	걸상, 평상 책상, 침상	木	14	木	19		17	澤	못, 윤날 은덕	水	16	水	17
탕 (火)	13	湯	끓일, 온천 탕약	水	12	水	15		17	擇	가릴, 뽑을 선택할	手	16	木	18
	14	碭	무늬있는돌 클, 지나칠	石	14	金	18	탱 (火)	16	撑	버팀목 배저울	手	15	木	19
	16	糖	엿, 사탕 설탕, 캔디	米	16	木	18		16	撐	버틸	手	15	木	20
	17	盪	씻을, 깨끗할 부딪칠	皿	16	水	20	터	19	攄	펼, 발표 약동, 베풀	手	18	木	23
태 (火)	04	太	클, 심할 처음, 매우	大	4	木	4	토 (火)	03	土	흙, 육지 국토, 고향	土	3	土	3
	05	台	별이름 지명, 태풍	口	5	水	7		07	兎	免(9)속자 토끼, 달	儿	7	木	10
	07	兌	기뻐할 통할, 바꿀	儿	7	金	10		08	免	토끼 달	儿	8	木	12
	09	泰	클, 심할 편안, 통할	水	9	水	11		10	討	칠, 찾을 다스릴	言	10	金	12
	10	珆	옥무늬 옥이름	玉	9	金	11	톤	15	噋	느릿할	口	15	水	19
	10	娧	아름다울 기뻐할	女	10	土	15	통 (火)	10	洞	밝을, 통달 꿰뚫을	水	9	水	12
	11	苔	이끼	艸	9	木	11		11	桶	통 용기	木	11	木	14
	11	埭	보 둑	土	11	土	13		12	統	거느릴 합칠, 계통	糸	12	木	17
	12	跆	밟을 유린할	足	12	土	15		12	筒	대통	竹	12	木	15
	12	鈦	티타늄 원소기호	金	12	金	12		14	通	통할, 통 내왕, 통정	辵	11	土	15
	13	脫	기뻐할	肉	11	水	17		15	樋	나무이름	木	15	木	19

음	획수	한자	뜻	부수	실획	자원	곡획	음	획수	한자	뜻	부수	실획	자원	곡획
퇴 (火)	11	堆	흙무더기 쌓을	土	11	土	11	파 (水)	19	擺	열릴 배열할	手	18	木	27
	13	退	물러날 물리칠	辵	10	土	13		19	鄱	고을이름	邑	15	土	18
	14	槌	망치 방망이	木	14	木	17	판 (水)	07	判	판단, 구별 한쪽, 활판	刀	7	金	8
	20	隤	무너뜨릴 내릴, 경사	阜	15	土	19		07	坂	비탈 고개	土	7	土	8
투 (火)	08	投	던질, 줄 의탁할	手	7	木	12		08	板	널조각 판목, 글	木	8	木	9
	10	套	덮개 전례	大	10	木	11		08	版	널판, 책 인쇄, 명부	片	8	木	10
	14	透	펼, 환할 환히비칠	辵	11	土	16		11	販	팔 장사할	貝	11	金	13
퉁	07	佟	성(姓)씨 강이름	人	7	火	8		12	阪	비탈, 둑 비탈길	阜	7	土	10
특 (火)	07	忒	틀릴, 변할 의심 매우	心	7	火	9		12	鈑	금박, 금화 판금	金	12	金	13
	10	特	특히, 수컷 뛰어날, 짝	牛	10	土	11		16	辦	힘쓸 갖출	辛	16	金	18
틈	18	闖	엿볼, 충돌 개척, 말썽	門	18	木	23	팔 (水)	05	叭	나팔 입법릴	口	5	水	6
파 (水)	07	妑	새앙머리 두갈래머리	女	7	土	11		06	汃	물결소리	水	5	水	5
	08	把	잡을, 묶을 손잡이	手	7	木	11		08	八	여덟, 나눌 여덟 번	八	2	金	3
	08	坡	비탈 둑	土	8	土	10	패 (水)	07	貝	조개, 돈 비단, 패할	貝	7	金	8
	09	波	물결, 흐름 눈빛, 은총	水	8	水	10		08	佩	찰 노리개	人	8	火	12
	10	破	깨뜨릴 흩뜨릴	石	10	金	13		08	沛	늪 습지	水	7	水	9
	10	芭	파초 풀이름	艸	8	木	11		10	唄	찬불 염불소리	口	10	水	12
	10	玻	유리	玉	9	金	11		11	浿	물가 물이름	水	10	水	11
	13	琶	비파 탈	玉	12	金	15		11	珮	찰	玉	10	金	14
	16	播	뿌릴, 베풀 달아날	手	15	木	17		12	牌	패, 간판 방패	片	12	木	15

음	획수	한자	뜻	부수	실획	자원	곡획	음	획수	한자	뜻	부수	실획	자원	곡획
패 (水)	19	霸	霸(21)속자 으뜸, 두목	両	19	金	23	평 (水)	09	枰	판, 바둑판 은행나무	木	9	木	9
	21	霸	으뜸 두목	雨	21	水	25		09	泙	물소리 물결셀	水	8	水	8
팽 (水)	10	砰	돌소리 불결소리	石	10	金	11		12	評	품평할 평론할	言	12	金	13
	12	彭	땅이름 볼록할, 땅땅	彡	12	火	13		14	萍	부평초 개구리밥	艸	12	木	12
	16	澎	물소리 물결소리	水	15	水	16	폐 (水)	15	幣	폐백, 비단 재물	巾	15	木	19
팍	13	愎	강할 괴팍할	心	12	火	14		15	陛	섬돌 층계	阜	10	土	15
편 (水)	04	片	조각, 한쪽 명함, 꽃잎	片	4	木	5		16	嬖	사랑할 총애받을	女	16	土	19
	09	便	편할, 소식 말잘할	人	9	火	10		18	蔽	가릴 덮을	艸	16	木	18
	09	扁	납작할 거룻배, 현판	戶	9	木	12	포 (水)	05	布	배, 펼, 돈 베풀, 조세	巾	5	木	7
	15	編	엮을, 편집 편성, 책	糸	15	木	20		08	包	쌀 꾸러미	勹	5	金	10
	15	篇	책, 서책, 편, 편액	竹	15	木	18		07	佈	펼, 달릴 무서워할	人	7	火	9
	15	翩	빨리날 나부낄	羽	15	火	22		08	抛	抛(9)속자 던질, 전차	手	7	木	13
	15	緶	꿰맬 가선 두를	糸	15	木	18		09	拋	던질 전차	手	8	木	13
	15	艑	거룻배 큰배	舟	15	木	20		09	抱	안을 품을	手	8	木	14
	16	遍	두루, 모든 번, 횟수	辵	13	土	17		09	匍	길, 문지를 힘을다할	勹	9	木	13
	18	鞭	채찍 회초리	革	18	金	20		10	圃	밭 채전	口	10	水	13
폄 (水)	10	砭	돌침, 경계 계명	石	10	金	11		11	浦	개펄, 물가 바닷가	水	10	水	12
	12	貶	감할 떨어뜨릴	貝	12	金	13		11	捕	잡을 구할	手	10	木	13
평 (水)	05	平	평상, 화친 평평할	干	5	木	5		11	晡	신시 저녁나절	日	11	火	14
	08	坪	들, 평 평평할	土	8	土	8		14	飽	배부를 만족할	食	14	水	20

음	획수	한자	뜻	부수	실획	자원	곡획	음	획수	한자	뜻	부수	실획	자원	곡획
포 (水)	14	鞄	혁공 가방	革	14	金	20	픔	13	稟	바탕, 받을 사뢸	禾	13	木	15
	15	葡	포도 포도나무	艸	13	木	17	풍 (水)	09	風	바람, 관습 노래	風	9	木	12
	15	褒	칭찬할 도포	衣	15	木	17		13	楓	단풍나무	木	13	木	16
	15	鋪	펼, 베풀 가게, 역참	金	15	金	17		13	豊	豐(18)약자 풍년, 성할	豆	13	木	15
	16	蒲	창포 부들	艸	14	木	16		18	豐	풍년 성할	豆	18	木	19
폭 (水)	12	幅	폭, 포백 족자	巾	12	木	16	피 (水)	05	皮	가죽 껍질	皮	5	金	7
	16	輻	물려들 바퀴살	車	16	火	19		08	彼	저, 저쪽 그, 아닐	彳	8	火	10
	19	曝	볕쬘 볕에말릴	日	19	火	22		09	披	나눌 개척할	手	8	木	11
표 (水)	07	杓	자루, 맬 당길	木	7	木	9		13	陂	비탈 기울어질	阜	8	土	12
	09	表	모습, 웃옷 나타낼	衣	8	木	9	픽	15	腷	답답할 울적할	肉	13	水	17
	10	豹	표범	豸	10	水	13	필 (水)	04	匹	짝, 필, 벗 맞수, 혼자	匸	4	水	7
	10	俵	흩을, 헤칠 나누어줄	人	10	火	11		05	必	반드시 오로지	心	5	火	6
	11	票	쪽지, 불똥 홀쩍날릴	示	11	火	13		07	佖	점잖을 위엄스러울	人	7	火	8
	11	彪	범, 문채날 빛날, 선명	彡	11	火	15		08	咇	향기로울	口	8	水	10
	15	標	표, 표할 나무 끝	木	15	木	17		09	泌	샘물흐를 스며나올	水	8	水	9
	15	慓	급할, 날랠 용맹할	心	14	火	16		11	畢	그물, 마침 다할	田	11	土	12
	17	聽	들을	耳	17	火	19		11	苾	향내 향기	艸	9	木	10
	17	縹	옥색 옥색비단	糸	17	木	20		12	筆	붓, 필법 획수, 글씨	竹	12	木	13
	21	驃	굳셀 빠를	馬	21	火	25		12	弼	도울, 보필 도지개	弓	12	金	21
픔	09	品	물건, 종류 품계	口	9	水	12		13	鉍	창자루	金	13	金	14

음	획수	한자	뜻	부수	실획	자원	곡획	음	획수	한자	뜻	부수	실획	자원	곡획
필 (水)	14	馝	향기로울 향내날	香	14	木	16	학 (土)	16	學	배울 학교	子	16	水	20
	15	潷	용솟음칠	水	14	水	15		17	壑	골 골짜기	土	17	土	20
핍 (水)	11	偪	다가올 핍박, 행전	人	11	火	13		21	鶴	두루미 흴	鳥	21	火	25
	16	逼	닥칠 협박할	辵	13	土	16		21	皬	흴 희고깨끗할	白	21	金	23
하 (土)	03	下	아래 내릴	一	3	水	3	한 (土)	09	罕	드물, 희소 그물, 깃발	网	7	木	10
	07	呀	입벌릴 휑덩그렁할	口	7	水	10		11	捍	막을, 지킬 팔찌	手	10	木	12
	07	岈	산골 횅할 산 깊을	山	7	土	10		12	閑	한가할 등한, 보위	門	12	水	15
	09	河	물, 강, 섬 운하, 은하	水	8	水	10		12	閒	틈 한가할	門	12	土	17
	09	昰	夏(10고자 여름, 중국	日	9	火	10		14	限	한정 기한	阜	9	土	13
	10	夏	여름 중국	夂	10	火	12		15	漢	한나라 물이름	水	14	水	15
	12	賀	하례할 경사, 위로	貝	12	金	16		15	嫻	우아할 조용, 익힐	女	15	土	21
	12	厦	廈(13속자 큰집, 행랑	厂	12	木	14		15	嫻	우아할	女	15	土	19
	13	廈	큰집 행랑	广	13	木	15		16	翰	편지, 문서 문장, 기둥	羽	16	火	21
	14	嘏	클, 장대 복, 하사	口	14	水	18		16	澣	넓을 끝없이넓을	水	15	水	18
	14	碬	숫돌 돌 자갈땅	石	14	金	18		16	橺	큰나무	木	16	木	20
	16	赮	붉을, 노을 붉은빛	赤	16	火	20		16	嫻	익힐 법	門	16	木	19
	17	霞	노을 멀	雨	17	水	21		17	韓	한국 나라	韋	17	金	21
	19	讚	응락하는말 응, 녜	言	19	金	24		17	瀚	씻을 열흘	水	16	水	17
학 (土)	08	学	學(16)속자 배울, 학교	子	8	水	11		17	嵰	산형상높을 산높은모양	山	17	土	20
	13	嗃	엄할 엄한 모양	口	13	水	18	할	12	割	나눌, 해칠 재앙	刀	12	金	15

음	획수	한자	뜻	부수	실획	자원	곡획	음	획수	한자	뜻	부수	실획	자원	곡획
할	17	轄	비녀장 굴대빗장	車	17	火	20		04	亢	굳셀, 막을 거만할	亠	4	水	7
함 (土)	07	含	머금을 품을	口	7	水	9		06	伉	짝, 부부 강직, 저항	人	6	火	9
	08	函	함, 갑옷 글월, 편지	凵	8	木	12		06	行	항렬 걸을	行	6	火	7
	09	咸	다, 같을 두루미칠, 덜	口	9	水	11		08	抗	넓을 광대할	手	7	木	11
	11	唅	머금을 품을	口	11	水	15		08	沆	넓을 광대할	水	7	水	10
	12	喊	소리 소리칠	口	12	水	15		08	杭	건널 나룻배	木	8	木	11
	14	銜	머금을 품을, 직함	金	14	金	15	항 (土)	09	巷	거리, 복도 마을, 주택	己	9	土	12
	14	菡	연꽃, 풍성 연꽃봉우리	艸	12	木	15		09	姮	항아 여자의자	女	9	土	11
	15	緘	봉할, 묶을 봉투, 편지	糸	15	木	19		09	缸	항아리	缶	9	土	10
	16	諴	화할, 정성 지성, 익살	言	16	金	19		10	恒	恆(10)속자 항상, 영구	心	9	火	10
	20	艦	싸움배 군함	舟	20	木	25		10	恆	항상 영구	心	9	火	10
	21	轞	함거 수레소리	車	21	火	25		10	航	배, 방주 날, 항해	舟	10	木	15
합 (土)	06	合	합할 모일	口	6	水	7		12	項	조목, 항목 클, 목덜미	頁	12	火	13
	09	哈	웃는소리 크게마실	口	9	水	11		13	港	항구, 뱃길 도랑	水	12	水	15
	10	盍	덮을 합할	皿	10	金	12		14	嫦	姮(9)속자 항아	女	14	土	19
	11	盒	함 그릇	皿	11	金	13	해 (土)	06	亥	돼지, 해 강건할	亠	6	水	7
	12	蛤	대합조개 큰두꺼비	虫	12	水	14		08	咍	비웃을 기뻐할	口	8	水	11
	14	閤	침실 쪽문	門	14	木	18		09	垓	지경 경계	土	9	土	10
	14	榼	통, 물통 뚜껑, 칼집	木	14	木	16		10	晐	갖출, 충분 햇빛비칠	日	10	火	12
	18	闔	문짝 간직할	門	18	木	23		11	海	바다 해수	水	10	水	13

음	획수	한자	뜻	부수	실획	자원	곡획	음	획수	한자	뜻	부수	실획	자원	곡획
해 (土)	11	偕	함께, 맞을 군셀	人	11	火	15	향 (土)	11	珦	옥이름 구슬	玉	10	金	13
	13	解	풀, 분할 설명, 통달	角	13	木	18		15	餉	건량, 군량 군비	食	15	水	19
	13	該	갖출, 포용 마땅, 겸할	言	13	金	15		17	鄕	고향, 시골 대접할	邑	13	土	20
	13	楷	본, 본보기 강직, 해서	木	13	木	17		19	嚮	향할, 나갈 대접, 권할	口	19	水	29
	14	瑎	검은옥돌	玉	13	金	16		20	麘	사향 사슴	鹿	20	土	24
	16	諧	어울릴 이룰	言	16	金	21		22	響	울릴, 음향 응답, 악기	音	22	金	29
	17	獬	해태 군센모양	犬	16	土	22	허 (土)	11	許	허락, 바랄 약속, 약혼	言	11	金	12
	20	邂	만날, 우연 요행	辵	17	土	23		12	虛	빌 하늘	虍	12	木	15
핵 (土)	08	劾	힘쓸 캐물을	力	8	水	11		15	墟	터 언덕	土	15	土	18
	10	核	씨, 핵심 견실, 엄할	木	10	木	11	헌 (土)	10	軒	처마, 집 오를	車	10	火	11
	16	翮	깃촉, 조류 관악기	羽	16	火	24		16	憲	법, 관청 명령, 가르침	心	16	火	19
행 (土)	06	行	다닐, 행할 유행, 장사	行	6	火	7		16	輀	초헌 수레	車	16	火	19
	07	杏	살구 은행	口	7	木	8		20	獻	드릴, 권할 표현, 현자	犬	20	土	26
	08	幸	다행, 요행 행복, 거둥	干	8	木	8		20	櫶	나무이름	木	20	木	23
	10	倖	요행, 아첨 사랑, 총애	人	10	火	10		20	憲	총명할 깨달을	心	19	火	22
	12	涬	기운, 끌 당길, 큰물	水	11	水	11	헐	13	歇	쉴, 휴식 휴업, 마를	欠	13	金	18
향 (土)	06	向	향방 향할	口	6	水	9	험 (土)	16	嶮	험할	山	16	土	19
	08	享	드릴, 잔치 누릴	亠	8	土	11		23	驗	시험, 보람 증좌, 효과	馬	23	火	27
	09	香	향기, 향 향료	香	9	木	10	혁 (土)	09	革	가죽, 갑옷 고칠, 날개	革	9	金	10
	10	晑	밝을	日	10	火	14		09	奕	클, 근심 아름다울	大	9	木	10

음	획수	한자	뜻	부수	실획	자원	곡획	음	획수	한자	뜻	부수	실획	자원	곡획
혁 (土)	11	烌	빛날, 붉을 화낼, 가물	火	11	火	12		15	儇	총명할 민첩, 가릴	人	15	火	18
	12	焱	화염 불꽃	火	12	火	12		15	賢	어질, 현명 나을, 존경	貝	15	金	19
	14	赫	빛날, 붉을 화낼, 가물	赤	14	火	16		15	峴	한정할 한계, 지명	阜	10	土	15
	18	爀	붉을, 불빛 붉은색	火	18	火	20		15	鋗	노구솥 냄비, 소분	金	15	金	18
현 (土)	05	玄	검을 오묘할	玄	5	火	7	현 (土)	16	縣	고을, 현 매달, 격할	糸	16	木	20
	07	見	나타날 현재, 뵈올	見	7	火	10		16	嬛	날렵할 우아, 치밀	女	16	土	20
	08	呟	소리	口	8	水	11		18	顕	顯(23)속자 나타날, 영달	頁	18	火	20
	08	弦	활시위 초승달, 줄	弓	8	木	14		20	懸	매달, 현격 멀리, 빛	心	20	火	25
	09	炫	밝을, 빛날 자랑, 녹일	火	9	火	11		20	譞	영리할 수다, 지혜	言	20	金	24
	10	峴	산이름 고개	山	10	土	14		23	顯	나타날 맑을	頁	23	火	29
	10	玹	옥돌 옥빛	玉	9	金	11		27	灦	물깊고맑을	水	26	水	30
	11	絃	줄, 탈 현악기	糸	11	木	15	혈 (土)	05	穴	움 구멍	穴	5	水	7
	11	晛	일광 햇빛	日	11	火	15		09	頁	머리, 목 목덜미	頁	9	火	10
	11	衒	자랑할 팔, 선전	行	11	火	14		12	絜	헤아릴 묶을	糸	12	木	16
	11	舷	뱃전	舟	11	木	15		13	趐	나아갈 때지어날	走	13	火	17
	12	現	나타날 지금, 옥빛	玉	11	金	14	혐	13	嫌	의심 싫어할	女	13	土	15
	12	絢	노끈 무늬	糸	12	木	17	협 (土)	07	夾	낄 부축할	大	7	木	7
	12	眴	붉어진눈 고울	目	12	木	16		08	協	화합할 복종, 적합	十	8	水	14
	12	琄	옥모양 패옥	玉	11	金	14		08	洽	화할, 젖을 윤택할	氵	8	水	9
	13	鉉	솥귀고리 활시위	金	13	金	15		09	俠	호협할 협객	人	9	火	9

음	획수	한자	뜻	부수	실획	자원	곡획	음	획수	한자	뜻	부수	실획	자원	곡획
협 (土)	10	峽	골짜기 시내	山	10	土	11	형 (土)	20	馨	꽃다울 향기, 덕화	香	20	木	26
	11	挾	낄, 만날 두루 미칠	手	10	木	11		22	瀅	물이름	水	21	水	22
	11	浹	두루 미칠 일주, 젖을	水	10	水	10	혜 (土)	10	惠	惠(12)약자 은혜, 베풀	心	10	火	12
	11	愜	쾌할, 맞을 만족할	心	10	火	10		11	彗	살별, 혜성 총명, 비	⺕	11	火	12
형 (土)	05	兄	맏, 형, 벗 친척, 뛰어날	儿	5	木	8		11	詥	진실한말 정성의말	言	11	金	16
	06	刑	형벌, 죽일 제어, 모범	刀	6	金	7		12	惠	은혜 베풀	心	12	火	14
	07	形	형상, 모양 형세, 이치	彡	7	火	7		15	慧	지혜 슬기로울	心	15	火	17
	07	亨	형통할 통달	亠	7	土	10		15	憲	밝을 깨달을	心	15	火	18
	09	型	모형, 모범 거푸집	土	9	土	10		15	暳	별반짝일 작별	日	15	火	17
	09	洞	멀, 깊을 깊고넓을	水	8	水	11		16	憓	순할 베풀	心	15	火	17
	09	炯	밝을, 빛날 명백할	火	9	火	12		17	蹊	건널 지름길	足	17	土	20
	11	邢	나라이름 땅이름	邑	7	土	9		19	譓	순종할 분별할	言	19	金	12
	11	珩	패옥, 갓끈 노리개	玉	10	金	11		22	譿	살필 슬기로울	言	22	金	25
	12	逈	멀 빛날	辵	9	土	13	호 (土)	04	戶	집 지게	戶	4	木	5
	13	逈	逈(12)속자 멀, 빛날	辵	10	土	14		04	互	서로 번갈아들	二	4	水	6
	14	滎	실개천 못이름	水	14	水	17		05	号	號(13)약자 이름, 차례	口	5	水	9
	14	熒	등불, 빛날 개똥벌레	火	14	火	15		06	好	좋을, 정분 아름다울	女	6	土	9
	16	螢	반딧불이 개똥벌레	虫	16	水	18		08	呼	부를, 호통 내쉴, 슬플	口	8	水	10
	16	衡	저울대 저울질	行	16	火	19		08	虎	범 용맹스런	虍	8	木	13
	19	瀅	맑을 물맑은	水	18	水	19		08	昊	하늘, 허공 성할, 밝을	日	8	火	9

음	획수	한자	뜻	부수	실획	자원	곡획	음	획수	한자	뜻	부수	실획	자원	곡획
호 (土)	08	弧	활 나무활	弓	8	木	13	호 (土)	15	皞	밝을 화락할	白	15	火	17
	09	芐	지황 부들	艸	7	木	7		15	皜	흰, 밝을 늙은이	白	15	火	20
	10	芦	芐(9)동자 지황, 부들	艸	8	木	9		16	縞	명주 흰비단	糸	16	木	22
	10	祜	복, 행복 복록	示	10	金	11		16	澔	浩(11)동자 넓을, 넉넉할	水	15	水	17
	11	浩	넓을 넉넉할	水	10	水	11		16	儫	호걸, 귀인 성할, 용감	人	16	火	19
	11	瓠	단지 표주박	瓜	11	木	15		17	壕	해자 성둘레	土	17	土	20
	11	毫	붓, 잔털 조금	毛	11	火	15		18	濠	해자, 호주 물이름	水	17	水	20
	11	晧	빛날 해뜰	日	11	火	13		18	鎬	빛날, 남비 호경	金	18	金	22
	11	扈	따를 넓을	戶	11	木	16		21	護	도울, 지킬 보호, 통솔	言	21	金	23
	11	娏	재치 있을 영리할	女	11	土	16		21	顥	클, 넓을 빛날	頁	21	火	25
	12	皓	깨끗할 밝을, 하늘	白	12	火	14	혹 (土)	12	惑	미혹 미혹할	心	12	火	15
	12	淏	맑을 맑은모양	水	11	水	12		14	熇	뜨거울 불꽃일어날	火	14	火	18
	12	壺	병, 주전자 투호, 술병	土	12	木	17	혼 (土)	08	昏	날저물 일찍죽을	日	8	火	11
	13	號	이름 차례	虍	13	木	22		09	俒	완전할 끝날	人	9	火	12
	13	湖	호수, 큰못 고을이름	水	12	水	15		11	婚	혼인할 처가, 사돈	女	11	土	15
	13	琥	호박 옥그릇	玉	12	金	16		12	焜	빛날, 밝을 초목이시들	火	12	火	16
	13	聏	들릴 긴귀	耳	13	火	14		13	渾	흐를 둥글	水	12	水	14
	14	豪	호걸, 귀인 성할, 용감	豕	14	水	17		14	琿	아름다운옥	玉	13	金	15
	14	嫭	아름다울	女	14	土	19	홀 (土)	07	囫	온전할 막연할	口	7	水	10
	15	滸	물가	水	14	水	15		10	笏	홀 수판	竹	10	木	12

음	획수	한자	뜻	부수	실획	자원	곡획	음	획수	한자	뜻	부수	실획	자원	곡획
홀	12	惚	황홀할 흐릿할	心	11	火	14	화 (土)	14	華	빛날, 꽃 번성할	艸	12	木	12
홍 (土)	05	弘	넓을, 클 활소리	弓	5	火	10		15	嫿	고울 얌전할	女	15	土	16
	07	汞	수은	水	7	水	9		16	樺	자작나무	木	16	木	16
	09	紅	붉은 연지	糸	9	木	11		16	澕	깊을 물이깊을	水	15	水	15
	09	泓	물속깊을 물맑을	水	8	水	13	확 (土)	14	廓	클, 확장 바로잡을	广	14	木	19
	10	洪	넓을, 클 큰 물, 여울	水	9	水	9		15	確	굳을 확실	石	15	金	17
	10	烘	화롯불, 땔 밝을, 말릴	火	10	火	10		15	碻	確(15)속자 굳을, 확실	石	15	金	20
	10	昘	날밝으려할 먼동이틀	日	10	火	11		19	穫	곡식거둘	禾	19	木	20
	14	鉷	쇠뇌고동 석궁	金	14	金	14		19	擴	넓힐 늘릴	手	18	木	20
	17	鴻	기러기 홍수, 성할	水	16	火	19		22	鑊	가마 큰솥	金	22	金	23
화 (土)	04	火	불, 화재 태양, 동행	火	4	火	4	환 (土)	03	丸	알 탄알	丶	3	土	6
	04	化	화할, 변화 교화	人	4	火	6		09	奐	클, 빛날 성대할	大	9	木	12
	05	禾	벼, 곡식 줄기	禾	5	木	5		09	紈	맺을 흰비단	糸	9	木	14
	08	和	온순할 화목, 화해	口	8	水	9		10	桓	굳셀, 클 머뭇거릴	木	10	木	11
	10	花	꽃, 비녀 기생, 비용	艸	8	木	10		11	晥	밝을, 환할 땅이름	日	11	火	15
	10	俰	화할 뜻이맞을	人	10	火	11		12	喚	부를, 소환 외칠, 울	口	12	水	16
	11	貨	재화, 팔 뇌물줄	貝	11	金	14		12	睆	가득찰 밝을, 주시	目	12	木	16
	12	畫	그림 그릴	田	12	土	14		13	換	바꿀, 고칠 방자, 교환	手	12	木	16
	13	畵	畫(12)속자 그림, 그릴	田	13	土	16		13	渙	찬란할 흩어질	水	12	水	15
	13	話	말씀, 대패 이야기	言	13	金	15		13	煥	빛날, 불빛 문채, 선명	火	13	火	16

음	획수	한자	뜻	부수	실획	자원	곡획	음	획수	한자	뜻	부수	실획	자원	곡획
환 (土)	16	圜	두를 에워쌀	口	16	水	20	황 (土)	13	煌	빛날, 성할 불빛, 불안	火	13	火	14
	18	環	고리, 둘레 옥, 선회	玉	17	金	20		13	幌	휘장 방장	巾	13	木	18
	20	還	돌아올 갚을	辵	17	土	20		13	湟	성지, 빠질 해자	水	12	水	13
	21	鐶	고리, 반지 귀걸이	金	21	金	24		13	楻	깃대	木	13	木	14
	22	歡	기뻐할 사랑, 좋을	欠	22	金	25		14	滉	깊을 물깊고넓을	水	13	水	16
	22	懽	기뻐할 맞을, 합당	心	21	火	24		14	熀	이글거릴 밝은 모양	火	14	火	17
	28	驩	기뻐할, 말 관찰, 환심	馬	28	火	32		14	愰	밝을 영리할	心	13	火	16
활 (土)	10	活	살, 생존 소생, 응용	水	9	水	10		14	瑝	옥소리 종소리	玉	13	金	14
	18	闊	闊(12)속자 넓을, 거칠	門	17	木	21		16	潢	은하수 웅덩이	水	15	水	16
	17	豁	뚫린 골 소통, 클	谷	17	水	20		17	璜	패옥 옥소리	玉	16	金	17
	18	濶	闊(17)속자 넓을, 거칠	水	17	水	21		17	隍	해자 산골짜기	阜	12	土	15
황 (土)	09	皇	임금, 클 엄숙할	白	9	金	10		18	鍠	종소리 방울	金	18	金	21
	09	況	상황, 모양 하물며	水	9	水	11	회 (土)	06	回	돌아올 피할, 횟수	口	6	水	8
	10	晃	밝을, 빛날	日	10	火	13		06	会	會(13)속자 모일, 기회	人	6	木	7
	10	晄	晃(10)동자 밝을, 빛날	日	10	火	13		09	廻	돌 피할	廴	9	水	13
	10	恍	황홀할 멍할	心	9	火	11		10	恢	넓을 넓힐	心	9	火	9
	11	凰	봉새 봉황새	几	11	木	14		11	悔	뉘우칠 과오, 깔봄	心	10	火	13
	12	黃	누를, 황금 늙은이	黃	12	土	13		12	淮	강이름 고르게할	水	11	水	11
	12	堭	당집, 대궐 전각	土	12	土	13		12	絵	繪(19)속자 그림, 채색	糸	12	木	15
	12	媓	이름 여자이름	女	12	土	14		13	會	모일 기회	日	13	木	15

음	획수	한자	뜻	부수	실획	자원	곡획	음	획수	한자	뜻	부수	실획	자원	곡획
회 (土)	13	賄	재물, 뇌물 예물, 선물	貝	13	金	16	효 (土)	12	傚	본받을 가르칠	人	12	火	12
	14	誨	가르칠 유인, 회개	言	14	金	18		14	酵	삭힐, 발효 술괴일	酉	14	金	18
	17	檜	노송나무 전나무	木	17	木	19		15	皛	흴 밝을	白	15	火	18
	17	澮	붓도랑 밭도랑	水	16	水	18		16	曉	새벽 밝을	日	16	火	19
	19	繪	그림 채색	糸	19	木	23		20	斅	가르칠	攴	20	金	25
	20	懷	품을, 임신 생각, 위로	心	19	火	21		22	驍	굳셀 날랠	馬	22	火	26
획 (土)	08	画	분할, 고를 계획,설계	田	8	火	10	후 (土)	06	后	황후, 임금 신령	口	6	水	7
	14	劃	쪼갤 그을	刀	14	金	17		07	吼	울 아우성칠	口	7	水	12
	18	獲	얻을 맞힐	犬	17	土	19		09	後	뒤, 뒤질 미룰, 왕후	彳	9	火	12
횡 (土)	09	宖	집울릴	宀	8	木	14		09	侯	제후, 후작 오직, 임금	人	9	火	10
	12	鈜	쇳소리	金	12	金	13		09	厚	두터울 클	厂	9	土	12
	20	鐄	쇠북 소리	金	20	金	21		09	垕	厚(9)고자 두터울, 클	土	9	土	10
효 (土)	04	爻	사귈, 변할 육효, 말소	爻	4	火	4		09	芋	클	艸	7	木	8
	07	孝	효도, 상복 섬길, 제사	子	7	水	9		10	候	철, 염탐할 기후, 물을	人	10	火	11
	08	効	効(10)동자 본받을, 힘쓸	力	8	金	10		11	珝	옥이름	玉	10	金	14
	10	效	본받을 힘쓸	攵	10	金	10		12	帿	제후, 임금 후작, 과녁	巾	12	木	15
	10	虓	범이울 포효할	虍	10	木	18		12	堠	봉화대 이정표	土	12	土	13
	11	涍	물가 물이름	水	10	水	12		13	逅	만날	辵	10	土	12
	11	婋	재치있을 영리할	女	11	土	16		13	詡	자랑할 클, 두루	言	13	金	18
	12	窙	탁트일 높은 기운	穴	12	水	17	훈	10	訓	가르칠 새길, 따를	言	10	金	11

음	획수	한자	뜻	부수	실획	자원	곡획	음	획수	한자	뜻	부수	실획	자원	곡획
훈(土)	12	勛	勳(16)동자 공, 공적	力	12	火	16	훤	15	萱	원추리 망우초	艸	13	木	15
	13	暈	무리 달무리	日	13	火	16	훼(土)	05	卉	卉(6)속자 풀, 초목	十	5	木	5
	13	塤	壎(17)동자 질나팔	土	13	土	15		06	卉	풀 초목	十	6	木	6
	13	熏	熏(14)약자 연기, 태울	火	13	火	14		09	芔	풀, 초목 많을	艸	9	木	12
	14	熏	연기 태울	火	14	火	15		17	燬	불 화재	火	17	火	21
	15	勳	勳(16)속자 공, 공적	力	15	火	18	휘(土)	13	揮	휘두를 지휘, 표기	手	12	木	15
	16	勳	공 공적	力	16	火	19		13	彙	무리, 성할 고슴도치	彐	13	火	17
	17	壎	질나팔	土	17	土	18		13	暉	빛날, 빛 광채, 금휘	日	13	火	16
	18	曛	석양빛 황혼 무렵	日	18	火	20		13	煇	빛날, 빛 햇무리	火	13	火	15
	19	薰	향풀 향기	艸	17	木	18		13	煒	빛날 빛	火	13	火	16
	20	纁	분홍빛 분홍비단	糸	20	木	23		15	輝	빛, 빛날 아침햇빛	車	15	火	18
	20	薰	향기 교훈	艸	18	木	19		15	麾	지휘 대장기	麻	15	木	19
	22	蘍	薰(20)동자 향기, 교훈	艸	20	木	23		17	徽	아름다울 훌륭할, 표기	彳	17	火	20
	22	鑂	금빛투색할 금빛변할	金	22	金	23	휴(土)	06	休	쉴, 휴가 좋을	人	6	火	6
훌	12	欻	문득, 재빠른 일어날	欠	12	金	13		09	庥	그늘, 쉴 나무그늘	广	9	木	9
훙	19	薨	훙서 죽을	艸	17	木	20		10	烋	아름다울 기세 좋을	火	10	火	10
훤(土)	10	烜	빛날, 밝을 마를	火	10	火	11		11	畦	지경 밭두둑	田	11	土	12
	13	暄	따뜻할 온난할	日	13	火	16		14	携	이끌 자질	手	13	木	18
	13	煊	마를,건조 밝을,빛날	火	13	火	15	휼(土)	08	卹	가엾을 진휼, 정제	卩	8	火	11
	13	愃	너그러울 잊을	心	12	火	14		10	恤	근심할 동정할	心	9	火	10

음	획수	한자	뜻	부수	실획	자원	곡획	음	획수	한자	뜻	부수	실획	자원	곡획
휼	23	鷸	물총새 도요새	鳥	23	火	33	흡	12	翖	합할	羽	12	火	17
흉 (土)	10	洶	물소리 물살세찰	水	9	水	12	흥	15	興	일어날 기뻐할	臼	15	土	19
	12	胸	가슴 마음	肉	10	水	15		07	希	바랄, 희망 성길, 드물	巾	7	木	9
흑	12	黑	검을, 돼지 어두울	黑	12	水	13		09	姬	아씨 첩	女	9	土	13
흔 (土)	08	欣	기뻐할 기쁨	欠	8	火	9		09	姫	姬(9)속자 아씨, 첩	女	9	土	12
	08	炘	화끈거릴 뜨거울	火	8	火	8		11	晞	마를 밝을	日	11	火	14
	08	昕	새벽	日	8	火	9		11	烯	밝을 마를	火	11	火	13
	08	忻	기뻐할 계발할	心	7	火	7		12	喜	기쁠 좋아할	口	12	水	14
	12	掀	치켜들 높이들	手	11	木	13		12	稀	드물 묽을	禾	12	木	14
흘 (土)	05	仡	날랠, 높을 씩씩할	人	5	火	8		13	熙	빛날 넓을	火	13	火	19
	06	屹	우뚝솟을 확고할	山	6	土	10		13	熈	熙(13)동자 빛날, 넓을	火	13	火	19
	09	紇	실끝 명주실	糸	9	木	14	희 (土)	14	熙	熙(14)속자 빛날, 넓을	火	14	火	19
	10	訖	미칠, 이를 거문고	言	10	金	14		14	僖	기쁠 좋아할	人	14	火	16
흠 (土)	12	欽	공경할 부러워할	欠	12	金	13		15	嬉	놀 즐길	女	15	土	18
	13	歆	흠향, 대전 탐낼, 제물	欠	13	金	15		15	凞	화할 빛날	冫	15	水	20
	24	鑫	기쁠, 흥성 사람 이름	金	24	金	24		06	樍	나무이름	木	16	木	18
흡 (土)	07	吸	숨들이쉴 마실	口	7	水	10		16	羲	복희씨 사람 이름	羊	16	土	20
	10	洽	두루미칠 화목할	水	9	水	10		16	熺	熹(16)동자 성할, 밝을	火	16	火	18
	10	恰	흡사, 융화 마치, 꼭	心	9	火	10		16	熹	성할 밝을	火	16	火	18
	12	翕	합할 모을	羽	12	火	17		16	憙	기뻐할 좋아할	火	16	火	19

음	획수	한자	뜻	부수	실획	자원	곡획
희 (土)	16	憙	기쁠, 사랑 행복, 즐길	火	15	火	17
	16	暿	빛날, 성할 환할, 구울	日	16	火	19
	17	禧	복, 행복 경사, 길상	示	17	木	19
	17	嬉	여자이름	女	17	土	22
	20	爔	불, 불빛 햇빛	火	20	火	24
	20	曦	햇빛, 일광 빛날	日	20	火	25
	22	囍	쌍희, 기쁠 한국자	口	22	水	26
힐 (土)	13	詰	물을, 금지 꾸짖을	言	13	金	15
	15	頡	목덜미 날아올라갈	頁	15	火	17
	18	黠	약을, 영리 교활할	黑	18	水	20

제3부. 실용 인명한자
원획부(原劃部, 123 순)

일러두기

1. 대법원선정인명용한자 8,142자(2015. 1. 1. 시행) 중 한자의 뜻(의미意味)과 자형(字形) 등으로 이름(성명姓名)에 부적합(不適合)할 수 있고, 그 사용이 극미(極微)할 수 밖에 없는 한자(3,892자)를 제외(除外)한 한자 4,250를 나름대로 수록(收錄)하였다. 이는 실제 이름에서 쓰일만한 그나마 실용적인 한자들이다. 물론 인명용한자 전체 8,142자는 제 1부 인명용한자표의 원획까지 기재된 개별 한자를 사용하면 된다.

2. 1 2 3 원획수(原劃數) 순으로 배열한 다음 가나다 음가(音價)순으로 배열하였다. 각기 "획수"아래 ( )안에는 획수별 수리오행(數理五行)을 1, 2획은木 2, 4획은火 5, 6획은土 7, 8획은金 9, 10획은水로 기재하였다.

3. 첫머리 "획수"는 1~30 숫자로 원획(原劃, 본부수획本部首劃)이다. 원획은 성명(姓名)에 사용하는 획수로 실획(實劃, 약부수획略部首劃)과 다름에 유의(留意)한다. 또 옥편(玉篇)으로 이용할 때에도 마찬가지다.

4. 동·속자(同俗字) 등은 "뜻"란에 동·속자임과 본자(本字)의 원획수를 ( )에 기재하였다.

5. "뜻" 다음 칸 옆으로 "부수"는 한자 색인(索引)으로 쓰이는 부수(部首)이다. "실획"은 한자의 실획(實劃, 정획正劃, 필획筆劃, 약부수획略部首劃)이다. 일부 한자는 부수에 따라 원획과 1~5획의 차이가 난다. 예를 들면 氵삼수변의 洙(물가 수)의 경우 원획은 10인데 실획은 9이다. 실획은 주역(周易)에서 작괘(作卦)할 때 등 구별 사용된다.

6. "자원"은 한자의 자원오행(字源五行)이다. 자원오행은 원래 글자의 원천인 역리오행(易理五行)을 말하는데 이름 작명에 사주 용신(用神)을 반영하여 선천국합국(先天局合局)에 활용된다.

7. "곡획"은 한자의 곡획(曲劃)이다. 곡획은 한자의 구부러진 획을 말하는데, 예를 들면 새을乙은 원획 "1"인데 곡획은 "4"이고, 길도道는 원획 "16" 실획 "13" 곡획 "15"이다. 곡획은 주역에서 작괘(作卦)할 때 등 원획, 실획과 구별 사용된다.

획수	음	한자	뜻	부수	실획	자원	곡획
1 (木)	을	乙	새, 제비 생선 창자	乙	1	木	4
	일	一	한, 모두 하나, 만약	一	1	木	1
2 (木)	내	乃	이에, 아무 접때, 곧	丿	2	金	6
	도	刀	칼, 화폐 거룻배	刀	2	金	4
	력	力	힘 힘쓸	力	2	土	4
	료	了	마칠 똑똑할	亅	2	金	4
	우	又	또, 더욱 용서할	又	2	水	3
	이	二	두, 두마음 버금, 둘째	二	2	木	2
	인	人	사람, 남자 백성, 인격	人	2	火	2
	입	入	들, 수입 투신, 섬길	入	2	木	3
	정	丁	고무래 일꾼, 장정	一	2	火	3
3 (火)	간	干	방패 천간	干	3	木	3
	건	巾	수건 덮을	巾	3	木	5
	공	工	장인 교묘할	工	3	火	3
	구	口	입 인구	口	3	水	4
	구	久	오랠 기다릴	丿	3	水	4
	궁	弓	활 궁형	弓	3	火	7
	기	己	몸 자기	己	3	土	6
	녀	女	계집, 딸 처녀, 여자	女	3	土	4
	대	大	큰, 존귀한 중요한	大	3	木	3

획수	음	한자	뜻	부수	실획	자원	곡획
3 (火)	만	万	萬(15)동자 일만, 만무	一	3	木	5
	범	凡	무릇 범상할	几	3	水	6
	사	士	선비, 관리 직무, 칭호	士	3	水	3
	산	山	뫼, 산, 능 산신, 사찰	山	3	土	4
	삼	三	석, 셋 자주, 거듭	一	3	火	3
	상	上	위, 이전 군주, 오를	一	3	木	3
	석	夕	저녁 밤	夕	3	水	4
	올	兀	우뚝할 위태로울	儿	3	土	5
	입	廿	廾(4)동자 스물, 이십	十	3	水	3
	자	子	아들, 사람 경칭, 번식	子	3	水	5
	장	丈	어른 길이	一	3	木	3
	천	川	내, 물귀신 굴, 들판	川	3	水	3
	천	千	일천 천번	十	3	水	3
	토	土	흙, 육지 국토, 고향	土	3	土	3
	하	下	아래 내릴	一	3	水	3
	환	丸	알 탄알	丶	3	土	6
4 (火)	개	介	끼일 도울	人	4	火	4
	공	公	공변될 존칭, 관청	八	4	金	6
	공	孔	공, 공로 매우, 클	子	4	水	8
	구	勾	굽을, 갈고리 잡을	口	4	金	7

획수	음	한자	뜻	부수	실획	자원	곡획	획수	음	한자	뜻	부수	실획	자원	곡획
4 (火)	균	匀	적을 고를	勹	4	金	6	4 (火)	소	少	젊을, 적을 부족, 경멸	小	4	水	5
	근	斤	도끼	斤	4	金	4		수	水	물, 수성 액체, 홍수	水	4	水	6
	금	今	이제 바로	人	4	火	5		수	手	손, 재주 가락, 계략	手	4	木	5
	급	及	미칠 이를	又	4	水	6		승	升	되, 오를 천거할	十	4	木	4
	내	內	안 들일	入	4	木	7		심	心	마음, 염통 가운데	心	4	火	5
	단	丹	붉을 주사	丶	4	火	6		십	什	열, 십 열사람	人	4	火	4
	두	斗	말, 구기 별이름	斗	4	火	4		쌍	双	雙(18)속자 둘, 쌍, 짝수	又	4	水	6
	둔	屯	진칠 언덕	屮	4	木	7		씨	氏	씨, 성씨 존칭, 호칭	氏	4	火	6
	란	丹	붉을 정성	丶	4	火	6		아	牙	어금니 대장기	牙	4	金	6
	모	毛	털 모피	毛	4	火	6		엔	円	화폐 단위	冂	4	土	6
	목	木	나무, 목재 목재기구	木	4	木	4		여	予	나, 줄, 팔 승인, 용서	亅	4	金	7
	문	文	글월, 법도 문서, 서적	文	4	木	4		오	午	낮, 정오 다섯, 교착	十	4	火	4
	물	勿	말, 없을 근심할	勹	4	金	6		왈	曰	가로되 이에이를	曰	4	火	5
	방	方	모, 본뜰 방향, 방법	方	4	土	6		왕	王	임금, 으뜸 왕성, 갈	玉	4	金	4
	변	卞	법, 법도 성급할	卜	4	土	4		우	牛	소, 별이름 희생, 고집	牛	4	土	4
	부	夫	지아비 사내	大	4	木	4		우	友	벗, 우애 사랑, 순종	又	4	水	5
	분	分	나눌 분명할	刀	4	金	6		우	尤	더욱, 으뜸 허물, 원한	尢	4	土	6
	비	比	견줄, 도울 친할	比	4	火	7		운	云	이를, 구름 운행, 하늘	二	4	水	5
	사	四	넷, 너 사방	囗	5	水	7		울	兀	땅이름 음역자	乙	4	木	8
	삽	卅	서른 삼십	十	4	水	4		원	元	으뜸 근원	儿	4	木	6

획수	음	한자	뜻	부수	실획	자원	곡획	획수	음	한자	뜻	부수	실획	자원	곡획
4 (火)	월	月	달, 세월 광음, 달빛	月	4	水	6	4 (火)	태	太	클, 심할 처음, 매우	大	4	木	4
	윤	尹	다스릴 벼슬, 믿음	尸	4	水	5		편	片	조각, 한쪽 명함, 꽃잎	片	4	木	5
	윤	允	진실로, 만 믿음, 아첨	儿	4	土	7		필	匹	짝, 필, 벗 맞수, 혼자	匚	4	水	7
	인	引	끌, 인도 천거, 당길	弓	4	火	8		항	亢	굳셀, 막을 거만할	亠	4	水	7
	인	仁	어질 사랑	人	4	火	4		호	互	서로 번갈아들	二	4	水	6
	일	日	날, 해, 낮 태양, 햇빛	日	4	火	5		호	戶	집 지게	戶	4	木	5
	임	壬	북방, 간사 아첨, 성대	士	4	水	4		화	火	불, 화재 태양, 동행	火	4	火	4
	감	廿	스물 이십	十	4	水	4		화	化	화할, 변화 교화	人	4	火	6
	잉	仍	인할, 슬픔 거듭, 따를	人	4	火	8		효	爻	사귈, 변할 육효, 말소	爻	4	火	4
	재	才	재주, 재능 바탕, 결단	手	3	木	4	5 (土)	가	加	더할 베풀	力	5	水	8
	절	切	벨, 간절히 절박할	刀	4	金	8		가	可	옳을 허락할	口	5	水	7
	정	井	우물, 정전 마을	二	4	水	4		간	刊	책 펴낼 새길	刀	5	金	6
	중	中	가운데, 속 마음, 장부	丨	4	土	5		감	甘	달 느슨할	甘	5	土	5
	지	支	지탱할 가지, 계산	支	4	土	5		갑	甲	갑옷, 껍질 첫째 손톱	田	5	木	6
	지	止	그칠 머무를	止	4	土	4		거	去	갈 버릴	厶	5	水	6
	척	尺	자 길이	尸	4	木	5		거	巨	클 많을	工	5	火	6
	천	天	하늘, 자연 하느님, 운명	大	4	火	4		고	叩	두드릴 조아릴	口	5	水	8
	축	丑	소, 수갑 둘째지지	一	4	土	5		고	古	옛, 선조 우선	口	5	水	6
	측	仄	기울 우뚝 솟을	人	4	火	4		공	功	공, 공로 공치사	力	5	木	7
	쾌	夬	터놓을 결정, 쾌쾌	大	4	木	5		과	瓜	오이 참외	瓜	5	木	6

획수	음	한자	뜻	부수	실획	자원	곡획	획수	음	한자	뜻	부수	실획	자원	곡획
	광	広	廣(15)속자 넓을, 널리	广	5	木	6		배	北	달아날 북녘	匕	5	水	7
	구	丘	언덕 무덤	一	5	土	6		백	白	흰 깨끗할	白	5	金	6
	구	句	글귀 굽을	勹	5	水	8		변	弁	고를 빠를	廾	5	木	6
	귀	句	구절 굽을	口	5	水	8		병	丙	남녘, 불 사물의등급	一	5	火	7
	단	旦	아침 밝은	日	5	火	6		본	本	근본, 뿌리 마음, 본성	木	5	木	5
	대	代	대신할 시대	人	5	火	6		부	付	줄 부탁할	人	5	火	6
	동	仝	同(6)고자 한가지, 무리	人	5	火	5		북	北	북녘, 북쪽 북쪽으로 갈	匕	5	水	7
	동	冬	겨울 겨울지낼	冫	5	水	6		비	丕	클 으뜸	一	5	水	5
	둘	乥	둘 음역자	乙	5	火	8		병	氷	얼음 얼	水	5	水	7
5 (土)	령	令	법령, 규칙 하여금	人	5	火	7	5 (土)	사	司	맡을, 벼슬 관아	口	5	水	8
	립	立	설 세울	立	5	金	5		사	仕	벼슬 섬길	人	5	火	5
	명	皿	그릇, 접시 그릇덮개	皿	5	金	6		사	史	사기 사관	口	5	水	6
	모	母	어미, 할미 모체, 근본	毋	5	土	8		생	生	날 목숨	生	5	木	5
	모	矛	창 세모진창	矛	5	金	8		석	石	돌, 녹봉 섬, 비석	石	5	金	6
	목	目	눈, 시력 조목, 제목	目	5	木	6		선	仙	신선, 선교 신선될	人	5	火	6
	묘	卯	토끼, 기한 넷째지지	卩	5	木	8		세	世	인간, 평생 세대, 세상	一	5	火	6
	무	戊	천간, 창 무성할	戈	5	土	6		소	召	부를, 아릴 청할	口	5	水	8
	미	未	아닐, 미래 장차	木	5	木	5		승	永	이을, 받들 장가들	水	5	水	8
	민	民	백성, 사람 직업인, 나	氏	5	火	8		시	示	보일, 간주 고시, 명령	示	5	木	6
	반	半	반 가운데	十	5	土	5		실	矢	화살, 곧을 대변, 시행	矢	5	金	5

획수	음	한자	뜻	부수	실획	자원	곡획	획수	음	한자	뜻	부수	실획	자원	곡획
5 (土)	시	市	저자, 장사 가격, 시가	巾	5	木	7	5 (土)	찰	扎	뺄, 쪽지 구출할	手	4	木	7
	신	申	납, 펼 거듭, 아뢸	田	5	金	6		책	冊	册(5)동자 책, 칙서	冂	5	木	7
	앙	央	가운데 넓을	大	5	土	6		책	册	책 칙서	冂	5	木	9
	영	永	길, 깊을 깊게할	水	5	水	8		척	斥	물리칠 가르킬	斤	5	金	5
	오	五	다섯, 오행 제위	二	4	土	5		천	仟	일천 무성할	人	5	火	5
	옥	玉	구슬, 옥 임금, 소중	玉	5	金	5		출	朮	차주 삽주	木	5	木	7
	와	瓦	기와 질그릇	瓦	5	土	8		출	出	날, 추방 꿰어날	凵	5	土	7
	외	外	밖, 외국 외댈	夕	5	火	6		태	台	별이름 지명, 태풍	口	5	水	7
	용	宂	무익 여가	宀	5	木	8		팔	叭	나팔 입법릴	口	5	水	6
	용	用	쓸, 등용 시행, 베풀	用	5	水	7		평	平	평상, 화친 평평할	干	5	木	5
	우	右	오른, 우익 숭상, 서쪽	口	5	水	6		포	布	배, 펼, 돈 베풀, 조세	巾	5	木	7
	유	幼	어릴 어릴때	幺	5	火	9		포	包	쌀 꾸러미	勹	5	金	10
	유	由	말미암을 쫓을, 까닭	田	5	木	6		피	皮	가죽 껍질	皮	5	金	7
	자	仔	자세할 견딜, 새끼	人	5	火	7		필	必	반드시 오로지	心	5	火	6
	전	田	밭, 봉토 사냥, 농사	田	5	木	6		현	玄	검을 오묘할	玄	5	火	7
	점	占	점칠 물을	卜	5	火	6		혈	穴	움 구멍	穴	5	水	7
	정	正	바를, 정당 정직, 결정	止	5	土	5		형	兄	맏, 형, 벗 친척, 뛰어날	儿	5	木	8
	좌	左	왼, 그를 증거	工	5	火	5		호	号	號(13)약자 이름, 차례	口	5	水	9
	주	主	주인, 등불 주장할	丶	5	木	5		홍	弘	넓을, 클 활소리	弓	5	火	10
	찰	札	패 편지	木	5	木	7		화	禾	벼, 곡식 줄기	禾	5	木	5

획수	음	한자	뜻	부수	실획	자원	곡획	획수	음	한자	뜻	부수	실획	자원	곡획
5 (土)	훼	卉	芔(6)속자 풀, 초목	十	5	木	5		기	伎	재주 기생	人	6	火	7
	흘	仡	날랠, 높을 씩씩할	人	5	火	8		길	吉	길할 상서로울	口	6	水	7
6 (土)	각	各	각각 서로	口	6	水	8	6 (土)	년	年	해 나이	干	6	木	6
	간	艮	머무를 간괘	艮	6	土	8		다	多	많을 뛰어날	夕	6	水	8
	갈	乫	땅이름	乙	6	土	12		다	夛	多(6)속자 많을, 뛰어날	夕	6	水	8
	개	价	착할 클	人	6	火	6		댁	宅	댁, 집 대지	宀	6	木	8
	건	件	사건 구분할	人	6	火	6		돌	乭	돌, 아이 이름, 음역자	石	6	金	10
	걸	乬	걸, 매달을 걸어둘, 음역자	乙	6	火	10		동	同	한가지 무리	口	6	水	9
	곡	曲	굽을 가락	日	6	土	7		렬	列	줄지울 벌릴	刀	6	金	8
	공	共	함께 공경할	八	6	金	6		례	礼	禮(18)고자 예도, 예절	示	6	木	8
	광	匡	바를 구원할	匚	6	土	7		로	老	늙을 어른	老	6	土	8
	광	光	빛 빛낼	儿	6	火	8		뢰	耒	쟁기 쟁기자루	耒	6	木	6
	교	交	사귈 섞일	亠	6	火	6		륙	六	여섯 여섯 번	八	4	土	4
	궤	机	책상 나무이름	木	6	木	9		리	吏	아전 벼슬아치	口	6	水	7
	규	圭	홀, 서옥 저울눈	土	6	土	6		만	卍	만자 길상의표시	十	6	火	6
	근	劤	힘 셀 강할	力	6	金	8		명	名	이름 이름날	口	6	水	8
	글	劼	뜻, 힘있는 지친모양	力	6	土	11		모	牟	보리, 제기 소우는 소리	牛	6	土	7
	급	伋	속일 생각할	人	6	火	8		미	米	쌀 미터	米	6	木	6
	긍	亘	건얼 뻗침	二	6	火	7		박	朴	순박할 나무껍질	木	6	木	6
	기	企	도모할 발돋음할	人	6	火	6		백	百	립백 백번	白	6	水	7

획수	음	한자	뜻	부수	실획	자원	곡획	획수	음	한자	뜻	부수	실획	자원	곡획
6 (土)	벌	伐	칠, 벨 자랑할	人	6	火	7	6 (土)	앙	仰	우러러볼 높을	人	6	火	9
	범	氾	넘칠 넘을	水	5	水	9		양	羊	양, 배회할 상서로울	羊	6	土	6
	범	帆	돛 돛달	巾	6	木	11		여	如	같을, 대항 어조사	女	6	土	8
	복	伏	엎드릴 숨을	人	6	火	6		오	伍	다섯사람 대오, 동반자	人	6	火	7
	부	缶	장군, 양병 질장구	缶	6	土	7		우	羽	깃, 새 살깃, 부채	羽	6	火	10
	비	妃	왕비, 아내 여신	女	6	土	10		우	宇	집, 하늘 천하, 도량	宀	6	木	8
	사	糸	실, 견사 가는실	糸	6	木	8		우	圩	둑 우묵할	土	6	土	7
	사	寺	절 사찰	寸	6	木	7		욱	旭	아침 해 해뜰, 만족	日	6	火	17
	색	色	빛, 색채 낯, 색정	色	6	土	10		유	有	있을 가질	月	6	水	8
	서	西	서녘 서양	襾	6	金	8		율	聿	붓, 몸소 마침내	聿	6	火	7
	선	先	먼저, 처음 선구, 조상	儿	6	木	8		을	圪	우뚝할	土	6	土	9
	수	守	지킬, 직책 임무	宀	6	木	8		의	衣	옷 입을	衣	6	木	7
	수	收	거둘, 잡을 가질	攵	6	金	7		이	耳	귀, 들을 뿐, 성할	耳	6	火	6
	순	旬	열흘, 두루 열번, 십년	日	6	火	9		이	伊	저, 그, 또 이리하여	人	6	火	7
	술	戌	개, 온기 정성	戈	6	土	7		인	因	인할, 원인 의지, 부탁	囗	6	水	7
	승	丞	정승, 받들 도울, 잡길	一	6	木	9		인	印	도장, 관직 찍을, 인상	卩	6	木	8
	식	式	법, 의식 삼갈	弋	6	金	7		임	任	맡길, 맞을 능할, 임신	人	6	火	6
	신	臣	신하, 백성 하인, 포로	臣	6	火	8		자	自	스스로 모소, 자기	自	6	木	7
	안	安	편안, 안존 좋아할	宀	6	木	8		자	字	글자, 낳을 정혼할	宀	6	木	9
	알	穵	구멍 구멍뚫을	穴	6	水	12		장	庄	莊(13)속자 씩씩할, 전장	广	6	木	6

획수	음	한자	뜻	부수	실획	자원	곡획
6 (土)	재	在	있을 살필	土	6	土	6
	재	再	두번 두번할	冂	6	木	8
	전	全	온전할 모두, 낮을	入	6	土	7
	정	汀	물가 모래섬	水	5	水	6
	정	灯	열화 맹렬한 불	火	6	火	7
	정	杅	칠, 쐐기 도리깨	木	6	木	7
	조	早	새벽 이를	日	6	火	7
	조	兆	조, 조짐 뫼	儿	6	火	8
	존	存	있을 보존할	子	6	水	8
	주	舟	배, 선박 배타고건널	舟	6	木	8
	주	朱	붉을, 화장 연지, 주목	木	6	木	6
	주	州	고을, 섬 나라, 모일	巛	6	水	6
	죽	竹	대, 대쪽 피리, 죽간	竹	6	木	7
	중	仲	버금, 둘째 가운데, 중간	人	6	火	7
	지	旨	맛, 조서 뜻, 성지	日	6	火	9
	지	地	땅, 처지 장소, 논밭	土	6	土	10
	지	至	이를 동지	至	6	土	7
	진	尽	盡(14)속자 다할, 극치	尸	6	金	7
	차	次	버금, 차례 장소, 위계	欠	6	火	7
	첨	尖	뽀족할 작을	小	6	金	7

획수	음	한자	뜻	부수	실획	자원	곡획
6 (土)	초	艸	草(12)고자 풀, 거칠	艸	6	木	8
	충	充	찰, 막을 살찔	儿	6	木	9
	충	冲	沖(8)동자 화할, 상충	冫	6	水	7
	택	宅	집, 무덤 임용, 안정	宀	6	木	9
	팔	汎	물결소리	水	5	水	5
	합	合	합할 모일	口	6	水	7
	행	行	항렬 걸을	行	6	火	7
	항	伉	까, 부부 강직, 저항	人	6	火	9
	해	亥	돼지, 해 강건할	亠	6	水	7
	행	行	다닐, 행할 유행, 장사	行	6	火	7
	향	向	향방 향할	口	6	水	9
	형	刑	형벌, 죽일 제어, 모범	刀	6	金	7
	호	好	좋을, 정분 아름다울	女	6	土	9
	회	回	돌아올 피할, 횟수	口	6	水	8
	회	会	會(13)속자 모일, 기회	人	6	木	7
	후	后	황후, 임금 신령	口	6	水	7
	훼	卉	풀 초목	十	6	木	6
	휴	休	쉴, 휴가 좋을	人	6	火	6
	흘	屹	우뚝솟을 확고할	山	6	土	10
7	각	角	뿔 견줄	角	7	木	10

획수	음	한자	뜻	부수	실획	자원	곡획	획수	음	한자	뜻	부수	실획	자원	곡획
	간	杆	나무이름 박달나무	木	7	木	7		구	究	연구할 궁구할	穴	7	水	12
	갑	匣	갑 작은상자	匚	7	木	9		구	灸	뜸 구을	火	7	火	8
	강	扛	들 멜	手	6	木	7		구	求	구할 탐할	水	7	水	8
	강	杠	다리 깃대	木	7	木	7		국	局	판 사태	尸	7	木	11
	강	江	강 큰내 별이름	水	6	水	6		군	君	임금 남편	口	7	水	9
	개	改	고칠 고쳐질	攴	7	金	10		균	均	고를 평평할	土	7	土	9
	갱	更	다시, 더욱 반대로	曰	7	火	8		극	克	이길, 참을 능할	儿	7	木	10
	거	車	수레 그물	車	7	火	8		기	圻	서울지경 언덕	土	7	土	7
	겁	劫	위협할 겁탈, 무한	力	7	水	10		기	杞	소태나무 나무이름	木	7	木	10
7 (金)	견	見	볼 견해	見	7	火	10	7 (金)	기	岐	산이름 갈림길	山	7	土	10
	경	冏	빛날 밝을	冂	7	火	11		남	男	사내, 아들 장정, 남자	田	7	土	10
	경	更	바꿀 고칠	曰	7	金	8		노	努	힘쓸 힘들일	力	7	土	11
	계	系	실, 핏줄 실마리	糸	7	木	9		눌	吶	말더듬을 과묵할	口	7	水	10
	계	戒	경계할 고할	戈	7	金	8		단	但	다만 단지	人	7	火	8
	고	估	값, 팔 값놓을	人	7	火	8		담	坍	무너질 물이언덕칠	土	7	土	9
	고	告	고할 물을	口	7	水	8		대	旲	햇빛 날빛	日	7	火	8
	곡	谷	곡 막힐	谷	7	水	8		동	彤	붉을 붉게칠할	彡	7	火	9
	공	攻	칠 다스릴	攴	7	金	7		두	杜	막을 팥배나무	木	7	木	7
	곶	串	곳 익힐	丨	7	金	9		두	豆	콩 제기이름	豆	7	木	8
	굉	宏	클 넓을	宀	7	木	9		란	卵	알 기를	卩	7	水	10

획수	음	한자	뜻	부수	실획	자원	곡획	획수	음	한자	뜻	부수	실획	자원	곡획
	래	来	來(8)속자 올, 미래	木	7	火	7		범	朹	뗏목 수부나무	木	7	木	10
	랭	冷	찰, 쓸쓸할 맑을	冫	7	水	9		범	汎	뜰 넓을	水	6	水	9
	량	良	어질 곧을	艮	7	土	9		변	釆	나눌 분별할	釆	7	火	7
	려	呂	풍류, 등뼈 법칙, 음률	口	7	水	9		별	別	나눌, 다를 이별, 구별	刀	7	金	11
	령	伶	영리할 악공	人	7	火	9		병	兵	병사, 군사 무기 전쟁	八	7	金	7
	리	利	이로울 날카로울	刀	7	金	8		보	甫	클, 많을 겨우, 자	用	7	水	9
	리	里	마을 헤아릴	里	7	土	8		보	步	걸을 보병	止	7	土	8
	이	李	오얏, 도리 다스릴	木	7	木	9		봉	夆	이끌, 만날 넉넉할	夂	7	水	8
	린	吝	탐할 아낄	口	7	水	8		분	吩	뿜을 명령할	口	7	水	10
7 (金)	망	忙	바쁠 빠를	心	6	火	7	7 (金)	불	佛	부처, 불교 불경, 불안한	人	7	火	11
	매	每	매양 마다	毋	7	土	10		비	庇	덮을 감쌀	广	7	木	10
	면	免	벗어날 면할	儿	7	木	12		사	私	사사, 가족 간통, 은혜	禾	7	木	8
	묘	妙	묘할 예쁠	女	7	土	9		사	伺	살필 엿 볼	人	7	火	10
	문	吻	입술 말투	口	7	水	10		삼	杉	삼나무 적삼	木	7	木	7
	미	尾	꼬리 끝	尸	7	水	10		상	床	밥상 평상	广	7	木	7
	반	伴	짝 모실	人	7	火	7		서	序	차례 서문	广	7	木	10
	방	彷	거닐 비슷할	彳	7	火	9		성	成	成(7)속자 이룰, 비대	戈	7	火	9
	방	坊	동네, 관청 별채, 집	土	7	土	9		성	成	이룰 비대	戈	7	火	9
	배	坏	언덕, 벽 담장	土	7	土	7		소	劭	힘쓸, 권할 아름다울	力	7	木	12
	백	伯	맏 큰아버지	人	7	火	8		소	卲	높을 뛰어날	卩	7	火	12

획수	음	한자	뜻	부수	실획	자원	곡획	획수	음	한자	뜻	부수	실획	자원	곡획
7 (金)	속	束	묶을, 단속 약속할	木	7	木	8	7 (金)	완	完	완전할 튼튼할	宀	7	木	10
	송	宋	성(姓)씨 송나라	宀	7	木	8		완	妧	좋을 고을	女	7	土	10
	수	寿	壽(14)속자 목숨, 수명	寸	7	木	8		완	岏	산높을 산봉우리	山	7	土	10
	수	秀	빼어날 이삭	禾	7	木	11		용	甬	길 물솟을	用	7	水	10
	순	巡	돌 순행할	巛	7	水	11		우	宋	雨(8)고자 비, 비올	水	7	水	10
	시	豕	돼지	豕	7	水	8		우	扦	당길 끌어당길	手	6	木	8
	신	身	몸, 줄기 자신, 출신	身	7	火	9		우	佑	도울, 도움 올릴, 진헌	人	7	火	8
	신	辛	매울, 고생 살생, 허물	辛	7	金	7		우	旰	클, 해뜰 해드는모양	日	7	火	9
	신	伸	펼, 누울 해명, 사뢸	人	7	火	8		운	枩	높을 클	大	7	木	8
	신	辰	때, 기회 별, 택일	辰	7	土	8		위	位	자리, 지위 왕위, 방위	人	7	火	7
	아	我	나, 우리 외고집	戈	7	金	9		유	酉	닭, 술 연못, 물댈	酉	7	金	9
	야	冶	대장간 주물	冫	7	水	9		유	攸	곳, 다릴 아득할	攴	7	金	7
	언	言	말씀 여쭐	言	7	金	8		은	圻	지경, 영토 전야	土	7	土	7
	여	余	나, 남을 여가, 다른	人	7	火	8		은	听	웃는 모양 따질	口	7	水	8
	여	汝	너 이름	水	6	水	7		음	吟	읊을, 탄식 노래, 취주	口	7	水	8
	연	延	끌, 미칠 늘일, 인도	廴	7	土	10		읍	邑	고을, 읍 도읍, 영지	邑	7	土	11
	영	姸	姸(9)속자 예쁠, 총명할	女	7	土	8		이	杝	나무이름 단목	木	7	木	11
	오	吳	오나라 큰소리할	口	7	水	10		인	牣	충만할 가득찰	牛	7	土	9
	오	吾	나, 우리 글읽는소리	口	7	水	9		인	忍	참을 잔인할	心	7	火	10
	올	杌	위태로울 걸상	木	7	木	9		자	孜	힘쓸 부지런할	子	7	水	9

획수	음	한자	뜻	부수	실획	자원	곡획	획수	음	한자	뜻	부수	실획	자원	곡획
7 (金)	작	灼	불사를 밝을, 성할	火	7	火	9	7 (金)	즉	即	卽(9)속자 곧, 나아갈	卩	7	水	11
	작	作	지을 일할	人	7	火	7		지	址	터	土	7	土	7
	잠	岑	봉우리 산작고높은	山	7	土	9		지	池	못, 연못 해자, 수로	水	6	水	10
	장	壯	장할 군셀	土	7	木	8		지	志	뜻, 적을 기억할	心	7	火	8
	재	材	재목 재주	木	7	木	8		진	辰	별, 수성 별이름	辰	7	土	8
	저	伫	기다릴 우두커니	人	7	火	9		차	車	수레, 잇몸 이틀	車	7	火	8
	적	赤	붉을, 빌 벌거벗을	赤	7	火	8		초	初	처음 시작	刀	7	金	10
	전	甸	경기, 경계 사냥할	田	7	火	10		촌	忖	헤아릴	心	6	火	7
	정	呈	나타낼 드릴	口	7	水	8		촌	村	마을 시골	木	7	木	8
	정	町	밭두둑 경계	田	7	土	9		취	吹	불 바람	口	7	水	9
	정	廷	조정, 관서 마을, 공정	廴	7	木	9		칠	七	일곱, 칠재 일곱 번	一	2	金	4
	정	姢	안존할 얌전할	女	7	土	8		타	妥	편안할 온당할	女	7	土	8
	정	玎	옥소리	玉	6	金	7		타	佗	다를, 더할 끌, 덮을	人	7	火	10
	제	弟	아우, 제자 순서, 공경	弓	7	水	11		탁	托	맡길, 받침 의지할	手	6	木	9
	조	助	도울, 원조 유익, 조세	力	7	土	10		탄	吞	삼킬 감출	口	7	水	8
	족	足	발, 엿볼 근본, 족할	足	7	土	8		태	兌	기뻐할 통할, 바꿀	儿	7	金	10
	좌	佐	도울, 보좌 속료, 권할	人	7	火	7		토	兎	免(9)속자 토끼, 달	儿	7	木	10
	좌	坐	앉을, 연루 지킬	土	7	土	7		등	佟	성(姓)씨 강이름	人	7	火	8
	주	走	달릴 달아날	走	7	火	7		특	忑	틀릴, 변할 의심 매우	心	7	火	9
	주	住	살, 머무를 그칠, 세울	人	7	火	7		파	妑	새앙머리 두갈래머리	女	7	土	11

획수	음	한자	뜻	부수	실획	자원	곡획	획수	음	한자	뜻	부수	실획	자원	곡획
7 (金)	판	坂	비탈 고개	土	7	土	8	8 (金)	가	佳	아름다울 좋을	人	8	火	8
	판	判	판단, 구별 한쪽, 활판	刀	7	金	8		각	刻	새길 모질	刀	8	金	10
	패	貝	조개, 돈 비단, 패할	貝	7	金	8		간	砛	그리워할 사모할	石	8	金	9
	포	佈	펼, 달릴 무서워할	人	7	火	9		간	玕	그리워할 사모할	玉	7	金	7
	표	杓	자루, 맬 당길	木	7	木	9		간	侃	강직할	人	8	火	11
	필	佖	점잖을 위엄스러울	人	7	火	8		갑	岬	산허리 산기슭	山	8	土	10
	하	呀	입벌릴 휑덩그렁할	口	7	水	10		강	矼	징검다리 돌다리	石	8	金	9
	하	岈	산골 휑할 산 깊을	山	7	土	10		강	玒	공옥강	玉	7	金	7
	함	含	머금을 품을	口	7	水	9		강	岡	산등성이	山	8	土	11
	행	杏	살구 은행	口	7	木	8		거	居	살 앉을	尸	8	木	10
	현	見	나타날 현재, 뵈올	見	7	火	10		걸	杰	傑(12)속자 준걸, 뛰어날	木	8	木	8
	협	夾	낄 부축할	大	7	木	7		결	抉	도려낼 들추어낼	手	7	木	9
	형	亨	형통할 통달	亠	7	土	10		결	決	결정할 끊을	水	7	水	8
	형	形	형상, 모양 형세, 이치	彡	7	火	7		경	庚	별, 천간 나이	广	8	金	9
	홀	囫	온전할 막연할	口	7	水	10		경	坰	들 교외	土	8	土	11
	홍	汞	수은	水	7	水	9		경	炅	빛날 밝을	火	8	火	9
	효	孝	효도, 상복 섬길, 제사	子	7	水	9		경	京	서울 클	亠	8	土	10
	후	吼	울 아우성칠	口	7	水	12		계	季	계절, 끝 막내, 말년	子	8	水	10
	흡	吸	숨들이쉴 마실	口	7	水	10		계	屆	이를 지극할	尸	8	木	10
	희	希	바랄, 희망 성길, 드물	巾	7	木	9		고	固	굳을 진실로	口	8	水	10

획수	음	한자	뜻	부수	실획	자원	곡획	획수	음	한자	뜻	부수	실획	자원	곡획
	고	考	생각할	耂	6	土	9		궁	穹	높을 하늘	穴	8	水	14
	고	杲	밝을 높을	木	8	木	9		권	券	문서 계약	刀	8	金	10
	고	孤	외로울 홀로	子	8	水	11		권	卷	책 두루마리	㔾	8	木	12
	곤	昆	형, 맏 자손	日	8	火	12		규	糾	얽힐 규명	糸	8	木	11
	곤	坤	땅 곤괘	土	8	土	9		금	金	쇠 금빛	金	8	金	8
	골	汩	빠질 다스릴	水	7	水	8		금	昑	밝을 환할	日	8	火	10
	공	供	베풀 받들	人	8	火	8		급	汲	물길을 당길	水	7	水	9
	공	空	하늘 공간	穴	8	水	10		급	扱	미칠 처리할	手	7	木	10
	과	侉	자랑할 뽐낼	人	8	火	11		기	技	재주 재능	手	7	木	9
8	과	果	과실 해낼	木	8	木	9	**8**	기	沂	물이름	水	7	水	7
(金)	관	官	벼슬 관청	宀	8	木	11	**(金)**	기	祁	성할 많을	示	8	木	10
	괄	佸	이를 모일	人	8	火	9		기	玘	패옥 노리개	玉	7	金	10
	광	侊	성찬, 클 진수성찬	人	8	火	10		기	奇	기이할 속임수	大	8	土	10
	괘	卦	걸 점칠	卜	8	木	8		길	佶	바를 강건할	人	8	火	9
	교	佼	예쁠 사귈	人	8	火	8		김	金	성(姓)씨	金	8	金	8
	구	具	갖출 차림	八	8	金	9		나	奈	나락 어찌	大	8	火	9
	구	咎	허물 재앙	口	8	水	10		내	奈	나락 어찌	示	8	火	9
	구	玖	옥돌 검은옥돌	玉	7	金	8		년	秊	年(6)본자 해, 나이	禾	8	木	8
	국	国	國(11)속자 나라, 서울	口	8	水	9		념	念	생각 욀	心	8	火	10
	굴	屈	굽을 다할	尸	8	土	11		노	呶	지껄일	口	8	水	11

획수	음	한자	뜻	부수	실획	자원	곡획	획수	음	한자	뜻	부수	실획	자원	곡획
8 (金)	노	弩	쇠뇌, 큰활 군사이름	弓	8	金	14	8 (金)	륜	侖	생각할 덩어리	人	8	火	10
	뉴	杻	박달나무 감탕나무	木	8	木	9		림	林	수풀 많을	木	8	木	8
	뉵	衄	코피 폐할 꺽일	血	10	水	12		립	岦	산우뚝할	山	8	土	9
	달	姐	여자이름 여자의자	女	8	土	10		말	帕	머리띠 머리동이	巾	8	木	11
	담	炎	불꽃 불탈	火	8	火	8		매	枚	줄기 석가래	木	8	木	8
	답	沓	합할 거듭	日	8	水	11		맹	氓	백성 서민	氏	8	火	12
	대	岱	클 태산	山	8	土	10		맹	孟	맏, 맹랑할 맏이, 맹자	子	8	水	11
	대	坮	터 집터	土	8	土	9		면	沔	물흐를 씻을	水	7	水	10
	도	到	이를 주밀할	刀	8	金	10		명	明	밝을 나타낼	日	8	火	11
	돈	沌	흐릴 어두울	水	7	水	10		명	命	목숨, 수명 운수, 명령	口	8	水	11
	돈	晄	밝을 친밀할	日	8	火	12		목	牧	목장, 기를 다스릴	牛	8	土	8
	동	東	동녘 봄	木	8	木	9		목	沐	목욕할 머리감을	水	7	水	7
	두	枓	구기 두공	木	8	木	8		몰	歿	죽을, 끝날 떨어질	歹	8	水	12
	래	來	올 미래	人	8	火	8		몰	沒	빠질, 죽을 잠수할	水	7	水	10
	량	兩	두, 둘 짝, 쌍	入	8	土	12		묘	杳	어두울 아득할	木	8	木	9
	렬	冽	찰 맵게추울	冫	8	水	10		무	武	호반, 군인 병법, 병기	止	8	土	9
	령	岭	고개	山	8	土	11		문	門	문, 집안 동문, 부문	門	8	木	11
	령	姈	슬기로울 여자 이름	女	8	土	11		문	汶	물이름 불결한	水	7	水	7
	례	例	법식 본보기	人	8	火	10		문	炆	따뜻할 뭉근한불	火	8	火	8
	록	彔	새길 근본	彑	8	火	11		문	抆	닦을 문지를	手	7	木	8

획수	음	한자	뜻	부수	실획	자원	곡획	획수	음	한자	뜻	부수	실획	자원	곡획
	물	沕	숨을 아득할	水	7	水	9		보	玡	옥그릇	玉	7	金	7
	물	物	만물, 재물 물건, 사람	牛	8	土	10		복	服	옷 복종할	月	8	水	13
	미	味	맛 맛볼	口	8	水	9		볼	乭	땅이름 음역자	乙	8	土	13
	미	侎	어루만질	人	8	火	8		봉	奉	받을, 녹봉 이바지할	大	8	木	8
	민	旻	하늘 가을하늘	日	8	火	9		부	阜	언덕 대륙	阜	8	土	10
	민	岷	산이름 산봉우리	山	8	土	12		부	扶	도울 부축할	手	7	木	8
	민	旼	온화할 화할	日	8	火	9		부	抔	움킬 움큼	手	7	木	8
	민	忞	힘쓸, 노력할	心	8	火	9		부	咐	분부할 숨내쉴	口	8	水	10
	반	扳	끌어당길 더위잡을	手	7	木	9		부	府	마을 관청	广	8	土	9
8 (金)	반	攽	나눌 나누어줄	攴	8	金	10	8 (金)	분	扮	꾸밀 쥘	手	7	木	10
	방	枋	나무이름 다목	木	8	木	10		분	汾	클 많을 물이름	水	7	水	9
	방	房	집, 방 규방, 침실	戶	8	木	11		분	昐	햇빛	日	8	火	11
	방	放	내놓을 방자할	攴	8	金	10		분	奔	달릴 달아날	大	8	木	8
	방	昉	밝을 비로소	日	8	火	11		불	佛	비슷할 서로같을	彳	8	火	12
	배	杯	잔 대접	木	8	木	8		붕	朋	벗 무리	月	8	水	12
	백	佰	일백 우두머리	人	8	火	9		비	卑	낮을 낮출	十	8	土	9
	백	帛	비단 명주	巾	8	木	11		비	枇	비파나무 참빗	木	8	木	11
	병	秉	잡을, 자루 볏단	禾	8	木	9		사	沙	모래 사막	水	7	水	8
	병	并	아우를 합할	干	8	火	8		사	社	모일, 단체 제사, 행정	示	8	木	8
	보	宝	寶(20)속자 보배, 국새, 돈	宀	8	金	9		사	使	부릴, 사신 하여금	人	8	火	9

획수	음	한자	뜻	부수	실획	자원	곡획	획수	음	한자	뜻	부수	실획	자원	곡획
8 (金)	사	事	일, 재능 사업, 관직	亅	8	木	11	8 (金)	심	沈	성(姓)씨 즙	水	7	水	11
	사	舍	집, 여관 머무를	舌	8	火	9		심	沁	물스며들 물이름	水	7	水	8
	살	乷	살 음역자	乙	8	木	12		아	亞	버금 동서	二	8	火	12
	상	狀	모양 형상	犬	8	土	9		아	妸	고울 아름다울	女	8	土	11
	상	牀	평상 마루	爿	8	木	9		악	岳	큰 산, 조종 제후, 대신	山	8	土	9
	상	尙	오히려 자랑, 숭상	小	8	金	11		안	岸	언덕, 층계 뛰어날	山	8	土	9
	서	抒	풀, 표현할 털어놓을	手	7	木	11		안	侒	편안할 잔치할	人	8	火	10
	성	姓	성, 성씨 겨레, 천성	女	8	土	9		암	岩	巖(23)속자 바위, 석굴	山	8	土	10
	소	所	곳, 방법 얼마	戶	8	木	9		앙	昂	오를 밝을	日	8	火	12
	송	松	솔, 소나무 더벅머리	木	8	木	9		애	厓	언덕, 물가 한계, 흙길	厂	8	土	8
	쇄	刷	인쇄할 닦을, 씻을	刀	8	金	12		애	艾	약쑥 늙은이	艸	6	木	6
	수	受	받을 이를	又	8	水	10		액	扼	누를 잡을	手	7	木	12
	수	岫	산굴 산봉우리	山	8	土	10		야	夜	밤, 침실 휴식할	夕	8	水	9
	수	垂	드리울 변방, 거의	土	8	土	8		역	易	바꿀, 무역 배반, 주역	日	8	火	11
	승	承	이을, 받들 도울, 후계	手	8	木	11		연	沇	물흐를 물이름	水	7	水	10
	승	昇	오를, 올릴 임금	日	8	火	9		염	炎	불꽃 더울	火	8	火	8
	시	侍	모실, 기를 부탁, 권할	人	8	火	9		영	咏	노래할 읊을	口	8	水	12
	시	始	비로소 처음, 근본	女	8	土	11		예	汭	물속 물굽이	水	7	水	9
	신	侁	걷는모양 떼지어갈	人	8	火	10		예	艾	다스릴 양육, 미모	艸	6	木	6
	실	実	實(14)동자 열매, 내용	宀	8	木	9		오	旿	밝을 한낮	日	8	火	9

획수	음	한자	뜻	부수	실획	자원	곡획	획수	음	한자	뜻	부수	실획	자원	곡획
8 (金)	옥	沃	기름질 물댈	水	7	水	7	8 (金)	의	依	의지할 쫓을	人	8	火	9
	와	枙	옹이	木	8	木	12		이	易	쉬울, 평온 경시, 간략	日	8	火	11
	와	臥	누울 침실	臣	8	火	10		일	佾	줄춤	人	8	火	10
	완	宛	굽을 완연할	宀	8	木	14		자	炙	친근할 고기구울	火	8	火	9
	완	杬	나무이름 어루만질	木	8	木	10		장	狀	모양 형상	犬	8	土	9
	왕	往	갈, 보낼 과거 이후	彳	8	火	8		장	長	긴, 어른 나이먹을	長	8	木	9
	왕	汪	넓을, 연못 바다, 눈물	水	7	水	7		저	底	밑, 이룰 그칠	广	8	木	10
	왕	旺	고울 왕성할	日	8	火	9		저	杵	방망이 절구공이	木	8	木	8
	우	雨	비 비올	雨	8	水	10		전	典	법, 경전 책, 저당	八	8	金	9
	우	玗	옥돌	玉	7	金	8		전	佺	이름 신선이름	人	8	火	8
	운	沄	넓을 돌아흐를	水	7	水	8		점	店	가게, 상점 여관	广	8	木	9
	원	杬	나무이름 주무를	木	8	木	10		점	奌	點(17)속자 점, 얼룩	大	8	火	9
	원	沅	물이름	水	7	水	9		정	政	정사, 법규 칠, 조세	攵	8	金	9
	위	委	맡길, 버릴 용용할	女	8	土	9		정	定	정할 머무를	宀	8	木	9
	유	乳	젖, 유방 기를, 부화	乙	8	水	12		정	征	칠 갈	彳	8	火	8
	유	侑	권할, 도울 배식, 용서	人	8	火	10		정	姃	단정할 여저의자	女	8	土	10
	윤	昀	햇빛 일광	日	8	火	11		제	制	법, 마를 억제할	刀	8	金	11
	윤	沇	물이름 고을이름	水	7	水	10		졸	卒	군사, 하인 마칠	十	8	金	8
	율	汩	물흐를 다스릴	水	7	水	8		종	宗	종묘, 마루 높일	宀	8	木	10
	의	宜	옳을 마땅할	宀	8	木	10		주	姝	여자 이름 예쁠	女	8	土	9

획수	음	한자	뜻	부수	실획	자원	곡획	획수	음	한자	뜻	부수	실획	자원	곡획
	주	周	두루, 둘레 주나라	口	8	水	11		측	昃	기울 오후	日	8	火	9
	주	宙	집, 하늘 때, 주거	宀	8	木	10		침	枕	베개 말뚝	木	8	木	11
	지	枝	가지, 사지 분산, 버틸	木	8	木	9		쾌	快	쾌할, 빠를 방종할	心	7	火	8
	지	沚	물가 모래톱	水	7	水	7		탁	卓	높을 탁자	十	8	木	9
	지	知	알 슬기	矢	8	金	9		탄	坦	평평할 너그러울	土	8	土	9
	직	直	곧을, 대할 바로잡을	目	8	木	10		토	兎	토끼 달	儿	8	木	12
	질	帙	책권 차례 책갑, 책	巾	8	木	10		투	投	던질, 줄 의탁할	手	7	木	12
	창	昌	창성할 착할	日	8	火	10		파	坡	비탈 둑	土	8	土	10
	채	采	캘, 가릴 채색	采	8	木	8		파	把	잡을, 묶을 손잡이	手	7	木	11
8 (金)	척	坧	墌(14)속자 터, 기지	土	8	土	9	8 (金)	판	板	널조각 판목, 글	木	8	木	9
	천	玔	옥고리 옥팔찌	玉	7	金	7		판	版	널판, 책 인쇄, 명부	片	8	木	10
	첩	帖	문서, 장부 편안할	巾	8	木	11		팔	八	여덟, 나눌 여덟 번	八	2	金	3
	청	青	青(8)동자 푸를, 젊을	青	8	木	10		패	沛	늪 습지	水	7	水	9
	청	靑	푸를, 젊을	靑	8	木	10		패	佩	찰 노리개	人	8	火	12
	초	岧	높을 높고험할	山	8	土	12		평	坪	들, 평 평평할	土	8	土	8
	축	竺	대나무 두터울	竹	8	木	8		포	抛	抛(9)속자 던질, 전차	手	7	木	13
	충	忠	충성, 정성 공평	心	8	火	10		피	彼	저, 저쪽 그, 아닐	彳	8	火	10
	충	沖	화할 상충	水	7	水	8		필	咇	향기로울	口	8	水	10
	취	取	취할 강가들	又	8	水	9		학	学	學(16)속자 배울, 학교	子	8	水	11
	취	炊	불땔 밥 지을	火	8	火	9		함	函	함, 갑옷 글월, 편지	凵	8	木	12

획수	음	한자	뜻	부수	실획	자원	곡획	획수	음	한자	뜻	부수	실획	자원	곡획
	항	杭	건널 나룻배	木	8	木	11		흔	忻	기뻐할 계발할	心	7	火	7
	항	抗	넓을 광대할	手	7	木	11		흔	昕	새벽	日	8	火	9
	항	沆	넓을 광대할	水	7	水	10	8 (金)	흔	炘	화끈거릴 뜨거울	火	8	火	8
	해	咍	비웃을 기뻐할	口	8	水	11		흔	欣	기뻐할 기쁨	欠	8	火	9
	핵	劾	힘쓸 캐물을	力	8	水	11		가	柯	줄기 바리 자루	木	9	木	11
	행	幸	다행, 요행 행복, 거둥	干	8	木	8		가	架	시렁 건너지를	木	9	木	12
	향	享	드릴, 잔치 누릴	亠	8	土	11		간	看	볼 지켜볼	目	9	木	10
	현	呟	소리	口	8	水	11		간	竿	장대 횃대	竹	9	木	9
	현	弦	활시위 초승달, 줄	弓	8	木	14		간	肝	간 마음	肉	7	火	10
	협	協	화합할 복종, 적합	十	8	水	14		감	玪	옥돌	玉	8	金	9
8 (金)	협	洽	화할, 젖을 윤택할	氵	8	水	9		감	柑	감귤 감자나무	木	9	木	9
	호	昊	하늘, 허공 성할, 밝을	日	8	火	9		강	姜	강할, 굳셀 생강	女	9	土	10
	호	弧	활 나무활	弓	8	木	13	9 (水)	강	舡	배, 선박 술잔	舟	9	木	11
	호	虎	범 용맹스런	虍	8	木	13		개	皆	다 두루 마칠	白	9	火	13
	호	呼	부를, 호통 내쉴, 슬플	口	8	水	10		개	玠	홀 큰홀	玉	8	金	8
	혼	昏	날저물 일찍죽을	日	8	火	11		객	客	손 나그네	宀	9	木	12
	화	和	온순할 화목, 화해	口	8	水	9		거	昄	밝을	日	9	火	11
	화	画	분할, 고를 계획,설계	田	8	火	10		거	拒	막을 겨룰	手	8	木	10
	효	効	効(10)동자 본받을, 힘쓸	力	8	金	10		거	炬	횃불 사를	火	9	火	10
	휼	呭	가엾을 진휼, 정제	口	8	火	11		건	建	세울 열쇠	廴	9	木	12

획수	음	한자	뜻	부수	실획	자원	곡획	획수	음	한자	뜻	부수	실획	자원	곡획
	결	玦	패옥 깍지	玉	8	金	9		구	九	아홉 아홉번	乙	2	水	5
	결	挈	맑을 깨끗할	女	9	土	12		구	拘	잡을, 안을 당설일	手	8	木	12
	경	畊	밭갈 농사지을	田	9	土	10		군	軍	군사 진칠	車	9	火	11
	경	俓	곧을 지름길	人	9	火	12		궤	軌	바퀴굴대 법도, 궤도	車	9	火	13
	경	亰	京(8)동자 서울, 클	亠	9	土	11		규	奎	별 이름	大	9	土	9
	경	勁	셀 굳셀	力	9	金	14		규	赳	제능 용맹할	走	9	火	10
	계	契	계약 맺을	大	9	木	11		균	畇	개간할 밭일꾼	田	9	土	12
	계	係	이을, 맬 끌	人	9	火	11		극	剋	이길, 정할 다스릴	刀	9	金	13
	계	癸	열째천간 경도, 헤아릴	癶	9	水	10		글	契	맺을 언약할	大	9	木	11
9 (水)	계	計	셀 꾀할	言	9	金	10	9 (水)	긍	矜	숭상할 창자루	矛	9	金	13
	계	界	지경 경계	田	9	土	10		기	祈	빌, 기도 고할	示	9	木	9
	고	故	연고, 사건 옛, 이유	攴	9	金	10		기	紀	벼리, 해 세월, 단서	糸	9	木	14
	고	枯	마를 쇠할	木	9	木	10		기	祇	다만귀신 편안할	示	9	木	11
	과	科	과정, 과거 조목, 정도	禾	9	木	9		길	姞	삼갈	女	9	土	11
	관	冠	갓 어른	冖	9	木	13		나	柰	능금나무 어찌	木	9	木	10
	교	姣	예쁠 부드러울	女	9	土	10		나	拏	잡을 맞잡을	手	9	木	12
	구	昫	따뜻할	日	9	火	13		남	南	남녘, 임금 풍류이름	十	9	火	11
	구	姤	만날 아름다울	女	9	土	11		내	耐	견딜 참을	而	9	水	12
	구	垢	때 티끌	土	9	土	10		내	柰	능금나무 어찌	木	9	木	10
	구	枸	구기자나무 탱자나무	木	9	木	12		념	拈	집을 집어비틀	手	8	木	10

획수	음	한자	뜻	부수	실획	자원	곡획	획수	음	한자	뜻	부수	실획	자원	곡획
	노	怒	성낼 기세	心	9	火	12		률	律	법, 법칙 비율, 가락	彳	9	火	10
	니	泥	진흙 진창	水	8	水	11		륵	泐	돌결일 물결, 새길	水	8	水	12
	니	柅	무성할 꼼목	木	9	木	12		리	俐	영리할	人	9	火	10
	닐	昵	친할, 측근 아비사당	日	9	火	13		리	悝	속될 힘입을	人	9	火	10
	단	旦	밝을	日	9	火	11		림	玲	옥, 옥돌 아름다운옥	玉	8	金	9
	단	彖	판단할 결단할	크	9	火	12		말	抹	바를 칠할	手	8	木	9
	단	段	조각 고를	殳	9	金	13		말	沫	침 물방울	水	8	水	8
	답	畓	논 수전	田	9	土	12		망	罔	그물 없을	网	9	木	11
	대	待	기다릴 대할	彳	9	火	10		매	昧	새벽 어두울	日	9	火	10
9 (水)	도	度	법, 자 도수, 횟수	广	9	木	10	9 (水)	매	沬	땅이름 별이름	水	8	水	8
	돌	突	부딪칠 내밀	穴	9	水	12		면	面	낯, 표정 면, 얼굴	面	9	火	10
	동	垌	동막이 항아리	土	9	土	12		면	勉	힘쓸 권면할	力	9	金	15
	라	剌	칠 가지칠	刀	9	金	12		명	眀	밝게 볼 밝을	目	9	木	12
	랍	拉	끌, 꺾을 부러뜨릴	手	8	木	9		모	冒	무릅쓸 가릴	冂	9	水	11
	량	亮	밝을 도울	亠	9	火	12		묘	昴	별이름 별자리이름	日	9	火	13
	려	侶	짝 벗할	人	9	火	11		무	拇	엄지손가락 엄지발가락	手	8	木	12
	령	泠	깨우칠 떨어질	水	8	水	10		미	眉	눈썹 가장자리	目	9	木	11
	령	昤	날빛 빛날	日	9	火	12		민	美	아름다울 미국, 맛난	羊	9	土	9
	령	怜	영리할 지혜로울	心	8	火	10		민	敃	강할 힘쓸	攴	9	金	12
	류	柳	버드나무 별이름	木	9	木	12		민	砇	珉(10)동자 옥돌	石	9	金	10

획수	음	한자	뜻	부수	실획	자원	곡획	획수	음	한자	뜻	부수	실획	자원	곡획
	민	玟	옥돌 아름다운돌	玉	8	金	8		보	保	보전할 보증, 기를	人	9	火	10
	박	泊	배댈 머무를	水	8	水	8		보	俌	도울 보필할	人	9	火	11
	박	拍	칠 박자	手	8	木	10		봉	封	봉할, 편지 무덤	寸	9	土	10
	반	泮	학교 반궁	水	8	水	8		부	負	질, 빚질 타식, 감탄	貝	9	金	11
	반	拌	버릴 쪼갤	手	8	木	9		부	赴	다다를 알릴	走	9	火	9
	반	盼	눈예쁠 돌아볼	目	9	木	12		부	玞	옥돌	玉	8	金	8
	발	拔	뽑을, 가릴 뛰어날	手	8	木	9		부	拊	어루만질 손잡이	手	8	木	10
	발	勃	노할, 성할 갑자기	力	9	土	14		분	盆	동이 질그릇	皿	9	金	12
	발	炦	불기운	火	9	火	9		불	拂	떨칠, 닦을 거스릴	手	8	木	13
9 (水)	방	庬	클 풍족할	厂	9	水	11	9 (水)	비	飛	날 높을	飛	9	火	13
	배	拜	절, 공경 방문, 벼슬	手	9	木	9		비	毗	도울 쇠퇴	比	9	火	13
	배	盃	杯(8)동자 잔, 대접	皿	9	木	10		비	泌	샘물흐를	水	8	水	9
	백	柏	측백 잣나무	木	9	木	10		빈	玭	구슬이름	玉	8	金	11
	법	法	법, 방법 본받을	水	8	水	9		사	柶	수저 윷	木	9	木	11
	별	炦	불기운	火	9	火	9		사	泗	물이름 콧물	水	8	水	10
	병	炳	빛날 밝을	火	9	火	11		사	査	조사할 사실할	木	9	木	10
	병	柄	자루 권세	木	9	木	11		사	俟	클 기다릴	人	9	火	10
	병	昺	昞(9)동자 밝을, 불꽃	日	9	火	12		사	砂	모래, 물가 사막, 단사	石	9	金	11
	병	昞	밝을 불꽃	日	9	火	12		사	思	생각, 심정 사상, 마음	心	9	火	11
	병	抦	잡을 붙잡을	手	8	木	11		삼	衫	적삼, 옷 윗도리	衣	8	木	9

획수	음	한자	뜻	부수	실획	자원	곡획	획수	음	한자	뜻	부수	실획	자원	곡획
9 (水)	상	庠	학교, 태학 점잖을	广	9	木	9	9 (水)	시	眂	볼, 본받을 다스릴	目	9	木	12
	상	相	서로, 정승 형상, 접대	目	9	木	10		시	柴	섶, 지킬 시제사	木	9	木	12
	생	省	덜 생략할	目	9	木	11		시	柿	감나무 감	木	9	木	14
	서	叙	敍(11)속자 차례, 서문	又	9	水	11		식	食	밥, 제사 벌이, 생계	食	9	水	11
	선	宣	베풀 밝힐	宀	9	火	11		신	信	믿을, 성실 성실, 편지	人	9	火	10
	설	契	사람이름	大	9	木	11		실	室	집, 아내 가족	宀	9	木	11
	성	省	살필, 관청 마음, 명심	目	9	木	11		아	研	갈, 광택 광석, 맷돌	石	9	金	12
	성	星	별, 세월 점, 첨문	日	9	火	10		안	姲	종용할	女	9	土	12
	성	性	성품, 마음 목숨, 성별	心	8	火	8		압	押	찍을, 잡을 주관할	手	8	木	10
	소	沼	늪, 못 연못	水	8	水	11		약	約	묶을 간략할	糸	9	木	13
	소	炤	밝을, 환할 환히보일	火	9	火	12		언	彦	선비 뛰어날	彡	9	火	9
	소	昭	밝을 밝힐	日	9	火	13		얼	乻	땅이름 음역자	乙	9	土	14
	솔	乺	솔 음역자	乙	9	水	14		연	姸	예쁠, 총명할	女	9	土	10
	솔	帥	거느릴 앞장, 따를	巾	9	木	13		연	沿	물따라감 쫓을	水	8	水	9
	수	首	머리, 으뜸 우두머리	首	9	水	10		연	衍	넘칠 퍼질	行	9	火	10
	수	帥	장수 거느릴	巾	9	水	13		연	姢	娟(10)속자 예쁠, 날씬	女	9	土	13
	순	徇	두루 주창할	彳	9	火	12		영	映	비칠 햇빛	日	9	火	11
	순	紃	끈, 규칙 따를	糸	9	木	11		영	盈	찰 남을	皿	9	水	15
	시	是	이, 옳을 바로잡을	日	9	火	10		영	泳	헤엄 헤엄칠	水	8	水	11
	시	施	베풀 전할	方	9	土	15		오	俉	맞이할 만날	人	9	火	11

획수	음	한자	뜻	부수	실획	자원	곡획	획수	음	한자	뜻	부수	실획	자원	곡획
9 (水)	옥	屋	집, 주거 지붕, 덮개	尸	9	木	11	9 (水)	유	柔	부드러울 복종할	木	9	木	12
	옹	瓮	독 항아리	瓦	9	土	13		유	宥	너그러울 용서, 도울	宀	9	木	12
	완	玩	장난, 익힐 사랑할	玉	8	金	10		유	俞	兪(19)동자 대답, 수긍	入	9	土	12
	왜	娃	예쁠 미인	女	9	土	10		유	兪	대답할 수긍할	入	9	土	14
	요	姚	예쁠 날랠	女	9	土	12		유	柚	유자나무	木	9	木	10
	요	要	중요, 요약 요구, 요긴	襾	9	金	11		윤	玧	귀막이옥	玉	8	金	11
	용	俑	목우 목우인형	人	9	火	12		은	垠	지경, 땅끝 벼랑, 언덕	土	9	土	11
	용	勇	날랠 용감할	力	9	土	13		음	音	소리, 그늘 음악, 소식	音	9	金	10
	우	俁	얼굴클	人	9	火	12		의	娸	여자이름 여자의자	女	9	土	11
	우	禹	임금, 벌레 곡척, 도울	内	9	土	12		이	姬	여자이름 여자의자	女	9	土	10
	욱	昱	빛날, 환할 햇빛 밝을	日	9	火	10		이	怡	기뻐할 온화할	心	8	火	10
	원	負	員(10)동자 인원, 관원	貝	9	金	11		인	姻	혼인, 장인 인척, 연분	女	9	土	11
	원	垣	담, 담장 별이름	土	9	土	10		자	姿	맵시 풍치	女	9	土	11
	위	威	위엄, 세력 공덕	女	9	土	11		작	炸	터질 폭발할	火	9	火	9
	위	韋	가죽 어길	韋	9	金	12		작	昨	어제, 옛날 이전	日	9	火	10
	유	姷	짝	女	9	土	12		작	斫	벨 찍을	斤	9	金	10
	유	囿	동산, 담장 영토, 모일	口	9	水	12		작	柞	떡갈나무 작목	木	9	木	9
	유	油	기름, 광택 유막, 유동	水	8	水	9		재	哉	비로소 비롯할	口	9	水	11
	유	幽	그윽할 숨을	幺	9	火	14		재	柢	뿌리, 근본 기초	木	9	木	11
	유	臾	잠깐, 잠시 비옥, 활	臼	9	土	10		저	沮	막을 저지할	水	8	水	9

획수	음	한자	뜻	부수	실획	자원	곡획	획수	음	한자	뜻	부수	실획	자원	곡획
9 (水)	저	抵	닥트릴 겨를, 다다를	手	8	木	11	9 (水)	줄	乽	줄 음역자	乙	9	水	12
	전	畑	화전 밭	火	9	土	10		중	重	무거울 소중, 삼갈	里	9	土	10
	전	前	앞, 미래 소멸, 인도	刀	9	金	12		즉	卽	곧 나아갈	卩	9	水	14
	점	点	點(17)속자 점, 얼룩	火	9	火	10		지	沶	물이름	水	8	水	9
	정	貞	곧을, 정조 점칠, 성심	貝	9	金	10		지	祉	복 천복	示	9	木	9
	정	亭	정자 머무를	亠	9	火	12		진	昣	밝을	日	9	火	10
	정	炡	빛날 불번쩍거릴	火	9	火	9		질	垤	개밋둑 작은언덕	土	9	土	10
	정	柾	나무 나무 바를	木	9	木	9		차	姹	자랑할 소녀, 예쁠	女	9	土	13
	정	訂	바로잡을 맺을	言	9	金	11		창	昶	해길 화창할	日	9	火	13
	제	帝	임금, 천자 하느님, 클	巾	9	木	12		책	柵	목책 울타리	木	9	木	11
	제	姼	예쁠	女	9	土	12		천	穿	구멍 뚫을	穴	9	水	14
	조	昭	밝을 밝힐	日	9	火	13		천	袄	하늘	示	9	木	9
	졸	拙	졸할 옹졸할	手	8	木	11		천	泉	샘, 지하수 돈 저승	水	9	水	12
	종	柊	나무이름 메	木	9	木	10		첨	沾	더할 첨가할	水	8	水	9
	주	柱	기둥, 버틸 줄기, 비방	木	9	木	9		체	砌	섬돌	石	9	金	14
	주	炷	심지, 자루 불사를	火	9	火	9		초	招	부를 요구할	手	8	木	12
	주	注	흐를, 물댈 주낼	水	8	水	8		초	肖	닮을 본받을	肉	7	水	9
	주	姝	예쁠 연약할	女	9	土	10		초	炒	초 초심	火	9	木	10
	주	奏	아뢸, 상소 곡조	大	9	木	9		초	俏	닮을, 본뜰 예쁠	人	9	火	11
	준	俊	뛰어날 준걸, 높을	人	9	火	13		추	秋	가을, 때 세월, 근심	禾	9	木	9

획수	음	한자	뜻	부수	실획	자원	곡획	획수	음	한자	뜻	부수	실획	자원	곡획
9 (水)	추	酋	두목, 살해 가을, 성숙	酉	9	金	11	9 (水)	포	抱	안을 품을	手	8	木	14
	추	抽	뽑을, 제거 당길, 싹틀	手	8	木	10		포	匍	길, 문지를 힘을다할	勹	9	木	13
	춘	春	봄, 청춘, 정욕, 사귈	日	9	火	10		포	抛	던질 전차	手	8	木	13
	치	哆	클 많을	口	9	水	12		표	表	모습, 웃옷 나타낼	衣	8	木	9
	치	峙	우뚝솟을 쌓을	山	9	土	11		품	品	물건, 종류 품계	口	9	水	12
	치	治	다스릴 익힐, 수양	水	8	水	10		풍	風	바람, 관습 노래	風	9	木	12
	칙	則	법칙, 이치 본받을	刀	9	金	11		피	披	나눌 개척할	手	8	木	11
	칙	勅	칙서, 신칙 삼갈, 정돈	力	9	土	12		필	泌	샘물흐를 스며나올	水	8	水	9
	칠	柒	옻, 검은 일곱, 삼갈	木	9	木	11		하	河	물, 강, 섬 운화, 은하	水	8	水	10
	타	柁	키, 선박키 나무 단단할	木	9	木	12		하	昰	夏(10고자 여름, 중국	日	9	火	10
	타	拖	당길 잡아끌	手	8	木	13		한	罕	드물, 희소 그물, 깃발	网	7	木	10
	탁	度	잴, 셀 물을	广	9	木	10		함	咸	다, 같을 두루미칠, 덜	口	9	水	11
	탄	炭	숯 석탄	火	9	火	10		합	哈	웃는소리 크게마실	口	9	水	11
	태	泰	클, 심할 편안, 통할	水	9	水	11		항	巷	거리, 복도 마을, 주택	己	9	土	12
	택	垞	언덕 비탈길	土	9	土	12		항	姮	항아 여자의자	女	9	土	11
	파	波	물결, 흐름 눈빛, 은총	水	8	水	10		항	缸	항아리	缶	9	土	10
	편	扁	납작할 거룻배, 현판	戶	9	木	12		해	垓	지경 경계	土	9	土	10
	편	便	편할, 소식 말잘할	人	9	火	10		향	香	향기, 향 향료	香	9	木	10
	평	泙	물소리 물결셀	水	8	水	8		혁	奕	클, 근심 아름다울	大	9	木	10
	평	枰	판, 바둑판 은행나무	木	9	木	9		혁	革	가죽, 갑옷 고칠, 날개	革	9	金	10

획수	음	한자	뜻	부수	실획	자원	곡획	획수	음	한자	뜻	부수	실획	자원	곡획
	현	炫	밝을, 빛날 자랑, 녹일	火	9	火	11		후	芌	클	艸	7	木	8
	혈	頁	머리, 목 목덜미	頁	9	火	10		훼	芔	풀, 초목 많을	艸	9	木	12
	협	俠	호협할 협객	人	9	火	9	9 (水)	휴	庥	그늘, 쉴 나무그늘	广	9	木	9
	형	炯	밝을, 빛날 명백할	火	9	火	12		흘	紇	실끝 명주실	糸	9	木	14
	형	泂	멀, 깊을 깊고넓을	水	8	水	11		희	姫	姬(9)속자 아씨, 첩	女	9	土	12
	형	型	모형, 모범 거푸집	土	9	土	10		희	姬	아씨 첩	女	9	土	13
	호	芐	지황 부들	艸	7	木	7		가	哿	옳을 좋을 맷돌 돌	口	10	水	14
	혼	俒	완전할 끝날	人	9	火	12		가	家	집 집안	宀	10	木	12
	홍	泓	물속깊을 물맑을	水	8	水	13		가	珂	옥이름 구슬이름	玉	9	金	11
9 (水)	홍	紅	붉은 연지	糸	9	木	11		가	哥	노래 소리	口	10	水	14
	환	奐	클, 빛날 성대할	大	9	木	12		각	恪	삼갈 조심할	心	9	火	11
	환	紈	맺을 흰비단	糸	9	木	14		각	珏	쌍옥	玉	9	金	9
	황	皇	임금, 클 엄숙할	白	9	金	10		강	剛	굳셀 억셀	刀	10	金	14
	황	況	상황, 모양 하물며	水	9	水	11	10 (水)	개	個	낱, 한쪽 낱 치우칠	人	10	火	12
	회	廻	돌 피할	廴	9	水	13		건	虔	베풀 삼갈	虍	10	木	13
	횡	宏	집울릴	宀	8	木	14		격	挌	칠 두드릴	手	9	木	12
	후	垕	厚(9)고자 두터울, 클	土	9	土	10		격	格	인격, 격식 지위	木	10	木	12
	후	厚	두터울 클	厂	9	土	12		견	肩	어깨 이길	肉	8	水	11
	후	侯	제후, 우사 오직, 임금	人	9	火	10		겸	兼	겸할 쌓을	八	10	金	12
	후	後	뒤, 뒤질 미룰, 왕후	彳	9	火	12		경	勍	셀 강할	力	10	金	14

획수	음	한자	뜻	부수	실획	자원	곡획	획수	음	한자	뜻	부수	실획	자원	곡획
10 (水)	경	耿	빛날 밝을	耳	10	火	10	10 (水)	광	桄	베틀 나무	木	10	木	12
	경	耕	갈 농사	耒	10	土	10		괘	挂	걸, 나눌 통과할	手	9	木	10
	경	倞	굳셀 겨룰	人	10	火	12		굉	紘	갓끈 넓을	糸	10	木	13
	경	徑	지름길 빠를	彳	10	火	13		교	晈	달빛 깨끗할	日	10	火	11
	계	烓	화덕 밝을	火	10	火	10		교	校	학교 교정볼	木	10	木	10
	계	桂	계수나무	木	10	木	10		구	矩	모날, 곱자 법도, 네모	矢	10	金	11
	고	高	높을 높일	高	10	火	14		구	珣	옥돌	玉	9	金	12
	고	羔	새끼양 흑양	羊	10	土	10		구	俱	함께 갖출	人	10	火	11
	고	拷	칠고 두드릴	手	9	木	13		궁	躬	몸 몸소	身	10	水	16
	고	股	넓적다리 정강이	肉	8	水	14		궁	宮	집 궁궐	宀	10	木	13
	고	庫	곳집 창고	广	10	木	11		권	拳	주먹 지닐	手	10	木	11
	곤	袞	곤룡포	衣	10	木	12		근	根	뿌리 근본	木	10	木	12
	골	骨	뼈 뼈대	骨	10	金	14		금	衾	이불 침구	衣	10	木	12
	공	貢	바칠 천거할	貝	10	金	11		금	衿	옷깃 옷고름	衣	9	木	11
	공	拱	껴안을 맞잡을	手	9	木	10		금	芩	풀이름 수초이름	艸	8	木	9
	공	恭	공손할 받들	心	10	火	11		급	級	등급 층계	糸	10	木	14
	공	栱	두공 말뚝	木	10	木	10		긍	肯	긍정할 감히	肉	8	水	10
	괄	栝	노송나무 전나무	木	10	木	11		기	氣	기운 기후	气	10	水	12
	괄	括	묶을 담을	手	9	木	11		기	記	기록할 기억할	言	10	金	14
	광	洸	굳셀 성낼	水	9	水	11		기	起	일어날 시작할	走	10	火	13

획수	음	한자	뜻	부수	실획	자원	곡획	획수	음	한자	뜻	부수	실획	자원	곡획
10(水)	기	豈	어찌 그	豆	10	水	12	10(水)	도	桃	복숭아 복숭아나무	木	10	木	12
	기	芰	마름	艸	8	木	9		도	徒	무리 걸어다닐	彳	10	火	10
	기	耆	늙을 힘셀	老	10	土	13		동	洞	동네, 마을 골, 동굴	水	9	水	12
	길	拮	일할 깍지낄	手	9	木	11		동	烔	태울 열기	火	10	火	13
	길	桔	도라지 두레박틀	木	10	木	11		동	桐	오동나무 거문고	木	10	木	13
	나	娜	아리따울 휘청거릴	女	10	土	15		둔	芚	싹나올 둔나올	艸	8	木	11
	나	拿	붙잡을 사로잡을	手	10	木	12		라	砢	돌쌓일 서로도울	石	10	金	13
	나	挐	잡을 붙잡을	手	10	木	13		락	洛	낙수 가이름	水	9	水	10
	나	夥	많을	夕	10	水	14		락	烙	지질, 화침 단근질	火	10	火	12
	납	衲	옷수선할 중의옷	衣	9	木	12		랄	埒	담, 둑 경계	土	10	土	11
	납	納	들일 바칠	糸	10	木	14		량	倆	재부 솜씨	人	10	火	12
	낭	娘	아가씨 여자, 어미	女	10	土	13		려	旅	나그네 무리, 군대	方	10	土	13
	념	恬	편안할 조용할	心	9	火	10		렬	洌	맑을 찰	水	9	水	11
	뉴	袏	부드러운 옷 매듭	衣	9	木	11		렬	烈	세찰 굳셀	火	10	火	12
	뉴	紐	끈 묶을	糸	10	水	13		령	玲	금옥소리 고울	玉	9	金	11
	담	倓	고요할	人	10	火	10		료	料	헤아릴 거리, 값	斗	10	火	10
	당	唐	당나라 길, 제방	口	10	水	12		룡	竜	龍(16)고자 용, 임금	立	10	金	13
	도	挑	돋울, 가릴 부추길	手	9	木	12		류	留	머무를 오랠	田	10	土	14
	도	倒	넘어질 거꾸로	人	10	火	14		륜	倫	인륜, 윤리 무리, 차례	人	10	火	12
	도	島	섬 도서	山	10	土	14		률	栗	밤 공손할	木	10	木	11

획수	음	한자	뜻	부수	실획	자원	곡획	획수	음	한자	뜻	부수	실획	자원	곡획
10 (水)	릉	凌	까볼 능가할	氵	10	水	13	10 (水)	반	般	돌릴, 옮길 즐길	舟	10	木	16
	리	唎	작은소리 가는소리	口	10	水	12		방	紡	길쌈, 실 비단	糸	10	木	14
	립	砬	돌소리 약돌	石	10	金	11		방	舫	배, 선박 방주, 꽃배	舟	10	木	14
	마	馬	말 산가지	馬	10	火	12		방	芳	꽃다울 향내날	艸	8	木	10
	만	娩	해산할 순박할	女	10	土	15		방	旁	곁, 옆 두루, 보좌	方	10	土	13
	말	秣	꼴 막먹이	禾	10	木	10		방	倣	본뜰 모방할	人	10	火	12
	망	邙	산이름 고을이름	邑	6	土	9		배	倍	곱, 더욱 곱할, 암송할	人	10	火	11
	명	洺	강이름 고을이름	水	9	水	11		배	配	짝지을 나눌	酉	10	金	15
	메	袂	소매 도포 소매	衣	9	木	11		백	珀	호박	玉	9	金	10
	모	耗	줄, 흉년들 소비할	耒	10	火	12		병	竝	나란히 모두	立	10	金	10
	묘	畝	이랑, 두둑 면적단위	田	10	土	12		병	倂	나란히할 다툴	人	10	火	10
	무	畝	이랑, 두둑 면적단위	田	10	土	12		보	洑	나루 보	水	9	水	9
	문	紋	무늬 문채	糸	10	木	12		봉	峯	산봉우리	山	10	土	12
	문	紊	어지러울 문란할	糸	10	木	12		봉	俸	녹, 봉급 봉직할	人	10	火	10
	미	敉	어루만질 편안한	女	10	金	10		봉	峰	峯(10)속자 산봉우리	山	10	土	12
	미	洣	강이름 물이름	水	9	水	9		부	釜	가마 솥의범칭	金	10	金	10
	미	娓	장황할 힘쓸, 예쁠	女	10	土	14		부	芙	연꽃 부용	艸	8	木	8
	민	珉	옥돌	玉	9	金	12		분	芬	향내날 향내	艸	8	木	10
	박	珀	호박 호박그릇	玉	9	金	10		분	粉	가루 색칠	米	10	木	12
	반	肫	나눌 구실매길	肉	8	水	12		비	肥	살찔, 비옥 거름, 지방	肉	8	水	13

획수	음	한자	뜻	부수	실획	자원	곡획	획수	음	한자	뜻	부수	실획	자원	곡획
	비	紕	가선, 꾸밀 모직물	糸	10	木	15		성	城	재, 성 무덤	土	10	土	12
	비	祕	숨길 신비할	示	10	木	11		성	城	城(10)속자 재, 성, 무덤	土	10	土	12
	빙	娉	장가들 예쁠	女	10	土	15		성	娍	아름다울 훤칠한	女	10	土	13
	사	射	쏠 빠를	寸	10	土	13		게	洒	물뿌릴 깊을	水	9	水	11
	사	唆	대답할 부추길	口	10	水	15		세	洗	씻을 그릇	水	9	水	11
	사	師	스승, 군사 벼슬, 신령	巾	10	木	14		소	笑	웃음 조소	竹	10	木	10
	사	紗	비단, 깁 견직물	糸	10	木	13		소	素	흴, 바탕 정성, 평소	糸	10	木	12
	삭	朔	초하루 처음, 북쪽	月	10	水	13		소	玿	아름다운옥	玉	9	金	12
	삭	索	노끈 동아줄	糸	10	木	13		손	孫	손자, 자손 겸손할	子	10	水	14
	산	珊	산호 패옥소리	玉	9	金	11		쇠	釗	쇠, 철 사람이름	金	10	金	11
	산	祘	셈, 수효 나이, 지혜	示	10	金	10		쇠	衰	쇠할 약할	衣	10	木	12
10 (水)	상	桑	뽕나무 뽕잎딸	木	10	木	13	10 (水)	수	殊	죽일, 다를 뛰어날	歹	10	水	11
	색	索	찾을 더듬을	糸	10	木	13		수	洙	물가 물이름	水	9	水	9
	서	栖	樓(12)속자 깃돌일, 살	木	10	木	12		수	修	닦을, 다스릴	人	10	火	10
	서	徐	천천히 찬찬할	彳	10	火	11		순	純	순수할 착할	糸	10	木	15
	서	書	글, 장부 편지, 기록	曰	10	木	12		순	恂	정성 믿을	心	9	火	12
	서	恕	용서 어질	心	10	火	13		순	栒	가름대 나무 이름	木	10	木	13
	석	秙	섬 먹라수	禾	10	木	11		쉬	倅	버금, 다음 수령, 원님	人	10	火	10
	석	席	자리, 베풀 돗자리	巾	10	木	12		습	拾	주을, 모을 습득할	手	9	木	11
	선	洗	깨끗할 결백할	水	9	水	11		승	乘	탈, 오를 곱할	丿	10	火	12

획수	음	한자	뜻	부수	실획	자원	곡획	획수	음	한자	뜻	부수	실획	자원	곡획
10 (水)	시	時	때, 철 때맞출	日	10	火	12	10 (水)	연	娟	예쁠 날씬	女	10	土	14
	시	恃	믿을, 의뢰 어머니	心	9	火	10		연	宴	잔치, 즐길 편안할	宀	10	木	13
	식	息	쉴, 숨쉴 중지, 번식	心	10	火	12		연	姸	빛날, 예쁠 환할	女	10	土	14
	신	宸	집, 처마 대궐, 하늘	宀	10	木	12		예	芸	藝(21)약자 재주, 심을	艸	8	木	9
	신	迅	빠를 억셀	辵	7	土	10		예	芮	물가, 옷솜 나라이름	艸	8	木	10
	심	芯	골풀 등심초	艸	8	木	9		예	珋	옥돌	玉	9	金	10
	십	十	열, 열번 열배, 전부	十	2	水	2		오	娛	즐길, 농담 안정	女	10	土	14
	십	拾	열 십	手	9	木	11		오	烏	까마귀 검을	火	10	火	13
	아	芽	싹 싹틀	艸	8	木	10		온	昷	어질 온화	皿	10	火	12
	아	娥	예쁠 항아	女	10	土	13		옹	邕	막힐, 화할 화락할	邑	10	土	17
	아	峨	높을 위엄	山	10	土	13		완	垸	바를, 칠할 굴러갈	土	10	土	13
	아	哦	읊을 노래할	口	10	水	13		요	窈	고요할 그윽할	穴	10	水	16
	안	案	안건 책상	木	10	木	12		용	容	얼굴, 담을 용서할	宀	10	木	12
	안	按	살필 생각할	手	9	木	12		용	埇	길돋울 땅이름	土	10	土	13
	안	晏	맑을, 늦을 편안할	日	10	火	13		우	祐	복, 도울 올릴, 진헌	示	10	金	11
	앙	秧	모, 모내기 재배, 묘목	禾	10	木	11		욱	彧	문채, 광채 무성할	彡	10	火	10
	애	埃	먼지 티끌	土	10	土	11		운	芸	궁궁이 평지, 향기	艸	8	木	9
	양	洋	큰 바다 서양, 외국	水	9	水	9		운	耘	김멜 없앨	耒	10	木	11
	엄	俺	클 어리석을	人	10	火	13		원	原	근원, 언덕 저승, 벌판	厂	10	土	12
	에	恚	성낼	心	10	火	11		원	愿	즐거워할 권할, 사색	人	10	火	16

획수	음	한자	뜻	부수	실획	자원	곡획	획수	음	한자	뜻	부수	실획	자원	곡획
10(水)	원	員	인원 관원	口	10	水	12	10(水)	재	栽	심을, 분재 묘목	木	10	木	11
	원	袁	옷깃 옷치렁거릴	衣	10	木	12		재	宰	재상 주관할	宀	10	木	11
	원	洹	물이름 세차게흐를	水	9	水	10		전	栓	나무 못 병마개	木	10	木	10
	원	筅	대무늬	竹	10	木	12		전	展	펼, 나갈 기록, 살필	尸	10	水	12
	유	洧	물이름 땅이름	水	9	水	11		정	庭	뜰, 조정 궁중, 관청	广	10	木	12
	유	秞	무성할 곡식무성할	禾	10	木	11		조	曹	曹(11)동자 무리, 마을	曰	10	土	12
	육	育	기를, 어릴 자랄, 낳을	肉	8	水	11		조	祚	복, 해 제위, 보답	示	10	金	10
	은	殷	성할, 클 부유, 은나라	殳	10	金	17		조	祖	할아버지 조상, 시조	示	10	金	11
	은	恩	은혜, 인정 온정, 사랑	心	10	火	12		조	租	구실, 징수 세금, 벼	禾	10	木	11
	은	浪	물가	水	9	水	11		조	晁	아침 땅이름	日	10	火	13
	의	倚	의지할 맡길, 믿을	人	10	火	12		존	拵	의거할 꽂을	手	9	木	12
	이	珆	옥돌	玉	9	金	11		종	倧	한배 신인	人	10	火	12
	익	益	더할, 이익 향상, 방해	皿	10	水	11		좌	座	자리, 자석 좌, 방석	广	10	木	10
	인	氤	기운성할	气	10	水	13		주	株	그루, 줄기 주식	木	10	木	10
	임	恁	믿을 생각할	心	10	火	11		주	洲	물, 섬 모래섬	水	9	水	9
	잉	苁	풀, 잡초 새풀싹	艸	8	木	12		주	酒	술, 잔치 무술, 주연	水	9	水	12
	자	玆	검을 이에	玄	10	火	14		준	准	허가할 승인, 법도	冫	10	水	10
	작	酌	따를, 더할 가릴	酉	10	金	14		준	隼	송골매 새매	隹	10	火	10
	장	奘	큰 몸집클	大	10	木	11		준	埈	峻(10)동자 높을, 험할	土	10	土	14
	재	財	재물, 재화 재단할	貝	10	金	12		준	峻	높을, 험할 가파를	山	10	土	15

획수	음	한자	뜻	부수	실획	자원	곡획	획수	음	한자	뜻	부수	실획	자원	곡획
10 (水)	준	純	선두를 테두리	糸	10	木	15	10 (水)	참	站	역마을 일어설	立	10	金	11
	증	拯	건질 구조할	手	9	木	13		창	倉	곳집 푸를	人	10	火	12
	지	持	가질, 버틸 도울	手	9	木	11		채	砦	진철 울타리	石	10	金	14
	지	芝	영지 버섯	艸	8	木	8		척	倜	높이들 대범할	人	10	火	13
	지	紙	종이, 장 신문	糸	10	木	11		천	倩	예쁠 입모양예쁜	人	10	火	12
	지	祗	공경할	示	10	金	12		철	哲	밝을 슬기	口	10	水	12
	지	指	손발가락 가리킬	手	9	木	13		철	埑	밝을, 결단 슬기로울	土	10	土	11
	지	矩	知(8)동자 알, 슬기	矢	10	金	12		축	畜	저축, 가축 기를	田	10	土	13
	진	畛	밭두렁 밭 지경	田	10	土	11		축	祝	빌, 기원 축하, 하례	示	10	金	13
	진	眞	참 본질	目	10	木	14		출	秫	차조, 찹쌀 찰수수	禾	10	木	12
	진	真	眞(10)속자 참, 본질	目	10	木	11		치	致	이를, 보낼 면밀, 다할	至	10	土	11
	진	珍	보배, 귀할	玉	9	金	9		치	値	값, 가치 즈음, 당번	人	10	火	12
	진	秦	진나라 벼이름	禾	10	木	10		침	針	바늘, 침 찌를	金	10	金	10
	진	津	나루, 인연 윤택, 수단	水	9	水	10		침	砧	다듬잇돌 모탕	石	10	金	12
	진	晋	晉(10)속자 나아갈, 누를	日	10	火	11		칭	秤	저울 공평할	禾	10	木	10
	진	晉	나아갈 누를	日	10	火	13		탁	倬	클 환할	人	10	火	11
	질	秩	차례, 벼슬, 녹봉, 항상	禾	10	木	10		탁	託	부탁할 의지할	言	10	金	13
	짐	朕	나, 짐 조짐, 징조	月	10	水	13		탐	耽	즐길, 처질 빠질	耳	10	火	13
	차	借	빌릴 가령	人	10	火	11		태	珆	옥무늬 옥이름	玉	9	金	11
	차	差	다를, 선택 파견, 한탄	工	10	火	10		태	娩	아름다울 기뻐할	女	10	土	15

획수	음	한자	뜻	부수	실획	자원	곡획	획수	음	한자	뜻	부수	실획	자원	곡획
10 (水)	토	討	칠, 찾을 다스릴	言	10	金	12	10 (水)	행	倖	요행, 아첨 사랑, 총애	人	10	火	10
	통	洞	밝을, 통달 꿰뚫을	水	9	水	12		향	晑	밝을	日	10	火	14
	투	套	덮개 전례	大	10	木	11		헌	軒	처마, 집 오를	車	10	火	11
	특	特	특히, 수컷 뛰어날, 짝	牛	10	土	11		현	峴	산이름 고개	山	10	土	14
	파	玻	유리	玉	9	金	11		현	玹	옥돌 옥빛	玉	9	金	11
	파	破	깨뜨릴 흩뜨릴	石	10	金	13		협	峽	골짜기 시내	山	10	土	11
	파	芭	파초 풀이름	艸	8	木	11		혜	惠	惠(12)약자 은혜, 베풀	心	10	火	12
	패	唄	찬불 염불소리	口	10	水	12		호	芦	芐(9)동자 지황, 부들	艸	8	木	9
	팽	砰	돌소리 불결소리	石	10	金	11		호	祜	복, 행복 복록	示	10	金	11
	폄	砭	돌침, 경계 계명	石	10	金	11		홀	笏	홀 수판	竹	10	木	12
	포	圃	밭 채전	口	10	水	13		홍	洪	넓을, 클 큰 물, 여울	水	9	水	9
	표	俵	흩을, 헤칠 나누어줄	人	10	火	11		홍	晎	날밝으려할 먼동이틀	日	10	火	11
	표	豹	표범	豸	10	水	13		홍	烘	화롯불, 땔 밝을, 말릴	火	10	火	10
	하	夏	여름 중국	夂	10	火	12		화	俰	화할 뜻이맞을	人	10	火	11
	합	盍	덮을 합할	皿	10	金	12		화	花	꽃, 비녀 기생, 비용	艸	8	木	10
	항	恒	恆(10)속자 항상, 영구	心	9	火	10		환	桓	굳셀, 클 머뭇거릴	木	10	木	11
	항	航	배, 방주 날, 항해	舟	10	木	15		활	活	살, 생존 소생, 응용	水	9	水	10
	항	恆	항상 영구	心	9	火	10		황	晃	밝을, 빛날	日	10	火	13
	해	晐	갖출, 충분 햇빛비칠	日	10	火	12		황	晄	晃(10)동자 밝을, 빛날	日	10	火	13
	핵	核	씨, 핵심 견실, 엄할	木	10	木	11		황	恍	황홀할 명할	心	9	火	11

획수	음	한자	뜻	부수	실획	자원	곡획	획수	음	한자	뜻	부수	실획	자원	곡획
10 (水)	회	恢	넓을 넓힐	心	9	火	9	**11** (木)	강	康	편안할 튼튼할	广	11	木	13
	효	虓	범이울 포효할	虍	10	木	18		강	堈	언덕 항아리	土	11	土	14
	효	效	본받을 힘쓸	攵	10	金	10		강	強	강할 힘쓸	弓	11	金	17
	후	候	철, 염탐할 기후, 물을	人	10	火	11		거	袪	소매 떠날	衣	10	木	12
	훈	訓	가르칠 새길, 따를	言	10	金	11		건	乾	하늘 건괘	乙	11	金	15
	뢴	烜	빛날, 밝을 마를	火	10	火	11		건	健	굳셀 튼튼할	人	11	火	14
	휴	烋	아름다울 기세 좋을	火	10	火	10		게	偈	쉴 불시, 가타	人	11	火	15
	휼	恤	근심할 동정할	心	9	火	10		견	牽	끌 이끌	牛	11	土	14
	흉	洶	물소리 물살세찰	水	9	水	12		견	堅	굳을 굳셀	土	11	土	14
	흘	訖	미칠, 이를 거문고	言	10	金	14		결	訣	비결, 이별 헤어질	言	11	金	13
	흡	恰	흡사, 융화 마치, 꼭	心	9	火	10		경	烱	빛날	火	11	火	15
	흡	洽	두루미칠 화목할	水	9	水	10		경	竟	마칠, 지경 마침내	立	11	金	14
11 (木)	가	苛	잔풀 매울	艸	9	木	11		경	涇	통할 곧을	水	10	水	13
	가	耞	도리깨	耒	11	金	14		경	絅	끌어죌 엄할, 홑옷	糸	11	木	16
	가	袈	가사 승려옷	衣	11	木	15		경	頃	잠깐 기울	頁	11	火	14
	가	茄	연 연줄기	艸	9	木	12		경	梗	막힐 굳셀	木	11	木	12
	각	桷	서까래	木	11	木	14		계	械	기구 형틀	木	11	木	12
	갈	秸	볏짚 새이름	禾	11	木	12		계	啓	열 인도할	口	11	水	13
	감	勘	헤아릴 정할	力	11	土	15		고	苦	쓸 괴로울	艸	9	木	10
	감	紺	감색 야청빛	糸	11	木	13		고	皐	언덕 늪	白	11	水	12

획수	음	한자	뜻	부수	실획	자원	곡획	획수	음	한자	뜻	부수	실획	자원	곡획
11 (木)	곡	斛	헤아릴 휘	斗	11	火	14	11 (木)	군	捃	주울 취할	手	10	木	13
	곤	捆	두드릴	手	10	木	12		굴	堀	굴 땅굴	土	11	土	14
	곤	崐	곤륜산 산이름	山	11	土	16		굴	崛	우뚝할 우뚝솟을	山	11	土	15
	곤	梱	문지방 두드릴	木	11	木	12		권	眷	돌볼, 은혜 친척	目	11	木	12
	곤	悃	정성	心	10	火	11		권	圈	둘레 동그라미	囗	11	水	16
	공	珙	옥 구슬	玉	10	金	10		규	硅	규소 깨뜨릴	石	11	金	12
	관	梡	도마, 땔나무 장작	木	11	木	14		규	珪	서옥 홀	玉	10	金	10
	관	貫	꿸 익숙할	貝	11	金	14		규	規	법 사로잡을	見	11	火	14
	광	珖	옥피리 옥이름	玉	10	金	12		근	近	가까울 사랑할	辶	8	土	9
	광	滉	용솟음칠 빨리흐름	水	10	水	12		기	崎	험할 어려울	山	11	土	14
	교	皎	달빛 흴	白	11	金	12		기	基	터기 근본	土	11	土	11
	교	教	가르칠, 학교	攴	11	金	13		기	既	이미 다할	无	11	水	17
	교	敎	教(11)속자 가르칠, 학교	攴	11	金	13		기	寄	부칠 의지할	宀	11	木	14
	구	毬	공, 제기 공모양	毛	11	火	14		기	埼	갑, 해안머리 언덕머리	土	11	土	13
	구	救	구원할 도울	攴	11	金	12		나	梛	나무이름 전할, 난할	木	11	木	15
	구	區	구역 나눌	匸	11	土	15		나	挪	옮길 문지를	手	10	木	15
	구	耉	명길 오래살	老	9	土	12		나	那	어찌 편안할	邑	7	土	11
	구	釦	금테두를 구슬박을	金	11	金	12		날	捏	이길 주워모을	手	10	木	12
	구	苟	진실로 구차할	艸	9	木	12		노	笯	새장 새기를	竹	11	木	12
	국	國	나라, 고향 서울	囗	11	水	14		누	㖃	젖먹을 젖을줄	口	11	水	16

획수	음	한자	뜻	부수	실획	자원	곡획	획수	음	한자	뜻	부수	실획	자원	곡획
11 (木)	눌	訥	과묵할 입 무거울	言	11	金	14	11 (木)	령	翎	새깃 화살깃	羽	11	火	17
	닉	匿	숨을 숨길	匚	11	水	12		령	聆	들을, 나이 깨달을	耳	11	火	13
	단	袒	웃벗어멜 웃통벗을	衣	10	木	12		령	羚	큰양 영양	羊	11	土	13
	담	埮	평평한	土	11	土	11		로	鹵	소금 염밭	鹵	11	水	12
	당	堂	집 당당할	土	11	土	13		록	鹿	사슴 산기슭	鹿	11	土	15
	대	帶	띠, 찰 근처	巾	11	木	15		료	聊	애로라지 의지, 이명	耳	11	火	14
	대	袋	자루 주머니	衣	11	木	13		루	累	포갤 누끼칠	糸	11	木	14
	동	動	움직일 동물	力	11	水	14		루	婁	별이름 빌	女	11	土	14
	두	兜	투구 두건	儿	11	金	16		류	流	흐를 귀양보낼	水	10	水	13
	득	得	얻을, 탐할 깨달을	彳	11	火	13		륜	崙	곤륜산	山	11	土	14
	락	珞	구슬목걸이 옥돌	玉	10	金	12		률	率	비율 제한	玄	11	火	13
	람	嫏	예쁠 예쁜모양	女	11	土	12		륵	勒	굴레 자갈	力	11	金	14
	랑	烺	빛밝을 밝고환한	火	11	火	13		리	浬	해리 해상거리	水	10	水	11
	랑	朗	밝을 맑을	月	11	水	15		리	梨	배나무 배	木	11	木	12
	랑	浪	물결 방자할	水	10	水	12		리	涖	임할 다스릴	水	10	水	10
	래	徠	올 위로할	彳	11	火	11		립	笠	삿갓 우산	竹	11	木	11
	래	崍	산이름	山	11	土	12		립	粒	낟알, 쌀알 쌀밥먹을	米	11	木	11
	략	畧	다스릴 대략	田	11	土	14		마	麻	삼 참깨	麻	11	木	13
	략	略	간약할 다스릴	田	11	土	14		만	晩	저물 늦을	日	11	火	16
	량	梁	들보 징검돌	木	11	木	13		만	曼	길뻗을 아름다울	日	11	土	14

획수	음	한자	뜻	부수	실획	자원	곡획	획수	음	한자	뜻	부수	실획	자원	곡획
11 (木)	만	挽	당길 말릴	手	10	木	15	11 (木)	반	班	나눌 돌아갈	玉	10	金	10
	말	茉	말리 말리꽃	艸	9	木	9		방	邦	나라, 수도 봉할, 제후	邑	11	土	9
	망	望	바랄 보름	月	11	水	14		방	訪	찾을, 방문 물을, 정찰	言	11	金	14
	매	梅	매화나무 매우, 장마	木	11	木	14		배	培	북돋울 가꿀	土	11	土	12
	맥	麥	보리 귀리	麥	11	木	12		범	釩	떨칠, 그릇 잔	金	11	金	14
	멱	覓	찾을 곁눈질	見	11	火	14		범	梵	범어 불경	木	11	木	15
	면	冕	면류관 관을 쓸	冂	11	木	16		병	屛	병풍, 가릴 물리칠	尸	11	水	12
	모	茅	띠, 띠집 깃발, 두름	艸	9	木	12		보	珤	寶(20)고자 보배, 국새, 돈	玉	10	金	11
	모	眸	눈 눈동자	目	11	木	13		봉	烽	봉화 경계	火	11	火	12
	묘	苗	모, 모종 핏줄, 백성	艸	9	木	10		부	符	부호, 증거 부적, 예언서	竹	11	木	12
	무	務	일, 권면 정사, 업무	力	11	土	16		부	副	버금, 도울 둘째, 부본	刀	11	金	14
	무	茂	무성할 빼어날	艸	9	木	10		부	埠	부두 선창	土	11	土	13
	문	問	물을 찾을	口	11	水	15		부	趺	책상다리할 발등, 받침	足	11	土	12
	민	敏	민첩할 공손할	攵	11	金	14		불	紱	인끈, 인수 제복, 입을	糸	11	木	13
	밀	密	빽빽할 은밀할	宀	11	木	14		비	奜	클	大	11	木	11
	박	舶	배, 선박 옷깃	舟	11	木	14		비	埤	더할 낮은 낮은담	广	11	土	13
	박	粕	지개미 자강	米	11	木	12		빈	彬	빛날 밝을	彡	11	火	11
	반	絆	줄 읽아맬	糸	11	木	13		빈	邠	나라이름 문채성할	邑	7	土	11
	반	返	돌아올 갚을	辵	8	土	10		사	徙	옮길 넘길	彳	11	火	11
	반	胖	희생 안심	肉	9	水	11		사	梭	북 베짜는북	木	11	木	15

획수	음	한자	뜻	부수	실획	자원	곡획	획수	음	한자	뜻	부수	실획	자원	곡획
11 (木)	사	赦	용서할 사면할	赤	11	火	12	11 (木)	설	雪	눈, 눈올 씻을	雨	11	水	13
	사	斜	기울 비스듬할	斗	11	火	12		설	設	베풀 설령	言	11	金	16
	산	産	낳을, 기를 출신, 재산	生	11	木	11		섭	涉	건널 겪을	水	10	水	11
	산	産	産(11)동자 낳을, 자산	生	11	木	11		성	晠	晟(11)동자 빛날, 찬미	日	11	火	14
	삼	參	석, 셋 인삼	厶	11	火	14		성	晟	晟(11)속자 빛날, 찬미	日	11	火	14
	상	商	장사, 장수 몫, 헤아릴	口	11	水	15		성	晟	빛날 찬미	日	11	火	14
	상	爽	시원할 밝을, 굳셀	爻	11	火	11		세	彗	혜성, 비 총명할	크	11	火	12
	상	常	항상, 범상 떳떳할	巾	11	木	15		세	涗	잿물 맑을 미온탕	水	10	水	14
	상	祥	상서로울 재앙, 제사	示	11	金	11		세	細	가늘 자세할	糸	11	木	14
	생	笙	생황, 악기 대자리	竹	11	木	11		소	巢	새집, 망루 집지을	巛	11	水	15
	서	偦	재주있을 도둑잡을	人	11	火	14		소	紹	이을 소개할	糸	11	木	16
	서	敍	敍(11)속자 펼, 차례	攵	11	金	12		솔	率	거느릴 소탈, 경솔	玄	11	火	13
	서	恕	기뻐할 느슨해질	心	11	火	13		숙	宿	별자리 지킬, 성수	宀	11	木	13
	서	胥	서로 함께	肉	9	土	12		숙	孰	누구, 익을 정통, 익숙	子	11	水	16
	서	庶	무리 서민	广	11	木	11		숙	宿	묵을, 지킬 당직, 숙소	宀	11	木	13
	서	敍	펼 차례	攵	11	金	13		순	珣	옥이름 옥그릇	玉	10	金	13
	선	旋	돌릴 돌아올	方	11	木	14		술	術	재주, 사업 술수, 학문	行	11	火	14
	선	船	재, 선박 술잔	舟	11	木	17		숭	崧	산이름 우뚝솟을	山	11	土	13
	선	珗	옥돌	玉	10	金	12		숭	崇	높을, 존중 채울, 마칠	山	11	土	14
	설	偰	맑을 깨끗할	人	11	火	13		쉬	淬	담금질할 물들, 범할	水	10	水	10

획수	음	한자	뜻	부수	실획	자원	곡획	획수	음	한자	뜻	부수	실획	자원	곡획
11 (木)	습	習	익힐, 연습 앙감질	羽	11	火	16	11 (木)	어	御	모실 부릴	彳	11	火	14
	시	匙	숟가락 열쇠	匕	11	金	14		어	唹	웃을 웃음지을	口	11	水	14
	시	偲	굳셀, 재능 책선할	人	11	火	13		엄	崦	산이름	山	11	土	15
	식	埴	찰흙 점토	土	11	土	13		여	悆	잊을, 편안 기뻐할	心	11	火	13
	신	晨	새벽, 시일 별이름	日	11	火	13		역	域	지경 나라	土	11	土	13
	신	紳	큰띠 벼슬아치	糸	11	木	14		연	涓	물방울 깨끗할	水	10	水	13
	실	悉	다, 갖출 깨달을, 펼	心	11	火	12		연	硏	갈, 벼루 연구할	石	11	金	12
	아	婀	아름다울	女	11	土	16		연	軟	연할 약할	車	11	火	13
	악	堊	백토 회칠할	土	11	土	15		열	悅	기쁠, 사랑 심복할	心	10	火	14
	안	婩	고울	女	11	土	13		영	迎	맞이할 맞출	辵	8	土	12
	암	庵	암자 초막	广	11	木	14		영	英	꽃부리 명예, 재주	艸	9	木	10
	애	崖	모날 낭떠러지	山	11	土	12		오	梧	오동나무 책상, 기둥	木	11	木	12
	애	焕	빛날, 더울 이글이글할	火	11	火	12		오	悟	깨달을 슬기로울	心	10	火	12
	애	崕	벼랑, 언덕 경계, 물가	山	11	土	12		오	晤	만날, 총명 밝을, 대면	日	11	火	14
	야	倻	가야 나라이름	人	11	火	13		와	媧	날쌘할	女	11	土	13
	야	捓	놀릴 희롱	手	10	木	15		완	婠	품성 좋을 예쁠, 살찔	女	11	土	15
	야	若	반야, 난야	艸	9	木	10		완	婉	아름다울 순할	女	11	土	18
	야	野	들, 문밖 민간	里	11	土	15		완	浣	씻을, 말미 열흘	水	10	水	13
	약	若	같을, 만일 어조사	艸	9	木	10		외	偎	어렴풋할 친근할	人	11	火	13
	어	魚	고기, 어대 고기잡을	魚	11	水	13		요	偠	호리호리할 단아할	人	11	火	13

획수	음	한자	뜻	부수	실획	자원	곡획	획수	음	한자	뜻	부수	실획	자원	곡획
11 (木)	욕	浴	목욕 미역감길	水	10	水	11	11 (木)	이	異	다를 이상할	田	11	土	12
	욕	欲	하고자할 욕심	欠	11	金	13		이	珥	귀고리 해무리	玉	10	金	10
	용	庸	고용할 범상할	广	11	木	14		익	翌	이튼날 명일	羽	11	火	15
	용	涌	솟을 오를	水	10	水	13		익	翊	도울, 공경 삼갈, 날개	羽	11	火	15
	우	偶	짝, 짝수 만날, 배필	人	11	火	14		인	稇	벼꽃	禾	11	木	12
	욱	勖	힘쓸, 노력 권면할	力	11	土	15		인	寅	범, 동관 공경, 당길	宀	11	木	13
	원	婉	고을 아름다울	女	11	土	18		임	訨	생각할	言	11	金	12
	원	苑	동산 문채날	艸	9	木	14		자	瓷	오지그릇 사기그릇	瓦	11	土	16
	위	偉	클, 기여할 성할, 위대	人	11	火	14		자	者	놈, 장소 무리, 사람	老	9	土	10
	위	尉	벼슬, 편안 위로할	寸	11	土	14		자	紫	자줏빛 자줏빛옷	糸	11	木	16
	유	唯	오직, 다만 대답할	口	11	水	12		작	雀	참새 공작새	隹	11	火	12
	유	悠	멀 한가할	心	11	火	12		장	張	베풀 펼	弓	11	金	16
	유	聊	고요할	耳	11	木	15		장	將	장수 장차	寸	11	土	14
	유	婑	아리따울 날씬할	女	11	土	13		장	帳	휘장 장부	巾	11	木	14
	육	堉	기름진땅	土	11	土	14		장	章	글, 조목 표지, 단락	立	11	金	12
	윤	胤	이을 자손	肉	9	水	14		저	紵	모시 모시베	糸	11	木	15
	은	珢	옥돌 옥무늬	玉	10	金	12		적	寂	고요할 막막할	宀	11	木	14
	은	訢	화평할	言	11	金	12		적	笛	피리, 저 대나무	竹	11	木	12
	읍	挹	뜰, 당길 권장할	手	10	木	15		전	專	오로지 홀로, 전일	寸	11	土	13
	이	移	옮길, 변할 연루, 베풀	禾	11	木	17		절	浙	쌀 씻을 강이름	水	10	水	11

획수	음	한자	뜻	부수	실획	자원	곡획	획수	음	한자	뜻	부수	실획	자원	곡획
11 (木)	절	晢	밝을, 총명 슬기로울	日	11	火	13	11 (木)	조	窕	조용할 아리따울	穴	11	水	15
	점	粘	붙을 끈끈할	米	11	木	12		족	族	겨레 무리	方	11	木	13
	정	彭	청정할	靑	11	木	13		종	從	쫓을, 세로 종사할	彳	11	火	11
	정	桯	기둥 서안	木	11	木	12		주	胄	자손, 맏아들	肉	9	水	12
	정	偵	염탐, 정탐 염탐꾼	人	11	火	12		주	珘	옥, 구슬 사람이름	玉	10	金	12
	정	婧	날씬할 단정할	女	11	土	14		주	晝	낮, 정오 땅이름	日	11	火	13
	정	旌	기장목	方	11	木	13		주	紸	댈 서로 닿을	糸	11	木	13
	정	頂	이마 꼭대기	頁	11	火	13		주	紬	명주	糸	11	木	14
	정	停	머무를 멈출, 정비	人	11	火	14		주	珠	구슬, 진주 방울, 붉은	玉	10	金	10
	정	挺	뽑을 빼어날	手	10	木	13		준	埻	과녁, 법 표준, 기준	土	11	土	14
	제	晢	별빛날 총명, 슬기	日	11	火	13		준	晙	밝을 이를	日	11	火	16
	제	梯	사다리 기댈, 새싹	木	11	木	15		준	浚	깊을, 맑을 준설할	水	10	水	14
	제	悌	화락할 공손할	心	10	火	14		줄	茁	풀싹 성할	艸	9	木	11
	제	第	집, 차례 과거	竹	11	木	15		지	趾	발, 터 발가락	足	11	土	12
	조	眺	살필 바라볼	目	11	木	14		진	珒	옥이름	玉	10	金	11
	조	曹	무리 마을	日	11	土	13		진	振	떨칠, 건질 정돈할	手	10	木	12
	조	彫	새길, 꾸밀 시들	彡	11	火	14		질	窒	막힐 막을	穴	11	水	14
	조	鳥	새, 봉황 별이름	鳥	11	火	14		집	執	잡을 막을	土	11	土	13
	조	條	가지, 조리 법규	人	11	木	11		착	捉	잡을, 체포 지탱할	手	10	木	12
	조	組	끈 짤	糸	11	木	14		참	參	참여, 관계 섞일, 탄핵	厶	11	火	14

획수	음	한자	뜻	부수	실획	자원	곡획	획수	음	한자	뜻	부수	실획	자원	곡획
	창	唱	부를 노래	口	11	水	14		타	舵	선박키	舟	11	木	16
	창	窓	창 창문	穴	11	水	16		탐	貪	탐할, 탐욕 희망, 자초	貝	11	金	13
	채	婇	여자이름	女	11	土	12		태	苔	이끼	艸	9	木	11
	채	彩	무늬 채색	彡	11	火	11		태	埭	보둑	土	11	土	13
	채	釵	비녀 인동덩굴	金	11	金	12		통	桶	통 용기	木	11	木	14
	채	寀	采(8)동자 녹봉, 채지	宀	11	木	12		퇴	堆	흙무더기 쌓을	土	11	土	11
	책	筞	책, 칙서 점대, 채찍	竹	11	木	13		판	販	팔 장사할	貝	11	金	13
	책	責	꾸짖을 책임	貝	11	金	12		패	浿	물가 물이름	水	10	水	11
	처	處	곳 머무를	虍	11	土	17		패	珮	찰	玉	10	金	14
11 (木)	천	阡	길, 일천 무성할	阜	6	土	8	11 (木)	포	捕	잡을 구할	手	10	木	13
	천	釧	팔찌	金	11	金	11		포	晡	신시 저녁나절	日	11	火	14
	철	悊	공경할 지혜로울	心	11	火	13		포	浦	개펄, 물가 바닷가	水	10	水	12
	첨	甜	달 낮잠	甘	11	土	12		표	票	쪽지, 불똥 훌쩍날릴	示	11	火	13
	청	婧	날씬할 단정할	女	11	土	14		표	彪	범, 문채날 빛날, 선명	彡	11	火	15
	초	釥	좋은 아름다울	金	11	金	12		필	苾	향내 향기	艸	9	木	10
	촌	邨	마을 시골	邑	7	土	12		필	畢	그물, 마침 다할	田	11	土	12
	최	崔	높을, 헛될 뒤섞일	山	11	土	12		핍	偪	다가올 핍박, 행전	人	11	火	13
	충	琉	귀고리	玉	10	金	13		한	捍	막을, 지킬 팔찌	手	10	木	12
	측	側	곁, 기울 어렴풋할	人	11	火	13		함	唅	머금을 품을	口	11	水	15
	치	梔	치자나무	木	11	木	14		합	盒	합 그릇	皿	11	金	13

획수	음	한자	뜻	부수	실획	자원	곡획	획수	음	한자	뜻	부수	실획	자원	곡획
11 (木)	해	偕	함께, 맞을 군셀	人	11	火	15	11 (木)	호	娓	재치 있을 영리할	女	11	土	16
	해	海	바다 해수	水	10	水	13		호	毫	붓, 잔털 조금	毛	11	火	15
	향	珦	옥이름 구슬	玉	10	金	13		혼	婚	혼인할 처가, 사돈	女	11	土	15
	허	許	허락, 바랄 약속, 약혼	言	11	金	12		화	貨	재화, 팔 뇌물줄	貝	11	金	14
	혁	焃	빛날, 붉을 화낼, 가물	火	11	火	12		환	晥	밝을, 환할 땅이름	日	11	火	15
	현	晛	일광 햇빛	日	11	火	15		황	凰	봉새 봉황새	几	11	木	14
	현	舷	뱃전	舟	11	木	15		회	悔	뉘우칠 과오, 갈봄	心	10	火	13
	현	絃	줄, 탈 현악기	糸	11	木	15		효	娬	재치있을 영리할	女	11	土	16
	현	衒	자랑할 팔, 선전	行	11	火	14		효	涍	물가 물이름	水	10	水	12
	협	挾	낄, 만날 두루 미칠	手	10	木	11		후	珝	옥이름	玉	10	金	14
	협	悏	쾌할, 맞을 만족할	心	10	火	10		휴	畦	지경 밭두둑	田	11	土	12
	협	浹	두루 미칠 일주, 젖을	水	10	水	10		희	烯	밝을 마를	火	11	火	13
	형	邢	나라이름 땅이름	邑	7	土	9		희	晞	마를 밝을	日	11	火	14
	형	珩	패옥, 갓끈 노리개	玉	10	金	11	12 (木)	가	軻	굴래 차축	車	12	火	15
	혜	詤	진실한말 정성의말	言	11	金	16		가	迦	부처이름	辵	9	土	13
	혜	彗	살별, 혜성 총명, 비	크	11	火	12		가	街	거리 한길	行	12	火	13
	호	瓠	단지 표주박	瓜	11	木	15		각	殼	껍질 내려칠	殳	12	金	19
	호	浩	넓을 넉넉할	水	10	水	11		간	稈	짚 볏짚	禾	12	木	13
	호	扈	따를 넓을	戶	11	木	16		간	間	사이 이간할	門	12	土	16
	호	晧	빛날 해뜰	日	11	火	13		감	敢	군셀 감히	攴	12	金	14

획수	음	한자	뜻	부수	실획	자원	곡획	획수	음	한자	뜻	부수	실획	자원	곡획
	감	酣	즐길 한참 성할	酉	12	金	14		광	絖	솜 솜옷	糸	12	木	16
	감	堪	견딜 하늘	土	12	土	14		광	筐	침상 광주리	竹	12	木	13
	강	强	强(11)속자 강할, 힘쓸	弓	12	金	18		괘	掛	걸 걸쳐놓을	手	11	木	12
	개	開	열 깨우칠	門	12	火	15		괴	傀	클 성할	人	12	火	13
	개	凱	이길 착할	几	12	木	17		교	喬	높을 교만할	口	12	水	16
	갱	硜	돌소리 경쇠소리	石	12	金	16		교	窖	움, 움집 구멍	穴	12	水	15
	거	距	떨어질 막을	足	12	土	14		구	球	구슬, 공 경석	玉	11	金	12
	건	湕	물이름	水	11	水	15		구	邱	언덕, 구릉 땅이름	邑	8	土	10
	걸	傑	준걸 뛰어날	人	12	火	14		굴	掘	팔 파낼	手	11	土	15
	검	鈐	비녀장 자물쇠	金	12	金	13		굴	淈	흐릴	水	11	水	14
12 (木)	겁	迲	갈 자내	辵	9	土	11	12 (木)	권	淃	물돌아흐를 물모양	水	11	水	15
	결	結	맺을 마칠	糸	12	木	15		권	捲	거둘 힘쓸	手	11	木	16
	경	景	볕, 빛 경치 밝을	日	12	火	15		궐	厥	속일 짧을	厂	12	土	14
	경	卿	벼슬 선생	卩	12	木	16		귀	貴	귀할 값비쌀	貝	12	金	14
	경	硬	강할 단단할	石	12	金	14		귀	晷	햇빛 해그림자	日	12	火	15
	계	堺	界(9)속자 지경, 경계	土	12	土	13		균	鈞	고를, 놀로 서른조	金	12	金	14
	계	堦	섬돌, 층계 사다리	土	12	土	16		극	戟	창 갈라진창	戈	12	金	14
	고	雇	품팔, 품살 고용할	隹	12	火	13		근	筋	힘줄, 살 정맥, 힘	竹	12	木	16
	공	控	당길 고할	手	11	木	14		급	給	줄, 베풀 선사, 하사	糸	12	木	15
	관	款	정성 사랑할	欠	12	金	14		기	期	때 기약할	月	12	水	14

획수	음	한자	뜻	부수	실획	자원	곡획	획수	음	한자	뜻	부수	실획	자원	곡획
12 (木)	기	幾	빌기, 바랄 얼마	幺	12	火	17	12 (木)	담	淡	엷을 싱거울	水	11	水	11
	기	淇	물이름 강이름	水	11	水	11		답	答	대답할 갚을	竹	12	木	13
	기	朞	돌 아기돌	月	12	水	14		당	棠	해당화 팥배나무	木	12	木	14
	기	棋	바둑 장기	木	12	木	12		대	貸	빌릴 줄	貝	12	金	14
	끽	喫	마실 끽 먹을 끽	口	12	水	15		덕	悳	德(15)고자 덕, 인품	心	12	火	15
	나	旐	깃발펄럭일	方	12	木	16		도	堵	담 담장	土	12	土	13
	날	捺	누를, 삐침 조장찍을	手	11	木	13		도	棹	노 노저을	木	12	木	13
	남	喃	재잘거릴 글읽는소리	口	12	水	15		도	掉	흔들 움직일	手	11	木	13
	녁	惄	허출한 근심, 생각	心	12	火	14		도	淘	일 씻을	水	11	水	14
	념	捻	비틀 집어들	手	11	木	14		돈	敦	도타울 힘쓸	攴	12	金	15
	념	惗	사랑할 생각할	心	11	火	13		돈	惇	도타울 진심	心	11	火	14
	뇨	淖	진흙, 이토 온화할	水	11	水	12		돈	焞	귀갑태우는불	火	12	火	15
	뉴	鈕	손잡이 꼭지	金	12	金	13		돌	堗	부엌 창 구들, 굴뚝	土	12	土	15
	능	能	능할 재능	肉	10	水	17		동	棟	마룻대 들보	木	12	木	13
	다	茶	차 차나무	艸	10	木	10		동	童	아이, 종 대머리	立	12	金	13
	다	窞	깊을 깊은모양	穴	12	水	15		두	阧	치솟을 가파를	阜	7	土	9
	단	單	홀로 클	口	12	水	15		둔	鈍	무딜 굼뜰	金	12	金	15
	단	短	짧을 허물	矢	12	金	17		등	登	오를 나아갈	癶	12	火	14
	담	覃	퍼질 넓을	襾	12	金	14		등	等	무리 등급	竹	12	木	13
	담	啿	넉넉할 많은	口	12	水	14		라	喇	나팔 승려	口	12	水	15

획수	음	한자	뜻	부수	실획	자원	곡획	획수	음	한자	뜻	부수	실획	자원	곡획
	락	絡	두를 묶을	糸	12	木	16		맹	猛	사나울 엄할	犬	11	土	15
	람	嵐	남기 산바람	山	12	土	16		면	棉	목화 목화솜	木	12	木	15
	랑	硠	돌소리 우뢰소리	石	12	金	15		명	楡	홈통 절이름	木	12	木	15
	래	淶	강이름 고을이름	水	11	水	11		명	茗	차, 차싹 차나무	艸	10	木	12
	량	涼	서늘할 맑을	水	11	水	13		모	帽	모자, 두건 붓뚜껑	巾	12	木	16
	량	量	양, 기량 헤아릴	里	12	火	14		무	無	없을 아닐	火	12	火	12
	량	喨	소리맑을	口	12	水	17		무	貿	바꿀 장사할	貝	12	金	16
	렬	裂	찢을 자투리	衣	12	木	15		무	珷	옥돌 옥돌이름	玉	11	金	13
	로	勞	수고할 노곤할	力	12	火	15		문	雯	구름무늬	雨	12	水	13
12 (木)	류	硫	유황	石	12	金	16	12 (木)	미	媚	아첨할 사랑할	女	12	土	15
	류	琉	유리	玉	11	金	14		미	嵋	산 깊은산	山	12	土	13
	륜	淪	물놀이 잔물결	水	11	水	13		미	嵋	산이름	山	12	土	15
	륜	掄	가릴, 선택 꿰뚫을	手	11	木	14		미	媄	예쁠, 고울 아름다울	女	12	土	13
	리	理	다스릴 이치, 도리	玉	11	金	12		민	閔	위문할 근심할	門	12	木	15
	리	犂	얼룩소	牛	12	土	14		박	博	넓을, 많을 노름	十	12	水	14
	림	棽	무성할	木	12	木	13		박	迫	다그칠 닥칠	辵	9	土	11
	림	晽	알고자할	日	12	火	13		반	斑	얼룩 아롱질	文	12	木	12
	매	媒	중매 중개자	女	12	土	13		발	發	펼, 쏠, 떠날 드러날	癶	12	火	21
	매	買	살 구매할	貝	12	金	14		발	跋	밟을 갈	足	12	土	13
	매	脈	맥 연달음	肉	10	水	13		방	傍	곁, 옆 가까이	人	12	火	15

획수	음	한자	뜻	부수	실획	자원	곡획	획수	음	한자	뜻	부수	실획	자원	곡획
12 (木)	방	防	막을, 둑 방죽, 요새	阜	7	土	12	12 (木)	빈	斌	빛날 아롱질	文	12	木	13
	배	排	물리칠 늘어설	手	11	木	12		사	斯	쪼갤 떠날	斤	12	金	12
	배	焙	불에쬘 배롱	火	12	火	13		사	絲	실, 명주실 생사, 견사	糸	12	木	16
	번	番	차례, 짝 횟수	田	12	土	13		사	捨	버릴 베풀	手	11	木	13
	벌	筏	뗏목, 떼 큰배	竹	12	木	13		사	奢	사치할 넉넉할	大	12	木	13
	병	棅	자루 권세	木	12	木	13		사	詞	말, 말씀 글, 고할	言	12	金	16
	보	堡	작은성 방죽, 둑	土	12	土	13		산	傘	우산 일산	人	12	火	12
	보	普	넓을 나라이름	日	12	火	13		삼	森	빽빽할 심을, 성할	木	12	木	12
	보	報	갚을, 아릴 나아갈	土	12	土	15		삽	鈒	창, 새길 아로새길	金	12	金	14
	복	復	회복할 돌아올	彳	12	火	14		상	象	코끼리, 법 모양, 징후	豕	12	水	15
	봉	捧	반들 공경할	手	11	木	12		상	翔	날, 빙빙돌 상서로울	羽	12	火	16
	부	傅	스승, 도울 수표, 증서	人	12	火	15		서	舒	펼, 퍼질 드러낼	舌	12	火	16
	부	復	다시 중복될	彳	12	火	14		서	黍	기장 무게단위	黍	12	木	13
	복	富	부유할, 성할 부자, 행복	宀	12	木	15		서	棲	깃들일 살	木	12	木	14
	분	賁	클, 날랠 아름다울	貝	12	金	13		석	晳	밝을 분석할	日	12	火	13
	붕	棚	시렁 선반	木	12	木	16		선	善	착할, 친할 훌륭할	口	12	水	13
	비	棐	도울 얇을 광주리	木	12	木	12		선	琁	옥, 구슬 옥이름	玉	11	金	12
	비	扉	문짝, 가옥 사립문	戶	12	木	13		성	珹	옥이름 구슬이름	玉	11	金	13
	비	斐	문채날 문채	文	12	木	12		성	盛	盛(12)동자 성할, 담을	皿	12	火	15
	비	備	갖출 예방할	人	12	火	14		성	盛	성할 담을	皿	12	火	15

획수	음	한자	뜻	부수	실획	자원	곡획	획수	음	한자	뜻	부수	실획	자원	곡획
12 (木)	생	貹	재물 재물관리인	貝	12	金	13	12 (木)	순	舜	순임금 무궁화	舛	12	木	15
	세	貰	세낼 용서할	貝	12	金	14		술	述	펼, 말할 저술, 서술	辵	9	土	12
	세	稅	거둘 보낼	禾	12	木	16		쉬	焠	담금질 지질, 칭할	火	12	火	12
	소	邵	고을이름 아름다울	邑	8	土	13		승	勝	이길, 나을 뛰어날	力	12	土	16
	소	甦	蘇(16)동자 소생할, 모을	生	12	水	13		시	視	볼, 맡을 본받을	見	12	火	15
	소	傃	향할 분수지킬	人	12	火	14		시	媞	편안할 아름다울	女	12	土	14
	속	疎	트일 적을	疋	12	土	16		식	植	심을, 세울 번식, 식물	木	12	木	14
	속	粟	조, 벼 곡식	米	12	木	13		식	寔	이것, 방치 진실로	宀	12	木	14
	손	巽	부드러울 사양, 손괘	己	12	木	18		식	殖	번성할 불릴, 수립	歹	12	水	15
	손	飧	저녁밥 먹을	食	12	水	15		심	尋	찾을, 연구 토벌, 계승	寸	12	金	15
	송	淞	강이름 상고대	水	11	水	12		심	深	깊을 깊게할	水	11	水	13
	수	琇	옥돌 빛날	玉	11	金	15		아	硪	바위 산이높을	石	12	金	15
	수	授	줄, 전수 가르칠	手	11	木	14		아	皒	흰빛 흰색	白	12	金	15
	수	須	수염, 바랄 기다릴	頁	12	火	13		아	雅	바를 악기이름	隹	12	火	14
	숙	淑	착할, 맑을 사모할	水	11	水	13		악	幄	휘장 천막	巾	12	木	16
	순	荀	풀이름 사람이름	艸	10	木	13		애	捱	막을	手	11	木	12
	순	順	순할, 순응 가르칠	頁	12	火	13		애	涯	물가, 끝 근처, 단속	水	11	水	11
	순	焞	밝을 성할	火	12	火	15		어	馭	다스릴 말부릴	馬	12	火	15
	순	淳	순박할 맑을, 돈독	水	11	水	14		언	堰	방죽 막을	土	12	土	15
	순	循	돌, 질서 머뭇거릴	彳	12	火	13		엄	淹	담글 적실	水	11	水	14

획수	음	한자	뜻	부수	실획	자원	곡획	획수	음	한자	뜻	부수	실획	자원	곡획
12 (木)	역	暘	볕날 해반짝날	日	12	火	16	12 (木)	웅	雄	수컷, 굳셀 뛰어날	隹	12	火	13
	연	堧	빈터, 공지 상하전	土	12	土	14		원	阮	관청이름 나라이름	阜	7	土	11
	연	淵	못 깊을	水	11	水	14		원	媛	여자, 미인 예쁜, 궁녀	女	12	土	14
	연	硯	벼루	石	12	金	16		월	越	넘을, 지날 멀리할	走	12	火	16
	연	然	그럴, 불탈 허락, 명백	火	12	火	13		위	爲	할, 위할 다스릴	爪	12	金	16
	염	焰	불꽃, 불빛 불붙을	火	12	火	15		위	圍	둘레, 에울 포위, 아람	口	12	水	16
	영	詠	읊을, 시가 노래할	言	12	金	16		유	釉	광택, 보배 보물, 유빈	釆	12	金	13
	예	睿	叡(16)고자 밝을, 총명할	谷	12	火	14		유	惟	생각할 오직, 홀로	心	11	火	11
	오	琦	옥돌 옥빛	玉	11	金	13		유	庾	곳집 미곡창고	广	12	木	12
	완	涴	물 흐를 물 굽이칠	水	11	水	17		유	喩	깨달을 좋아할	口	12	水	17
	완	琓	서옥 사람이름	玉	11	金	14		윤	阭	높을	阜	7	土	12
	왜	媧	여신 사람이름	女	12	土	17		윤	閏	윤달, 잉여	門	12	火	15
	외	嵔	구불구불할 산이름	山	12	土	15		융	絨	융 고운배	糸	12	木	15
	외	嵬	산높을 높고 험할	山	12	土	15		의	椅	의자, 걸상 의나무	木	12	木	14
	요	堯	높을 요임금	土	12	土	14		이	娭	기쁨 즐거워할	女	12	土	19
	용	傛	아름다울 용화	人	12	火	14		이	貳	두, 변할 두마음	貝	12	金	14
	용	茸	우거질 녹용, 버섯	艸	10	木	10		이	貽	끼칠, 증여 전할, 남길	貝	12	金	15
	우	寓	부칠, 위탁 기탁, 우거	宀	12	木	16		인	靷	질길	革	12	金	17
	우	堣	모퉁이 땅이름	土	12	土	15		인	絪	기운, 깔개 기운이성한	糸	12	木	15
	운	雲	구름, 습기 높음, 많음	雨	12	水	14		일	壹	한, 오직 통일, 순박	士	12	木	14

획수	음	한자	뜻	부수	실획	자원	곡획	획수	음	한자	뜻	부수	실획	자원	곡획
12 (木)	임	紝	짤, 길쌈 명주, 비단	糸	12	木	14	**12** (木)	정	淨	깨끗할 밝을	水	11	水	13
	잉	剩	남을, 거세 길, 더욱	刀	12	金	15		정	晸	해뜰 해뜨는모양	日	12	火	14
	자	貲	재물, 자본 대속, 측량	貝	12	金	16		정	珽	옥이름 옥돌	玉	11	金	15
	자	茲	玆(10)동자 검을, 이에	艸	10	木	14		정	程	한도, 법 계량기, 길	禾	12	木	13
	잔	殘	남을 해칠	歹	12	水	15		정	珵	패옥 노리게	玉	11	金	12
	잔	棧	잔도 사다리	木	12	木	14		제	済	濟(18)속자 건널, 구제	水	11	水	11
	장	掌	손바닥 맡을	手	12	木	15		제	堤	둑 제방	土	12	土	13
	장	粧	단장할 화장, 분장	米	12	木	12		제	媞	편안할 아름다울	女	12	土	14
	장	場	마당, 때 장소, 무대	土	12	土	15		조	絩	실 수효 올, 명주	糸	12	木	16
	재	裁	결단, 판결 마름질할	衣	12	木	14		조	措	높을, 베풀 처리할	手	11	木	13
	저	貯	쌓을, 저축 상점, 행복	貝	12	金	15		조	棗	대추	木	12	木	16
	적	迪	나아갈 이끌	辵	9	土	11		조	詔	조서, 왕호 지도, 보좌	言	12	金	16
	전	荃	향초 통발	艸	10	木	10		조	朝	아침, 조정 정사, 문안	月	12	水	15
	전	奠	정할, 제물 제사	大	12	木	14		존	尊	높을, 어른 공경, 관리	寸	12	木	16
	절	絶	끊을 건널	糸	12	木	19		종	淙	물댈 물소리	水	11	水	13
	점	覘	엿볼 볼	見	12	火	16		종	棕	종려나무	木	12	木	14
	접	跕	밟을, 서행 떨어질	足	12	土	14		종	悰	즐길 즐거울	心	11	火	13
	접	接	접할, 모일 대접할	手	11	木	13		주	註	주해, 기록 해석, 물댈	言	12	金	13
	정	婷	예쁠 아리따울	女	12	土	16		주	賍	재물	貝	12	金	13
	정	晶	수정 맑을	日	12	火	12		주	絑	붉을 분홍색비단	糸	12	木	14

획수	음	한자	뜻	부수	실획	자원	곡획	획수	음	한자	뜻	부수	실획	자원	곡획
12 (木)	주	晭	밝을	日	12	火	17	12 (木)	책	策	꾀, 문서 대쪽	竹	12	木	13
	주	晭	햇빛	日	12	火	16		척	跖	발바닥 밟을	足	12	土	14
	죽	粥	죽, 미음 허약할	米	12	木	20		철	喆	밝을 슬기	口	12	水	14
	준	睿	叡(16)고자 준설할	谷	12	水	14		첨	添	더할 안주	水	11	水	12
	준	畯	농부 권농관	田	12	土	17		첩	捷	이길 빠를	手	11	木	13
	준	準	準(14)속자 법도, 본받을	氵	12	水	12		첩	貼	붙을 전당잡을	貝	12	金	14
	중	衆	무리, 군사 백성, 토지	血	12	水	13		청	晴	晴(12)동자 갤, 맑을	日	12	火	15
	증	曾	일찍 거듭	曰	12	火	15		청	睛	갤 맑을	日	12	火	14
	지	智	슬기 재능	日	12	火	14		청	淸	맑을 깨끗할	水	11	水	13
	진	診	볼, 점칠 진찰할	言	12	金	13		청	淸	淸(12)속자 맑을, 깨끗할	水	11	水	13
	진	軫	수레 슬퍼할	車	12	火	13		체	替	바꿀, 패할 쇠할	曰	12	火	13
	집	集	모을, 도달 가지런할	木	12	火	12		초	草	풀 거칠	草	10	木	11
	차	茶	차, 소녀 동백나무	艸	10	木	10		초	超	뛰어넘을 뛰어날	走	12	火	15
	착	着	붙을, 입을 다다를	目	12	土	13		최	最	가장, 모을 으뜸, 요점	曰	12	水	14
	창	敞	통창할 넓을	攴	12	金	15		추	推	밀 읊을	手	11	木	12
	창	創	비롯할 다칠	刀	12	金	15		추	椎	뭉치 방망이	木	12	木	12
	창	淐	물이름	水	11	水	13		추	捶	종아리 칠 채찍, 망치	手	11	木	12
	창	晿	사람이름	日	12	火	15		축	軸	굴대 두루마리	車	12	火	14
	창	淌	큰물결	日	11	水	14		취	脆	연할 무를	肉	10	水	17
	채	採	가릴, 캘 나무꾼	手	11	木	12		취	就	나아갈 이룰, 마칠	尤	12	土	16

획수	음	한자	뜻	부수	실획	자원	곡획	획수	음	한자	뜻	부수	실획	자원	곡획
12 (木)	측	廁	뒷간 결	广	12	木	14	12 (木)	한	閑	한가할 등한, 보위	門	12	水	15
	치	淄	검은빛 강이름	水	11	水	15		한	閒	틈 한가할	門	12	土	17
	침	梣	우거질 무성할	木	12	木	13		할	割	나눌, 해칠 재앙	刀	12	金	15
	탁	晫	환할 밝을	日	12	火	14		함	喊	소리 소리칠	口	12	水	15
	탐	探	찾을, 염탐 연구, 유람	手	11	木	15		합	蛤	대합조개 큰두꺼비	虫	12	水	14
	태	跆	밟을 유린할	足	12	土	15		항	項	조목, 항목 클, 목덜미	頁	12	火	13
	태	鈦	티타늄 원소기호	金	12	金	12		행	涬	기운, 끌 당길, 큰물	水	11	水	11
	통	筒	대통	竹	12	木	15		허	虛	빌 하늘	虍	12	木	15
	통	統	거느릴 합칠, 계통	糸	12	木	17		혁	焱	화염 불꽃	火	12	火	12
	판	阪	비탈, 둑 비탈길	阜	7	土	10		현	絇	노끈 무늬	糸	12	木	17
	판	鈑	금박, 금화 판금	金	12	金	13		현	現	나타날 지금, 옥빛	玉	11	金	14
	패	牌	패, 간판 방패	片	12	木	15		현	睍	붉어진눈 고울	目	12	木	16
	팽	彭	땅이름 볼록할, 땅땅	彡	12	火	13		현	琄	옥모양 패옥	玉	11	金	14
	폄	貶	감할 떨어뜨릴	貝	12	金	13		혈	絜	헤아릴 묶을	糸	12	木	16
	평	評	품평할 평론할	言	12	金	13		형	迥	멀 빛날	辵	9	土	13
	폭	幅	폭, 포백 족자	巾	12	木	16		혜	惠	은혜 베풀	心	12	火	14
	필	筆	붓, 필법 획수, 글씨	竹	12	木	13		호	壺	병, 주전자 투호, 술병	土	12	木	17
	필	弼	도울, 보필 도지개	弓	12	金	21		호	皓	깨끗할 밝을, 하늘	白	12	火	14
	하	賀	하례할 경사, 위로	貝	12	金	16		호	淏	맑을 맑은모양	水	11	水	12
	하	厦	廈(13속자 큰집, 행랑	厂	12	木	14		혹	惑	미혹 미혹할	心	12	火	15

획수	음	한자	뜻	부수	실획	자원	곡획	획수	음	한자	뜻	부수	실획	자원	곡획
12 (木)	혼	焜	빛날, 밝을 초목이시들	火	12	火	16	12 (木)	흠	欽	공경할 부러워할	欠	12	金	13
	홀	惚	황홀할 흐릿할	心	11	火	14		흡	翕	합할 모을	羽	12	火	17
	화	畫	그림 그릴	田	12	土	14		흡	翊	합할	羽	12	火	17
	환	睆	가득찰 밝을, 주시	目	12	木	16		희	喜	기쁠 좋아할	口	12	水	14
	환	喚	부를, 소환 외칠, 울	口	12	水	16		희	稀	드물 묽을	禾	12	木	14
	황	黃	누를, 황금 늙은이	黃	12	土	13	13 (火)	가	賈	값 가격	貝	13	金	15
	황	媓	이름 여자이름	女	12	土	14		가	嫁	시집갈 일할	女	13	土	16
	황	堭	당집, 대궐 전각	土	12	土	13		가	暇	겨를 한가할	日	13	火	17
	회	淮	강이름 고르게할	水	11	水	11		각	脚	다리 발	肉	11	水	16
	회	繪	繪(19)속자 그림, 채색	糸	12	木	15		간	幹	줄기 맡을	干	13	木	14
	횡	鉉	쇳소리	金	12	金	13		간	揀	가릴 분별할	手	12	木	14
	효	窙	탁트일 높은 기운	穴	12	水	17		감	感	느낄 감동할	心	13	火	16
	효	傚	본받을 가르칠	人	12	火	12		갑	鉀	갑옷	金	13	金	14
	후	帿	제후, 임금 후작, 과녁	巾	12	木	15		강	踤	세울 머뭇거릴	足	13	土	16
	후	堠	봉화대 이정표	土	12	土	13		강	畺	지경 밭두둑	田	13	土	19
	훈	勛	勳(16)동자 공, 공적	力	12	火	16		개	塏	즐거울 높고건조할	土	13	土	15
	홀	欻	문득, 재빠른 일어날	欠	12	金	13		갱	粳	메벼	米	13	木	14
	흉	胸	가슴 마음	肉	10	水	15		거	鋸	클 강할	金	13	金	14
	흑	黑	검을, 돼지 어두울	黑	12	水	13		거	渠	우두머리 도랑	水	12	水	13
	흔	掀	치켜들 높이들	手	11	木	13		건	楗	문빗장 방죽	木	13	木	16

획수	음	한자	뜻	부수	실획	자원	곡획	획수	음	한자	뜻	부수	실획	자원	곡획
13 (火)	건	揵	멜 막을	手	12	木	16	13 (火)	괄	适	빠를 신속할	辵	10	土	12
	게	揭	높이들 걸	手	12	木	17		괴	塊	덩어리 흙덩이	土	13	土	17
	견	絹	명주 비단	糸	13	木	18		교	郊	들, 교외 근교	邑	9	土	11
	결	迼	뛸	辵	10	土	12		교	較	비교할 대략	車	13	火	14
	겸	鉗	칼 낫	金	13	金	13		구	媾	화친할 겹혼인	女	13	土	16
	겸	嗛	겸손할 흉년들	口	13	水	15		구	鉤	낫, 창 갈고리	金	13	金	16
	경	傾	기울일 다툴	人	13	火	16		구	絿	구할 급박할	糸	13	木	16
	경	經	글, 경서 날실	糸	13	木	18		구	鳩	비둘기 편안할	鳥	13	火	19
	경	敬	공경, 훈계 삼갈, 절제	攴	13	金	16		군	裙	속옷 치마	衣	12	木	15
	경	莖	줄기 칼자루	艸	11	木	14		군	群	무리 많을	羊	13	土	15
	경	綆	두레박줄 밧줄	糸	13	木	16		굴	窟	굴, 움집 토굴	穴	13	水	18
	고	鼓	북칠 연주할	鼓	13	金	15		궤	跪	꿇어앉을 집게발	足	13	土	19
	고	稾	볏짚	禾	12	木	14		규	揆	헤아릴 법도	手	12	木	14
	고	賈	장사 상인	貝	13	金	15		규	湀	물솟아흐를 샘솟아흐를	水	12	水	14
	곤	琨	옥돌 패옥	玉	12	金	16		규	煃	불꽃	火	13	火	13
	과	誇	자랑할 거칠	言	13	金	17		규	楏	호미자루 감탕나무	木	13	木	13
	과	跨	넘을 건너갈	足	13	土	17		균	筠	대나무 대껍질	竹	13	木	15
	과	稞	보리 알곡식	禾	13	木	14		극	極	지극할 다할	木	13	木	17
	관	琯	피리 옥저	玉	12	金	15		근	僅	겨우 적을	人	13	火	14
	관	寬	寬(14)속자 너그러울	宀	13	木	17		근	勤	부지런할 근무할	力	13	土	16

획수	음	한자	뜻	부수	실획	자원	곡획	획수	음	한자	뜻	부수	실획	자원	곡획
13 (火)	근	禁	금지할 대궐	示	13	木	14	13 (火)	도	渡	건널 나루	水	12	水	13
	금	琴	거문고 거문고소리	玉	12	金	13		도	跳	뛸 달아날	足	13	土	16
	기	琦	옥 옥이름	玉	12	金	14		도	塗	진흙 매흙질할	土	13	土	14
	기	稘	돌 한주기	禾	13	木	13		독	督	감독할 재촉할	目	13	木	16
	기	祺	복 편안할	示	13	木	13		돈	頓	조아릴 머무를	頁	13	火	17
	기	嗜	즐길 좋아할	口	13	水	17		두	荳	콩 수레이름	艸	11	木	12
	기	琪	옥이름 아름다울	玉	12	金	13		락	酪	과즙 죽	酉	13	金	17
	난	暖	따뜻할 온순할	日	13	火	16		랑	廊	행랑 곁채	广	13	木	17
	난	煖	더울 따뜻할	火	13	火	14		량	粮	糧(18)동자 양식, 급여	米	13	木	15
	남	湳	물이름 추장	水	12	水	14		련	煉	이길 달굴	火	13	火	14
	남	楠	녹나무 매화나무	木	13	木	15		렴	廉	청렴할 살필	广	13	木	14
	농	農	농사 힘쓸	辰	13	土	15		령	零	떨어질 영, 비올	雨	13	水	16
	뇨	嫋	예쁠 아름다울	女	13	土	22		령	鈴	방울 방울소리	金	13	金	15
	단	煓	빛날 성할	火	13	火	16		로	路	길, 도로 도의, 방도	足	13	土	16
	단	湍	여울 빠를	水	12	水	15		로	輅	수레 큰수레	車	13	火	16
	단	亶	믿을 진실	亠	13	土	16		록	祿	복 녹줄	示	13	木	16
	단	椴	자작나무 무궁화나무	木	13	木	17		록	碌	돌모양 자갈땅	石	13	金	17
	담	湛	즐길 빠질	水	12	水	14		뢰	雷	천둥, 우뢰 북을칠	雨	13	水	15
	당	塘	못 방죽	土	13	土	15		뢰	賂	재화 뇌물줄	貝	13	金	16
	당	當	마땅할 맡을	田	13	土	16		륵	勒	합할 함께힘쓸	力	13	土	17

획수	음	한자	뜻	부수	실획	자원	곡획	획수	음	한자	뜻	부수	실획	자원	곡획
13 (火)	릉	楞	네모질	木	13	木	16	13 (火)	미	湄	물가 더운 물	水	12	水	14
	릉	稜	논두렁 모서리	禾	13	木	16		민	暋	강할, 애쓸 번민할	日	13	火	17
	리	裏	안 속	衣	13	木	15		민	愍	근심할 노력할	心	13	火	17
	리	裡	裏(13)동자 안, 속	衣	12	木	14		민	鈱	돈꿰미 생업, 세금	金	13	金	16
	리	莉	말리 말리꽃	艸	11	木	12		민	瑉	옥돌	玉	12	金	15
	림	琳	옥 옥이름	玉	12	金	12		박	鉑	금박 금종이	金	13	金	14
	림	碄	깊을 깊은 모양	石	13	金	14		반	頒	나눌 반쯤셀	頁	13	火	16
	막	莫	없을, 장막 어두울	艸	11	木	12		반	飯	밥 먹을	食	13	水	15
	매	煤	그을음 석탄, 먹	火	13	火	13		발	鈸	방울, 동발 자바라	金	13	金	13
	맥	貊	오랑캐 고용할	豸	13	水	15		발	渤	바다이름 안개낄	水	12	水	17
	맹	盟	맹세 맹세할	皿	13	土	17		배	湃	물결소리 물결셀	水	12	水	12
	멱	幎	덮을 가릴	巾	13	木	17		번	煩	번민할 번거로울	火	13	火	14
	모	募	뽑을, 모을 부름, 햇빛	力	13	土	16		범	渢	풍류소리 큰 소리	水	12	水	15
	목	睦	화목할 온화할	目	13	木	16		법	琺	법랑 에나멜	玉	12	金	13
	몽	雺	안개 아지랑이	雨	13	水	17		벽	辟	임금, 천자 주군, 장관	辛	13	金	15
	묘	描	그릴 묘사할	手	12	木	14		변	賆	더할 늘어날	貝	13	金	14
	미	微	작을 희미할	彳	13	火	16		별	蔪	모종낼 씨뿌릴	艸	11	木	15
	미	煝	빛날, 불꽃 가무는기운	火	13	火	15		별	馦	향기 향기날	香	13	木	15
	미	媺	착할, 좋을 선미할	女	13	土	16		병	鉼	굳을 단단한	金	13	金	15
	미	渼	잔물결 물이름	水	12	水	12		보	湺	보 사람이름	水	12	水	13

획수	음	한자	뜻	부수	실획	자원	곡획	획수	음	한자	뜻	부수	실획	자원	곡획
13 (火)	보	補	도울, 맡길 옷기울	衣	12	木	15	13 (火)	설	楔	문설주 쐐기	木	13	木	15
	봉	縫	꿰맬, 기울 붙일	糸	13	木	16		성	聖	성인 천자	耳	13	火	14
	봉	琫	칼집장식 칼장식옥	玉	12	金	12		성	聖	聖(13)동자 성인, 천자	耳	13	火	14
	봉	蜂	벌, 꿀벌 봉망	虫	13	水	15		성	惺	깨달을 영리할	心	12	火	13
	부	艀	거룻배 작은배	舟	13	水	17		세	歲	해 나이	止	13	土	15
	부	附	붙을, 붙일 창자	阜	8	土	11		세	勢	세력 형세	力	13	金	18
	봉	硼	봉사	石	13	金	18		소	塑	흙빚을 토우	土	13	土	16
	비	琵	비파 비파탈	玉	12	金	15		소	塐	토우 흙빚을	土	13	土	15
	비	碑	비석, 비문 돌기둥	石	13	金	16		송	頌	칭송할 암송, 점사	頁	13	火	15
	사	嗣	이을, 후사 익힐	口	13	水	19		송	送	보낼, 전송 배웅, 선물	辵	10	土	11
	삽	揷	꽂을 가래	手	12	木	14		수	竪	竪(15)속자 세울, 아이	立	13	金	16
	상	想	생각, 사색 상상, 원할	心	13	火	15		수	綏	편안할 안심할	糸	13	木	16
	상	詳	자세할 상서로울	言	13	金	14		수	脩	修(10)동자 닦을, 다스릴	肉	11	水	13
	새	塞	변방 요새	土	13	土	14		수	睟	바로볼 윤이날	目	13	木	14
	서	惛	지혜 지혜로울	心	12	火	15		수	酬	갚을 술권할	酉	13	金	15
	서	揟	고기잡을 거를	手	12	木	16		숙	肅	엄숙할 공경할	聿	13	火	16
	서	暑	더울, 더위 여름	日	13	火	15		숙	琡	옥이름 큰홀	玉	12	金	14
	석	鉐	놋쇠 성(姓)씨	金	13	金	14		순	馴	따를 길들일	馬	13	火	15
	선	愃	잊을 유쾌할	心	12	火	14		순	詢	물을 꾀할	言	13	金	17
	선	詵	많을 머일	言	13	金	16		순	楯	난간 빼낼	木	13	木	14

획수	음	한자	뜻	부수	실획	자원	곡획	획수	음	한자	뜻	부수	실획	자원	곡획
13 (火)	술	鉥	돗바늘 이끌, 찌를	金	13	金	15	13 (火)	양	煬	쬘, 환할 태울, 덮을	火	13	火	16
	숭	嵩	높을 높은산	山	13	土	18		어	飫	포식할 하사할	食	13	水	14
	승	塍	밭두둑 둑, 제방	土	13	土	15		언	傿	고을이름 에누리	人	13	火	16
	시	偲	책선할 권장할	心	12	火	14		업	業	업, 공적 시작할	木	13	木	13
	시	試	시험, 검증 훈련, 비교	言	13	金	15		연	椽	석가래 사닥다리	木	13	木	16
	시	詩	시, 시경 기록, 받들	言	13	金	15		연	筵	대자리 자리	竹	13	木	16
	식	湜	맑을 엄정할	水	12	水	13		염	琰	옥 깍을	玉	12	金	12
	식	軾	수레난간 절할	車	13	火	15		영	朠	달빛	月	13	水	16
	신	新	새, 개선할 처음, 신년	斤	13	金	13		영	煐	빛날 사람이름	火	13	火	14
	신	莘	족두리풀 세신, 많을	艸	11	木	11		영	渶	물맑을 강이름	水	12	水	13
	아	衙	관청 대궐	彳	13	火	16		영	暎	映(9)동자 비칠 햇빛	日	13	火	15
	아	阿	언덕, 아첨 아름다울	阜	8	土	12		영	楹	기둥 둥근 기둥	木	13	木	19
	악	握	쥘 잡을	手	12	木	15		예	裔	후손, 옷단 가선, 변방	衣	13	木	18
	악	渥	젖을 두터울	水	12	木	14		예	詣	이를 도착할	言	13	金	17
	애	愛	사랑, 인정 탐욕, 소중	心	13	火	16		예	預	미리 즐길	頁	13	火	17
	야	惹	이끌 끌어당길	心	13	火	15		오	塢	둑 마을	土	13	土	16
	야	椰	야자나무 야자, 무릇	木	13	木	15		오	奧	깊을, 흐릴 그윽할	大	13	木	14
	양	揚	오를 날릴	手	12	木	16		옥	鈺	보배 쇠	金	13	金	13
	양	楊	버들 버드나무	木	13	木	16		올	嗢	목멜 크게 웃을	口	13	水	16
	양	暘	해돋이 밝을, 말릴	日	13	火	17		옹	雍	화할, 막을 화목할	隹	13	火	15

획수	음	한자	뜻	부수	실획	자원	곡획	획수	음	한자	뜻	부수	실획	자원	곡획
13 (火)	완	頑	둔할 완고할	頁	13	火	16	13 (火)	유	游	헤엄칠 여행, 교제	水	12	水	16
	완	莞	왕골, 골풀 웃을	艹	11	木	14		유	揄	끌 이끌	手	12	木	17
	완	琬	아름다울옥 홀	玉	12	金	18		유	裕	넉넉할 너그러울	衣	12	木	14
	용	湧	솟을 오를	水	12	水	16		유	瑈	옥돌 새이름	玉	12	金	12
	우	愚	어리석을 우직, 고지식	心	13	火	17		유	愉	기뻐할 즐길	心	12	火	16
	우	虞	헤아릴 염려할	虍	13	木	18		유	楡	느릅나무	木	13	木	17
	우	惆	기뻐할 황홀할	心	12	火	15		윤	閏	閏(12)동자 윤달, 잉여	門	13	火	16
	욱	稢	서직 무성할	禾	13	木	15		율	建	걸어갈 나누어줄	辵	10	土	12
	욱	煜	빛날 불꽃	火	13	火	14		율	颭	큰바람 벼슬이름	風	13	木	17
	욱	郁	땅이름 성할	邑	9	土	13		음	飮	마실, 호흡 음식, 숨길	食	13	水	15
	운	暈	무리, 멀미 달무리	日	13	火	16		음	愔	화평할 그윽할	心	12	火	13
	원	園	동산, 담장 뜰, 밭, 능	囗	13	水	15		읍	揖	읍할 사양할	手	12	木	14
	원	湲	맑을 물 흐를	水	12	水	13		의	意	뜻, 생각 의심, 기억	心	13	火	15
	원	楥	느티나무	木	13	木	14		의	義	옳을, 정의 순응, 혼합	羊	13	土	15
	원	援	당길 구조할	手	12	木	14		이	肄	익힐 노력할	聿	13	火	16
	원	嫄	사람이름 여자의자	女	13	土	16		인	靷	가슴걸이 잡아당길	革	13	金	18
	원	圓	둥글, 원만 둘레, 온전	囗	13	水	16		임	誂	믿을 생각할	言	13	金	14
	월	鉞	도끼 뛰어넘을	金	13	金	15		임	稔	여물 쌓일	禾	13	木	15
	위	渭	물이름 강이름	水	12	水	15		자	資	재물, 비용 의뢰, 도용	貝	13	金	15
	위	暐	환할 햇빛	日	13	火	17		자	孶	부지런할 낳을, 무성	子	13	水	19

획수	음	한자	뜻	부수	실획	자원	곡획	획수	음	한자	뜻	부수	실획	자원	곡획
13 (火)	작	碏	삼갈	石	13	金	15	13 (火)	정	湞	물이름	水	12	水	13
	잔	盞	술잔 등잔	皿	13	金	16		정	艇	배 거룻배	舟	13	木	17
	장	裝	꾸밀 넣을	衣	13	木	15		정	碇	닻 배멈출	石	13	金	15
	장	莊	씩씩할 전장	艸	11	木	12		정	睛	눈동자	目	13	木	16
	재	載	심을, 이을 오를	車	13	火	15		정	靖	꾀할, 편할 다스릴	靑	13	木	15
	재	渽	맑을	水	12	水	14		정	鼎	솥, 점괘 말뚝, 의자	鼎	13	火	16
	쟁	琤	옥소리 부딪는소리	玉	12	金	14		정	綎	인끈 가죽띠	糸	13	木	17
	저	渚	물가 모래섬	水	12	木	13		정	鉦	징 징소리	金	13	金	13
	저	楮	닥나무 종이, 돈	木	13	木	14		제	提	끌, 단절 거느릴	手	12	木	14
	적	勣	공적, 공로 업적	力	13	土	16		조	稠	고를 빽빽할	禾	13	木	16
	적	迹	행적 발자국	辵	10	土	12		조	琱	옥 다듬을 새길, 그릴	玉	12	金	15
	적	跡	자취 뒤밟을	足	13	土	15		조	照	비칠 거울	火	13	火	17
	전	詮	설명할 법, 도리	言	13	金	14		종	琮	옥홀 모난옥	玉	12	金	14
	전	鈿	비녀 금장식	金	13	金	14		주	趎	사람이름	走	13	火	13
	전	塡	메울 채울	土	13	土	17		주	邾	나라이름 고을이름	邑	9	土	11
	전	電	번개 전기	雨	13	水	17		주	皗	밝을 흰비단	白	13	金	17
	전	瑱	옥이름 귀막이	玉	12	金	13		주	鉒	쇳돌, 광석 손잡이	金	13	金	13
	전	殿	큰집 대궐	殳	13	金	18		준	雋	영특할, 준걸 뛰어날	隹	13	火	16
	전	傳	전할 전기	人	13	火	15		즙	楫	노 돛대	木	13	木	14
	접	楪	평상, 접을 살평상	木	13	木	14		직	稙	올벼 이른벼	禾	13	木	15

획수	음	한자	뜻	부수	실획	자원	곡획	획수	음	한자	뜻	부수	실획	자원	곡획
13 (火)	진	塡	누를 다할	土	13	土	17	13 (火)	췌	揣	잴, 측량 생각, 단련	手	12	木	16
	진	鉁	珍(10)속자 보배, 귀할	金	13	金	13		측	測	잴 맑을	水	12	水	14
	질	郅	고을이름 이를, 성할	邑	9	土	12		치	寘	둘, 채울 받아드릴	宀	13	木	18
	짐	斟	짐작할 요리, 음료	斗	13	火	16		치	稚	어릴 어린애	禾	13	木	13
	집	楫	노 노저을	木	13	木	14		치	馳	달릴 전할	馬	13	火	19
	차	嵯	우뚝솟을	山	13	土	14		칙	飭	경계할 신칙할	食	13	水	16
	찬	粲	밝을, 정미 쌀찧을	米	13	木	15		침	琛	보배	玉	12	金	15
	채	琗	옥빛 옥무늬	玉	12	金	12		타	椿	길쭉할	木	13	木	15
	철	鉄	鐵(21)동자 쇠, 철물	金	13	金	13		타	馱	태울 짐실을	馬	13	火	15
	첨	詹	이를 도달함	言	13	金	16		탁	琢	쫄, 닦을 가릴	玉	12	金	13
	첨	僉	모두 도리깨	人	13	火	15		탁	琸	이름 사람이름	玉	12	金	13
	첩	牒	공문서 글씨판	片	13	木	15		탈	脫	벗을, 빠질 떨어질	肉	11	水	13
	초	楚	가시나무 매질, 초나라	木	13	木	14		탑	塔	탑, 층집 절	土	13	土	14
	초	綃	생사 명주실	糸	13	木	17		탕	湯	끓일, 온천 탕약	水	12	水	15
	촉	蜀	촉나라 고을이름	虫	13	水	17		태	脫	기뻐할	肉	11	水	17
	최	催	재촉, 베풀 일어날	人	13	火	14		퇴	退	물러날 물리칠	辶	10	土	13
	추	楸	개오동나무 바둑판	木	13	木	13		파	琶	비파 탈	玉	12	金	15
	추	追	쫓을 뒤따라	辶	10	土	13		퍅	愎	강할 괴팍할	心	12	火	14
	추	湫	늪 다할	水	12	水	12		품	稟	바탕, 받을 사뢸	禾	13	木	15
	춘	椿	참죽나무 부친, 신령	木	13	木	14		풍	豊	豐(18)약자 풍년, 성할	豆	13	木	15

획수	음	한자	뜻	부수	실획	자원	곡획	획수	음	한자	뜻	부수	실획	자원	곡획
	풍	楓	단풍나무	木	13	木	16		화	話	말씀, 대패 이야기	言	13	金	15
	피	陂	비탈 기울어질	阜	8	土	12		환	煥	빛날, 불빛 문채, 선명	火	13	火	16
	필	鉍	창자루	金	13	金	14		환	渙	찬란할 흩어질	水	12	水	15
	하	廈	큰집 행랑	广	13	木	15		환	換	바꿀, 고칠 방자, 교환	手	12	木	16
	학	嗃	엄할 엄한 모양	口	13	水	18		황	煌	빛날, 성할 불빛, 불안	火	13	火	14
	항	港	항구, 뱃길 도랑	水	12	水	15		황	幌	휘장 방장	巾	13	木	18
	해	解	풀, 분할 설명, 통달	角	13	木	18		황	湟	성지, 빠질 해자	水	12	水	13
	해	楷	본, 본보기 강직, 해서	木	13	木	17		황	楻	깃대	木	13	木	14
	해	該	갖출, 포용 마땅, 겸할	言	13	金	15		회	賄	재물, 뇌물 예물, 선물	貝	13	金	16
13 (火)	헐	歇	쉴, 휴식 휴업, 마를	欠	13	金	18	13 (火)	회	會	모일 기회	日	13	木	15
	현	鉉	솥귀고리 활시위	金	13	金	15		후	逅	만날	辵	10	土	12
	혈	趐	나아갈 때지어날	走	13	火	17		후	詡	자랑할 클, 두루	言	13	金	18
	혐	嫌	의심 싫어할	女	13	土	15		훈	壎	壎(17)동자 질나팔	土	13	土	15
	형	逈	逈(12)속자 멀, 빛날	辵	10	土	14		훈	暈	무리 달무리	日	13	火	16
	호	琥	호박 옥그릇	玉	12	金	16		훈	熏	熏(14)약자 연기, 태울	火	13	火	14
	호	號	이름 차례	虍	13	木	22		훤	愃	너그러울 잊을	心	12	火	14
	호	聕	들릴 긴귀	耳	13	火	14		훤	暄	따뜻할 온난할	日	13	火	16
	호	湖	호수, 큰못 고을이름	水	12	水	15		훤	煊	마를, 건조 밝을, 빛날	火	13	火	15
	혼	渾	흐를 둥글	水	12	水	14		휘	彙	무리, 성할 고슴도치	크	13	火	17
	화	畵	畫(12)속자 그림, 그릴	田	13	土	16		휘	煒	빛날 빛	火	13	火	16

획수	음	한자	뜻	부수	실획	자원	곡획	획수	음	한자	뜻	부수	실획	자원	곡획
13 (火)	휘	暉	빛날, 빛 광채, 금휘	日	13	火	16	14 (火)	경	輕	가벼울 경솔할	車	14	火	18
	휘	揮	휘두를 지휘, 표기	手	12	木	15		계	溪	시내 산골짜기	水	13	水	15
	휘	輝	빛날, 빛 햇무리	火	13	火	15		계	誡	경계할 경계	言	14	金	16
	흠	歆	흠향, 대전 탐낼, 제물	欠	13	金	15		고	誥	고할 가르칠	言	14	金	16
	희	熙	빛날 넓을	火	13	火	19		고	暠	휠 밝을	日	14	火	19
	힐	詰	물을, 금지 꾸짖을	言	13	金	15		고	敲	두드릴 회초리	攴	14	金	19
14 (火)	가	嘉	아름다운 착할	口	14	水	18		곤	緄	띠 꿰맬	糸	14	木	20
	가	歌	노래 새지저귈	欠	14	金	19		골	搰	팔 들출	手	13	木	18
	가	愻	성실할 착할	心	14	火	20		골	榾	등걸 장작	木	14	木	18
	각	閣	누각 선반	門	14	木	19		공	槓	지렛대	木	14	木	15
	감	監	볼감 거울삼을	皿	14	金	17		과	寡	적을 홀어미	宀	14	木	18
	강	嫝	여자이름자	女	14	土	17		과	菓	실과 과자	艸	12	木	13
	강	降	내릴 내려올	阜	9	土	13		곽	廓	넓을 외성	广	14	木	19
	강	綱	벼리 대강	糸	14	木	19		관	管	관 맡을	竹	14	木	17
	개	愷	즐거울 편안할	心	13	火	15		관	菅	골풀 난초	艸	12	木	15
	건	瞁	셀 헤아릴	目	14	木	18		관	綰	얽을 관통할	糸	14	木	19
	견	甄	가마 질그릇	瓦	14	土	19		괴	魁	으뜸 우두머리	鬼	14	火	18
	겸	槏	문설주 문	木	14	木	15		괴	槐	홰나무 느티나무	木	14	木	18
	경	逕	좁은길 지날	辵	11	土	15		교	僑	더부살이 높을	人	14	火	18
	경	境	지경 경계	土	14	土	17		구	構	얽을 맺을	木	14	木	16

획수	음	한자	뜻	부수	실획	자원	곡획	획수	음	한자	뜻	부수	실획	자원	곡획
14 (火)	구	溝	도랑 어리석을	水	13	水	15	14 (火)	눈	嫩	어릴 예쁠	女	14	土	16
	구	嶇	험할 깍지	山	14	土	19		니	馜	진한향기 향기로운	香	14	木	18
	구	廐	마구간	广	14	木	20		닉	溺	빠질 잠길	水	13	水	21
	국	菊	국화 대	艸	12	木	14		단	團	둥글 모을	囗	14	水	17
	국	箛	대뿌리 대나무뿌리	竹	14	木	16		단	端	바를 실마리	立	14	金	17
	군	郡	고을, 관청 쌓을, 무리	邑	10	土	14		달	鞑	다룸가죽 부드러울	革	14	金	16
	권	綣	정다울	糸	14	水	20		대	臺	대 돈대	至	14	土	17
	궤	匱	함, 삼태기 상자	匚	14	木	16		대	對	대답할 대할	寸	14	木	15
	균	覠	크게볼 대껍질	見	14	火	19		덕	德	悳(12)동자 덕, 인품	彳	14	火	16
	근	墐	매흙질할 묻을	土	14	土	15		도	滔	물넘칠 그득할	水	13	14	14
	근	嫤	아름다울 고울	女	14	土	16		도	搗	찧을 두드릴	手	13	木	18
	긍	兢	조심할 떨릴	儿	14	水	19		도	睹	볼 분별할	目	14	木	16
	기	箕	삼태기 별이름	竹	14	木	14		도	途	길 도로	辵	11	土	13
	기	榿	오리나무	木	14	木	16		도	圖	그림 꾀할	囗	14	水	18
	긔	旗	기 표지	方	14	木	16		도	萄	포도, 머루 풀이름	艸	12	木	15
	기	暣	날씨, 일기 볕기운	日	14	火	17		동	蝀	무지개	虫	14	水	16
	기	綺	비단 아름다울	糸	14	木	18		동	銅	구리, 동화 동기	金	14	金	17
	긴	緊	굽을, 급할 팽팽할	糸	14	木	19		랄	辣	매울 몹시매울	辛	14	金	15
	녕	寧	편안할 차라리	宀	14	火	18		랄	辢	매울 지독할	辛	14	金	15
	노	瑙	옥돌 마노	玉	13	金	17		랑	榔	나무 이름 빈랑나무	木	14	木	18

획수	음	한자	뜻	부수	실획	자원	곡획	획수	음	한자	뜻	부수	실획	자원	곡획
14 (火)	랑	郞	사내 낭군	邑	10	土	14	14 (火)	매	酶	술 밑 누룩	酉	14	金	19
	련	連	이을 이어질	辵	11	土	13		맥	陌	밭두렁길	阜	9	土	12
	령	逞	군셀 통할	辵	11	土	13		맹	萌	싹 싹틀	艸	12	木	15
	령	領	다스릴 받을	頁	14	火	17		면	綿	솜 솜옷	糸	14	木	19
	록	綠	초록빛 조개풀	糸	14	木	19		명	鳴	울, 울릴 부를, 말할	鳥	14	火	18
	료	僚	동료, 관리 벼슬아치	人	14	火	16		명	愩	너그러울 생각깊을	心	13	火	15
	루	嶁	봉우리 산꼭대기	山	14	土	18		명	銘	새길, 금석 명심할	金	14	金	16
	루	屢	여러, 자주 빨리, 번잡	尸	14	水	18		모	貌	모양, 얼굴 자태	豸	14	水	18
	류	榴	석류나무 석류	木	14	木	18		모	瑁	서옥 바다거북	玉	13	金	15
	류	溜	물방울 여울, 급류	水	13	水	17		몽	夢	꿈 꿈꿀	夕	14	木	17
	륜	綸	낚싯줄 다스릴	糸	14	木	18		몽	濛	이슬비 가랑비	水	13	水	15
	률	溧	강이름 모래섬	水	13	水	14		무	舞	춤, 무용 희롱할	舛	14	木	16
	릉	菱	마름 마름열매	艸	12	木	15		문	聞	들을 소문	耳	14	火	17
	막	綾	비단 무늬비단	糸	14	木	19		미	瑂	옥돌	玉	13	金	15
	막	幕	장막 막부	巾	14	木	17		민	磻	珉(10)동자 옥돌	石	14	金	19
	막	寞	고요할 쓸쓸할	宀	14	木	16		민	緡	낚시줄 성할, 합할	糸	14	木	19
	만	輓	끌, 수레끌 애도, 만사	車	14	火	9		민	頣	강할	頁	14	火	18
	망	朢	望(11)동자 바람, 보름	月	14	水	18		민	瑉	珉(10)동자 옥돌	玉	13	金	17
	망	莽	풀우거질	艸	12	木	12		밀	蜜	꿀 꿀벌	虫	14	水	17
	망	網	그물, 조직 포위망	糸	14	木	19		박	箔	발 금속조각	竹	14	木	15

획수	음	한자	뜻	부수	실획	자원	곡획	획수	음	한자	뜻	부수	실획	자원	곡획
14 (火)	반	搬	옮길 운반할	手	13	木	20	14 (火)	상	裳	치마, 바지 보통	衣	14	木	17
	반	槃	쟁반 소반	木	14	木	20		상	像	형상, 본뜰 닮을, 규범	人	14	火	17
	배	裴	치렁치렁할	衣	14	木	15		서	瑞	상서, 부절 서옥, 길조	玉	13	金	16
	배	裵	裴(14)동자 치렁치렁할	衣	14	木	15		서	誓	맹세할 경계할	言	14	金	16
	벌	閥	가문, 문벌 기둥, 공훈	門	14	木	18		서	稰	거두어들일 추수할	禾	14	木	17
	벽	碧	옥돌 푸른옥돌	石	14	金	16		석	碩	클, 찰 충실할	石	14	金	16
	보	輔	도울, 재상 광대뼈	車	14	火	17		선	銑	무쇠, 꾸밀 뿌릴	金	14	金	16
	보	菩	보살 보리	艸	12	木	13		선	瑄	도리옥 여섯치옥	玉	13	金	15
	복	福	복, 행복 간직할	示	14	木	16		선	嫙	예쁠 아리다울	女	14	土	18
	봉	逢	만날 맞을	辵	11	土	13		설	說	말씀, 말할 문체이름	言	14	金	19
	봉	鳳	봉새, 봉황 산이름	鳥	14	火	19		설	稧	볏짚	禾	14	木	16
	부	榑	부상 뽕나무	木	14	木	16		섭	綩	명주 비단	糸	14	木	17
	부	溥	펼 베풀을	水	13	水	15		성	瑆	옥, 옥빛 빛날	玉	13	金	14
	비	榧	비자나무	木	14	木	15		성	誠	정성 만약	言	14	金	17
	비	裨	도울 보탤	衣	13	木	15		성	諴	誠(14)동자 정성, 만약	言	14	金	17
	비	緋	비단, 명주 붉은빛	糸	14	木	16		세	說	달랠 유세할	言	14	木	19
	빈	賓	손님, 사위 인도할	貝	14	金	16		소	韶	아름다울 풍류이름	音	14	金	18
	사	獅	사자	犬	13	土	18		소	逍	거닐 노닐	辵	11	土	14
	산	算	셈, 수효 수명, 세금	竹	14	木	15		소	愫	정성 성심	心	13	火	15
	삽	颯	꺾을 바람소리	風	14	木	17		속	速	빠를, 부를 삼가할	辵	11	土	13

획수	음	한자	뜻	부수	실획	자원	곡획	획수	음	한자	뜻	부수	실획	자원	곡획
	송	誦	읽을, 말할 암송, 비방	言	14	金	18		엽	熀	이글거릴 환할	火	14	火	17
	수	粹	순수할 저일할	米	14	木	14		영	瑛	옥빛 패옥	玉	13	金	14
	수	銖	중량 단위 무딜, 저울눈	金	14	金	14		영	榮	영화 성할	木	14	木	15
	수	壽	목숨 수명	士	14	水	17		예	嬺	유순할	女	14	土	17
	수	需	구할, 요구 머뭇거릴	雨	14	水	17		예	睿	叡(16)고자 밝을, 총명	目	14	木	16
	수	綏	끈, 줄 인끈	糸	14	木	18		오	寤	잠깰 깨달을	宀	14	火	18
	숙	塾	글방 문 옆방	土	14	土	20		온	稳	穩(19)속자 평안, 신중	禾	14	木	17
	슬	瑟	큰거문고 비파, 엄숙	玉	13	金	14		온	溫	따뜻할 온천, 쌓을	水	13	水	15
	시	禔	복, 행복 편안할	示	14	木	15		온	氳	기운성할 기운어릴	气	14	水	18
14 (火)	식	飾	꾸밀 가선 두를	食	14	水	17	14 (火)	와	窩	굴 움집	穴	14	水	20
	신	愼	삼갈, 근심 진실로	心	13	火	17		와	窪	웅덩이 맑은물	穴	14	水	16
	실	實	열매 내용	宀	14	木	18		요	搖	흔들 움직일	手	13	木	16
	알	斡	관리할 돌이킬	斗	14	火	15		요	瞱	밝을 햇빛	日	14	火	17
	암	菴	우거질 암자	艸	12	木	15		용	熔	鎔(18)속자 녹일, 주조	火	14	火	16
	액	搤	잡을, 조를 멍에, 막을	手	13	木	15		용	溶	녹을 질펀히흐를	水	13	水	15
	어	語	말씀, 소리 의논, 발표	言	14	金	17		용	榕	용나무 나무이름	木	14	木	16
	언	嫣	웃을 예쁜모양	女	14	土	18		용	踊	뛸 오를	足	14	土	18
	여	與	줄, 참여 함께, 간섭	臼	14	土	16		용	墉	담 성채	土	14	土	17
	연	瑌	옥돌	玉	13	金	15		우	霅	물소리 깃틸, 살깃	雨	14	水	19
	열	說	기뻐할 공경, 아첨	言	14	金	19		우	禑	복	示	14	木	17

획수	음	한자	뜻	부수	실획	자원	곡획	획수	음	한자	뜻	부수	실획	자원	곡획
14 (火)	우	瑀	패옥 옥돌	玉	13	金	16	14 (火)	일	溢	넘칠, 교만 삼갈, 홍수	水	13	水	14
	운	熉	누런빛 누런모양	火	14	火	16		자	慈	사랑, 동정 어머니	心	14	火	19
	울	菀	자완 무성할	艸	12	木	18		자	滋	불을, 번식 맛있을	水	13	水	17
	웅	熊	곰 빛날	火	14	火	21		작	綽	여유 너그러울	糸	14	木	17
	원	源	근원, 기원 수원, 출처	水	13	水	15		장	嶂	산봉우리	山	14	土	16
	원	愿	성실할 정성	心	14	火	17		장	臧	착할 두터울	臣	14	火	18
	원	瑗	옥 도리옥	玉	13	金	14		장	奬	장려 권면	犬	14	木	17
	위	瑋	옥 진기할	玉	13	金	16		재	梓	가래나무	木	14	木	15
	위	萎	마를 시들	艸	12	木	13		쟁	箏	쟁 풍경	竹	14	木	16
	유	瑜	옥 옥빛	玉	13	金	18		저	這	이 이것 맞이할	辵	11	土	13
	유	維	밧줄, 맬 벼리, 오직	糸	14	木	16		전	箋	기록할 문서, 명함	竹	14	木	16
	육	毓	기를 번성할	毋	14	土	20		전	腆	두터울 많을, 착할	肉	12	水	15
	윤	奫	물충충할 물깊고넓을	大	14	水	17		전	嫥	오로지 사랑, 전일	女	14	土	17
	은	漵	물소리 물이름	水	13	水	20		전	銓	저울질할 가릴, 전형	金	14	金	14
	은	銀	은, 은빛 화폐, 경계	金	14	金	16		전	塼	벽돌 지명	土	14	土	16
	이	飴	엿, 단맛 먹일, 음식	食	14	水	17		절	截	끊을 다스릴	戈	14	金	15
	인	夤	조심할	夕	14	木	17		점	颭	물결 일	風	14	木	18
	인	認	알, 인식 허가, 인정	言	14	金	18		정	精	찧을, 정할 우수, 총명	米	14	木	16
	일	逸	逸(15)동자 편안할, 숨을	辵	11	土	16		정	禎	상서, 바를 길조, 복	示	14	木	15
	일	馹	역말 역마	馬	14	火	17		정	靘	검푸른빛 안존할곳	靑	14	木	20

획수	음	한자	뜻	부수	실획	자원	곡획	획수	음	한자	뜻	부수	실획	자원	곡획
	제	齊	가지런할 다스릴	齊	14	土	17		진	溱	많을 성할	水	13	水	13
	제	製	지을, 만들 모습, 비옷	衣	14	木	18		진	盡	다할 극치	皿	14	金	16
	제	禔	복, 기쁨 편안할	示	14	木	15		진	賑	넉넉할 구휼할	貝	14	金	16
	제	瑅	옥이름	玉	13	金	14		찰	察	살필 자세할	宀	14	木	17
	조	趙	나라, 찌를 빠를, 넘을	走	14	火	16		참	嶄	높을 도려낼	山	14	土	16
	조	造	지을, 처음 이를	辵	11	土	13		창	彰	밝을 드러낼	彡	14	火	15
	조	肇	시작할 바로잡을	聿	14	火	16		창	暢	통할, 자랄 화창할	日	14	火	18
	조	銚	가래, 쟁기 긴창	金	14	金	16		창	滄	큰바다 한랭할	水	13	水	15
	종	種	씨, 종류 심을	禾	14	木	15		채	綵	비단 채색	糸	14	木	16
14 (火)	종	綜	모일 바디	糸	14	木	18	14 (火)	처	萋	우거질 공손할	艸	12	木	14
	죄	罪	허물, 과실 재앙, 조인	网	13	木	14		척	墌	터닦을	土	14	土	14
	주	聯	귀 귀가밝을	耳	14	火	17		철	綴	꿰맬 지을	糸	14	木	20
	주	綢	얽을 숨길	糸	14	木	19		총	銃	총 도끼구멍	金	14	金	17
	준	準	법도 본받을	水	13	水	13		총	総	합할 종합	糸	14	木	19
	준	僔	모일, 많을 겸손할	人	14	火	17		총	聡	밝을 총명	耳	14	火	16
	지	誌	기록할 표지	言	14	金	16		최	榱	서까래	木	14	木	16
	지	禔	복, 행복 즐거움	示	14	木	15		추	甃	벽돌담 우물벽돌	瓦	14	土	17
	지	駜	굳셀 검은호랑이	馬	14	火	17		축	逐	쫓을 달릴	辵	11	土	13
	지	楮	주춧돌 주추, 버틸	木	14	木	17		춘	瑃	옥, 차오 집게발	玉	13	金	14
	진	槇	뿌리 고울	木	14	木	18		췌	萃	모을 야윌	艸	12	木	12

획수	음	한자	뜻	부수	실획	자원	곡획	획수	음	한자	뜻	부수	실획	자원	곡획
14 (火)	취	聚	모을, 무리 마을	耳	14	火	15	14 (火)	필	馝	향기로울 향내날	香	14	木	16
	취	翠	비취색 물총새	羽	14	火	18		하	嘏	클, 장대 복, 하사	口	14	水	18
	치	緇	검은옷 검은비단	糸	14	木	20		하	碬	숫돌 돌 자갈땅	石	14	金	18
	치	置	둘, 버릴 베풀, 석방	网	13	木	16		한	限	한정 기한	阜	9	土	13
	침	寢	잠, 쉴 누울	宀	14	水	19		함	銜	머금을 품을, 직함	金	14	金	15
	칭	稱	일컬을 칭찬, 저울	禾	14	木	16		함	菡	연꽃, 풍성 연꽃봉우리	艸	12	木	15
	탁	橐	橐(16)동자 전대 , 풀무	木	14	木	16		합	閤	침실 쪽문	門	14	木	18
	탁	誕	태어날 클, 거짓	言	14	金	18		합	榼	통, 물통 뚜껑, 칼집	木	14	木	16
	탈	奪	빼앗을 삭탈, 징수	大	14	木	15		항	嫦	姮(9)속자 항아	女	14	土	19
	탐	嗿	많을	口	14	水	17		해	瑎	검은옥돌	玉	13	金	16
	탑	榻	걸상, 평상 책상, 침상	木	14	木	19		혁	赫	빛날, 붉을 화낼, 가물	赤	14	火	16
	탕	碭	무늬있는돌 클, 지나칠	石	14	金	18		형	熒	등불, 빛날 개똥벌레	火	14	火	15
	태	颱	태풍 바람	風	14	木	19		형	滎	실개천 못이름	水	14	水	17
	태	態	모양 형상	心	14	火	22		호	嫭	아름다울	女	14	土	19
	통	通	통할, 통 내왕, 통정	辵	11	土	15		호	豪	호걸, 귀인 성할, 용감	豕	14	水	17
	퇴	槌	망치 방망이	木	14	木	17		혹	熇	뜨거울 불꽃일어날	火	14	火	18
	투	透	펼, 환할 환히비칠	辵	11	土	16		혼	琿	아름다운옥	玉	13	金	15
	평	萍	부평초 개구리밥	艸	12	木	12		홍	銾	쇠뇌고동 석궁	金	14	金	14
	포	鞄	혁공 가방	革	14	金	20		화	華	빛날, 꽃 번성할	艸	12	木	12
	포	飽	배부를 만족할	食	14	水	20		확	廓	클, 확장 바로잡을	广	14	木	19

획수	음	한자	뜻	부수	실획	자원	곡획	획수	음	한자	뜻	부수	실획	자원	곡획
14 (火)	황	滉	깊을 물깊고넓을	水	13	水	16	**15** (土)	검	儉	검소할 흉년들	人	15	火	17
	황	瑝	옥소리 종소리	玉	13	金	14		검	劍	칼 죽일	刀	15	金	18
	황	慌	밝을 영리할	心	13	火	16		경	儆	경계할	人	15	火	18
	황	熀	이글거릴 밝은 모양	火	14	火	17		경	慶	경사 착할	心	15	火	19
	회	誨	가르칠 유인, 회개	言	14	金	18		경	熲	빛 불빛	火	15	火	18
	획	劃	쪼갤 그을	刀	14	金	17		계	稽	머무를 상고할	禾	15	木	18
	효	酵	삭힐, 발효 술괴일	酉	14	金	18		계	磎	谿(17)속자 시내, 계곡	石	15	金	18
	훈	熏	연기 태울	火	14	火	15		고	稿	초 볏짚	禾	15	木	19
	휴	携	이끌 자질	手	13	木	18		곡	穀	곡식 기를	禾	15	木	20
	희	熙	熙(14)속자 빛날, 넓을	火	14	火	19		곤	滾	흐를 샘솟을	水	14	水	16
	희	僖	기쁠 좋아할	人	14	火	16		과	課	부서, 매길 조세, 시험	言	15	金	17
	희	熙	熙(13)동 자빛날, 넓을	火	13	火	19		곽	郭	성곽 둘레	邑	11	土	16
15 (土)	가	駕	탈것 부릴 수레	馬	15	火	20		관	慣	익숙할 버릇	心	14	火	17
	가	稼	심을 농사	禾	15	木	17		관	寬	너그러울	宀	15	木	19
	가	價	값 가치	人	15	火	17		광	廣	넓을 널리	广	15	木	16
	갈	褐	털옷 베옷	衣	14	木	19		교	嬌	아리따울 맵시	女	15	土	20
	갈	葛	칡 덩굴	艸	13	木	17		교	餃	경단 엿	食	15	水	16
	개	漑	물댈 닦을	水	14	水	18		교	嶠	높은산 산길	山	15	土	20
	개	槪	절개 풍채	木	15	木	19		구	鉤	끌, 낫 갈고리	金	15	金	16
	거	踞	웅크링 걸터앉을	足	15	土	18		구	毆	토할 때릴	欠	15	金	20

획수	음	한자	뜻	부수	실획	자원	곡획	획수	음	한자	뜻	부수	실획	자원	곡획
15 (土)	구	毆	칠 때릴	殳	15	金	23	15 (土)	덕	德	덕 인품	彳	15	火	17
	궁	窮	궁할 궁리할	穴	15	水	23		도	稻	벼 쌀일을	禾	15	木	16
	권	権	權(22)속자 권세, 저울	木	15	木	15		돈	墩	돈대 결상	土	15	土	18
	규	逵	큰길 길	辵	12	土	15		동	董	바로잡을 물을	艸	13	木	14
	규	槻	느티나무 물푸레나무	木	15	木	18		등	嶝	고개 언덕	山	15	土	18
	극	劇	심할, 혹독할 장난할	刀	15	金	19		라	摞	정돈할 다스릴	水	14	木	18
	근	槿	무궁화 무궁화나무	木	15	木	16		락	樂	즐길 즐거울	木	15	木	20
	근	漌	맑을 물맑을	水	14	水	15		락	落	떨어질 낙엽, 마을	艸	13	木	15
	기	畿	경기 지경	田	15	土	21		랑	瑯	옥돌 금옥소리	玉	14	金	18
	내	鼐	가마솥 큰솥	鼎	15	火	22		량	諒	진실 믿을	言	15	金	18
	년	碾	맷돌 돌절구	石	15	金	18		량	輛	수레 필적할	車	15	火	18
	뇌	腦	뇌 머리	肉	13	水	19		량	樑	들보 나무다리	木	15	木	17
	뇨	鬧	시끄러울 들렐	門	15	金	18		려	黎	검을, 많을 무리, 늙을	黍	15	木	18
	닐	暱	친할 친족	日	15	火	17		려	慮	생각할 걱정할	心	15	火	19
	다	樣	차나무	木	15	木	15		려	閭	마을 이문	門	15	木	20
	단	緞	비단	糸	15	木	21		련	輦	손수레 연	車	15	火	16
	담	談	말씀 이야기할	言	15	金	16		련	練	익힐 겪을	糸	15	木	18
	답	踏	밟을 발판	足	15	土	19		련	漣	물놀이 물문채	水	14	水	16
	당	幢	휘장 기	巾	15	木	18		로	魯	노둔할 노나라	魚	15	水	18
	당	瑭	옥이름	玉	14	金	16		론	論	논할 견해	言	15	金	18

획수	음	한자	뜻	부수	실획	자원	곡획	획수	음	한자	뜻	부수	실획	자원	곡획
	뢰	磊	돌무덤 돌첩첩할	石	15	金	18		매	賣	팔 퍼트릴	貝	15	金	17
	뢰	賚	뇌물줄 하사할	貝	15	金	16		면	緬	멀, 아득할 가는실	糸	15	木	18
	료	寮	동관, 창문 벼슬아치	宀	15	木	18		면	緜	솜, 솜옷 명주, 햇솜	糸	15	木	20
	루	熡	불꽃	火	15	火	18		모	摹	베낄 본뜰	手	15	木	17
	루	樓	다락 망루	木	15	木	18		모	模	법, 법식 모양, 본뜰	木	15	木	16
	루	慺	정성스러울 공근할	心	14	火	17		모	暮	저물 늦을	日	15	火	17
	류	劉	죽일, 이길 도끼	刀	15	金	19		모	慕	사모할 본받을	心	15	火	17
	륜	輪	바퀴 둘레	車	15	火	18		모	摸	본뜰 더듬을	手	14	木	16
	률	瑮	옥무늬	玉	14	金	5		묘	廟	사당 묘당	广	15	木	18
15 (土)	름	凜	찰 흐릿할	冫	15	水	17	15 (土)	묵	墨	먹, 먹줄 점괘, 형벌	土	15	土	16
	리	摛	펼 표현할	手	14	木	17		민	憫	총명할 민첩할	心	15	火	19
	리	履	신, 신발 밟을	尸	15	木	18		밀	樒	침향 향나무	木	15	木	18
	마	摩	연마할 어루만질	手	15	木	18		반	磐	너럭바위 넓을	石	15	金	22
	마	碼	마노, 야드 저울추	石	15	金	18		반	盤	쟁반 돌	皿	15	金	22
	마	瑪	마노 석영이름	玉	14	金	16		방	磅	돌소리 파운드	石	15	金	19
	막	漠	사막 넓을	水	14	水	15		배	賠	배상할 물어줄	貝	15	金	17
	만	萬	일만 만무	艸	13	木	13		배	輩	무리 견줄	車	15	火	16
	만	漫	질펀할 넓을	水	14	水	17		백	魄	혼, 넋 몸, 달빛	鬼	15	火	20
	만	滿	찰 채울	水	14	水	16		번	幡	깃발, 행주 먹수건	巾	15	木	18
	망	輞	바퀴 테	車	15	火	19		범	範	법, 규범 모범, 한계	竹	15	木	20

획수	음	한자	뜻	부수	실획	자원	곡획	획수	음	한자	뜻	부수	실획	자원	곡획
15 (土)	병	軿	수레 거마소리	車	15	火	16	15 (土)	상	箱	상자 곳집	竹	15	木	16
	보	褓	포대기	衣	14	木	16		서	署	임명할 마을, 부서	网	14	木	16
	복	墣	흙덩이	土	15	土	15		서	鋤	호미, 김맬 없앨	金	15	金	18
	복	腹	배, 마음 두터울	肉	13	土	17		서	緒	실마리 시초, 차례	糸	15	木	18
	복	複	겹칠, 겹옷 솜옷	衣	14	木	17		석	奭	클, 성할 쌍백	大	15	火	17
	봉	熢	봉화 봉화대	火	15	火	17		선	嬋	아름다울 끊이지않을	女	15	土	19
	봉	漨	물이름	水	14	水	16		선	墡	백토 하얀 흙	土	15	土	16
	봉	鋒	칼날, 병기 선봉	金	15	金	16		선	線	줄, 실 노선, 단서	糸	15	木	20
	부	賦	부세, 구실 군사, 문채	貝	15	金	17		소	銷	녹일 흩어질	金	15	金	17
	부	敷	펼, 두루 분할, 널리	攵	15	金	18		소	嘯	휘파람 울부짖을	口	15	水	20
	부	部	거느릴 마을, 분류	邑	11	土	14		소	霄	하늘 밤	雨	15	水	18
	부	駙	곁마 가까울	馬	15	火	18		쇄	瑣	자질구레할 세분할	玉	14	金	15
	사	寫	베낄, 그릴 토로할	宀	15	木	19		수	豎	세울 아이	豆	15	木	19
	사	賜	줄 하사할	貝	15	金	19		수	賥	재물 재화	貝	15	金	16
	사	駛	달릴 빠를	馬	15	火	18		수	數	셈, 등급 이치, 책략	攵	15	金	18
	사	駟	말 사마	馬	15	火	19		숙	熟	익을, 전통 숙련, 깊이	火	15	火	20
	삭	數	자주 여러 번	攵	15	金	18		순	諄	도울 지극할	言	15	金	19
	산	憕	온전한덕 많을	心	14	火	14		순	醇	진할, 순수 도타울	酉	15	金	20
	삼	滲	스밀 흘러나올	水	14	水	17		승	陞	오를 승진	阜	10	土	12
	상	賞	상줄, 증여 승상, 칭찬	貝	15	金	18		시	緦	시마복 모을	糸	15	木	19

획수	음	한자	뜻	부수	실획	자원	곡획	획수	음	한자	뜻	부수	실획	자원	곡획
15 (土)	심	審	살필, 들을 조사, 정할	宀	15	木	17	15 (土)	온	瑥	사람이름	玉	14	金	16
	악	樂	노래, 아기 풍류, 아뢸	木	15	木	20		완	緩	느릴 부드러울	糸	15	木	18
	안	鞍	안장 안장지울	革	15	金	18		완	翫	희롱할 탐할, 연습	羽	15	火	20
	애	磑	맷돌 단단할	石	15	金	18		외	磈	높고험할 돌많을	石	15	金	20
	애	賹	사람이름 넉넉할	貝	15	金	16		요	嬈	예쁠 아름다울	女	15	土	18
	애	漄	물가, 근처 한계, 단속	水	14	水	15		요	瑤	옥돌 아름다울	玉	14	金	16
	양	養	기를, 봉양 가르칠	食	15	水	17		요	窯	가마 오지그릇	穴	15	水	17
	양	樣	본 모양	木	15	木	18		요	嶢	산높을	山	15	土	18
	어	漁	고기잡을 낚을	魚	14	水	16		요	樂	좋아할 바랄	木	15	木	20
	억	億	억, 헤아릴 편안할	人	15	火	17		용	槦	나무이름 화살대	木	15	木	18
	연	演	흐를 윤택할	水	14	水	16		용	瑢	옥소리	玉	14	金	16
	연	嬿	성(姓)씨 여자의 자태	女	15	土	17		우	郵	역발, 우편 오두막집	邑	11	土	13
	연	緣	인연, 이유 가설, 장식	糸	15	木	20		원	院	집, 절, 담 마을, 관아	阜	10	土	15
	열	閱	볼, 읽을 분간, 지체	門	15	金	22		원	褑	패옥띠 옷	衣	14	木	16
	열	熱	더울, 바쁠 흥분할	火	15	火	19		위	葦	갈대 작은배	艸	13	木	16
	엽	葉	잎, 장 꽃잎, 후손	艸	13	木	14		위	緯	씨줄, 주관 예언서	糸	15	木	20
	영	潁	강이름 물이름	水	15	水	20		위	慰	위로할 위안할	心	15	火	19
	영	影	그림자 화상	彡	15	火	18		위	衛	지킬, 막을 경영, 의심	行	15	火	19
	영	瑩	옥돌 빛날	玉	15	金	16		위	褘	아름다울 장막	衣	14	木	18
	온	穩	번성할	禾	15	木	17		유	牖	들창 깨우칠	片	15	木	19

획수	음	한자	뜻	부수	실획	자원	곡획	획수	음	한자	뜻	부수	실획	자원	곡획
15 (土)	윤	閏	閏(12)동자 윤달, 잉여	門	15	火	18	15 (土)	절	節	마디, 절개 예절, 절기	竹	15	木	18
	은	誾	온화 향기	言	15	金	19		덤	漸	점점, 적실 차츰, 험할	水	14	水	15
	은	㺚	사람이름	玉	14	金	16		접	蝶	나비 들나비	虫	15	水	17
	의	誼	옳을 의논할	言	15	金	18		정	鋌	광석, 동석 달릴, 판금	金	15	金	17
	의	儀	거동, 법 본받을	人	15	火	17		정	靚	단장할 조용할	靑	15	木	20
	의	毅	굳셀, 용맹 화낼	殳	15	金	20		정	霆	번개 천둥소리	雨	15	水	18
	이	頤	턱, 기를 보양, 부릴	頁	15	火	19		제	緹	붉은비단 붉을	糸	15	木	18
	익	熤	사람이름	火	15	火	19		조	調	고를, 구실 조롱할	言	15	金	19
	일	逸	편안할 숨을	辵	12	土	17		종	踪	자취 발자취	足	15	土	18
	자	磁	지남석 사기그릇	石	15	金	20		종	慫	권할 놀랄	心	15	火	16
	잠	暫	잠깐 별안간	日	15	火	17		종	樅	전나무 무성할	木	15	木	15
	잠	箴	바늘, 침 경계할	竹	15	木	17		주	調	아침	言	15	金	19
	장	暲	해돋을 밝을	日	15	火	17		주	駐	머무를 낙타, 체류	馬	15	火	17
	장	漳	물이름 고을이름	水	14	水	15		주	週	돌, 둘레 전체, 주일	辵	12	土	16
	장	樟	녹나무 예장나무	木	15	木	16		준	儁	영특할 뛰어날	人	15	火	18
	저	樗	벗나무 가죽나무	木	15	木	19		준	陖	峻(14)동자 높을, 험할	阜	10	土	16
	저	著	나타날 지을, 비축	艸	13	木	14		즙	葺	기울 지붕이을	艸	13	木	14
	적	滴	물방울 물댈	水	14	水	17		증	增	늘 더할	土	15	土	18
	전	篆	전자, 관인 도장, 새길	竹	15	木	18		지	鋕	새길 명심할	金	15	金	16
	전	廛	가게 집터	广	15	木	18		지	漬	담글 적실	水	14	水	15

획수	음	한자	뜻	부수	실획	자원	곡획	획수	음	한자	뜻	부수	실획	자원	곡획
15 (土)	직	稷	기장 농관	禾	15	木	19	15 (土)	척	滌	씻을 닦을	水	14	水	14
	진	震	천둥소리 진동, 놀랄	雨	15	水	17		천	踐	밟을 오를	足	15	土	18
	진	陣	진칠, 싸움 한바탕	阜	10	土	13		철	徹	통할, 뚫을 치울	彳	15	火	18
	진	瑨	옥돌 옥석	玉	14	金	17		청	請	청할 물을	言	15	金	18
	진	瑱	귀막이옥 옥	玉	14	金	18		청	請	請(15)동자 청할, 물을	言	15	金	18
	진	進	나아갈 오를, 힘쓸	辵	12	土	13		체	逮	잡을 미칠	辵	12	土	15
	진	稹	떨기로날 치밀할	禾	15	木	19		체	締	맺을 맺힐	糸	15	木	20
	진	禛	복받을	示	15	木	19		초	嶕	높을 산꼭대기	山	15	土	16
	질	質	바탕, 품질 저당물	貝	15	金	16		초	醋	초 술권할	酉	15	金	18
	집	緝	낳을 길쌈	糸	15	木	18		총	摠	모두 거느릴	手	14	木	18
	징	徵	부를 조짐	彳	15	火	16		추	諏	꾀할 물을	言	15	金	17
	차	瑳	고울 웃을	玉	14	金	14		추	樞	지도리 고동	木	15	木	19
	차	磋	갈, 연마 연구, 논의	石	15	金	16		취	趣	뜻, 취지 풍취, 자태	走	15	火	16
	찬	賛	贊(19)속자 도울, 찬사	貝	15	金	16		층	層	층, 계단 겹, 층집	示	15	木	19
	참	槧	판, 판목 편지, 문서	木	15	木	16		치	幟	기 표적	巾	15	木	19
	창	廠	헛간 공장	广	15	木	18		치	輜	짐수레	車	15	火	20
	창	漲	물불을 물넘쳐흐를	水	14	水	19		치	緻	고을 찬찬할	糸	15	木	19
	창	瑲	옥소리 방울소리	玉	14	金	16		칠	漆	옻, 검은 일곱, 삼갈	水	14	水	15
	척	慼	슬플 근심	心	15	火	18		침	郴	고을이름	邑	11	土	13
	척	陟	오를 올릴	阜	10	土	13		돈	噋	느릿할	口	15	水	19

획수	음	한자	뜻	부수	실획	자원	곡획	획수	음	한자	뜻	부수	실획	자원	곡획
15 (土)	통	樋	나무이름	木	15	木	19	15 (土)	허	墟	터 언덕	土	15	土	18
	편	翩	빨리날 나부낄	羽	15	火	22		현	鋗	노구슬 냄비, 소분	金	15	金	18
	편	編	엮을, 편집 편성, 책	糸	15	木	20		현	賢	어질, 현명 나을, 존경	貝	15	金	19
	편	篇	책, 서책, 편, 편액	竹	15	木	18		현	儇	총명할 민첩, 가릴	人	15	火	18
	편	艑	거룻배 큰배	舟	15	木	20		현	陥	한정할 한계, 지명	阜	10	土	15
	편	緶	꿰맬 가선 두를	糸	15	木	18		혜	慧	지혜 슬기로울	心	15	火	17
	폐	陛	섬돌 층계	阜	10	土	15		혜	暳	별반짝일 작별	日	15	火	17
	폐	幣	폐백, 비단 재물	巾	15	木	19		혜	憲	밝을 깨달을	心	15	火	18
	포	鋪	펼, 베풀 가게, 역참	金	15	金	17		호	滸	물가	水	14	水	15
	포	葡	포도 포도나무	艸	13	木	17		호	皞	밝을 화락할	白	15	火	17
	포	褒	칭찬할 도포	衣	15	木	17		호	皜	흰, 밝을 늙은이	白	15	火	20
	표	慓	급할, 날랠 용맹할	心	14	火	16		화	嫿	고울 얌전할	女	15	土	16
	표	標	표, 표할 나무 끝	木	15	木	17		확	確	군을 확실	石	15	金	17
	픽	腷	답답할 울적할	肉	13	水	17		확	碻	確(15)속자 군을, 확실	石	15	金	20
	필	滭	용솟음칠	水	14	水	15		효	皛	흴 밝을	白	15	火	18
	한	漢	한나라 물이름	水	14	水	15		훈	勲	勳(16)속자 공, 공적	力	15	火	18
	한	嫺	우아할 조용, 익힐	女	15	土	21		훤	萱	원추리 망우초	艸	13	木	15
	한	嫻	우아할	女	15	土	19		휘	麾	지휘 대장기	麻	15	木	19
	함	緘	봉할, 묶을 봉투, 편지	糸	15	木	19		휘	輝	빛, 빛날 아침햇빛	車	15	火	18
	향	餉	건량, 군량 군비	食	15	水	19		흥	興	일어날 기뻐할	臼	15	土	19

획수	음	한자	뜻	부수	실획	자원	곡획	획수	음	한자	뜻	부수	실획	자원	곡획
15 (土)	희	熙	화할 빛날	亻	15	水	20		곤	錕	곤오산 산이름	金	16	金	20
	희	嬉	놀 즐길	女	15	土	18		과	過	지나칠 예전	辵	13	土	18
	힐	頡	목덜미 날아올라갈	頁	15	火	17		관	舘	館(17)속자 집, 관사	舌	16	水	20
16 (土)	간	墾	개간할 힘쓸	土	16	土	19		교	橋	다리 강할	木	16	木	20
	간	澗	산골물 시내	水	15	水	19		교	撟	들 올라갈	手	15	木	20
	갈	噶	다짐할 맹세할	口	16	水	21		구	龜	땅이름	龜	16	水	25
	감	橄	감람나무	木	16	木	16		궤	樻	나무이름 영수목	木	16	木	18
	강	鋼	강철 강쇠	金	16	金	19		귀	龜	거북 등골뼈	龜	16	水	25
	강	彊	강할 힘쓸	弓	16	金	22		규	窺	엿볼 반걸음	穴	16	水	21
	개	蓋	덮을 덮개	艸	14	木	16	16 (土)	균	龜	터질 갈라질	龜	16	水	25
	거	鋸	톱 톱질할	金	16	金	18		귤	橘	귤 귤나무	木	16	木	23
	검	黔	검을 그을	黑	16	水	18		근	瑾	옥 아름다운 옥	玉	15	金	16
16 (土)	계	憩	쉴 휴식할	心	16	火	19		금	錦	비단 비단옷	金	16	金	19
	결	潔	깨끗할	水	15	水	19		기	錡	세발솥 가마솥	金	16	金	18
	겸	縑	비단 명주	糸	16	木	19		기	器	그릇 재능	口	16	水	20
	경	憬	깨달을 동경할	心	15	火	18		기	璂	피변옥 꾸미개옥	玉	15	金	15
	경	暻	밝을 별,경치	日	16	火	20		기	冀	바랄 바라건데	八	16	土	19
	경	磬	경쇠 다할	石	16	金	22		기	錤	호미	金	16	金	16
	고	膏	살찔 기름질	肉	14	水	19		기	機	기계 베틀	木	16	木	21
	곡	縠	주름비단 명주	糸	16	木	23		낙	諾	대답할 허락할	言	16	金	18

획수	음	한자	뜻	부수	실획	자원	곡획	획수	음	한자	뜻	부수	실획	자원	곡획
	년	撚	비틀 잡을	手	15	木	17		동	橦	나무이름 북소리	木	16	木	17
	누	耨	김맬, 호미 팽이	耒	16	金	18		동	曈	동틀 밝은모양	日	16	火	18
	니	懝	마음 좋을	心	15	火	17		동	潼	물이름 높을	水	15	水	16
	단	壇	단 제단	土	16	土	19		두	頭	머리, 처음 우두머리	頁	16	火	18
	달	達	통달할 이를	辵	13	土	14		둔	遁	숨을 달아날	辵	13	土	15
	담	潭	못 깊을	水	15	水	17		등	橙	등자나무 귤, 오렌지	木	16	木	18
	담	曇	흐릴 구름낄	日	16	火	19		등	燈	등잔 촛불	火	16	火	18
	당	撞	부딪칠 칠	手	15	木	17		라	蓏	풀열매	艸	14	木	14
	당	糖	사탕 엿	米	16	木	19		력	歷	지낼 다닐	止	16	火	16
16 (土)	도	都	도읍, 도시 마을	邑	12	土	15	16 (土)	력	曆	책력 일기	日	16	土	17
	도	覩	볼 알	見	16	火	20		련	璉	호련 종묘제기	玉	15	金	17
	도	陶	질그릇 만들	阜	11	土	16		례	隸	종, 죄인 종속할	隶	16	水	19
	도	導	인도할 이끌	寸	16	木	19		로	盧	밥그릇 검을	皿	16	水	20
	도	馟	향기날 향내날	香	16	木	19		로	潞	강이름 물이름	水	15	水	19
	도	道	길, 다스릴 인도할	辵	13	土	15		로	撈	잡을 건져낼	手	15	木	19
	독	篤	도타울 단단할	竹	16	木	18		록	錄	기록할 나타낼	金	16	金	19
	돈	燉	불빛 불이글거릴	火	16	火	19		뢰	賴	의뢰할 이익	貝	16	金	20
	돈	暾	아침해 해돋을	日	16	火	20		료	曉	밝을 환할	日	16	火	19
	돈	潡	큰물 물깊을	水	15	水	18		료	燎	밝을 화롯불	火	16	火	18
	동	憧	그리워할 어리석을	心	15	火	16		료	撩	다스릴 부추길	手	15	木	18

획수	음	한자	뜻	부수	실획	자원	곡획	획수	음	한자	뜻	부수	실획	자원	곡획
	룡	龍	용 임금	龍	16	土	22		묵	默	잠잠할 고요할	黑	16	水	17
	륙	陸	뭍, 언덕 여섯	阜	11	土	15		미	躾	가르칠 가정교육	身	16	火	18
	륜	錀	금 금색	金	16	金	18		박	縛	묶을 얽을	糸	16	木	16
	름	廩	곳집, 녹미 구호미	广	16	木	18		박	樸	통나무 질박할	木	16	木	15
	릉	陵	언덕, 능 무덤	阜	11	土	16		반	潘	쌀뜨물 소용돌이	水	15	水	16
	리	釐	바를 반듯할	支	16	土	18		발	撥	없앨 다스릴	手	15	木	15
	리	璃	유리 구름 이름	玉	15	金	18		발	潑	물뿌릴 솟아날	水	15	水	24
	린	潾	돌샘 맑을	水	15	水	17		배	陪	모실 도울	阜	11	土	14
	린	燐	반딧불 도깨비불	火	16	火	18		번	燔	구울 말릴	火	16	火	17
16 (土)	마	磨	갈 맷돌	石	16	金	19	**16** (土)	벌	橃	뗏목 큰배	木	16	木	25
	멱	冪	덮을, 보 흙손질할	冖	16	土	20		벽	壁	벽 울타리	土	16	土	18
	명	蓂	명협 달력풀	艸	14	木	16		변	駢	나란히할 합칠, 겹칠	馬	16	火	18
	모	謀	꾀할 상의할	言	16	金	17		변	辨	분별할 나눌	辛	16	金	16
	모	橅	법 규범	木	16	木	16		병	鉼	판금 금화	金	16	金	16
	목	穆	화목할 공경할	禾	16	木	18		보	潽	끓을 물넓을	水	15	水	16
	몽	蒙	어릴 우매할	艸	14	木	16		복	輹	복토 바퀴통	車	16	火	19
	무	撫	어루만질 사랑할	手	15	水	16		복	輻	모여들 바퀴살	車	16	火	19
	무	橅	법, 규범 어루만질	木	16	木	16		분	奮	떨칠 휘두를	大	16	木	17
	무	儛	춤출, 무용 조롱할	人	16	火	18		비	陴	성가퀴 보필, 도울	阜	11	土	15
	묵	嘿	잠잠할 입다물	口	15	水	17		빈	儐	인도할 대접할	人	16	火	18

획수	음	한자	뜻	부수	실획	자원	곡획	획수	음	한자	뜻	부수	실획	자원	곡획
16(土)	빈	頻	급할 자주	頁	16	火	18	16(土)	숙	潚	빠를 강이름	水	15	水	19
	빙	憑	의지할 건널	心	16	火	19		순	橓	무궁화나무	木	16	木	19
	산	橵	산자 사람이름	木	16	木	18		슬	璱	진주 푸른구슬	玉	15	金	17
	상	潒	세찰, 떠돌 흐름이세찰	水	15	水	18		시	謚	시호 행장	言	16	金	21
	상	橡	상수리나무 도토리	木	16	木	19		시	諟	바로잡을 살필	言	16	金	18
	서	諝	슬기 지혜	言	16	金	20		시	蓍	시초 서초	艹	14	木	17
	석	錫	주석, 구리 지팡이	金	16	金	19		시	蒔	모종낼 옮겨심을	艹	14	木	16
	선	敾	수선할 글잘쓸	欠	16	金	17		심	潯	물가, 소 강이름	水	15	水	18
	선	璇	옥 별이름	玉	15	金	18		심	諶	진실 헤아릴	言	16	金	19
	섬	暹	해떠오를 섬라, 태국	日	16	火	18		악	噩	놀랄 엄숙할	口	16	水	20
	성	醒	깰, 깨달을 청신할	酉	16	金	19		악	諤	직언함	言	16	金	22
	소	璅	옥돌, 장실 영소	玉	15	金	19		알	謁	뵐, 고할 객사, 명함	言	16	金	21
	소	穌	소생할 모을	禾	16	木	18		암	諳	욀, 암송할 깨달을	言	16	金	18
	소	衛	깨끗할 멈출, 그칠	行	16	火	19		압	鴨	오리 집오리	鳥	16	火	20
	손	蓀	난초, 향풀 창포	艹	14	木	18		앙	鴦	원앙 원앙새	鳥	16	火	20
	수	樹	나무, 심을 세울, 막을	木	16	木	18		어	禦	막을 지킬	示	16	木	20
	수	輸	보낼, 짐 경혈, 깰	車	16	火	21		업	嶪	험준할 산 높을	山	16	土	17
	수	遂	이룰 나갈	辵	13	土	16		에	曀	구름 낄	日	16	火	19
	수	蒐	모을, 은닉 검열, 사냥	艹	14	木	18		여	餘	나머지 남길	食	16	水	18
	숙	橚	밋밋할 무성할	木	16	木	20		역	嶧	산이름 산잇닿을	山	16	土	18

획수	음	한자	뜻	부수	실획	자원	곡획	획수	음	한자	뜻	부수	실획	자원	곡획
	연	燕	제비, 잔치 업신여길	火	16	火	20		원	鴛	원앙 원앙새	鳥	16	火	24
	열	澄	물흐를	水	15	水	17		원	鋺	식기 양수사	金	16	金	22
	엽	燁	빛날 번쩍거릴	火	16	火	16		위	謂	이를, 설명 고할, 힘쓸	言	16	金	20
	엽	曄	빛날 공채날	日	16	火	17		위	衛	지킬, 막을 경영, 의심	行	16	火	21
	영	穎	이삭 빼어날	頁	16	木	19		유	儒	선비, 유교 학자, 유약	人	16	火	19
	예	橤	드리울 꽃술	木	16	木	19		유	蹂	밟을, 빠를 축축할	足	16	土	20
	예	叡	밝을 총명	又	16	火	19		유	逾	멀 넘을	辵	13	土	18
	예	豫	미리 기뻐할	豕	16	水	22		유	諭	인도할 깨우칠	言	16	金	21
	오	墺	물가, 뭍 육지	土	16	土	17		유	遊	놀, 여행 유세할	辵	13	土	18
16 (土)	오	窹	부엌 깨달을	穴	16	水	22	16 (土)	유	蹖	넘을, 건널 물가 언덕	足	16	土	21
	옹	壅	막을 북돋을	土	16	土	18		윤	潤	젖을, 은혜 윤택할	水	15	水	18
	욕	縟	무늬 화문놓을	糸	16	木	20		율	潏	물흐를 샘솟을	水	15	水	22
	용	踊	뛸, 춤출 오를, 신발	足	16	土	21		율	燏	빛날 불빛	火	16	火	23
	용	蓉	부용 연꽃	艸	14	木	16		융	融	녹을, 통할 화합할	虫	16	水	21
	우	遇	만날 대접할	辵	13	土	17		은	儗	기댈 의지할	人	16	火	18
	운	運	옮길, 운 궁리, 운용	辵	13	土	16		응	凝	엉길, 얼을 모을, 멈출	冫	16	水	20
	운	澐	큰물결 큰물렬일	水	15	水	17		이	彛	떳떳할 법	彐	16	火	19
	운	篔	왕대 대이름	竹	16	木	18		인	璌	사람이름	玉	15	金	17
	운	賱	재운 넉넉할	貝	16	金	19		인	諲	공경할 삼갈	言	16	金	19
	운	橒	나무무늬 나무이름	木	16	木	18		자	褯	포대기 기저귀	衣	15	木	18

획수	음	한자	뜻	부수	실획	자원	곡획	획수	음	한자	뜻	부수	실획	자원	곡획
	자	諮	물을 자문할	言	16	金	19		조	潮	조수 밀물	水	15	水	18
	잔	潺	물소리	水	15	水	22		종	踵	발꿈치 쫓을	足	16	土	18
	잠	潛	잠길 감출	水	15	水	21		종	璁	패옥소리 옥 소리	玉	15	金	15
	장	璋	홀, 반쪽홀 구슬, 밝을	玉	15	金	16		주	遒	닥칠 모일	辵	13	土	16
	장	墻	담 경계	土	16	土	18		주	輳	모일 몰려들	車	16	火	17
	재	賊	재물, 재화 곧바로	貝	16	金	19		준	寯	준걸 모일	宀	16	木	20
	재	縡	일 실을	糸	16	木	19		진	儘	다할, 조금 어떻든	人	16	火	18
	쟁	錚	쇠소리 징	金	16	金	18		진	臻	이를 모일	至	16	土	17
	적	積	쌓을 주름	禾	16	木	17		진	縉	붉은비단 분홍빛	糸	16	木	21
	전	錢	돈, 동전 자금, 세금	金	16	金	18		진	縝	고울, 촘촘 검은머리	糸	16	木	22
16 (土)	전	磚	벽돌	石	16	金	19	16 (土)	진	陳	늘어놓을 묵을, 말할	阜	11	土	14
	점	霑	젖을 잠길	雨	16	水	18		집	潗	샘솟을 세찰	水	15	水	15
	접	蹀	밟을, 장식 잔걸음	足	16	土	18		집	輯	모을 화목할	車	16	火	18
	정	整	전돈할 가지런할	攴	16	金	17		징	澂	맑을	水	15	水	16
	정	靜	고요할 깨끗할	靑	16	木	20		징	澄	맑을 맑게할	水	15	水	17
	정	錠	제기이름 은화, 정제	金	16	金	17		착	錯	꾸밀, 섞일 어긋날	金	16	金	17
	정	諪	고를 조정할	言	16	金	20		찬	撰	지을, 기록 저술, 규칙	手	15	木	22
	제	諸	모두, 모든 무릇, 지차	言	16	金	18		창	蒼	푸를, 늙을 우거질	艸	14	木	16
	제	儕	무리, 동배 함께, 동행	人	16	火	19		창	艙	선창 갑판밑	舟	16	木	20
	조	雕	새길 독수리	隹	16	火	19		철	撤	거둘 치울	手	15	木	19

획수	음	한자	뜻	부수	실획	자원	곡획	획수	음	한자	뜻	부수	실획	자원	곡획
16 (土)	철	澈	맑을 물맑을	水	15	水	18	16 (土)	탱	撑	버틸	手	15	木	20
	체	諦	살필 바로잡을	言	16	金	20		파	播	뿌릴, 베풀 달아날	手	15	木	17
	체	諟	살필 이치	言	16	金	18		판	辦	힘쓸 갖출	辛	16	金	18
	초	樵	나무할 장작, 망루	木	16	木	16		팽	澎	물소리 물결소리	水	15	水	16
	촬	撮	모을, 취합 취할, 자방	手	15	木	18		편	遍	두루, 모든 번, 횟수	辵	13	土	17
	최	璀	빛날, 광채 옥이름	玉	15	金	16		폐	嬖	사랑할 총애받을	女	16	土	19
	추	錐	송곳 무게	金	16	金	16		포	蒲	창포 부들	艸	14	木	16
	추	錘	저울추 도거니	金	16	金	16		폭	輻	물려들 바퀴살	車	16	火	19
	축	築	건축물 쌓을	竹	16	木	19		핍	逼	닥칠 협박할	辵	13	土	16
	축	蓄	쌓을, 기를 저축	艸	14	木	17		하	煆	붉을, 노을 붉은빛	赤	16	火	20
	춘	賰	넉넉할 부유할	貝	16	金	18		학	學	배울 학교	子	16	水	20
	치	熾	맹렬할 불꽃	火	16	火	18		한	閑	익힐 법	門	16	木	19
	치	錙	저울눈 작은양	金	16	金	20		한	翰	편지, 문서 문장, 기둥	羽	16	火	21
	친	親	친할, 몸소 어버이	見	16	火	19		한	澖	넓을 끝없이 넓을	水	15	水	18
	쾌	噲	목구멍 상쾌, 밝을	口	16	水	19		한	橺	큰나무	木	16	木	20
	타	橢	길쭉할	木	16	木	20		함	諴	화할, 정성 지성, 익살	言	16	金	19
	탁	橐	전대 풀무	木	16	木	19		해	諧	어울릴 이룰	言	16	金	21
	탄	暺	밝을	日	16	火	20		핵	翮	깃촉, 조류 관악기	羽	16	火	24
	탕	糖	엿, 사탕 설탕, 캔디	米	16	木	18		헌	憲	법, 관청 명령, 가르침	心	16	火	19
	텡	撑	버팀목 배저울	手	15	木	19		헌	輲	초헌 수레	車	16	火	19

획수	음	한자	뜻	부수	실획	자원	곡획	획수	음	한자	뜻	부수	실획	자원	곡획
	험	嶮	험할	山	16	土	19	16 (土)	희	憘	기쁠, 사랑 행복, 즐길	火	15	火	17
	현	縣	고을, 현 매달, 격할	糸	16	木	20		희	熺	熹(160)동자 성할, 밝을	火	16	火	18
	현	嬛	날렴할 우아, 치밀	女	16	土	20		가	謌	노래 칭송할	言	17	金	22
	형	螢	반딧불이 개똥벌레	虫	16	水	18		간	磵	도랑 시내 산골물	石	17	金	22
	형	衡	저울대 저울질	行	16	火	19		간	懇	그리워할 사모할	心	17	火	22
	혜	憓	순할 베풀	心	15	火	17		감	歛	바랄 탐할	欠	17	金	20
	호	儫	호걸, 귀인 성할, 용감	人	16	火	19		감	瞰	볼 내려다볼	目	17	木	18
	호	縞	명주 흰비단	糸	16	木	22		강	襁	포대기 업을	衣	16	木	23
	호	澔	浩(11)동자 넓을, 넉넉할	水	15	水	17		강	講	강론할 익힐	言	17	金	20
16 (土)	화	樺	자작나무	木	16	木	16		강	糠	겨 쌀겨	米	17	木	19
	화	澕	깊을 물이깊을	水	15	水	15	17 (金)	강	橿	굳셀 감탕나무	木	17	木	19
	환	圜	두를 에워쌀	口	16	水	20		강	繈	포대기 밧줄	糸	17	木	25
	황	潢	은하수 웅덩이	水	15	水	16		거	據	의거할 웅거할	手	16	木	20
	효	曉	새벽 밝을	日	16	火	19		검	檢	봉할 조사할	木	17	木	19
	훈	勳	공 공적	力	16	火	19		격	激	부딪칠 과격할	水	16	水	19
	희	橲	나무이름	木	16	木	18		격	擊	칠 죽일	手	17	木	24
	희	憙	기뻐할 좋아할	火	16	火	19		격	檄	격서 편지	木	17	木	20
	희	曦	빛날, 성할 환할, 구울	日	16	火	19		견	遣	보낼 버릴	辵	14	土	18
	희	熹	성할 밝을	火	16	火	18		겸	謙	겸손할 사양할	言	17	金	19
	희	羲	복희씨 사람 이름	羊	16	土	20		경	璟	옥빛 광채	玉	16	金	19

획수	음	한자	뜻	부수	실획	자원	곡획	획수	음	한자	뜻	부수	실획	자원	곡획
17 (金)	경	檠	도지개 등불	木	17	木	20	17 (金)	금	檎	능금나무 사과나무	木	17	木	20
	경	曔	밝을 마를	日	17	火	20		기	璣	구슬, 별이름 선기	玉	16	金	21
	경	憼	공경 경계할	心	17	火	20		기	磯	물가 몸부딪칠	示	17	金	23
	경	擎	들, 받들 우뚝솟을	手	17	木	21		녕	嚀	간곡할 정중할	口	17	水	22
	계	谿	시내 계곡	谷	17	水	20		농	濃	짙을 두터울	水	16	水	18
	계	階	섬돌 충계	阜	12	土	18		단	檀	박달나무 단향목	木	17	木	20
	과	鍋	냄비 노구솥	金	17	金	21		단	鍛	쇠칠 익힐	金	17	金	21
	관	館	집 관사	食	17	水	21		달	撻	매질할 종아리칠	手	16	木	18
	관	窾	빌, 구멍 법도	穴	17	水	21		달	澾	미끄러울	水	16	水	17
	광	礦	쇠돌, 조광 원석	石	17	金	19		담	澹	싱거울 담박할	水	16	水	20
	괴	璝	구슬이름 아름다울	玉	16	金	18		담	憺	편안할 고요할	心	16	火	20
	괵	馘	귀벨 얼굴	首	17	水	20		담	擔	멜 맡을	手	16	木	21
	교	矯	바로잡을 거짓	矢	17	金	21		대	戴	일 받들	戈	17	金	19
	교	膠	아교 굳을	肉	15	水	19		대	隊	무리, 떼 군대	阜	12	土	16
	구	購	살 구해드림	貝	17	金	20		도	鍍	울릴 도금할	金	17	金	18
	구	颶	구풍	風	17	木	21		도	蹈	밝을 슬퍼할	足	17	土	19
	구	屨	신, 짚신 가죽신	尸	17	木	21		독	獨	홀로 외로울	犬	16	土	21
	국	麴	누룩 곡자	麥	17	木	19		동	瞳	눈동자 볼	目	17	木	19
	국	鞠	기를 굽힐	革	17	金	20		등	謄	베낄 등사할	言	17	金	20
	근	懃	은근할 부지런할	心	17	火	21		려	勵	힘쓸 권장할	力	17	土	22

획수	음	한자	뜻	부수	실획	자원	곡획	획수	음	한자	뜻	부수	실획	자원	곡획
17(金)	련	聯	연이을 나란히 할	耳	17	火	23	17(金)	멸	篾	대껍질 도죽	竹	17	木	19
	련	鍊	익힐 불린쇠	金	17	金	18		묘	錨	닻 닻줄	金	17	金	18
	련	蓮	연 연밥	艸	15	木	17		무	懋	힘쓸 성대히할	心	17	火	21
	렴	斂	거둘 감출	攴	17	金	19		미	彌	두루 그칠	弓	17	金	23
	렴	濂	엷을 시내 이름	水	16	水	17		밀	謐	고요할 상세할	言	17	金	20
	령	澪	맑을 물이름	水	16	水	19		박	璞	옥덩이 소박할	玉	16	金	20
	령	嶺	재 산봉우리	山	17	土	21		반	磻	강이름	石	17	金	19
	례	澧	강이름 물이름	水	16	水	18		방	幫	도울 무리	巾	17	木	21
	료	瞭	눈밝을 아득할	目	17	木	20		번	磻	강이름	石	17	金	19
	루	縷	실 명주	糸	17	木	22		번	繁	많을 무성할	糸	17	木	22
	류	遛	머무를 정지할	辵	14	土	19		벽	檗	회양목	木	17	木	19
	륭	隆	높을 성할	阜	12	土	15		별	瞥	잠깐볼 언뜻볼	目	17	木	20
	륭	窿	활꼴 활꼴모양	穴	17	水	22		복	鍑	가마솥 술가마	金	17	金	19
	름	澟	서늘할 차가울	水	16	水	18		봉	縫	붙일 꿰맬	糸	17	木	21
	린	璘	옥빛 옥 광채	玉	16	金	18		부	膚	살갗 아름다울	肉	15	水	20
	림	臨	임할, 곡할 내려달 볼	臣	17	火	22		붕	繃	감을 묶을	糸	17	木	24
	마	蟇	두꺼비	虫	17	水	19		비	馡	향기로울	香	17	木	18
	막	膜	막 어루만질	肉	15	水	18		빈	嬪	아내 궁녀	女	17	土	20
	만	蔓	덩굴 퍼질	艸	15	木	18		빙	騁	달릴 회포 풀	馬	17	火	23
	멸	蔑	없을 업신여길	艸	15	木	17		사	謝	사례할 사양, 끊을	言	17	金	21

획수	음	한자	뜻	부수	실획	자원	곡획	획수	음	한자	뜻	부수	실획	자원	곡획
17 (金)	삼	蔘	인사 늘어질	艸	15	木	18	17 (金)	암	馣	향기로울 향기	香	17	木	21
	삽	銉	가래, 바늘 돗바늘	金	17	金	18		압	壓	누를 막을	土	17	土	20
	상	霜	서리, 세월 깨끗한절개	雨	17	水	19		양	陽	볕, 해 양기	阜	12	土	17
	상	償	갚을, 배상 보상, 속죄	人	17	火	20		양	襄	오를, 도울 치울, 높을	衣	17	木	20
	서	嶼	섬 작은섬	山	17	土	20		억	檍	참죽나무 박달나무	木	17	木	19
	선	禪	선, 봉선 양위할	示	17	木	20		억	憶	생각, 기억 추억, 우울	心	16	火	18
	선	鮮	고울, 생선 싱싱할	魚	17	水	19		여	輿	수레, 가마 땅, 하인	車	17	火	19
	설	薛	향풀, 차 향기로울	艸	15	木	20		연	縯	길 당길	糸	17	木	21
	섭	燮	화할, 불꽃 낙엽소리	火	17	火	19		영	鍈	방울소리	金	17	金	18
	성	聲	소리, 풍류 명예, 선언	耳	17	火	22		영	營	경영할 다스릴	火	17	火	20
	소	遡	거스릴 향할	辵	14	土	18		오	燠	따뜻할	火	17	火	18
	속	謖	일어날 뛰어날	言	17	金	22		오	澳	깊을 강이름	水	16	水	17
	손	遜	겸손할 달아날	辵	14	土	19		온	轀	수레	車	17	火	20
	솔	衛	거느릴	行	17	火	20		온	醞	빚을, 온화 조화	酉	17	金	21
	수	隋	수나라	阜	12	土	16		옹	擁	안을 막을	手	16	木	19
	수	雖	비록 추천할	隹	17	火	19		요	謠	노래할 소문	言	17	金	20
	수	燧	봉화 부싯돌	火	17	火	20		요	遙	멀 거닐	辵	14	土	17
	수	穗	이삭 벼이삭	禾	17	木	19		용	聳	솟을 솟게할	耳	17	火	17
	악	嶽	큰산 크고높을	山	17	土	20		우	燠	따뜻할 불안할	火	17	火	21
	암	菴	암자 초막	艸	15	木	18		우	優	넉넉할 뛰어날	人	17	火	21

획수	음	한자	뜻	부수	실획	자원	곡획	획수	음	한자	뜻	부수	실획	자원	곡획
17 (金)	울	蔚	고을이름 빽빽할	艸	15	木	18	17 (金)	제	隄	둑, 제방 언덕, 다리	阜	12	土	15
	원	遠	멀, 깊을 멀리할	辵	14	土	16		조	嬥	날씬할 춤출, 바꿀	女	17	土	22
	유	鍮	놋쇠 자연동	金	17	金	21		조	澡	씻을, 깨끗 다스릴	水	16	水	19
	은	嶾	산높을	山	17	土	20		조	操	잡을 지조	手	16	木	20
	음	蔭	덮을 그늘	艸	15	木	19		족	簇	모일 조릿대	竹	17	木	19
	응	應	응할, 응당 승낙, 조짐	心	17	火	18		종	鍾	쇠북, 술병 모을, 부여	金	17	金	18
	익	翼	날개, 처마 도울, 명일	羽	17	火	22		종	縱	세로, 놓을 늘어질	糸	17	木	19
	익	謚	웃을 웃는모양	言	17	金	19		준	竴	기쁠	立	17	土	20
	잡	礖	높을 산높을	石	17	金	18		준	駿	준마 준걸	馬	17	火	23
	장	檣	돛대	木	17	木	19		즙	檝	노, 배 수집	木	17	木	19
	장	糚	꾸밀, 치장 단장, 화장	米	17	木	18		증	甑	시루	瓦	17	土	22
	재	齋	재계, 공경 시주, 정진	齊	17	土	20		진	璡	옥돌	玉	16	金	17
	적	績	공, 일 길쌈할	糸	17	木	20		찬	儹	儧(19)속자 모을, 빠를	人	17	火	18
	전	輾	구를 발전할	車	17	火	20		찬	燦	빛날 찬란할	火	17	火	19
	전	氈	양탄자 모전	毛	17	火	22		찬	澯	맑을, 녹두 조개풀	水	16	水	18
	전	餞	보낼 전별할	食	17	水	20		첨	檐	처마 짊어질	木	17	木	20
	점	點	점 얼룩	黑	17	水	19		체	遞	번갈아 역말	辵	14	土	20
	정	顈	아름다울	頁	17	火	20		초	鍫	가래	金	17	金	17
	정	檉	능수버들	木	17	木	18		촉	燭	촛불, 등불 비칠, 간파	火	17	火	21
	제	鍗	큰가마 가마솥	金	17	金	20		총	聰	밝을 총명	耳	17	火	20

획수	음	한자	뜻	부수	실획	자원	곡획	획수	음	한자	뜻	부수	실획	자원	곡획
17 (金)	총	總	합할 종합	糸	17	木	22	17 (金)	호	壕	해자 성둘레	土	17	土	20
	추	鄒	추나라 마을	邑	13	土	21		홍	鴻	기러기 홍수, 성할	水	16	火	19
	출	黜	물리칠 내리칠	黑	17	水	20		활	豁	뚫린 골 소통, 클	谷	17	水	20
	침	鍼	침, 바늘 녹로, 찌를	金	17	金	19		황	隍	해자 산골짜기	阜	12	土	15
	칩	蟄	숨을 모일	虫	17	水	20		황	璜	패옥 옥소리	玉	16	金	17
	탄	憻	평평할	心	16	火	19		회	檜	노송나무 전나무	木	17	木	19
	탕	盪	씻을, 깨끗할 부딪칠	皿	16	水	20		회	澮	붓도랑 밭도랑	水	16	水	18
	택	澤	못, 윤날 은덕	水	16	水	17		훈	壎	질나팔	土	17	土	18
	택	擇	가릴, 뽑을 선택할	手	16	木	18		훼	燬	불 화재	火	17	火	21
	표	縹	옥색 옥색비단	糸	17	木	20		휘	徽	아름다울 훌륭할, 표기	彳	17	火	20
	표	聬	들을	耳	17	火	19		희	禧	복, 행복 경사, 길상	示	17	木	19
	하	霞	노을 멀	雨	17	水	21		희	嬉	여자이름	女	17	土	22
	학	壑	골 골짜기	土	17	土	20	18 (金)	간	簡	편지 대쪽	竹	18	木	22
	한	韓	한국 나라	韋	17	金	21		갈	鞨	오랑캐이름 말갈	革	18	金	23
	한	豐	산형상높을 산높은모양	山	17	土	20		개	鎧	갑옷 무장	金	18	金	20
	한	瀚	씻을 열흘	水	16	水	17		거	擧	들, 행동 거사	臼	18	木	21
	할	轄	비녀장 굴대빗장	車	17	火	20		건	鞬	동개 화살통	革	18	金	22
	해	獬	해태 굳센모양	犬	16	土	22		격	隔	막을 뜰	阜	13	土	19
	향	鄉	고향, 시골 대접할	邑	13	土	20		경	璥	경옥 옥이름	玉	17	金	20
	혜	蹊	건널 지름길	足	17	土	20		곡	鵠	고니 흰빛	鳥	18	火	22

획수	음	한자	뜻	부수	실획	자원	곡획	획수	음	한자	뜻	부수	실획	자원	곡획
	광	壙	광 공허할	土	18	土	19		당	瑭	귀고리옥 구슬	玉	17	金	20
	교	翹	꼬리 날개	羽	18	火	24		대	擡	들 치켜들	手	17	木	21
	구	軀	몸 신체	身	18	水	24		도	燾	비칠 덮을	火	18	火	21
	구	瞿	살필 노려볼	目	18	木	20		도	濤	큰물결 물결	水	17	水	20
	구	舊	옛, 오랠 친구	臼	18	土	19		둔	遯	달아날 피할	辵	15	土	19
	궐	闕	대궐문 뚫을	門	18	木	23		람	濫	퍼질 물넘칠	水	17	水	20
	궤	績	토끝 채색할	糸	18	木	22		람	燼	불번질 세력이강한	火	18	火	21
	궤	櫃	함 궤	木	18	木	20		량	糧	양식 급여	米	18	木	20
	귀	歸	돌아올 시집갈	止	18	土	24		례	禮	예도 예절	示	18	木	20
18 (金)	규	竅	구멍 통할	穴	18	水	23	18 (金)	로	璐	아름다운옥	玉	17	金	20
	극	隙	틈 기를	阜	13	土	17		루	壘	성채 진	土	18	土	21
	근	謹	삼갈 공경할	言	18	金	20		리	鯉	잉어, 편지 서찰	魚	18	水	21
	기	騎	말탈 기병	馬	18	火	22		리	釐	다스릴	里	18	土	19
	기	耭	밭갈	耒	18	金	23		린	繗	이을 실 뽑을	糸	18	木	22
	기	騏	준마 검푸른말	馬	18	火	20		모	謨	꾀, 계책 계획할	言	18	金	20
	나	懦	나약할 부드러울	心	17	火	20		몽	曚	어두울 어리석을	日	18	火	21
	난	饌	풀보기잔치 음식보낼	食	18	水	21		몽	朦	풍부할 큰모양	月	18	水	22
	녕	濘	진창 끓을	水	17	水	21		미	瀰	물가득할 넘칠	水	17	水	19
	농	穠	무성할 깊을	禾	18	木	20		민	顋	강할	頁	18	火	23
	단	簞	대광주리 상자	竹	18	木	21		반	蟠	서릴 두를	虫	18	水	20

획수	음	한자	뜻	부수	실획	자원	곡획	획수	음	한자	뜻	부수	실획	자원	곡획
18 (金)	번	蕃	우거질 번성할	艸	16	木	17	18 (金)	쌍	雙	둘, 쌍, 짝수	隹	18	火	19
	번	繙	번역할 연구할	糸	18	木	21		안	顔	낯, 표정 색채, 체면	頁	18	火	19
	벽	甓	벽돌 기와	瓦	18	土	23		애	隘	좁을 험할	阜	13	土	16
	벽	璧	둥글옥 구슬	玉	18	金	20		액	額	이마 현판	頁	18	火	22
	병	駢	나란히할 굳은살, 이웃	馬	18	火	20		염	壓	산뽕나무	木	18	木	21
	복	覆	다시, 배반 엎어질	襾	18	金	21		영	濚	濚(21)동자 물소리	水	17	水	18
	복	馥	향기 향기로울	香	18	木	21		영	瀯	물흐를 물돌아나갈	水	17	水	20
	비	騑	곁말, 부마 계속달릴	馬	18	火	20		오	遨	놀	辵	15	土	18
	빈	濱	물가 가까울	水	17	水	19		옹	甕	독 단지	瓦	18	土	23
	빈	擯	물리칠 인도할	手	17	木	20		옹	顒	엄숙할 온화할	頁	18	火	22
	빈	檳	빈랑나무	木	18	木	20		요	繞	얽을 두를	糸	18	木	22
	색	穡	거둘, 농사 검소할	禾	18	木	20		요	燿	빛날 비칠	火	18	火	22
	서	曙	새벽 밝을	日	18	火	21		요	曜	요일, 빛날 일월성신	日	18	火	13
	선	繕	기울, 갖출 다스릴	糸	18	木	21		용	鎔	녹일 주조	金	18	金	20
	술	遹	거느릴 군사거느릴	辵	15	火	18		위	魏	높을 나라이름	鬼	18	火	23
	수	璲	패옥 서옥	玉	17	金	20		유	濡	젖을 베풀	水	17	水	20
	수	瑪	옥이름	玉	17	金	20		은	檼	도지개 마룻대	木	18	木	20
	순	蕣	무궁화	艸	16	木	19		은	濦	강이름	水	17	水	19
	슬	璱	진주 푸른구슬	玉	17	金	18		의	醫	의원, 의사 무당, 치료	酉	18	金	25
	습	濕	축축할 습기	水	17	水	22		의	擬	헤아릴 비길	手	17	木	22

획수	음	한자	뜻	부수	실획	자원	곡획	획수	음	한자	뜻	부수	실획	자원	곡획
18 (金)	일	鎰	무게이름 중량단위	金	18	金	19	18 (金)	진	鎭	누를, 안택 진정, 항상	金	18	金	22
	작	爵	벼슬, 술잔 참새	爪	18	金	21		찬	璨	옥 빛날	玉	17	金	19
	잡	襍	섞일	衣	17	木	18		찰	擦	비빌 문지를	手	17	木	22
	잡	雜	섞일 번거로울	隹	18	火	18		척	蹠	밟을 나아갈	足	18	土	19
	장	醬	간장 젓갈	酉	18	金	23		천	靝	하늘	靑	18	木	22
	쟁	鎗	종소리 술그릇	金	18	金	20		첨	瞻	볼 우러러볼	目	18	木	22
	저	儲	쌓을, 저축 버금, 태자	人	18	火	20		초	蕉	파초 땔나무	艸	16	木	16
	적	蹟	자취 쫓을	足	18	土	20		초	礎	주춧돌 기초, 밑	石	18	金	20
	적	適	갈 맞을	辵	15	土	19		총	叢	모일, 떨기 번잡할	又	18	水	19
	전	轉	구를 옮길	車	18	火	21		추	鞦	그네 밀치끈	革	18	金	19
	제	濟	건널 구제	水	17	火	20		추	趨	쫓을 달릴	走	17	火	23
	제	題	제목, 물음 이마, 품평	頁	18	火	20		추	騅	오추마 말이름	馬	18	土	20
	조	璪	면류관옥 옥무늬	玉	17	金	20		추	鎚	저울 쇠망치	金	18	金	21
	종	蹤	자취 발자취	足	18	土	19		탁	濯	씻을, 클 빛날	水	17	水	21
	주	燽	밝을 드러날	火	18	火	21		탁	擢	뽑을 빼낼	手	17	木	22
	준	濬	준설할 깊을	水	17	水	19		틈	闖	엿볼, 충돌 개척, 말썽	門	18	木	23
	준	儁	뛰어날 우수할	門	18	水	21		편	鞭	채찍 회초리	革	18	金	20
	증	繒	비단 명주	糸	18	木	23		폐	蔽	가릴 덮을	艸	16	木	18
	직	職	직분, 맡을 벼슬	耳	18	火	20		풍	豊	풍년 성할	豆	18	木	19
	직	織	짤 직물	糸	18	木	22		합	闔	문짝 간직할	門	18	木	23

획수	음	한자	뜻	부수	실획	자원	곡획	획수	음	한자	뜻	부수	실획	자원	곡획
18 (金)	혁	爀	붉을, 불빛 붉은색	火	18	火	20	19 (水)	궐	蹶	넘어질 미끄러질	足	19	土	22
	현	顕	顯(23)속자 나타날, 영달	頁	18	火	20		기	麒	기린	鹿	19	土	23
	호	鎬	빛날, 남비 호경	金	18	金	22		담	譚	클 이야기할	言	19	金	22
	호	濠	해자, 호주 물이름	水	17	水	20		담	膽	쓸개 씻을	肉	17	水	23
	환	環	고리, 둘레 옥, 선회	玉	17	金	20		당	鐺	종소리 북소리	金	19	金	21
	활	闊	闊(12)속자 넓을, 거칠	門	17	木	21		도	禱	빌 기원할	示	19	木	22
	활	濶	闊(17)속자 넓을, 거칠	水	17	水	21		독	瀆	도랑 하수도	水	18	水	21
	황	鍠	종소리 방울	金	18	金	21		독	牘	편지 나무조각	片	19	木	22
	획	獲	얻을 맞힐	犬	17	土	19		등	鄧	나라이름 땅이름	邑	15	土	19
	훈	曛	석양빛 황혼 무렵	日	18	火	20		라	覼	자세할 좋게볼	見	19	火	26
	힐	黠	약을, 영리 교활할	黑	18	水	20		람	璼	옥이름	玉	18	金	21
19 (水)	강	顜	밝을	頁	19	火	22		려	廬	주막 오두막	广	19	木	23
	강	疆	지경 굳은 땅	田	19	土	25		려	曞	퍼질 햇살퍼질	日	19	火	23
	갱	鏗	금옥소리 거문고 소리	金	19	金	21		려	麗	고울 빛날	鹿	19	土	25
	경	鏡	거울 안경	金	19	金	22		려	櫚	종려나무 모과나무	木	19	木	24
	경	鯨	고래	魚	19	水	23		련	鏈	쇠사슬 케이블	金	19	金	21
	경	鶊	꾀꼬리	鳥	19	火	23		렴	簾	발, 주렴 주막기	竹	19	木	20
	관	關	기관 관계할	門	19	木	27		렵	獵	사냥 사로잡을	犬	18	土	26
	관	爟	불빛 환할	火	19	火	20		로	嚧	웃을	口	19	水	24
	광	曠	밝을 빌	日	19	火	21		로	櫓	방패 배젓는노	木	19	木	22

획수	음	한자	뜻	부수	실획	자원	곡획	획수	음	한자	뜻	부수	실획	자원	곡획
	록	麓	산림 산기슭	鹿	19	土	23		빈	贇	예쁠, 빛날 문채	貝	19	金	21
	롱	壟	언덕 밭이랑	土	19	土	25		빈	璸	옥 무의 구슬 이름	玉	18	金	20
	뢰	蕾	꽃봉우리	艸	17	木	19		사	辭	말씀, 사퇴 사양할	辛	19	金	24
	료	遼	멀, 느슨할 강이름	辵	16	土	19		사	瀉	물쏟을 물흐를	水	18	水	22
	루	鏤	강철 새길	金	19	金	22		삭	爍	빛날, 끊을 무너뜨릴	火	19	火	24
	류	類	무리, 패 동아리	頁	19	火	20		새	璽	도장 옥새	玉	19	金	30
	류	瀏	맑을, 밝을 물맑을	水	18	水	22		선	選	가릴, 뽑을 선거할	辵	16	土	23
	리	離	떠날 산신	隹	19	火	22		선	璿	옥, 구슬 손기	玉	18	金	20
	린	鄰	이웃 보필	邑	15	土	19		설	薛	쑥, 향부자 성(姓)씨	艸	17	木	19
19 (水)	무	霧	안개 안개낄	雨	19	水	25	19 (水)	섬	蟾	두꺼비 연적, 달	虫	19	水	24
	미	薇	고비, 장미 백일홍	艸	17	木	20		수	繡	수놓을 비단	糸	19	木	24
	박	薄	얇을 박할	艸	17	木	19		숙	璹	옥그릇 옥이름	玉	18	金	21
	반	攀	당길 더위잡을	手	19	木	20		승	繩	노끈, 법도 먹줄, 통제	糸	19	木	25
	방	龐	클, 높을 어지러울	龍	19	土	25		식	識	알, 지식 식견, 친분	言	19	金	22
	보	譜	족보, 적을 계보, 악보	言	19	金	21		신	薪	땔나무 섶나무	艸	17	木	17
	부	簿	문서, 장부 다스릴	竹	19	木	21		신	璶	옥돌	玉	18	金	20
	붕	鵬	붕새, 큰새 대붕	鳥	19	火	26		여	璵	옥 보배옥	玉	18	金	20
	비	騛	빠른 말 준마	馬	19	火	25		역	繹	풀어낼 다스릴	糸	19	木	22
	빈	穦	향기 말더듬을	禾	19	木	21		연	瓀	옥돌	玉	18	金	21
	빈	霦	옥광채 옥빛	雨	19	水	20		연	嬿	아름다울 편안, 안락	女	19	土	24

획수	음	한자	뜻	부수	실획	자원	곡획	획수	음	한자	뜻	부수	실획	자원	곡획
19(水)	염	艶	고울 예쁠	色	19	土	25	19(水)	증	贈	줄 선물	貝	19	金	23
	예	嚭	아름다울	癶	19	金	25		증	證	증거 깨달을	言	19	金	22
	온	馧	향기로울	香	19	木	22		지	識	적을, 표 표현할	言	19	金	22
	온	穩	평안 신중	禾	19	木	21		징	澂	맑을	水	18	水	19
	왕	瀇	깊을 물깊고넓을	水	18	水	19		찬	贊	도울 찬사	貝	19	金	23
	용	鏞	쇠북 큰종	金	19	金	22		참	鏨	새길	金	19	金	20
	운	韻	울림 운치	音	19	金	22		처	覰	엿볼	見	19	火	24
	원	薗	동산	艸	17	木	19		척	擲	던질 버릴	手	18	木	23
	원	願	바랄, 소망 사모할	頁	19	火	22		천	薦	드릴 천거할	艸	17	木	20
	유	遺	남을 남길	辵	16	土	19		천	濺	흩뿌릴 빨리 흐를	水	18	水	21
	윤	贇	예쁠, 빛날 문채	貝	19	金	21		천	遷	옮길 천도	辵	16	土	21
	장	障	막을, 보루 병풍, 지경	阜	14	木	17		철	轍	흔적 바퀴자국	車	19	火	23
	장	薔	장미 장미꽃	艸	17	木	19		첨	簷	처마, 차양 모첨	竹	19	木	22
	전	顚	이마 정수리	頁	19	火	24		총	寵	총애, 사랑 교만, 영예	宀	19	木	26
	정	鄭	정나라 정나라풍류	邑	15	土	19		축	蹙	찰 밟을	足	19	土	24
	제	際	즈음, 사이 사귈, 끝	阜	14	土	19		터	攄	펼, 발표 약동, 베풀	手	18	木	23
	조	繰	야청통견 야청빛	糸	19	木	24		파	鄱	고을이름	邑	15	土	18
	주	疇	이랑, 북 세습, 삼밭	田	19	土	23		파	擺	열릴 배열할	手	18	木	27
	준	遵	따라갈 쫓을	辵	16	土	20		패	覇	霸(21)속자 으뜸, 두목	襾	19	金	23
	즐	櫛	빗, 빗질할 늘어설	木	19	木	22		폭	曝	볕쬘 볕에말릴	日	19	火	22

획수	음	한자	뜻	부수	실획	자원	곡획	획수	음	한자	뜻	부수	실획	자원	곡획
19 (水)	하	譇	응락하는말 응, 네	言	19	金	24	20 (水)	나	糯	찰벼	米	20	木	23
	향	嚮	향할, 나갈 대접, 권할	口	19	水	29		농	醲	진한 후한	酉	20	金	24
	형	瀅	맑을 물맑은	水	18	水	19		뇨	鐃	징, 굽힐 작은 징	金	20	金	22
	혜	譓	순종할 분별할	言	19	金	12		당	黨	무리 마을	黑	20	水	23
	확	擴	넓힐 늘릴	手	18	木	20		등	騰	오를 탈	馬	20	火	24
	확	穫	곡식거둘	禾	19	木	20		라	羅	벌일, 그물 그물질	网	19	木	22
	회	繪	그림 채색	糸	19	木	23		람	藍	쪽 남빛	艸	18	木	21
	훈	薰	향풀 향기	艸	17	木	18		람	籃	바구니 광주리	竹	20	木	23
	홍	薨	홍서 죽을	艸	17	木	20		려	礪	거친숫돌 굴	石	20	金	24
20 (水)	각	覺	깨달을 드러날	見	20	火	25		력	瀝	거를 스밀	水	19	水	19
	갹	醵	술잔치 수렴할	酉	20	金	25		력	礫	조약돌 자갈	石	20	金	26
	거	遽	역말 급할	辵	17	土	24		령	齡	나이 연령	齒	20	金	23
	견	繾	극진할 정성스런	糸	20	木	26		례	醴	단술 좋은맛	酉	20	金	24
	경	警	경계할 경보	言	20	金	24		로	露	이슬 드러날	雨	20	水	24
	경	瓊	옥 구슬	玉	19	金	23		로	爐	화로 향로	火	20	火	24
	경	競	다툴 쫓을	立	20	金	25		롱	朧	흐릿할 달처럼밝을	月	20	水	28
	계	繼	이을 맬	糸	20	木	30		롱	瀧	적실 비올	水	19	水	25
	고	藁	볏집	艸	18	木	22		린	隣	鄰(19)속자 이웃, 보필	阜	15	土	19
	곽	鞹	가죽	革	20	金	26		린	鏻	굳셀 굳센 모양	金	20	金	22
	권	勸	권할 도울	力	20	土	20		매	邁	갈 떠날	辵	17	土	21

획수	음	한자	뜻	부수	실획	자원	곡획	획수	음	한자	뜻	부수	실획	자원	곡획
20 (水)	면	麵	麪의동자 국수, 밀가루	麥	20	木	22	20 (水)	융	瀜	물깊을	水	19	水	24
	반	礬	명반, 백반 꽃이름	石	20	金	21		음	馨	화할 화음소리	音	20	金	26
	변	辮	땋을, 엮음 꼼	糸	20	木	22		의	議	의논, 토의 분간, 주장	言	20	金	23
	보	寶	보배 국새, 돈	宀	20	金	23		자	藉	깔개, 빌릴 도울	艹	18	木	19
	비	譬	비유할 깨달을	言	20	金	23		장	藏	감출, 곳집 오장	艹	18	木	22
	빈	瀕	물가 따를	水	19	水	21		저	躇	머뭇거릴 밟을	足	20	土	22
	빈	繽	성할 어지러울	糸	20	木	24		적	籍	문서, 호적 올릴	竹	20	木	21
	살	薩	보살, 보리 여신도	艹	18	木	20		종	鐘	쇠북, 종 시계	金	20	金	21
	석	釋	풀, 깨달을 용서할	釆	20	火	21		즐	騭	수말, 말부릴 이룰, 오를	馬	20	火	25
	선	鐥	복자 좋은쇠	金	20	金	21		질	瓆	사람이름	玉	19	金	20
	섬	贍	도울 넉넉할	貝	20	金	25		집	鏶	판금 금속판	金	20	金	20
	섬	孅	가늘, 작을 세밀할	女	20	土	22		찬	纂	모을 이을	糸	20	木	23
	양	壤	땅 고운흙	土	20	土	23		천	闡	열 넓힐	門	20	木	26
	엄	嚴	엄할 높을	口	20	水	22		퇴	隤	무너뜨릴 내릴, 경사	阜	15	土	19
	엄	龑	고명할 높고 맑을	龍	20	土	26		함	艦	싸움배 군함	舟	20	木	25
	역	譯	통변할 풀이할	言	20	金	22		해	邂	만날, 우연 요행	辵	17	土	23
	연	曣	맑을, 성할 청명할	日	20	火	25		향	麝	사향 사슴	鹿	20	土	24
	엽	爗	빛날 밝힐	火	20	火	21		헌	憲	총명할 깨달을	心	19	火	22
	요	耀	빛날, 광채 영광, 현혹	羽	20	火	25		헌	櫶	나무이름	木	20	木	23
	요	邀	맞을 초대할	辵	17	土	21		헌	獻	드릴, 권할 표현, 현자	犬	20	土	26

획수	음	한자	뜻	부수	실획	자원	곡획	획수	음	한자	뜻	부수	실획	자원	곡획
20 (水)	현	懸	매달, 현격 멀리, 빛	心	20	火	25	21 (木)	란	瀾	큰물결 뜨물	水	20	水	24
	현	譞	영리할 수다, 지혜	言	20	金	24		란	欄	난간, 울간 외양간	木	21	木	25
	형	馨	꽃다울 향기, 덕화	香	20	木	26		란	爛	빛날 문드러질	火	21	火	25
	환	還	돌아올 갚을	辵	17	土	20		람	覽	볼 두루볼	見	21	火	27
	회	懷	품을, 임신 생각, 위로	心	19	火	21		려	儷	짝 부부	人	21	火	27
	횡	鐄	쇠북 소리	金	20	金	21		롱	瓏	옥소리 환할	玉	20	金	26
	효	斅	가르칠	攴	20	金	25		룡	龒	용, 임금 비범한사람	龍	21	土	18
	훈	薰	향기 교훈	艸	18	木	19		맥	驀	말탈 갑자기	艸	19	火	24
	훈	纁	분홍빛 분홍비단	糸	20	木	23		번	藩	덮을 지킬	艸	19	木	20
	희	爔	불, 불빛 햇빛	火	20	火	24		번	飜	날 번역할	飛	21	火	26
	희	曦	햇빛, 일광 빛날	日	20	火	25		벽	闢	문열 열릴	門	21	木	26
21 (木)	고	顧	돌아갈 당길	頁	21	火	23		벽	霹	벼락 천둥	雨	21	水	24
	광	纊	솜, 솜옷 누에고치	糸	21	木	24		변	辯	말잘할 바로잡을	辛	21	金	22
	굉	轟	울림 우뢰소리	車	21	火	24		사	麝	사향 사향노루	鹿	21	土	28
	구	驅	몰, 대열 내보낼	馬	21	火	27		섭	欇	삿자리 돗자리	木	21	木	23
	궤	饋	먹일 대접할	食	21	水	24		속	續	이를 계속	糸	21	木	26
	달	闥	문, 관청 문의총칭	門	21	木	25		수	璲	구슬 진주조개	玉	20	金	25
	담	黱	검을 흑황색	黑	21	水	24		수	隨	따를 따라서	阜	16	土	21
	당	鐺	쇠사슬 종고소리	金	21	金	24		수	隧	길, 도로 굴	阜	16	土	21
	등	藤	등나무	艸	19	木	22		앵	櫻	앵두나무 벗나무	木	21	木	24

획수	음	한자	뜻	부수	실획	자원	곡획	획수	음	한자	뜻	부수	실획	자원	곡획
21 (木)	앵	鸚	휘파람새 꾀꼬리	鳥	21	火	25	21 (木)	표	驃	굳셀 빠를	馬	21	火	25
	약	躍	뛸 뛰게할	土	21	土	24		학	鶴	두루미 흴	鳥	21	火	25
	약	藥	약, 약초 아편, 화약	艸	19	木	24		학	皬	흴 희고깨끗할	白	21	金	23
	양	攘	뺏을 물리칠	手	20	木	24		함	轞	함거 수레소리	車	21	火	25
	영	瀯	물소리	水	20	水	23		호	顥	클, 넓을 빛날	頁	21	火	25
	예	譽	기릴 명예	言	21	金	24		호	護	도울, 지킬 보호, 통솔	言	21	金	23
	예	藝	재주 심을	艸	19	木	24		환	鐶	고리, 반지 귀걸이	金	21	金	24
	외	巍	높고클 장원할	山	21	土	27	22 (木)	감	龕	감실, 평정 절의탑	龍	22	土	29
	요	饒	넉넉할 용서할	食	21	水	24		감	鑑	볼 거울, 비칠	金	22	金	25
	우	藕	연 연뿌리	艸	19	木	22		관	爟	봉화	火	22	火	24
	이	邇	가까울 가까이할	辵	18	土	21		관	灌	물댈 씻을	水	21	水	23
	전	纏	얽힐 묶을	糸	21	木	25		구	鷗	갈매기 백	鳥	22	火	29
	전	鐫	새길 쪼갤	金	21	金	24		권	權	권세 저울	木	22	木	24
	찬	儹	모을 빠를	人	21	火	25		낭	囊	주머니 자루, 고환	口	22	水	27
	찬	饌	반찬, 음식 저술, 법칙	食	21	水	28		독	讀	읽을 셀	言	22	金	26
	참	欃	혜성, 수문 나무이름	木	21	木	30		두	讀	구절, 구두 읽을	言	22	金	26
	참	驂	곁말, 배승 승용마	馬	21	火	26		란	瓓	옥무늬 옥광채	玉	21	金	25
	철	鐵	쇠 철물	金	21	金	23		련	孌	아름다울 예쁜모양	女	22	土	28
	탁	鐸	방울 요령	金	21	金	22		렵	躐	밟을 뛰어넘을	足	22	土	30
	패	霸	으뜸 두목	雨	21	火	25		로	蘆	갈대 무우	艸	20	木	24

획수	음	한자	뜻	부수	실획	자원	곡획	획수	음	한자	뜻	부수	실획	자원	곡획
22 (木)	롱	籠	대그릇 새장	竹	22	木	28	22 (木)	첩	疊	접을 겹쳐질	田	22	土	27
	만	彎	굽을 당길	弓	22	金	31		청	聽	드를 기다릴	耳	22	火	24
	만	巒	뫼 산봉우리	山	22	土	28		친	襯	속옷, 접근 베풀, 노출	衣	21	木	25
	변	邊	변방 가장자리	辵	19	土	25		향	響	울릴, 음향 응답, 악기	音	22	金	29
	빈	鑌	강철 광채낼	金	22	金	24		형	瀅	물이름	水	21	水	22
	산	孿	쌍둥이 이어질	子	22	水	29		혜	譓	살필 슬기로울	言	22	金	25
	섭	攝	다스릴 잡을, 겸할	手	21	木	22		확	鑊	가마 큰솥	金	22	金	23
	소	蘇	깨날 깍을	艸	20	木	22		환	歡	기뻐할 사랑, 좋을	欠	22	金	25
	애	藹	우거질 윤택할	艸	20	木	25		환	懽	기뻐할 맞을, 합당	心	21	火	24
	양	穰	번성할 벼줄기	禾	22	木	25		효	驍	굳셀 날랠	馬	22	火	26
	엄	儼	공경할 의젓할	人	22	火	24		훈	鑂	금빛투색할 금빛변할	金	22	金	23
	영	瓔	옥돌 구슬목걸이	玉	21	金	24		훈	薰	薰(20)동자 향기, 교훈	艸	20	木	23
	온	蘊	쌓을 간직할	艸	20	木	24		희	囍	쌍희, 기쁠 한국자	口	22	水	26
	은	隱	숨을, 점칠 근신할	阜	17	土	21	23 (火)	경	驚	놀랄 두려울	馬	23	火	28
	응	矃	물끄러미볼	目	22	木	24		관	瓘	옥 옥이름	玉	22	金	24
	의	懿	아름다울 칭송, 탄식	心	22	火	26		광	鑛	쇠돌 광물	金	23	金	24
	전	巓	산이마 머리	山	22	土	27		란	欒	나무이름 가름대	木	23	木	28
	제	霽	갤 누비 그칠	雨	22	水	26		란	蘭	난초 목련	艸	21	木	25
	주	鑄	부어만들 쇠불릴	金	22	金	25		랍	鑞	땜납, 주석 백철	金	23	金	30
	찬	讚	讃(26)속자 기릴, 도울	言	22	金	24		련	戀	그리워할 사모할	心	23	火	29

획수	음	한자	뜻	부수	실획	자원	곡획	획수	음	한자	뜻	부수	실획	자원	곡획
23 (火)	련	攣	걸릴 얽매일	手	23	木	29	24 (火)	관	罐	두레박 항아리	缶	24	土	27
	로	鷺	백로 해오라기	鳥	23	火	30		교	攪	손놀릴 어지러움	手	23	木	29
	린	麟	기린	鹿	23	土	29		구	衢	네거리 강구, 기로	行	24	火	27
	변	變	변할 고칠	言	23	金	28		력	靂	벼락 천둥	雨	24	水	25
	빈	馪	향내날 향내많이날	香	23	木	26		령	靈	신령 영혼	雨	24	水	28
	삭	鑠	녹일, 태울 아름다울	金	23	金	28		양	讓	겸손할 사양할	言	24	金	28
	섬	纖	가늘 고운비단	糸	23	木	26		참	讖	예언, 참서 비결, 조짐	言	24	金	26
	쇄	灑	뿌릴, 청소 드리울	水	22	水	28		촉	囑	맡길 부탁할	口	24	水	30
	쇄	曬	볕에쬘 볕이날	日	23	火	30		촉	矗	곧을 우거질	目	24	木	30
	암	巖	바위 석굴	山	23	土	26		흠	鑫	기쁠, 흥성 사람 이름	金	24	金	24
	얼	糱	누룩 곡자	米	23	木	25	25 (土)	관	觀	볼 생각할	見	25	火	30
	역	驛	역말, 역관 정거장	馬	23	火	26		기	羈	재갈 말굴레	网	24	木	28
	찬	欑	떨기 이룰 모을, 가매	木	23	木	27		라	蘿	쑥, 무 미나리	艸	23	木	26
	찬	攢	모일, 뚫을 토롱할	手	22	木	27		람	欖	감람나무	木	25	木	31
	첨	籤	제비 심지	竹	23	木	24		람	攬	잡을	手	24	木	31
	체	體	몸, 형체 체험, 생각	骨	23	金	29		리	籬	울타리	竹	25	木	28
	탄	灘	여울 물가	水	22	水	23		찬	纘	이을 모을	糸	25	木	31
	험	驗	시험, 보람 증좌, 효과	馬	23	火	27		청	廳	마을, 관청 대청	广	25	木	27
	현	顯	나타날 맑을	頁	23	火	29		촉	燭	촛불	火	25	火	30
	휼	鷸	물총새 도요새	鳥	23	火	33		촉	曯	비출 비칠	日	25	火	31

획수	음	한자	뜻	부수	실획	자원	곡획
26 (土)	라	邏	순행할 둘러막을	辵	23	土	27
	련	轞	맬 철할	車	26	火	32
	만	灣	물굽이 배정박할	水	25	水	34
	찬	讚	기릴 도울	言	26	金	31
27 (金)	기	驥	천리마 준마	馬	27	火	32
	란	鑾	방울 제왕의 수레	金	27	金	32
	람	纜	닻줄 밧줄	糸	27	木	35
	현	灝	물깊고맑을	水	26	水	30
28	환	驩	기뻐할, 말 관찰, 환심	馬	28	火	32
30 (水)	란	鸞	난새, 방울 임금의수레	鳥	30	火	38

제4부. 작명법

1장. 일반 작명법

1. 문자(文字)

성명은 글자로 구성되므로 먼저 어떤 글자를 쓸 것인가를 결정해야 이름을 짓거나 풀이할 수 있다.

● 한 자

부수	원획수	필획	필획수	예시
心	4획	忄	3획	성性(9)
手	4획	扌	3획	투投(8)
水	4획	氵	3획	지池(7)
犬	4획	犭	3획	구狗(9)
玉	5획	王	4획	완琓(12)
示	5획	礻	4획	상祥(11)
老	6획	耂	4획	고考(8)
网	6획	罒	5획	죄罪(14)
肉	6획	月	4획	간肝(9)
艸	6획	++	4획	화花(10)
衣	6획	衤	5획	보補(13)
辵	7획	辶	4획	주週(15)
邑	7획	阝(右)	3획	군郡(14)
阜	8획	阝(左)	3획	진陳(16)

※ 원획(原劃)은 본부수획(本部首劃)을 말하며 통상 성명학상 사용하는 획수이다.

1) 획수 종류

① 원획법(原劃法) : 한자는 뜻이 가장 중요하므로 원래의 글자에 함축되어 있는 수의(數意), 즉 한자 자체의 근본 획수에 충실한 강희자전(康熙字典)의 원칙을 준수하며, 옥편에 적힌 원래의 부수(部首)로 획수를 계산하는 방법이므로 원래 글자의 획수인 원획(原劃 본부수획本部數劃)을 따른다. 숫자를 나타내는 한자는 획수와 무관하게 그 수에 의한다(4四 5五 6六 7七 8八 9九).

② 필획법(筆劃法, 실획법實劃法·정획법正劃法) : 실제 글자를 쓸 때의 획수를 말하는데 옥편의 색인(索引)인 부수와 관계없는 약부수획(略部數劃), 즉 옥편 획수이며, 사용상 쓰는대로 획수를 정해야 한다는 것으로 전통적인 주역의 역상을 작괘(作卦)하는데 쓰이므로 역상법(易象法)이라고도 한다.

③ 곡획법(曲劃法) : 한자를 쓸 때 구부러진 획까지 계산하는 것으로 특별한 작명법에서 사용한다. 이 책에서는 선후천역상법(先後天易象法), 황극책수법(黃極策數法), 곡획작명법(曲劃作名法)에서 그 예를 찾아 볼 수 있다.

2) 획수 비교 예

한자	새김과 음	부 수	획 수		
			원획	실획	곡획
乙	새 을	乙 새을	1	1	4
四	넉 사	口 입구	4	5	7
玕	옥돌 간	玉 구슬옥	8	7	7
抒	펴낼 서	手 손수	8	7	11
奎	별 규	大 큰대	9	9	9
躬	몸 궁	身 몸신	10	10	16
道	길 도	辶 달릴주	16	13	15
導	이끌 도	寸 마디촌	16	16	19
羅	비단 라	网 그을망	20	19	22
險	험할 험	阜 언덕부	21	16	20

이름(성명姓名)은 공부(公簿 가족관계등록부)상 한글에 한자를 병기한다. 한글 이름만 갖는다면 말할 필요가 없을지 모르나 현실적으로 대부분 한자에 의존하고 있으니 한자 실력이 상당해야 할 줄 안다.

통계에 의하면 우리말은 한자어 80%, 한글(고유어) 14%, 외래어 6%로 되어 있다고 한다. 우리나라는 국어 교육의 혼선으로 한글전용 또는 국한문혼용으로 오락가락하여 어느 세대(가령 50대 초반)는 한자를 요즘 초등학생만큼도 모른다고 하니 이제는 우스운 일이 되었다.

우리를 비롯한 동북아시아 동양 3국인 중국과 일본은 한자문화권에 속하며, 종교적으로는 유교와 불교권이다. 태생이 그러하거니와 특히 요즘 같은 국제화시대에 한자야말로 중요한 소통 수단인데 작명이 아니더라도 이러한 문자적인 기초가 없으면 어려울 수밖에 없다. 그렇다고 한글의 과학적인 우수성을 무시하는 말은 결코 아니다.

3) 자원오행(字源五行)

자원오행이라 하면 원래 글자의 원천이 되는 易理五行(역리오행)을 말하며 部首(부수)에 따른 오행과 字意(자의)에 따른 오행 등을 묶어서 말한다. 이러한 자원오행은 씨족의 돌림자로 쓰기 위한 목적도 있지만, 개개인의 사주에 결여된 五行星(오행성)을 채워주고 보완하기 위한 목적도 있는 것이다.

가. 자의(字意)에 따른 오행

五行	예(例)
木(목)	동(東), 록(綠), 룡(龍), 묘(卯), 강(康), 건(建), 걸(杰) 등
火(화)	형(亨), 홍(紅), 가(佳), 란(爛), 득(得), 률(律), 려(慮) 등
土(토)	강(岡), 견(堅), 경(京), 곤(坤), 곽(郭), 균(均), 봉(峯) 등
金(금)	호(皓), 상(尙), 현(現), 훈(訓), 돈(敦), 겸(兼) 등
水(수)	국(國), 기(氣), 길(吉), 랑(朗), 려(呂), 범(凡), 보(甫) 등

● 자원오행(字源五行) 구분표

五行	자변(字邊) 부수(部首)	자변(字邊)예	자의(字意)예
木	목(木) 초(艹,屮) 화(禾) 생(生) 의(衣,衤) 죽(竹) 미(米) 사(糸) 각(角) 청(靑) 혈(頁) 풍(風) 향(香) 식(食) 마(麻) 서(黍) 대(大) 문(文) 목(目) 자(自) 서(鼠)	林 朴 根 本 柱 李 植 杞 杓 東 杰 柳 校 權 등	동(東) 록(綠) 룡(龍) 묘(卯) 강(康) 건(建) 걸(杰) 등
火	심(心,忄) 화(火,灬) 일(日) 시(示) 견(見) 적(赤) 마(馬) 고(高) 조(鳥) 비(飛) 인(人) 복(卜) 궁(弓) 두(斗) 모(毛) 이(耳) 신(身) 차(車) 추(隹) 귀(鬼) 현(玄)	炅 性 炳 烈 炫 煥 熱 輝 熺 見 性 熙 등	형(亨) 홍(紅) 가(佳) 란(爛) 득(得) 률(律) 려(慮) 등
土	토(土), 기(己) 산(山) 우(牛) 촌(寸) 전(田) 석(石) 양(羊) 진(辰) 간(艮) 출(出) 리(里) 읍(邑, 阝) 부(阜,阝) 황(黃) 력(力) 여(女) 지(支) 방(方) 지(止) 견(犬) 색(色)	圭 均 城 坤 美 培 堂 良 埈 郁 院 隆 등	강(岡) 견(堅) 경(京) 곤(坤) 곽(郭) 균(均) 봉(峯) 등
金	도(刀,刂) 과(戈) 백(白) 옥(玉) 패(貝) 신(辛) 유(酉) 금(金) 석(石) 립(立) 피(皮) 서(西) 언(言) 곡(谷) 혁(革) 위(韋) 음(音) 시(矢) 조(爪) 골(骨) 치(齒)	銀 鍊 錦 劉 錫 鎭 璟 玲 玟 珪 琳 등	호(皓) 상(尙) 현(現) 훈(訓) 돈(敦) 겸(兼) 등
水	수(水) 구(口) 자(子) 정(井) 월(月) 현(玄) 수(水,氵) 혈(血) 어(魚) 흑(黑) 십(十) 우(又) 석(夕) 자(子) 우(羽) 우(雨) 호(戶) 용(用) 기(气) 수(首) 혈(穴)	江 河 沈 求 泳 泉 法 姬 喆 徹 淸 澤 浦 등	국(國) 기(氣) 길(吉) 랑(朗) 려(呂) 범(凡) 보(甫) 등

대한민국 성씨 총람표　　(295성)

가 賈13	간 干3	簡18	갈 葛15	감 甘5	강 姜9	江7	康11	强12	剛10	彊19
개 蓋14	견 堅11	甄14	경 京8	景12	慶15	敬13	계 桂10	季8	고 高10	顧21
곡 曲6	공 孔4	公4	貢10	龔22	곽 郭15	霍16	관 關19	구 具8	丘5	邱12
俱10	仇4	국 國11	菊14	鞠17	군 君7	궁 弓3	宮10	궉 鴌15	권 權22	근
斤4	금 琴13	기 奇8	紀9	起10	箕14	길 吉6	김 金8	남 南9	내 乃2	
奈8	단 段9	單12	당 唐10	대 大3	도 道16	都16	陶16	독 獨17	돈 頓13	
동 董15	등 藤21	두 斗4	杜7	둔 屯4	라 羅20	량 梁11	려 呂7	련		
連14	렴 廉13	로 老6	盧16	魯15	뢰 雷13	룡 龍16	류 柳9	劉15	룩 陸16	
리 李7	利7	림 林8	마 馬10	麻11	만 萬15	매 梅11	맹 孟8	모 牟6		
毛4	목 睦13	묘 苗11	묵 墨15	문 文4	門8	미 米6	민 閔12	박 朴6		
반 班11	潘16	殷10	방 方4	房8	邦11	龐19	배 裵14	백 白5	범 范11	凡3
벽 薛19	변 卞4	邊22	보 甫7	복 卜2	봉 奉8	鳳14	부 夫4	傅12	북	
北5	비 丕5	빈 賓14	彬11	빙 冰6	사 謝17	舍8	史5	社8	삭 削9	삼
森12	상 尙8	서 徐10	西6	석 石5	昔8	선 宣9	鮮17	先6	설 薛19	偰11
성 成7	星9	소 邵12	蘇22	손 孫10	송 宋7	수 水4	순 淳12	승 承8		
昇8	勝12	시 時10	施9	柴9	신 申5	辛7	愼14	심 沈8	아 阿13	안 安6
顏18	雁12	앙 央5	仰6	애 艾8	야 夜8	양 楊13	어 魚11	於7	엄 嚴20	
여 余7	汝7	연 延7	涓11	燕16	엽 葉15	영 永5	예 芮10	오 吳7	伍6	
옥 玉5	온 溫14	옹 邕10	왕 王4	요 要9	姚9	우 禹9	于3	牛4	虞13	
욱 郁13	운 雲12	芸10	원 元4	袁10	原10	위 魏18	韋9	유 庾12	兪9	윤
尹4	은 殷10	을 乙1	음 陰16	이 伊6	利7	異11	인 仁4	印6	임 任6	
자 慈14	子3	장 張11	章11	莊13	蔣17	蔱14	재 在6	전 全6	田5	錢16	점
占5	정 鄭19	丁2	程12	제 諸16	齊14	조 趙14	曹10	종 宗8	鍾17	좌 左5
주 朱6	周8	준 俊9	지 池7	智12	진 陳16	晋10	秦10	鎭18	차 車7	창
昌8	채 蔡17	采8	천 千3	天4	초 楚13	최 崔11	추 秋9	鄒21	탁 卓8	
탄 彈15	탕 湯13	태 太4	泰9	파 波9	판 判7	팽 彭12	편 片4	扁9		
평 平5	포 包5	표 表9	풍 馮12	피 皮5	필 弼12	하 河9	何7	夏10		
한 韓17	漢15	함 咸9	해 海11	허 許11	현 玄5	호 虎8	胡11	扈11	홍	
洪10	화 化4	花8	황 黃12							282

공손	公4 孫10	14	남궁	南9 宮10	19	동방	東8 方4
사공	司5 空8	13	사마	司5 馬10	15	서문	西6 門8
을지	乙1 支4	5	제갈	諸16 葛15	31	하후	夏10 侯9

동방	12		독고	獨17 孤8	25
서문	14		선우	鮮17 于3	20
하후	19		황보	皇9 甫7	16
			부정	負9 鼎13	21

姓字→	羅	梁	呂	廉	盧	魯	柳	劉	陸	李	林	庾	兪	
바름 ○	라	량	려	렴	로	로	류	류	륙	리	림	유	유	★ 역리 자획법 (易理 字劃法)
그름 ×	나	양	여	염	노	노	유	유	육	이	임	류	류	
部首→	氵	忄	扌	王	礻	罒	子	艹	月	月	辶	阝	阝	耂 틀리기쉬운 邊略字
根本部首	水4	心4	手4	玉5	示5	网6	衣6	艸6	肉6	月4	走7	邑7	阜8	老6 根本이되는 本字
呼稱發音	수	심	수	왕	시	망	의	초	육	월	착	읍	부	노

4) 장자녀 전용 문자

장자녀(長子女)만이 쓸 수 있는 글자인데, 형제와 쟁투 불화 반목 이별 양자(養子) 등을 암시한다. 만일 장자녀 이외의 사람이 사용한다면 윗사람의 권위를 점유하게 되어, 장형(長兄)이 일찍 죽거나 멀리 떠나게 되는 등의 변화가 생겨 자신이 장자 구실을 하게 된다고 하며, 반대로 사용하면 상대방의 발전에 방해가 되어 늦어진다고 한다. (필자의 선고先考 인수仁洙로 체험하였음)

天(천) 乾(건) 日(일) 東(동) 春(춘) 上(상) 大(대) 仁(인) 甲(갑)
子(자) 長(장) 新(신) 起(기) 孟(맹) 元(원) 宗(종) 泰(태) 始(시)
初(초) 先(선) 一(일) 외에도

壹(일) 太(태) 基(기) 明(명) 柱(주) 奭(석) 文(문) 伯(백) 寅(인)
靑(청) 高(고) 前(전) 首(수) 德(덕) 頭(두) 斗(두) 發(발) 秀(수)
承(승) 考(고) 完(완) 胤(윤) 甫(보) 碩(석) 允(윤) 朝(조) 主(주)
創(창) 弘(홍) 巨(거) 昆(곤) 等이 있다.

아울러 차자녀(次子女)에 한하여 사용문자는,
中(중) 仲(중) 次(차) 季(계) 亨(형) 南(남) 再(재) 小(소) 夏(하)
利(리) 貞(정) 信(신) 二~九(이~구) 短(단) 北(북) 西(서) 義(의)
終(종) 智(지) 且(차) 下(하) 地(지) 月(월) 庚(경) 等이 있다.

5) 선호도 높은 신생아 이름

<여자>

순위	1945	1948	1958	1968	1975	1978	1988	1998	2005	2008	2009
1위	영자	순자	영숙	미경	미영	지영	지혜	유진	서연	서연	서연
2위	정자	영자	정숙	미숙	은정	지은	민지	민서	민서	민서	민서
3위	순자	정순	영희	경희	은주	미영	수진	수빈	서현	지민	서현
4위	춘자	정숙	명숙	경숙	은영	현정	혜진	지원	수빈	서현	지우
5위	경자	영숙	경숙	영숙	현주	은주	은지	지현	유진	서윤	서윤
6위	옥자	영순	순자	미영	은경	은영	지영	지은	민지	예은	지민
7위	명자	정자	정희	영미	지영	현주	아름	현지	서영	하은	수빈
8위	숙자	영희	순옥	정희	미경	선영	지현	은지	지원	지우	하은
9위	정순	정희	영순	정숙	현정	지연	지연	예진	수민	수빈	예은
10위	화자	옥순	현숙	현숙	미정	혜진	보람	예지	예원	윤서	윤서

<남자>

순위	1945	1948	1958	1968	1975	1978	1988	1998	2005	2008	2009
1위	영수	영수	영수	성호	정훈	정훈	지훈	동현	민준	민준	민준
2위	영호	영호	영철	영수	성호	성훈	성민	지훈	현우	지훈	지후
3위	영식	영식	영호	영호	성훈	상훈	현우	성민	동현	현우	지훈
4위	정웅	영철	영식	영철	성진	성진	정훈	현우	준혁	준서	준서
5위	영길	정수	성수	정호	정호	지훈	동현	준호	민재	우진	현우
6위	영일	종수	성호	영진	상훈	성호	준영	민석	도현	건우	예준
7위	정수	정식	상철	병철	성민	정호	민수	민수	지훈	예준	건우
8위	정남	정호	종수	진호	영진	준호	준호	준혁	준영	현준	현준
9위	광수	영환	경수	성수	상현	성민	상현	준영	현준	도현	민재
10위	종수	광수	상호	재호	준호	민수	진우	승현	승민	동현	우진

※ 년도별 출생신고에 따른 신생아의 많은 이름 순(順)이다.

6) 인명용 한자

인명용 한자란 정부당국(대법원행정처 법정국)이 사람의 이름에 사용하는 한자를 선정하여 국민들로 하여금 쓰도록 하는 것을 말하는데 '대법원선정인명용 한자'라고도 한다. 1991년 4월 1일부터 신생아 출생신고서에 한자이름을 기재할 때는 반드시 인명용 한자의 범위 안에서 선택하도록 하고 있다.

그 내용을 들여다보면 사람의 이름에 사용하는 한자가 본인은 물론 사회에서 불편이 클 정도로 사용하지 않는 어려운 한자이거나, 공문서 등 서류를 작성할 때 자동화시대의 컴퓨터 사용상 장애요소가 되는 것 등을 고려하여 인명용 한자를 제한하는 것이 당초 호적법을 제정하는 입법 이유라고 말하고 있다.

그리고 인명용 한자를 달리 제정 사용하는 것은 국민의 작명에 대한 자유를 규제하는 측면도 있다고 할 수 있으므로 앞서의 입법 이유와 개인의 자유권이 상호 조화될 수 있는 범위 내에서 인명용 한자를 정한다고 하였다.

상용한자 1800자(중 900,고 900)는 실생활에 널리 쓰이는 한자들로 그 중에는 실제 이름에는 부적합한 도(盜), 간(奸), 망(亡), 사(死), 악(惡), 흉(凶) 자 등이 약 20% 가량 포함되었으나 1990년 12월 15일 제정 당시에 이를 가감없이 그대로 인명용 한자로 일괄 선정하여 포함하였다.

국가가 국민들 이름에 쓰지도 못할 불길한 뜻을 가진 한자를 포함시킨 것은 상식 밖의 처사라고 비평하는 사람도 있으나 한자 사용 범위를 한정한 것일 뿐 어느 부모가 그런 불길하고 적절하지 않은 한자를 자식의 이름으로 쓰겠는가?

하여튼 1990년 12월 15일 1,800자의 상용한자에 이름자로 사용 빈도가 높다고 여겨지는 1,054자를 많은 한자 중에서 발췌하여 도합 2,854자의 인명용 한자를 대법원에서 처음 선정 발표한 이래 여러 차례의 개정을 거쳐

2009. 12. 31.기준 인명용 한자는 자그만치 5,454자가 되더니 2015. 1. 1. 현재 물경(勿驚) 8,142자에 이르게 되었는데 그 끝은 어디까지일지 모를 일이다.

인명용 한자 사용에 관한 관계법규를 보면 가족관계등록에관한법률 제44조 제3항(출생신고의 기재사항)에 자녀의 이름에는 한글 또는 통상 사용하는 한자를 사용해야 한다. 통상 사용되는 한자의 범위는 대법원규칙으로 정한다고 했으며, 가족관계등록에관한규칙 제37조(인명용 한자의 범위)에서는 이미 2002년에 교육인적자원부가 정한 한문교육용기초한자(중·고교용 각 900자)와 별표1에 기재된 한자(기초한자 이외의 자), 그리고 위 한자에 대한 동자(同字), 속자(俗字), 약자(略字)는 별표2에 기재한 것만 사용할 수 있다.

또한 같은 조 3항에서 출생자의 이름에 사용된 한자 중 위의 범위에 속하지 않는 한자가 포함된 경우에는 등록부에 출생자의 이름을 한글로 기록한다고 하였으며, 동 제30조(신고서의 문자) 단서에서 성명은 한자로 표기할 수 없는 경우를 제외하고는 한자를 병기하여야 한다 하였다.

실제로 같은 규칙이 제정되고, 대법원이 인명용 한자를 발표해 시행한 1991. 4. 1 이후부터는 한글이름은 상관없지만 한자이름은 그 범위 내의 한자에 국한하여 사용이 가능하게 된 것이다.

인명용 한자란 성씨를 제외한 이름에 대한 한자이므로 성은 반드시 한자로 기재해야 하며(성 자는 제한하지 않음, 이름 자는 5자를 초과하지 않아야 함), 이름은 한자 또는 한글로 신고하는 것이다.

순 한글이름인 김보람의 경우라면 金보람으로 표현하는 것이 마땅한 것은 한글에 한자를 병기하였기 때문이며, 이 경우 비어 있는 한자란에 자의(字意)는 없지만 한글 음(音)에 맞추어 보람(晋藍)과 같이 한자를 넣고 싶다면 번거롭지만 개명 결정의 절차를 거쳐야 한자이름까지 등록부에 등재할 수 있다.

그리고 부칙 말미에 지침이라 하여 인명용 한자의 발음은 지정되었으나 우리말의 두음법칙(頭音法則)에 의한 초성이 'ㄴ,ㄹ'인 한자는 각각 소리나는 대로 'ㅇ,ㄴ'으로 사용할 수 있는 것이며, 내(內) 자의 경우 내인(內人)은 나인(궁인-궁녀)과 같이 '나'로 발음하기도 하지만 인명용 한자에서 한글음으로 지정(표기)한 '내'로만 사용할 수 있다.

또 중자음(重子音, 거듭닿소리)을 피하고 한자의 示변과 ネ변 또는 ++변과 艹변은 서로 바꾸어 쓸 수 있다고 하였다.(예:복 福 = 福, 草 = 草)

일반적인 작명 상식에도 난자(難字, 어려운 한자)나 벽자(僻字, 흔히 쓰지 않는 낯선 글자)를 피하는 것인데, 우리의 인명용 한자를 보면 2000년에는 3,000자가 조금 넘었었는데 지금은 8,142자에 이르는 데다 앞으로 계속 추가될지도 모르니 걱정이 앞선다.

생각해보면 우리의 인명용 한자는 우선 숫자적으로 너무 많은 것 같다. 한자를 3,000자 정도 알면 제법 안다고도 말하고, 요즘 학생들에게 인기있는 한자 급수시험에서는 1급이 3,500자 최고인 사범이 5000자를 그 대상으로 삼고 있으며, 보통의 동아활용옥편에는 6000자인 점에 비추어 굳이 인명용 한자라는 8,142자나 되는 엄청난 틀을 정하여 국민의 작명권 행복추구권을 제한하는 것은 문제가 많은 것 같다.

가. 인명용 한자 고찰

● 법률 근거 규정

인명용 한자의 제한 사용에 관해서는 즉, 법률근거규정은 「가족관계등록에관한법률」 제 44호 제 3항의 "자녀의 이름에는 한글 또는 통상 사용되는 한자를 사용하여야 한다. 한자의 범위는 대법원 규칙으로 정한다" 하였고, 「가족관계등록에관한규칙」 제 37조 제 1항에는 1. 교육인적자원부가 정한 "한문교육용 기초한자" 2. 동규칙 별표"Ⅰ"에 기재된 한자(기초한자 이외의 자 "추가한자") 동 제 2항에는 "1, 2호의 한자에 대한 "동자, 속자, 약자"는 동규칙 별표 "2"에 기재한 것만 사용할 수 있다"라고 하였고 동 3항에는 "출생자의 이름에 사용된 한자 중 제 1항과 제 2항에 속하지 않은 한자가 포함된 경우에는 등록부에 출생자의 이름을 한글로 기록한다"는 규정이다. 등록사무절차 등 규칙에 정하지 않는 필요한 사항은 「가족관계등록예규」로 정한다 하였다.

동 예규 2항 가에는 "출생자에 대한 부와 모의 가족관계증명서에 드러나는 가족과 동일한 이름을 기재한 출생신고는 이름을 특정하기 곤란한 것이므로 이를 수리해서는 안된다" 하였고 동 4항 가에는 "이름자가 5자(성은 제외)를 초과한 문자를 기재한 출생신고는 이를 수리하지 아니 한다" 하였으며 동 5항에는 "이름에 한글과 한자를 혼합하여 사용한 출생신고 등은 수리해서는 안된다"고 한 것이다.

● 한자의 수(數)

가 몇이나 되는지 (역사적으로)보면 중국에서 서기 100년 허신(許愼)의 설해문자(設解文字)가 9,313자, 우리가 한자의 원전(原典)으로 삼는 1716년 강희자전(康熙字典)은 47,035자, 최고 권위의 1986년 한어대

자전(韓語大字典)은 54,665자 이고 최근 1994년 중화자해(中華字解)에는 89,019자이다.

일본에서는 2002년 금석자문경(今昔字文鏡)에 범어, 전서 등 특수자(特殊字)을 제외한 순 한자만 101,936자를 수록한 버전이 나왔다고 하니 한자의 수는 상상을 초월한 어머어마한 숫자임에 틀림이 없다.

역사상 지명, 인명으로 등장했던 한자, 지금도 통용되지 않는 한자가 많고, 자형(字形)과 훈음(訓音)에 따라 그 숫자도 차이가 있다고 한다.

북경의 어느 공사의 한자뱅크에는 91,251자를 수록하였고, 우리의 대법원에서도 10만자의 한자 데이터베이스를 구축할 예정이라고 한다.

한편 은사(恩師)께서는 우리나라의 2008.10 한한대사전(漢韓大辭典 16권 단국대동양학연구소 저)에는 54,215자, 일본의 1960 대한화사전(大漢和辭典 13권)에는 50,709자임을 확인해 주셨는데 이는 통용한자에 대한 큰 사전(옥편)의 한자의 수(數)로 일반적인 한자의 숫자로 갈음할 만하다.

이렇게 그 수(數)를 헤아릴 수 조차 없는 많고 자형이 복잡한 한자를 아무 제한 없이 이름에 그대로 쓰게 한다면 그 혼란은 상상할 수 없을 것이다.

● 인명용 한자 제정

함에는 한자 이름의 통용에 불편한 난자(難字 어려운한자)나 벽자(僻字 널리 쓰지 않는 낯선한자)이거나 문서와 관련하여 컴퓨터 사용상 애로(隘路) 등을 생각해서 인명용 한자의 범위를 정하여 그 사용을 제한한 것인데 이는 지극히 당연한 입법이다.

인명용 한자의 제정 및 법 시행은 가족관계등록에관한규칙(대법원)의 부칙에만도 2008. 6. 22. 이래 16차례인데 그 시행에 있어 "별표"을 지칭한 것은 두 차례 있고, 언제 인명용 한자 몇 자를 추가 했는지 거의

알 수가 없다. 지난 인명용 한자표는 어데 있는지 모르겠고 현존 인명용 한자표만 등재해 있기 때문이다.

필자는 2010. 4. 16. "비법작명기술"에 당시의 대법원 홈페이지에서 인용한 5,178자의 인명용 한자를 수록하였고, 2013.1.16 "인명용 한자사전"에도 5454자의 인명용 한자를 수록한 바 있다. 2012.5.15. 발행 명문당의 인명용 한자사전에는 5450자로 되어있다.

당국은 법 개정 때마다 추가한자 명세나 숫자 등을 동 규칙에 비망사항으로 기록 관리하는 등 적절한 조치를 취해 주었으면 한다. 구체적으로는 인명용 한자마다 8142에 달하는 일련번호를 부여하고, 또 그 시행일자 여섯단위 숫자를 기록해 주는 것도 복잡하지만 당연한 요구사항이다.

이번 2015년 1월부터 시행하는 인명용 한자는 8142자로 대폭 확대되었다. 그 앞에는 5761자로 한국산업표준한자 2,381자를 새로 추가한 것이다. 앞서 말한 필자의 책에 수록한 5,454자와 그 다음의 5761자와의 차이 307자는 어떤 것들인지 쉽게 찾을 수 없어 모르고 있다.

하여튼 이번에 많은 한자를 인명용 한자로 추가 선정한 것은 자형(字形) 및 음가(音價)가 표준화 되어 한국산업표준 규격으로 지정된 한자와 비인명용 한자로 신고 된 한자 중 국립국어연구원의 최종 확인을 거친 한자라고 한다.

한국의 산업상 분류한 한자의 범위(규격)을 산업의 차수나 중요도와 사용빈도 등을 감안하여 3그룹으로 분류한 것인지 모르지만 인명에 쓰이고 또 쓰일만한 한자의 제한 범위와 직접적인 관계가 없다면 인명용 한자의 원전(原典)으로 여기는 것은 이치에 맞지 않는 일이다.

그 전산처리에 관한 공업진흥청 국가표준인 KS 코드는 다음과 같은데

■ KS X 1001(KS C 5601-1987)의 한자 : 4,888자

■ KS X 1002(KS C 5657-1991)의 한자 : 2,856자

■ KS X 1005-1(KS C 5700-1995)의 한자 : 23,274자

5601한자 4,888자는 컴퓨터 표준코드로 수록되어 있으나, 확장해도 5657한자 2,856자 합계 한자 7,744자 까지는 컴퓨터 수록이 가능하다고 한다. 인명용 한자는 컴퓨터 수록 가능한 한자 수(7744자)보다 숫자적으로만 보면 더 많다. (한자 398자)

그리고 국어연구원의 확인이란 것은 한자 옥편(玉篇)에 있는 한자인지, 한자의 우리말(표준말) 표기의 착오인지, 한자의 중복이 아닌지, 표제한자와 자형상 중복이 아닌지, 도대체 무엇을 확인한다는 것이지, 설마 이름으로 2자를 연결하여 단어식 해석이 가능한지를 보는 것도 아닐테고 진정 모를 일이다. 인명용 한자의 선정은 지식인(知識人)이면 대충 가능한 일이다. 한자는 표의문자(表意文字, 표어문자標語文字)로 그 뜻(의미意味)으로 보아 가능하기 때문이다.

정부는 더 전문적이고 객관적이고 합리적은 물론 인명용 한자의 입법목적에 부합(附合)하는 인명용 한자의 선정이 요구된다 할 것이다.

● 긴 이름

으로 말하면 "김 수한무거북이와두루미삼천갑자동방삭…" 무려 80자나 되는데 오래전에 유행했던 코미디 프로에 소개로 등장한 긴 이름이다. 1990년 호적법이 폐지되기 이전에 "박 하늘별님구름햇님보다사랑스러우리" 17자의 가장 긴 이름이 있고 그 외에 "박 초롱초롱빛나리" "김 가까스로얻은노미" "윤 하늘빛따사로운온누리에" 라는 긴 이름도 있다. 이런 문장식(文章式)으로 말도 안 되게 길게 짓는 이름은 1993년

이름의 기제 문자를 5자로 제한하는 법을 신설하므로 사라지게 되었다.

이름은 그 사람을 특정해 주는 공식적인 호칭으로서 다른 사람과의 관계에서도 상당한 이해관계를 갖게 되므로 이름자가 5자(성은 포함하지 아니함)를 초과하는 문자를 기재한 출생신고는 이를 수리하여서는 안 된다고 한 것 때문이다.

이런 순 한글(고유어固有語) 이름에는 한자를 병기(倂記)하기 어렵고 그나마 한글과 한자의 혼용(混用)을 금지함으로서 이런 긴 이름도 한글로만 기록되어 나갈 수 밖에 없다. 그런데 이름자를 10자로 확대해야 한다는 청원도 있지만 우리식(한국식韓國式), 우리민족의 정서상 맞지 않을 뿐 아니라 그 음절이 몇 개나 되어 이름에 담긴 뜻(의미意味)과 발음 등 그 통용에 불편과 혼란을 야기함은 물론 국민 다수의 2자 이름에 비추어 문서상 별도의 공간이 필요하고, 이름 이외의 용도를 쓰일 우려가 있어 이름자의 숫자를 늘리는(확대) 것은 불필요한 것으로 생각한다.

- 국자(國字)

그리고 인명용 한자에는 일부 국자(國字, 한국자韓國字, 한국어韓國語의 한자)가 있다. 우리나라에서만 쓰이는 일부 한자로 우리나라에서 우리말의 한자 표기상 필요하여 만든 글자이다. 국자에는 음역자(音譯字: 한자의 음을 빌려 우리말 음을 나타낸 글자, 우리말 소리를 한자로 변역(변환)한 글자)도 포함된다.

한국자로는 畓논답 垈터대 串곶곶(꿸관) 媤시집시 召대추소(부를소) 釗쇠쇠(불소) 太콩태(클태) 등이 있고, 음역자로는 伽음역자가(절가) 乫땅이름갈 乬걸걸 乭이름돌 㐘둘둘 乶땅이름볼 乷음역자살 乺솔솔 乻땅이름울 乼줄줄 등이 있는데 모두 인명용 한자에 포함되어 있다.

그 외 [illegible]강 [illegible]갓 [illegible]것 [illegible]곶 [illegible]굴 [illegible]굴 [illegible]놀 [illegible]놈 [illegible]둘 [illegible]뫁 [illegible]숫 [illegible]일 乽잘 [illegible]절 [illegible]졸 등이 있다.

은사님이 단국대동양학연구소 저 한한대사전에는 한국자 260자가 수록되었다고 확인해 주셨다. 한국자는 필요에 의한 것인지 계속 만들어 진다고 한다. 앞서의 국어연구원이 한국자를 인명용 한자와 연계하여 관리해야 할 것이다.

- 가족관계등록에 관한 규칙
이번(2015.1.1.시행)에 「가족관계등록에관한규칙」을 개정하여 인명용 한자 2,381자를 추가하여 총 8,142자로 확대된 것은 주지의 쇼킹한 사실이다.

대법원 홍보관은 특이한 발음, 이색적인 뜻을 담은 한자를 쓸 수 있게 해 달라는 민원이 계속 늘어 인명용 한자를 대폭 늘렸다며 과거와 달리 전산 환경이 좋아지고 다문화 시대를 맞아 외국식 이름을 한자로 표기하고 싶은 수요도 높아지는 만큼 인명용한자의 확대 추세는 계속 될 것이라고 했다.

또 이번 인명용 한자의 대폭 추가로 인하여 자형과 음가가 통일되고 통상적으로 사용되는 한자는 사실상 모두 인명용 한자로 사용할 수 있게 됨에 따라 인명용 한자 사용에 대한 국민의 선택의 폭이 넓어져 국민의 편의가 증진될 것으로 기대된다 하겠다.

자형을 통일한다는 것은 같은 한자라도 글자 모양(글꼴)이 좌우상하로 바뀌거나 생략되는 경우 등을 말한 것일 텐데 어떻게 통일한다는 것인지 인명용 한자에서 제외하는 것 조차 염두에 둘 필요는 없다. 또 음가(音價 음음, 발음發音 : 낱글자가 지니고 있는 소리, 소리값, 글자를 읽을 때 내는 소리)을 통일 한다니 한자의 원래 훈음(訓音)이 잘못된 것이 있어 바르게 고친다는 것인지, 한자의 훈(訓 한자의 새김)에 있어 중복되거나 충돌의 우려가 있어 통일한다는 것인지 알 수 없다는 생각이 든다.

● 인명용 한자의 음(音)

인명용 한자에는 480개의 음(음가)이 있다.

한글은 홑소리 21자, 닿소리 19자 모두 40자를 조합하면 399자이고 홑받침 14자, 쌍받침 13자까지 조합하면 모두 11,172자의 한글 낱자 조합이 가능하다고 한다. 한글은 있지만 상응한 한자가 없다면 인명용 한자를 이야기할 필요는 없다.

걱 겹 괵 궉 긱, 냐 냥 녈 네 놔 놜 놓 늑 늦 님 냡, 레 룰 뤼 릴, 맘 며, 밤 뿐, 쇠 솰, 엇 와 욋, 잘 쫭 쥐 즘, 팟 팡 풀 푸, 협 홰 획 히 41자의 한글은 엄연히 옥편(玉篇)에도 상응한 한자가 있다. 어떤 의미로 쓰일지. 이름자로 쓰일 수 있으니 인명용 한자에 포함함직하다. 이는 완성형 KS X 1001 한글 2,350자에 당연히 있다고 한다.

한글 이야기를 더 좀 합니다.

인명용 한자 말미에 이표(인명용 한자표)에 지정된 발음으로만 사용할 수 있다. 그러나 초성(初聲)이 "ㄴ" 또는 "ㄹ"인 한자는 각각 소리나는 바에 따라 "ㅇ" 또는 "ㄴ"으로 사용할 수 있다 하였다.

두음법칙(頭音法則 우리말에서 단어의 첫소리에 "ㄹ""ㄴ"이 오는 것을 꺼리는 원칙)에 의한 것인데 우리들 성씨자 라羅 량梁 려呂 렴廉 로魯 류柳 류劉 육陸 리李 림林과 유庾 유兪 등인데 인명용 한자표에는 이렇게 첫소리가 "ㄹ""ㅇ"으로 등재 되어 있다. 그러나 이러한 한자들을 인명용 그러니까 이름자로 사용할 때 한자는 같되 위 한자 순서대로 나 양 여 염 노 노 유 유 육 이 임 류 류로 사용할 수 있다는 것이다.

그리고 또 납득이 안 가는 일이 하나 있다.

성(姓)이 "이李"씨인 사람이나 "임林"씨인 사람이 원한다면 같은 성씨의 음(音) 즉, 한글문자를 한자는 같되"리""림"으로 신청하면 바꾸어 준다는 것이다. 같은 문중(門中)에서 어떤 사람은 신청의 수고만

거치면 성조차 바꾸어 준다니 위와 같은 인명용 한자에서 정한 것은 아닐테고 그 이유를 모르겠다.

옛날에도 전주"이李"씨는 그 음을 "리"로 사용한 초대 대통령 리승만(호적에는 이승만)이 있기는 하다. 남북이 통일되어도 각자의 성씨별 그 음을 통일할 수도 없고 그저 출신 지역에 따라 두음법칙이 없는 북한 사람과 구별되기도 할 텐데 말입니다.

● 외국인 성명 등록

그보다 더 큰 문제라 할 수 있는 일이 또 있다.

대법원은 이름이 국민의 기본권의 하나라고 하고, 그 판결에서도 성명권은 헌법상의 행복추구권과 인격권의 한 내용을 이루는 것이며 자기 결정권의 대상이 되는 것이므로 본인의 주관적인 의사가 중시되어야 한다고 하였다. 또, 다문화 시대에 외국식 이름을 한자로도 표기할 수 있도록 인명용 한자에도 그 수요를 감안하여 평소 잘 쓰지 않는 단음(單音)도 등록해 준 모양이다. 각 나라에는 제각금 고유의 특성이나 색채가 있고 고유의 관습도 있는 것이다.

왜 우리나라에서 우리나라 사람이면 누구나 이름에 한자를 병기하는 것인데 우리와 다른 알파벳 언어에 억지로 한자를 병기할 수 있도록 국가가 고심하는지 이해가 안 된다. 이름에 한자가 없이 출생신고를 하면 한글 이름으로만 기록되어 있지 않는가?

외국에도 성씨는 있지만 이름은 훌륭한 옛 사람의 이름에서 따 오거나 좋아하는 이름을 자의적으로 사용하는데 그것을 보면 우리의 작명(作名)과 원초부터 다름을 알 수 있다. 외국인도 우리 국민이 되면 성과 본을 창설하고 케네디, 부시가 아닌 우리식 성씨에 우리식 이름이나 자기나라에서 사용하던 이름만 그대로 한글로 사용하는 사람이 대부분이다.

한국인 모(母) 사이에 출생한 자가 부(父)의 성씨에 따라 이미 호적에 기재된 (외국)사람이나, 국적 신고로 인한 혼인일 때 외국에서 사용한 이름을 사용할 경우 또 외국식 이름으로 부(父)의 나라의 신분등록부에 기재된 외국식 이름을 기재하여 출생신고를 하는 경우에는 예외적으로 그 적용을 배제하여 외국이름을 신고할 수 있도록 하였다. 그렇게 5자 이내의 외국이름(풀네임을 줄이거나 부분적) 사용한다면 당대(當代)는 그렇지만 장래적으로 보면 한국식 이름으로 개명(改名)이 불가피 할 것이다.

재혼녀의 전 남편 소생 자녀의 성씨를 재혼남의 성씨와 같도록 신고하면 성씨를 정정해 주고 있는데, 그것은 학교에서 아동의 성씨가 부(父)와 다르다는 것이 노출되어 곤란할까 봐 그리 입법하였다고 한다. 한번 이혼한 여자가 2, 3번은 시집 못가겠는가? 그때마다 미성년자 인 자녀의 성씨를 바꾼다고 하니 세계적인 웃음거리가 아닐 수 없다.

그런 세상인데 남이 금방 눈치채게 근본이 외국 종자임을 스스로 자처하겠는가 싶다. 우리도 외국인의 이름 외국문자도 한글로 전환하는 기준 또한 애써 만들어 놓고 있다. 우리와 같은 한자 문화권의 중국과 일본에서는 처음부터 한자 이름으로 바꾸어야 등록할 수 있다고 한다.

2015 인구주택조사에서 성씨의 경우 등록된 한자 성은 1507개, 순한글 성은 4075개로 우리나라 전체 성씨가 5582개라는 통계 숫자가 있다. 전통적인 우리 성은 300개 미만인데 불과 몇 년 사이에 이지경이 되었으니 무언가 잘 못된 것 같다. 원래 성은 한글에 한자를 병기하기로 되어 있는데, 외국인의 귀화 등 우리 국적을 취득할 때 우리 식으로 성은 두자 이내로 하여야 한다고 정하면 될텐데 말입니다.

필자의 둘째아들 이름 임승태는 외국인이 알아 볼 수 있게 Seungtae Lim으로 사용하고 미국식 이름은 스티브 임(steve Lim)으로 우리 이름과 전혀 관계없이 만들어 미국에서도 사용하고 있다.

우리도 외국인이 우리 국민이 될 때는 예외 없이 우리식으로 성·본(姓·本)을 창설하고 다섯자 이내의 이름을 지어 등록하도록 하면 된다.

그 한글 이름에 인명용 한자가 있으면 자의(自意)로 병기하고 인명용 한자가 없으면 자동적으로 한글이름만 등록한 것이 된다.

우리식으로 한글 이름을 지으면 그에 맞는 인명용 한자가 없을 리 없다. 외국식 이름에 아무 뜻도 없이 한자를 맞추려니 인명한자가 해도 해도 부족할 판이다. 인명용 한자가 없더라도 반드시 한자를 병기해야 하는 것은 아니기 때문에 한글 이름만 등록하면 되는 것이다.

외국식 이름에도 음운상으로 의미(意味)가 있을텐데 한자를 막연히 대입하면 아무 의미 없는, 무슨 말인지 알 수없는 단순한 한자의 나열에 그칠 것이다. 과거 바둑기사에 '홍맑은샘'이 있는데 이런 순 한글이름은 한자를 병기할 수 없다. 당초부터 한자 이름의 병기는 없는 것으로 알고 등록한 것이다.

어떤 내국인이 등록한 이름이 "나폴레온"(나씨 28세, 불란서의 영웅 30세 개명한 "나폴레옹 보나파르트"를 연상하도록 작명한 것인데 옹은 한자가 마땅치 않아 온으로 씀)이다. 이런 서양식 이름에 한자를 붙이면 무슨 의미가 있겠는가? 차라리 중국에서 나폴레옹을 표기한 한자를 가져다 한글이름을 붙인 것만 못할 것이다.

작명한 부모만이 그 영웅을 연상할 것이라고 믿고 살 것이다. 오히려 외국 종자로 인식될 수 있을 뿐 아니라 발음이 괴이하고, 부르기도 쓰기도 불편하고 놀림감마저 될 것이다. 아마 부모의 뜻과는 다르게 그 아이가 성인이 되었으니 개명을 절실하게 희망할 것이다.

아이에 대한 성명권(행복추구권, 인격권)을 부모의 일시적 기발한 아이디어(?) 쯤으로 여기는 사람, 세계인을 자처하는 국적 불명의 한국인으로 살아질 것이다.

● 복성(復姓)아닌 복성

우리나라에서 40대 후반 쯤까지 복성(復姓)이 아님에도 복성 같이 보이기도 하는 "이고은영"이란 이름을 본다.

성씨는 부(父)을 따라 이씨이며, 이름은 고은영 3자가 되는데 고(高)는 모(母)의 성씨이다. 실제 이름은 끝의 2자 은영이가 되지만 고은영이라 부르는지 모르겠다. 앞의 이씨를 말하지 않고 이름만 고은영이라 부르니 누구든 고씨라고 생각할 것이다.

인간을 단순히 우생학적으로 본다면 암(母) 수(父)의 합작품이라는 생각이겠지만 우주, 작게는 자연의 생성(출생)을 그런 식으로 인식해서는 안 된다. 당시 그러한 작명 추세에 여성계에서는 양성평등의 관점에서 크게 환영하였고, 그런 여성주의자 가족들의 이름에 사용 되었으리라 짐작한다. 지금은 복성 아닌 부모의 성씨를 따온 이름은 사라진 것 같다. 그들이 성장해서 결혼을 하여 남자 "이고○○"와 여자 "김서○○"가 결혼하여 자녀를 낳아 그런 식으로 작명한다면 "이고김서○○" 이 되는데 이름은 다섯 글자로 "고김서○○"이 되겠지만 뭔가 잘못 되었다는 판단해서 일 것이다. 또 그런 사람들의 자손들 이름은 작명 자체가 불능(不能)이 될 것이다.

● 헌법재판소까지 간 비인명용 한자

금년 8월 자녀의 이름에 "嫽" 사모할 로 자(字)를 넣어 출생신고를 하자 인명용 한자 8,142자에 포함되지 않아 할 수 없이 한글 이름만 등록하였는데, 그에 따른 헌법소원에서 재판관 6:3 의견으로 합헌결정이 나왔다. "통상 사용하지 않은 어려운 한자를 사용함에 당사자와 이해관계인이 불편을 겪을 수 있고 이름에 사용되는 한자가 전산시스템에 모두 구현해야 한다는 점을 고려할 때 이름에 사용할 수 있는 한자를 제한한 것은 입법목적의 정당성과 수단의 정단성이 모두 인정 된다"한 것이다. 이름에 사용할 수 있는 한자를 8,142자로 제한 한 것은 헌법에 어긋나지 않는다는 결점이다.

그런데 "嫪"자는 계집녀女와 사는모양료, 바람소리료嫪의 합성자로 화의(會意)문자이다. 그 뜻(훈음訓音)이 선비행실없을로, 오입장이로, 생각하고아낄로, 사모할로(그리워하며 잊지 못함. 미련을 남김), 인색할로, 질투할로 등 다양하다.

그 자원(字源)을 보면 양 날개와 꼬리를 한데 쭉 이어 놓은 모양, 이성(異性)이나 사물에 대해서 갖는 끊을 수 없는 마음의 뜻이다. 한마디로 이름에 사용하기에는 전혀 적당치 않은 한자를 위대한 발견이나 한 것처럼 자녀의 이름자로 사용하겠다는 아집에 쌓여 헌법재판소에까지 고집을 부렸으니 말이다. 그런데 이러한 주관적으로 선택한 비인명용 한자이더라도 인명용 한자에 포함시켜 줄 것을 신고(청구請求)하여도 2년 내지 3년 주기로 법 개정 시 대법관 회의의 의결을 거쳐 인명용 한자에 추가 해 준다고 한다.

당국자는 한술 더 떠 그 한자를 꼭 사용하려면 한글이름으로 신고해 놓고 법 개정 등 추가 조치를 기다리라고 한다. 이런 경과조치는 법이 신설되어 "과거 출생신고 당시 비인명용 한자를 사용하여 현재 가족관계기록부에 한글이름만 기재된 국민의 경우에도 해당 한자가 인명용 한자에 포함되면 출생신고 당시의 가족관계등록 관서에 추가 보완신고를 함으로써 한자이름을 기재할 수 있다." 하였기 때문이다. 뭔가 잘못 꿰어서 악순환이 이어진 것이다.

일본이 우리보다 먼저 인명용 한자 제도를 도입한 것으로 알고 있다. 일본은 상용평이(常用平易)한 문자를 사용하고 있으며 2,997자(상용한자 2,136자, 인명한자 861자)에 불과하다. 일본에는 히라가나, 가다카나 92자가 있지만 인명과는 관계가 덜하다. 그동안 일본에서도 수차례의 개정을 거쳤지만 1~2자를 추가한 적도 있다. 그만큼 신중하게 하는 것 같고 한자 숫자까지 관리하는 노력이 엿 보인다. 필자는 지독한 배일(排日) 성향이다. 인명용 한자에 관한 한 선진지시찰(?) 벤치마킹(?)은 어떤지요? 이미 복수불반(覆水不返)인 것을 어쩌나…

나. 인명용 한자 수(數)

지금의 인명용 한자 8,142는 그 한자 수가 인명용이라 하더라도 지나치게 너무 많은 실정이다. 인명용 한자에는 2002.12 다듬어진 한문교육용기초한자(상용한자常用漢字) 1800자는 의당 포함되어 있다.

이는 국가에서 한자에 대한 범위를 먼저 정한 것으로 용도는 다르지만 국가에서 다시 인명용 한자의 제한 범위를 정함에 가감없이 일괄 인명용 한자에 포함한 것은 법 체계상 일관성으로 본다.(일본의 경우도 같다.)

● 기초 한자 중 부적격 글자

假거짓가 姦간사할간 渴목마를갈 減덜감 慨분개할개 乞빌걸 犬개견 缺이즈러질결 繫맬계 鷄닭계 姑시어미고 哭울곡 困괴로울곤 恐두려울공 狂미칠광 怪괴이할괴 愧부끄러울괴 壞무너질괴 巧공교로울교 狗개구 鬼귀신귀 叫부르짖을규 菌곰팡이균 禽날짐승금 急급할급 忌미워할기 其그기 飢주릴기 欺속일기 棄버릴기 難어려울난 奴종노 惱괴로할뇌 斷끊을단 盜도둑도 逃달아날도 毒해칠독 豚돼지돈 凍얼동 亂어지러울란 掠노략질할략 憐불쌍히여길련 劣용렬할렬 弄희롱할롱 淚눈물루 漏셀루 慢게으를만 末끝말 亡잃을망 妄허망할망 忘잊을만 茫망망할망 妹누이매 埋묻을매 盲장님맹 眠잠잘면 滅멸망할멸 冥저승명 某익명모 墓무덤묘 迷미혹할미 憫민망할민 反돌이킬반 叛배반할반 髮터럭발 妨방해할방 背등배 罰벌할벌 犯범할범 病병병 卜점복 父아비부 否아닐부 婦며느리부 浮뜰부 腐썩을부 紛어지러울분 墳무덤문 憤성낼분 不아니불 崩무너질붕 非아닐비 批비판할비 婢계집종비 悲슬플비 費소모할비 鼻코비 貧가난할빈 聘부를빙 巳뱀사 死

死죽을사 似같을사 祀제사사 蛇뱀사 邪간사할사 詐속일사 削깍을삭 散헤어질산 殺죽일살 喪잃을상 傷상할상 嘗맛볼상 逝죽을서 昔접대석 析쪼갤석 小작을소 消사라질소 訴송사할소 掃쓸소 燒불사를소 蔬나물소 騷떠들소 俗속될속 損잃을손 訟송사할송 鎖자물쇠쇄 囚가둘수 愁근심수 睡잠잘수 搜찾을수 誰누구수 獸짐승수 叔아저씨숙 殉죽을순 脣입술순 瞬깜빡일순 襲엄습할습 僧승려승 臣신하신 神귀신신 失잃을실 甚심할심 兒아이아 餓굶줄릴아 惡악할악 眼눈안 雁기러기안 暗어두울암 殃재앙앙 哀슬플애 厄재앙액 也잇기야 耶어조사야 弱약할약 於어조사어 抑누를억 焉어찌언 亦또한역 役일꾼역 疫전염병역 逆거슬릴역 鉛납연 煙연기연 燃불붙을연 染물들염 鹽소금염 銳날카로울예 汚더러울오 嗚탄식할오 傲거만할오 誤잘못오 獄감옥옥 翁늙은이옹 畏두려워할외 腰허리요 辱욕할욕 慾욕심욕 于어조사우 憂근심우 怨원망할원 危위태할위 胃밥통위 僞거짓위 違어길위

愈나을유 誘유혹유 肉고기육 淫음란음 陰응달음 泣눈물읍 矣어조사의 疑의심할의 己그칠이 以써이 而말이을이 夷오랑케이 貰품삯임 姉누이자 刺찌를자 恣방자할자 葬장사장 腸창자장 臟오장장 災재앙재 爭다툴쟁 低낮을저 的과녁적 賊도둑적 敵원수적 摘들추어낼적 戰싸울전 折깍을절 竊훔칠절 祭제사제 除덜제 弔조상할조 燥마를조 終끝날종 症증세증 憎미워할증 蒸찔증 之갈지 只다만지 遲더딜지 姪조카질 疾병질 懲징계할징 且또차 此발어사차 慘혹독할참 慙뿌그러할참 債빚채 菜나물채 妻아내처 戚슬퍼할척 淺얕을천 賤천할천 妾첩첩 滯막힐체 抄베낄초 促재촉할촉 觸닿을촉 寸마디촌 醜추할추 縮줄축 衝부딪칠충 蟲벌레충 臭냄새취 醉취할취 恥부끄럼치 齒이치 沈빠질침 侵침범할침 浸적실침 他남타 打칠타 墮떨어질타 濁흐릴탁 歎한숨쉴탄 彈탄알탄 怠게으를태 殆위태할태 吐토할토 痛아플통 鬪싸움투 派갈래파 頗자못파 罷파할파 敗패할패 偏치우칠편 肺허파폐 閉닫을폐 廢폐할폐 弊해질폐 胞세포포 暴사나울폭 爆터질폭 疲고달플피

- 308 -

被입을피 避피할피 何어찌하 荷짐하 旱가물한 汗땀한 恨한한 寒찰한 陷빠질함 害해칠해 奚어찌해 險험할험 血피혈 脅겨드랑이협 兮어조사혜 乎어조사호 胡오랑케호 或혹혹 混섞을혼 魂넋혼 忽갖자기홀 禍재앙화 患근심환 荒거칠황 橫가로횡 毁헐훼 凶흉할흉 戱희롱할희 등 296자로 전체의 16.4%에 달한다.

국가가 이름에 쓰이지도 못할 불길한 뜻을 지닌 한자를 포함시켰다고 비난하는 사람도 있으나 한자 사용 범위를 법의 일관성 차원에서 한정한 것일 뿐 국민은 이와같은 한자를 감안하여 선별적으로 사용하면 되는 것이다.

참고로 북한의 현재 기초한자는 3000자(중등보통교육 2000자 대학교육 1000자)이다.

성명학에서는 이름에 쓰면 여러 가지로 해롭다는 불용문자(不用文字)가 있다. 그러한 불용문자가 있다는 것을 인지한다면 이름에 불용문자를 씀에는 신중을 기할 것이다.

● 불용 문자

가嫁駕 각殼脚 간肝 갑甲 강江 개介 객客 거拒 검劍 격擊 견肩 결決 경京庚卿慶競驚 계系戒桂 고古考枯苦 곤坤 과瓜過 광光鑛 교郊 구九龜 국國菊 군君 굴屈 궁躬 권圈 귀貴龜 귤橘 극極 근根 금今琴錦 기崎 길吉 남男南 내內 녀女 뇌腦 단短 대大代 대德 도刀倒桃 독揭 돌乭突 동東冬 동童 란卵蘭 량良粮 련連戀 렬裂烈 례禮 로魯 록鹿 료了 룡龍 루累 류留 리吏李 립粒 마馬麻 막幕 만滿萬 매梅買 명命明 모慕謀 묘妙 무武舞 묵墨黙 문文 미未美 민敏 밀蜜 반飯 방房龐 배拜 벌伐 법法 병丙秉柄炳 보寶 복服福 봉峯鳳 부富 분分芬粉 불佛 비肥 빙氷 사四糸絲射 산山産 삼三 상上裳賞霜 색色 생生 석石錫 선仙船 설雪 성星 소笑 송松 쇠釗 수秀洙壽繡 숙淑 순順純 습濕 승勝 시市時 식食植 신身新伸 실實 심心 암岩 애崖愛 어漁 여餘 영永英榮 오五娛 옥玉沃 완完 왕王 외外 용用 우雨 운

雲 웅雄 원元遠 월月 육育 은殷銀隱 의衣義 이二伊 인人仁寅 일一日 임任 자子 장長 재在宰哉栽裁載 절切 점占點 정井貞晶靜 조早 족族 종宗 좌坐 주柱珠 죽竹 중中仲重 증贈 지枝地止紙 진珍眞進鎭 질質 창昌窓創 廠 천川千天踐 철鐵 첨尖 청淸 초初礎 촉燭 총銃寵 추秋 춘春 충忠 측測 칠七 침針 칩蟄 탈奪 태兌泰 투投 파破 팔八 패貝 편片 평平 풍風豊豐 하夏 학鶴 한閑韓 합合 항項 해海 행幸 향香享 협虛 협俠 형刑 호好虎鎬 홍紅 화花華 황皇 회澮 효孝 훈勳 휘輝輝 희僖嬉憙喜熙姬 등 307자이다. 그러나 이러한 글자도 작명에 사용하기도 하였고 물론 사용할 수도 있다.

한자(漢字)에는 동자(同字) 속자(俗字) 약자(略字) 등이 있다.
인명용 한자에서 허용(許容)한 약속자(略俗子)는 약자(略字) 속자(俗字) 동자(同字) 본자(本字) 고자(古字) 와자(訛字) 등 이다.

● 허용 약속자(略俗字)
각(愨) 간(桿癎) 감(鑒) 강(強鎠崗繈) 개(箇盖) 건(建澁) 걸(杰) 검(劍) 결(潔) 경(卿囧暻檄京境) 계(堺磎) 고(攷皐) 곤(衮) 관(舘寬) 광(広炚昿) 교(敎) 구(坵耈廐) 국(国) 권(権) 구(龜) 규(糺) 균(勻龜) 궁(亘) 기(碁璣) 년(秊) 녕(寧) 다(爹) 대(垈抬) 덕(悳德) 도(嶋) 동(仝) 람(拏拏) 랑(螂郎) 래(来趂) 량(粮凉) 령(岺) 례(礼) 로(虜) 뢰(賴) 룡(竜) 류(瑠) 륜(崙) 름(凜) 릉(楞) 리(裡离悧犁) 린(麟隣) 만(万) 망(莽罗) 면(麵) 묘(玅) 무(无) 미(弥) 민(瑉砇碈忞) 방(幇) 배(盃裵) 백(栢) 번(翻) 벽(蘗) 별(鼈) 병(並并昺棅餅) 보(宝珤玩步) 봉(峰浲) 비(秘毘) 빈(份) 삽(揷) 서(叙敍栖捿婿嶼恕緒謂) 석(晰) 선(饍) 설(髙) 성(晟晠聖) 소(疎疏甦黻溯唉) 손(飱) 쇄(鎖) 수(寿脩穗峀竪讐灘) 승(阩) 시(柿枾) 실(実) 쌍(双) 아(児亞峩嬰) 안(鴈桉) 암(岩) 앙(昻) 애(碍) 야(埜揶) 양(昜敭) 언(彦) 얼(糵) 엄(厳) 연(烟淵兗姸輭硏) 염(艶) 영(栄荣暎濴) 예(睿容叡埶芸藝) 오(鼇) 온(穏穩昷) 용(熔湧

冘) 우(宋) 욱(稶) 운(簑) 원(寃貟) 유(俞溲) 윤(閏閏亂) 은(誾) 이
(彛) 인(靭棘忎忌) 일(逸) 임(姙) 입(卄) 자(姉玆) 잠(潛) 장(抒壯壯庄
牆奬) 절(絕) 점(点夵) 정(靜) 제(済) 조(曺枣) 종(棕踪) 주(遒) 준(準
容埈) 즉(卽) 지(秖爒) 진(眞晋瑨鉁盡) 집(雧) 찬(賛讚償纂) 참(慚) 책
(册) 척(坧槭) 철(喆鉄) 첨(覘) 청(靑淸晴請) 초(艸) 촌(邨) 총(聰塜総)
추(鰍) 충(虫沖) 측(厠) 치(痴穉) 타(楕) 탁(槖) 토(兎) 패(覇) 포(抛)
표(飇) 풍(豊) 하(厦昰) 학(学) 함(唅) 항(恆嫦) 해(海海) 현(顕) 협(脇)
형(逈) 혜(恵) 호(芦澔号) 화(畵) 확(碻) 활(濶) 황(晄) 회(絵会) 효(効)
후(垕) 훈(勛勳薰塤) 훼(卉) 희(熙熙憘戱姬) 등 299자가 있다.

이번에 추가된 글자는 검을자玆 12획 뿐이다. 그만큼 작명상 사용이
기대할 수 없는 부류(部類)이다.

이러한 약속자(略俗字)인데 인명용 한자에 포함되지 않는 것도 허다하다.

● 불용 약속자(略俗字)
가(仮価) 거(拠) 검(検) 경(軽経径) 계(絑) 관(関観) 광(鉱) 구(区旧駆亀)
권(勧) 단(単団) 담(担) 당(当党) 도(図) 독(読) 람(覧) 량(両) 력(歴) 련
(練) 로(労) 발(発) 변(変) 불(仏) 사(辞) 석(釈) 성(声) 악(楽) 약(薬)
여(与) 역(訳) 영(営) 예(誉) 의(医) 자(滋) 전(銭) 전(伝) 전(戦) 정(淨)
제(斉) 증(増) 증(証) 참(参) 처(処) 청(庁) 체(体) 추(枢) 치(歯) 칭(称)
척(沢) 헌(献) 현(県) 충(蛍) 확(拡) 환(歓) 흑(黒) 등 63자이다.

인명용 한자에 포함된 약속자 중 가부간 그 숫자를 축소한다는 측면에
서 실용적인 약속자를 가려본다.

● 실용 약속자(略俗字)
樺박달나무간 強힘쓸강 杰준걸걸 京서울경 堺지경계 磎시내계 寛너그러

울관 館집관 広넓을광 敎가를칠교　国나라국 權권세권 秊해년 夛많을다
悳덕덕 德덕덕 仝한가지동 来올래 糧양식량 礼예도례 竜용룡 裡안리 隣
이웃린 万일만만 朢바랄망 麵국수면 砇옥돌민 瑉옥돌민 裵치렁치렁할배
宝보배보 珤보배보 峰산봉우리봉 叙차례서 栖깃들일서 敍펼서 晟빛날성
晠빛날성 聖성인성 寿목숨수 竪세울수 脩다스릴수 双둘쌍 岩바위암 姸예
쁠연 娟예쁠연 芸재주예 容밝을예 睿밝을예 穏편안온 熔녹일용 宋비우
俞대답유 閏윤달윤 閠윤달윤 逸편안할일 玆검을자 庄씩씩할강 奌점점 点
점점 済건널제 曺성조 埈높을준 準법도준 㻞준설할준 即곧즉 尽다할진
真참진 晉진나라진 鉁보배진 贊밝을찬 僐모을찬 讃모일찬 冊책책 坧터척
鉄쇠철 青푸를청 晴맑을청 請청할청 清맑을청 艸풀초 冲화할충 橐전대탁
兎토끼토 覇으뜸패 抛던질포 豊풍년풍 昰여름하 厦큰집하 学배울학 嫦항
아항 顕나타날현 逈멀형 恵은혜혜 号이름호 芦지황호 畵그림화 碻굳을확
濶넓을활 晄밝을황 会모일회 絵그림회 垕두터울후 塤질나팔훈 勛공훈 熏
연기훈 勳공훈 薰향기훈 卉풀훼 姬아씨희 熙빛날희 등 112자이다. 以上
은 약속자 인명용 한자 중 실용적이고 선호도(選好度)가 있을 법한 글자
를 골라 본 것이다.

대법원선정인명용 한자에서 약속자(별표2) 중에는 秊해년 恆항상항은
본자(本字)이며, 약속자임도 본자와 같이 분류한 글자는 埈높을준 陵가
파를준 宷깰채가 보인다. 우리가 이름에 많이 쓰는 글자인데도 熙빛날희
(熙의 속자)는 보이지 않는다.

우리나라 한자의 자형(字形 글꼴. 글자체)은 강희자전(康熙字典)에 따
른 전통한자(정체자正体字) 위주(爲主)의 문자체계(文字体系)를 가지고
있다. 일본의 신자체(新字体) 중국의 간체자(簡体字)와 차이가 있고 중
국, 대만, 홍콩에서 쓰이는 정체자와 기본적으로 같다. 그중 성씨(姓氏)

가운데 배씨, 조씨의 경우 우리나라에서는 裵, 曺로 쓰이지만 중국, 대만, 홍콩이나 일본에서는 裴, 曹로 쓰이고 있다. 이외에도 우리나라 却強教郞涼飜産昂彦姸眡妬豊恒畵는 중국, 대만, 홍콩에서는 卻強教郎涼翻産昂彦姸甜妒豐恆畫로 쓰인다고 한다. 과거(인명용 한자 제정 전)에는 호적(戶籍)에 약속자를 실수가 아닌 바에는 사용치 않았을 것이다.

일상 성명자(姓名字)의 통용에서 정체자(正体字)를 잘못 알거나 편의상 약속자를 기재하였을 때는 잘못 표기한 것으로 여겨 바로잡아 사용하기도 하였다. 지금은 행여 약속자도 등록될 수 있으니 그런 유식(有識)이나 친절(親切)은 반대로 비난받을 수 있고, 오히려 조심이 필요하게 되었다.

지금 인명용 한자의 범위(範圍)를 한정(限定)하면서 약속자를 허용(許容)하여 국민의 작명권(作名權)을 확장하고 다양성을 기하였다고 한다. 우리나라의 정자체(正字体) 문화에서 약속자는 온전한 글자가 아니고 반토막 글자라고 인식하는 심리(心理)로 약속자의 사용은 전적으로 기피(忌避)하여 그 사용이 극미(極微)할 것이다.

우리나라의 정통한자(正統漢字)인 정체자(正体字)를 사용하는 문화체계 전통(傳統)에 비추어 소중한 이름자에 약속자를 허용(許容)한 것은 필요악(必要惡)이전에 불필요(不必要)한 것은 아닌지? 일본의 경우 신체자(일본식약자)는 인명에는 쓰지 않는다고 하는데 말입니다.

인명용 한자에는 동자이음어(同字異音語, 같은 한자이나 발음(독음)이 다른 경우)가 있다.

● 허용 동자이음어(同字異音語)
賈(가, 고) 降(강, 항) 豈(개, 기) 更(갱, 경) 車(거, 차) 見 (견, 현) 契 (계, 글) 廓(곽, 확) 龜(구, 귀, 균) 金(금, 김) 柰(나, 내) 奈(나, 내) 茶

(다, 차) 丹(단, 란) 糖(당, 탕) 宅(댁, 택) 度(도, 탁) 讀(독, 두) 洞(동, 통) 樂(락, 요, 악) 復(복, 부) 北(북, 배) 不(불, 부) 殺(살, 쇄) 塞(새, 색) 索(색, 삭) 說(설, 세, 열) 省(성, 생) 率(솔, 률) 數(수, 삭) 帥(수, 솔) 拾(습, 십) 識(식, 지) 什(십, 집) 惡(악, 오) 葉(엽, 섭) 瑩(영, 형) 易(이, 역) 刺(자, 척) 狀(장, 상) 切(절, 체) 辰(진, 신) 參(참, 삼) 拓(척, 탁) 沈(침, 심) 便(편, 변) 暴(폭, 포) 行(행, 항) 등 48자이다.

● 불용 동자이음어(同字異音語)

射(사, 석) 宿(숙, 수) 提(제, 리) 齊(제, 재) 徵(징, 치) 推(추, 퇴) 說(설) 이상 몇자는 이름글자로 사용됨직 함에도 인명용 한자 선정에서 사용빈도가 높은 쪽으로 배열함으로 중복을 피하기 위해 제외하였다고 한다.

이러한 동자이음어를 작명에 사용한다 것은 같은 한자임에도 두가지 음(音)으로 발음될 수 있음에 자신의 이름자는 한가지 의미(意味. 뜻)만 지닐 것을 전적으로 바라는 것이 일반적인 상식(常識)이다.

앞서 말한 동자이음어 48字 중 21字는 기초한자와 관련되나 딱히 대표음(代表音)을 옥편(玉篇)의 기재순서에 의할 뿐 비중(比重)을 정하기도 어렵다. 공연히 일본의 신자체(新字体) 투의 인명용 한자를 괘념(掛念)할 필요는 없다. 실제로 일본사람의 이름에는 신자체를 쓰지 않는다고 한다.

그래서 동자이음어의 이름자 사용은 대체로 불길하다고 기피(忌避)하고 있다. 남에게 번잡하고 혼동을 주어 특별히 그 이름자의 음(音,음가 音價)을 기억할 필요가 따르기에 동자이음어의 이름자는 선별적, 제한적, 희소적 사용에 국한(局限)된다.

이번 인명용 한자의 대폭 확대로 추가 한자중에는 어떤 부수(部首)에 속하는 한자는 인명용 한자로 사용하기 부적합한 동물 질병 신체부위 풀

(草) 가죽용품 물고기 말(馬) 새(鳥)의 이름이나 그에 관련된 명칭이 다수 포함되어 있다. 아래 한자들은 인명용으로는 전혀 사용할 수 없는 줄로 사료(思料)된다.

● 개 변(犭, 犬) 한자
의 자원(字源)을 보면, 개가 한쪽 발을 들고 있는 모양을 상형한 글자라 하나 글자의 모양으로 볼 때 犬(人) + 丶(주인주)로 본다. 사람이 주인인 동물이 개이다 의 뜻으로 큰개와 들짐승을 나타낸다.

獧성굽할견 猓메뚜기과 獷사나울광 猉강아지기 猱원숭이노 獠사냥료 獼 원숭이미 狒원숭이비 狉삵의새끼비 狻사자산 猗부드러울아 狎업신여길압 猊민족이름예 猧발바리와 狨원숭이이름용 狺으르렁거릴은 猙개의털쟁 猘 미친개제 猝창졸졸 猂짐승이름폐 狢오소리학 猢원숭이호 猴원숭이후 獯 오랑캐훈 犵오랑케힐. 등 25자가 있다. 모두 동물의 종류와 그 상징을 나타내는 한자이다.

● 병질엄 변(疒) 한자
의 자원(字源)을 보면, 爿(나무조각장) + 亠 (환자가 침상에 누워 있는 모양)을 상형한 글자로 질병, 의지하다(의倚)를 나타낸다.
瘈지랄병계 癨곽란곽 痀꼽가등이구 癉황달단 痘천연두두 癳옴라 癘염병 려 癧연주창력 癆폐결핵로 癃위독할륭 痞가슴답답할비 痹저릴비 痾입앓 이아 癢가려울양 癭혹영 癰癧등창옹 疣사마귀우 痿저릴위 瘉병나을유 瘐 앓을유 癮두드러기은 瘴장기장 痊병낫을전 癜어루러기전 疔악성종기정 瘯옴족 腫각기종 痤부스럼좌 痣사마귀지 疹홍역진 瘳나을추 瘁병들췌 痓 풍병지 癱사지틀릴탄 癈폐질폐 疱마마포 瘋문둥병풍 瘕먹병하 瘧학질학 痎학질해 痃개래톳현. 등 42자가 있다. 모두 질병의 종류와 그 상징을 나타내는 한자이다.

● 벌레충 변(虫) 한자

의 자원(字源)을 보면, 虫은 동물에 가깝게 외면이 넓은 벌레를 나타낸다. 큰머리의 뱀(살모사)이 누워서 몸을 구부리고 꼬리를 늘어뜨린 모양을 상형하였으며 통상 이를 혼용 벌레, 뱀을 나타낸다.

蠍전갈갈 蛬귀뚜라미공 蛩귀뚜라미공 蝌올챙이과 蜷굽을권 虯새끼용규 蚯지렁이구 蟣거머리기 螳사마귀당 蚪올챙이두 蠹좀두 螣등사등 蠟밀랍랍 蠡달팽이려 蜊참조개리 螭교룡리 螊반딧불린 螞왕거머리마 蟊해충모 蟊해충모 螃방게방 蝠박쥐복 蝮살무사복 蚨파랑강충이부 蜉하루살이부 蚍왕개미비 蠟납향제사 蜥도마뱀석 蛻허물세 蛸사마귀알소 蟀귀뚜라미솔 蝨이슬 蟋귀뚜라미실 蠕장구벌레연 蚋독충예 蜺쓰르라미예 蛹번데기용 蜿지렁이원 蚴꿈틀거릴유 蚰그리마유 蝤하루살이유 蟻개미의 蛆구더기저 蛅쐐기점 蝶나비접 蜩매미조 螽황충종 蛀나무좀주 蟭설렐진 蚱벼메뚜기책 蜴도마뱀척 蜻귀뚜라미청 蟛방게팽 蟛방게팽 蝙박쥐편 蜆바지라기현 蛞올챙이활. 등 57자가 있다. 모두 벌레의 종류와 그 일부분 또는 그 상징을 나타내는 한자이다.

● 고기육 변, 육달월 변(肉, 月) 한자

의 자원(字源)을 보면, 冂은 넓적한 고기 덩어리를 상형하였고 爻는 살갗 살의 무늬이다. 후에 사람의 신체에 관련된 글자를 만들면서 편방으로 肉이 들어가게 되었다.

胯사타구니고 朐지렁이구 肭살찔눌 肚밥통두 臘납향랍 膂등골뼈려 欒고기토막련 膋발기름료 膴건육무 膰제사고기번 胕종기부 肦머리클분 膹고기국분 膑종지뼈빈 腊건육석 脎살찔소 髓골수수 胜두뇌수 䐃여윌수 脈제육신 臙연후연 膃살찔올 胾고깃점자 膊절육전 肘팔꿈치주 腠살결주 肓명치황. 등 27자가 있다. 모두 신체부위와 고기 또는 그 상징을 나타내는 한자이다.

• 풀초 변, 초두 변(艸, ++) 한자
의 자원(字源)을 보면, 풀 둘을 艸(풀초), 풀 셋을 卉 (풀훼)로 상형한
글자들이다. 艸와 卉은 같은 뜻이다.

葭갈대가 茛독초이름간 茳천궁모강 薑생강강 萐상추거 苣감자거 藁토란지
茋가시검 繭누에고치견 蒹갈대겸 薊삽주계 藿콩잎곽 蕒필발의열매구 菫딸
기규芪황기기 蕲풀이름기 菟새삼토도 蕫겨우살이동 蕫동독할동 薝치자나
무담 茛수크령랑 菭도꼬마리령 蘢겨여뀌롱 菻지칭개름 蓤마름릉 茘다다를
리 苺나무딸기매 藐희미할묘 茉맛미 蘪천궁미 蘼천궁미 芪속대민 蓓꽃봉
우리배 蔕꽃봉우리배 菔무복 芃우거질봉 菶무성할봉 莩갈대철부 蔀별가리
개부 棻향나무분 蕡들깨분 芾우거질분 蔕작은보양비 芘아욱비 萆쓴마비

薜아주까리비 蘋마름빈 芧상수리나무서 藪늪수 菘배추숭 葚오디심 薆우거
질애 蘘상강양 薉잡초예 萸풀이름오 蕰붕어마름온 蓊장다리옹 蕘맬나무요
蓐자리욕 芋토란우 芫팥꽃나무원 葳능소화위 莠강아지풀유 蕕누린내풀유
蕤꽃슬유 茨가시나무자 萇오름자장 菂연밥적 苫이엉점 莛줄기정 莝여물좌
蔟정월주 蕺삼백초즙 蒺납가세질 蜀접시꽃촉 蔥파총 蒭꼴추 菑묵정밭치
薙목멘치 菠시금치파 葩꽃파 萹마디풀편 萍부평초평 荜필발필 薤연잎하
萏꽃봉오리함 薤백합해 薌낟알기향 蔪매운채소훈. 등 89자가 있다. 모두
풀, 꽃, 채소의 종류와 용도 등 그 상징을 나타내는 한자이다.

• 가죽혁 변(革) 한자
의 자원(字源)을 보면, 廿은 짐승의 머리를, 가운데 口는 다리를, 十은 꼬리를
상형하였고 짐승의 가죽을 펼쳐 놓고 두 손으로 털을 제거하고 매 만지는
모양을 상형하였다. 고치다, 바꾸다 라는 의미로 인식 되었다.

鞣고삐강 靳수레의체근 韃배불리먹을달 韜소고도 鞱팔찌도 鞴말채비할비

鞅가슴걸이앙 鞣다룬가죽유 鞘칼집초 鞁가슴걸이피 韠슬갑필. 등 11자가 있다. 모두 말과 가죽 관련 물건 및 그 상징을 나타내는 한자이다.

● 고기어 변, 물고기어 변(魚) 한자
의 자원(字源)을 보면, 勹는 물고기의 머리 모양을, 田은 비늘을, 灬는 꼬리모양의 상형이다. 물고기의 모양을 상형하였다.

鰹가물치견 鯁생선뼈경 鰭지느러미기 鰊청어련 鰱연어련 鱧가물치례 鱸농어로 鰵다금바리민 魴방어방 鮒붕어부 鯊모래무지사 鯊모래무지사 鰤방어사 鰓아가미새 鱓악어선 蠡생성드물선 鮹낙지소 鱘철갑상어심 鯢도롱룡예 鮪다랑어유 鮺해파리자 鱣철갑상어전 鰈넙치접 鮧메기제 鯷큰메기제 鯛도미조 鱒송어준 鮨다랑어지 鯔숭어치 鮀모래무지타 鮃넙치평 鯆돌고래포 鰾부레표 鮭어채해 鱠생선회회. 등 35자가 있다. 모두 물고기의 종류와 일부분 또는 그 상징을 나타내는 한자이다.

● 말마 변(馬) 한자
의 자원(字源)을 보면, 위에서부터 달리는 말의 머리, 갈기, 꼬리와 네발의 모양을 상형하였다. 말, 전쟁 관련, 씩씩하다, 화내다 등의 의미이다.

駏뛰기마거 駉준마경 騍암말과 駑둔할말노 騾노새라 騋키가큰말래 駺꼬리흰말량 駁짐승이름박 飆달릴범 騸거세선 騂붉은말성 驌말이름숙 駒말이달릴순 馴말의무리신 駾어리석을애 驤뛸양 顴흰배월따말원 騍안장없는말잔 駒별박이적 駸달릴침 駝낙타타 馳낙타타 駘둔마태 駜말살찔필 驊사나운말한 騽철총이현 驊준마이름화. 등 27자이다. 모두 말의 종류, 특성 또는 그 상징을 나타내는 한자이다.

● 새조 변(鳥) 한자

의 자원(字源)을 보면, 위에서부터 새의 부리, 머리, 눈, 날개, 꼬리, 발의 상형으로 새의 모양을 상형하였다.

鳲때까치격 鵑두견새견 鴣자고고 鵓비둘기고 鵾곤계곤 鵾봉황곤 鶻송골매골鸛황새관 鴷해오라기교 鷇새새끼구 鸜구관조구 鴒할미새령 鸕가마우지로 鷅올빼미류 鷚불새새끼몽 鵓집비둘기발 鷿농병아리벽 鴘매변 鴸너새보 鵩올빼미복 鴌붕새붕 鳧물오리부 鷫새이름숙 鶉메추라기순 鵝거위아 鵞거위아 鸑물수리악 鶛뻐꾸기알 鷞싸움닭약 鷖갈매기예 鷂새매요 鶢원추새원 鴥빨리날율 鳦제비을 鷁익조익 鴜자고자 鵰수리조 鵔금계준 鷙맹금지 鳭짐새짐 鶬왜가리창 鶄해오라기청 鷦뱁새초 雛메추라기추 鶩물새추 鷷난새추 鵗꿩치 鴉소리개치 鴕타조타 鴄갈까마귀필 鷽때까치학 鵰소리개한. 등 52자가 있다. 모두 각종 새 종류를 나타내는 한자이다.

앞 장에서 말한 것 처럼 인명용 한자가 8142자나 된 것은 국민 누구나 지나치게 많다고 생각한다. 지금도 초기의 인명한자 3000자 수준이 존속되고 있는 줄 아는 사람이 많다. 우리와 같이 인명용 한자를 사용하는 일본의 2997자를 보아도 그렇고, 우리와 같이 번체자(繁体字 정체자 正体字)를 쓰는 대만의 상용한자 4008자를 보아도 그렇다.

위의 한자 등 그 뜻(의미意味)과 자형(字形) 등으로 보아 이름에 그 사용이 부적합한 한자는 한켠에 두고, 실용적인 편의를 위한 한자 4250자를 인명한자로 삼았다. 한자 마다 구체적 명세(明細: 한자부수, 3종류의 횟수, 자원오행 등)를 붙였다. 다음의 음별인명실용한자수요약표를 참조한다.

● 음(音)별 인명, 실용한자 수

음	한자수 인명	한자수 실용	음	한자수 인명	한자수 실용	음	한자수 인명	한자수 실용	음	한자수 인명	한자수 실용
가	41	25	곤	24	11	귤	1	1	녕	7	3
각	18	11	골	6	4	극	11	6	노	13	6
간	28	19	공	27	15	근	24	14	농	7	4
갈	15	6	곳	1	1	글	2	2	뇌	3	1
감	26	15	과	25	12	금	19	10	뇨	7	4
갑	6	4	곽	8	3	급	13	6	누	2	2
강	49	27	관	35	21	긍	6	4	눈	1	1
개	27	14	괄	10	4	기	103	55	눌	3	2
객	2	1	광	26	16	긴	1	1	뉴	5	4
갱	7	4	괘	7	3	길	6	5	뉵	1	1
갸	1	1	괴	15	5	김	1	1	능	1	1
거	31	16	괵	1	1	낀	1	1	니	11	4
건	23	11	굉	8	4	나	17	13	닉	2	2
걸	7	3	교	46	22	낙	1	1	닐	2	2
검	9	5	구	103	49	난	7	3	다	8	5
겁	5	2	국	12	7	날	2	2	단	31	20
게	3	3	군	9	6	남	6	5	달	10	7
격	13	6	굴	8	6	납	2	2	담	33	16
견	19	8	궁	7	5	낭	3	2	답	5	4
결	14	8	권	17	11	내	9	6	당	27	13
겸	16	6	궐	5	3	녀	1	1	대	25	14
경	76	51	궤	20	8	녁	1	1	댁	1	1
계	34	22	귀	8	5	년	4	4	덕	3	3
고	57	33	규	34	15	념	4	4	도	63	33
곡	12	6	균	12	7	녑	1	1	독	12	6

음	한자수		음	한자수		음	한자수		음	한자수	
	인명	실용		인명	실용		인명	실용		인명	실용
돈	13	10	령	31	19	말	9	5	방	41	20
돌	4	3	례	8	6	맘	19	8	배	26	16
동	34	20	로	39	16	매	23	11	백	11	8
두	19	9	록	13	7	맥	7	5	번	15	10
둔	8	5	론	1	1	맹	9	5	벌	6	4
둘	1	1	롱	13	5	멱	3	3	범	16	9
득	1	1	뢰	19	7	면	15	10	법	2	2
등	17	9	료	23	10	멸	4	2	벽	18	8
라	22	9	룡	3	3	명	19	12	변	17	10
락	10	7	루	21	10	몌	1	1	별	12	5
란	17	10	류	19	11	모	29	20	병	26	17
랄	4	3	륙	4	3	목	8	6	보	28	19
람	18	11	륜	10	8	몰	2	2	복	27	12
랍	4	2	률	8	5	몽	13	6	본	1	1
랑	18	8	륭	3	2	묘	17	9	볼	1	1
래	8	5	륵	3	2	무	28	15	봉	25	17
랭	1	1	름	5	3	묵	3	3	부	69	31
략	3	2	릉	9	6	문	18	11	복	1	1
량	20	13	리	42	23	물	3	3	분	18	11
려	30	13	린	25	9	미	45	24	불	13	4
력	13	6	림	10	7	민	35	21	붕	9	5
련	20	14	립	5	5	밀	5	4	비	90	28
렬	9	5	마	13	7	박	25	14	빈	31	19
렴	7	4	막	8	5	반	34	25	빙	6	4
렵	3	2	만	28	14	발	17	9	사	79	43

음	한자수		음	한자수		음	한자수		음	한자수	
	인명	실용		인명	실용		인명	실용		인명	실용
삭	9	5	숙	19	10	앵	7	2	와	17	6
산	25	10	순	39	21	야	13	8	완	30	17
살	5	2	술	6	4	악	14	4	활	1	1
삼	11	7	숭	4	3	양	36	14	왕	7	5
삽	12	5	쉬	3	3	어	16	8	왜	5	2
상	43	24	슬	7	3	억	6	3	외	14	6
새	4	2	습	8	3	언	14	5	요	44	20
색	8	3	승	16	10	얼	6	2	욕	8	3
생	7	3	시	54	26	엄	14	6	용	34	24
서	54	29	식	17	11	업	4	2	우	60	31
석	24	10	신	34	17	에	2	2	욱	12	7
선	62	25	실	6	4	엔	1	1	운	26	14
설	25	9	심	15	9	여	16	9	울	4	3
섬	15	5	십	3	3	역	14	7	웅	2	2
삽	14	5	쌍	2	2	연	56	28	원	46	31
성	31	24	씨	1	1	열	7	5	월	5	3
세	18	11	아	40	15	염	19	5	위	36	20
소	68	30	악	25	9	엽	7	5	유	88	44
속	11	5	안	18	10	영	45	25	육	5	3
손	7	5	알	10	3	예	56	17	윤	17	13
솔	7	5	암	19	7	오	58	21	율	8	6
송	11	6	압	4	3	옥	5	4	융	5	3
쇄	8	4	앙	13	5	온	22	11	은	34	17
쇠	2	2	애	33	14	올	4	3	을	3	2
수	90	45	액	11	3	옹	18	7	음	12	6

음	한자수		음	한자수		음	한자수		음	한자수	
	인명	실용		인명	실용		인명	실용		인명	실용
읍	6	3	제	45	25	착	10	3	총	10	5
응	5	3	조	83	36	찬	27	16	췌	8	2
의	30	15	족	5	3	찰	6	4	취	17	8
이	63	19	존	3	3	참	25	8	측	7	5
익	9	6	졸	3	2	창	41	18	층	1	1
인	40	18	종	26	19	채	18	9	치	41	17
일	13	9	좌	9	4	책	11	6	칙	4	3
임	14	7	죄	1	1	처	8	3	친	3	2
입	3	3	주	76	42	척	25	11	칠	3	3
잉	5	3	죽	2	2	천	34	17	침	16	8
자	55	21	준	45	23	철	23	11	칩	1	1
작	22	11	줄	2	2	첨	19	10	칭	2	2
잔	7	4	중	5	4	첩	15	5	쾌	3	3
잠	8	4	즉	3	2	청	17	11	타	28	8
잡	6	3	즐	2	2	체	20	8	탁	26	13
장	57	29	즙	5	3	초	58	18	탄	16	7
재	26	15	증	14	7	촉	12	6	탈	3	2
쟁	8	4	지	63	28	촌	5	3	탐	7	4
저	45	15	직	6	5	총	18	8	탑	5	2
적	32	13	진	60	45	촬	1	1	탕	9	4
전	79	36	질	20	7	최	11	5	태	23	13
절	11	6	짐	3	2	추	49	19	택	4	4
점	21	10	집	11	7	축	17	9	탱	3	2
접	9	5	징	7	4	춘	4	4	터	1	1
정	86	57	차	24	9	출	4	4	토	5	4

음	한자수		음	한자수		음	한자수		음	한자수	
	인명	실용		인명	실용		인명	실용		인명	실용
톤	1	1	핍	3	2	혼	13	6	흠	5	3
통	10	6	하	31	14	홀	4	3	흡	8	5
퇴	7	4	학	13	6	홍	15	9	흥	1	1
투	9	3	한	30	15	화	20	14	희	39	25
퉁	1	1	할	3	2	확	10	6	힐	6	3
특	3	2	함	17	11	환	31	17			
틈	1	1	합	14	8	활	7	4			
파	30	11	항	22	15	황	34	21			
판	9	8	해	33	13	회	29	14			
팔	5	3	핵	4	3	획	4	3			
패	16	9	행	7	5	횡	6	3			
팽	8	3	향	12	10	효	29	14			
팍	1	1	허	5	3	후	27	13			
펜	19	10	헌	10	6	훙	20	15			
펌	3	2	헐	1	1	훌	1	1			
평	11	6	험	5	2	훙	1	1			
폐	14	4	혁	12	6	훤	9	5			
포	40	17	현	42	27	훼	8	4			
폭	6	3	혈	6	4	휘	11	8			
표	29	11	혐	1	1	휴	10	5			
품	2	2	협	20	8	휼	4	3			
풍	7	4	형	26	18	흉	7	2			
피	10	4	혜	23	11	흑	1	1			
픽	1	1	호	65	37	흔	9	5			
필	25	12	혹	4	2	흘	9	4	480	8142	4250

2. 사주 상식

1) 사주 정하는 방법

원래 년(年)은 물론 월두법(月頭法)에 의한 월(月, 년과 월은 절입일 기준)과 시두법(時頭法) 등에 의해 각 주(柱)를 정하는 것이나 대개는 만세력(년도별로 월과 일별의 달력으로 150년 이상 수록된 책)에서 년(年)의 간지(干支), 월(月)의 간지(干支), 일(日)의 간지(干支), 시(時)의 간지(干支)를 찾아 적는다. 지금은 컴퓨터에 생년월일을 입력해 얻는 방법이 보편화되어 있다.

출생일 간지(干支, 日辰) 옆에 10년 단위의 대운수(大運數)가 남녀로 구분해 수록되어 있는데 (남자는 아라비아숫자, 여자는 한자숫자) 통상 사주명식(四柱命式)을 작성할 때 활용한다.

예) 남자 5대운(大運)이라면 대운의 간지(干支) 밑에 1세 입운(立運) 5세 1운 식으로 10년 단위씩 기재한다.

간지	간지	간지	간지	간지	간지	간지
55	45	35	25	15	5	1
(55~64세)	(45~54세)	(35~44세)	(25~34세)	(15~24세)	(5~14세)	(1~4세)
6運	5運	4運	3運	2運	1運	立運

이는 월건(입운立運)부터 양남음녀(陽男陰女)는 순행(順行)으로, 음남양녀(陰男陽女)는 역행(逆行)하여 60갑자(甲子) 순으로 진행한다.

2) 오행(五行)의 상생(相生)과 상극(相剋)

<예>

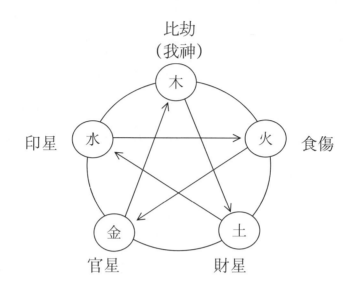

가. 상생(相生)

봄이 가면 여름이 오는 계절의 변화로 이해한다. 즉 다른 성분이 도와준다.

① 목생화(木生火) : 나무가 타면 불이 생긴다.　　　　<我生食>

② 화생토(火生土) : 불에 탄 재가 식으면 흙이 된다.　<食生財>

③ 토생금(土生金) : 모든 금속은 땅에서 캐낸다.　　　<財生官>

④ 금생수(金生水) : 차가운 금속 표면에 물이 생긴다. <官生印>

⑤ 수생목(水生木) : 물은 초목을 자라게 한다.　　　　<印生我>

※ 목(木)→화(火)→토(土)→금(金)→수(水)→목(木)…

나. 상극(相剋)

순서를 뒤엎고 강제로 뛰어넘는 힘의 충돌과 대결 양상이다.즉 다른 성분이 방해한다.

① 목극토(木剋土) : 나무뿌리는 땅속 깊이 뻗어간다(양분섭취)　　<我剋財>

② 토극수(土剋水) : 흙으로 둑을 쌓으면 물을 막을 수 있다.   <財剋印>

③ 수극화(水剋火) : 물은 불을 끌 수 있다.   <印剋食>

④ 화극금(火剋金) : 불은 금속을 녹일 수 있다(용기 제작).   <食剋官>

⑤ 금극목(金剋木) : 쇠는 나무를 자르고 다듬는다(도끼, 전기톱) <官剋我>

※ 목(木)↔토(土)↔수(水)↔화(火)↔금(金)↔목(木)···

3) 이름 자의 오행 보완

사주 즉 선천명(先天命)에서 필요한 기운의 오행(五行)에 해당하는 글자를 사용해 성명과 사주를 부합시켜 전체적으로 조화를 이루도록 하는 것으로 자원오행(字源五行) 또는 음령오행(音靈五行)을 활용한다.

● 사주(四柱)의 오행(五行)

干支 \ 五行		木	火	土	金	水
천간(天干)	陽	甲	丙	戊	庚	壬
	陰	乙	丁	己	辛	癸
지지(地支)	陽	寅	巳	辰戌	申	亥
	陰	卯	午	丑未	酉	子

가. 부족 오행(不足五行)

사주팔자의 부족한 오행을 성명에 보완해 주는 것이다.

① 없는(필요한) 오행

② 신약사주에는 인성(印星) 오행

③ 오행이 2개 이상 없으면 재성(財星)과 관성(官星) 오행 우선

④ 오행이 모두 있으면 약한 오행

⑤ 신강사주(비겁比劫이 2개 이상)에는 설(洩)하거나 극(剋) 하거나, 당(當)하는 오행(木이면 火오행이나 土, 金오행)

나. 신강(身强)과 신약(身弱)

아신(我神)인 일간(日干) 오행을 기준으로 나의 오행과 같거나 나를 낳은 (生) 오행이면 내편이 되고, 나의 오행을 극하거나 내가 극하는 오행이나 내가 낳은(生) 오행은 상대편이 되어, 내 편이 강하면 신강(身强)으로 보고 약하면 신약(身弱)으로 본다. 신강하면 설기(洩氣)가 우선이나 극제(剋制) 해도 무방하고, 신약하면 생조(生助)해야 일간인 내 가 튼튼해진다.

● 신상신약 속견표

强弱\地位	신강(身强)				신약(身弱)			
	最强	中强	强	弱化爲强	强化爲弱	弱	中弱	最弱
月支	○	○	○	×	○	×	×	×
日支	○	×	○	○	×	×	○	×
勢力	○	○	×	○	×	○	×	×

● 육친 관계

비아자(比我者) - 비겁(比劫) → 형제(兄弟)

아생자(我生者) - 식상(食傷) → 자손(子孫)

아극자(我剋者) - 재성(財星) → 처재(妻財)

극아자(克我者) - 관성(官星) → 관귀(官鬼)

생아자(生我者) - 인성(印星) → 부모(父母)

예)　　時　　日　　月　　年　　　四
　　　　癸　　戊　　辛　　辛　　　柱
　　　　未　　戌　　丑　　巳

　아(我)인 내편은 丑② 戌 未 巳 = 5이고, ※월지(月支)는 배(倍)

　타(他)인 상대편은 辛② 癸 = 3이니 내 편이 강하므로 신강사주(身强四柱)이다. 토생금[(土(戊)生金(辛)]으로 금(金) 오행이 필요하며 용신(用神)이 된다. 따라서 강한 자신(戊土)의 기운을 설기(洩氣)해야 조화를 이룰 수 있다.

● 어떤 역학인(故人이 됨) 특허(特許)까지 낸 방법으로 참고삼아 소개한다.

● 간지 강약표

단위 : %

간지＼사주	時	日	月	年	計
天干	9	己身	9	4	22
地支	15	20	30	13	78

　※ 생조(生助) 기운이 40% 이상이면 신강사주(身强四柱) 단 40% 미만이더라도 통근(通根), 삼합(三合), 육합(六合), 방합(方合), 지장간의 천간투출(透出), 12운성의 건록 제왕이면 신왕으로 본다. 이는 40%기준 −5정도의 경우로 위 신강신약속견표의 약화위강(弱化爲强)의 판단 사항인 듯 싶다.

● 신강신약(身强身弱) 월지(月支) 조견표

月支 \ 日干			木 甲,乙	火 丙,丁	土 戊,己	金 庚,辛	水 壬,癸
양력 봄 (2월 4,5일~ 5월 4,5일)	입춘~ 경칩~ 청명~	寅月 卯月	最强 ☆	小强 ○	弱 ■	最弱 ▲	弱 ■
	곡우~	辰月	衰 ●	小强 ○	◎ 强	小强 ○	弱 ■
양력 여름 (5월 5,6일~ 8월 6,7일)	입하~ 망종~ 소서~	巳月 午月	弱 ■	最强 ☆	最强 ☆	弱 ■	最弱 ▲
	대서~	未月	弱 ■	衰 ●	最强 ☆	小强 ○	最弱 ▲
양력 가을 (8월 7,8일~ 11월 6,7일)	입추~ 백로~ 한로~	申月 酉月	最弱 ▲	弱 ■	弱 ■	最强 ☆	小强 ○
	상강~	戌月	最弱 ▲	弱 ■	◎ 强	小强 ○	小强 ○
양력 겨울 (11월 7,8일~ 다음해 2월 3,4일)	입동~ 대설~ 소한~	亥月 子月	小强 ○	最弱 ▲	最弱 ▲	弱 ■	最强 ☆
	대한~	丑月	小强 ○	最弱 ▲	◎ 强	小强 ○	衰 ●

3. 일반 작명법

1) 음양(陰陽)

가. 획수음양(劃數陰陽)

성명자의 홀수(기수奇數 1, 3, 5, 7, 9획 ○)를 양수(陽數), 짝수(우수偶數 2, 4, 6, 8, 10획 ●)를 음수(陰數)라 하는데 이의 조화 여부로 길흉을 판단한다.

예)   2자   양 ○   음 ●
            음 ●   양 ○

      3자   양 ○   음 ●   음 ●
            음 ●   양 ○   양 ○
            음 ●   음 ●   양 ○
            양 ○   양 ○   음 ●
            양 ○   음 ●   양 ○
            음 ●   양 ○   음 ●

나. 자형음양(字形陰陽)

성명자가 종횡으로 갈라지면 음(陰, ▬▬ ▬▬)으로 보고, 갈라지지 않으면 양(陽, ▬▬▬)으로 보는 것을 말하는데, 서로 조화를 이루면 음양이 부합된 것으로 보는 견해다.

예를 들어 한(韓), 박(朴), 정(鄭), 민(旼), 은(銀), 근(根), 주(株), 선(鮮)은 음(陰)에 속하는데 성명이 이렇게 음(陰)으로만 이루어지는 것을 매우 금기시(禁忌時) 한다. 그리고 문(文), 수(秀), 기(起), 석(石), 이(李), 옥(玉),

민(民), 자(子), 김(金), 구(九) 등은 양(陽)에 속한다.

　　이렇게 성명3자가 종횡(縱橫)으로 갈라지면 분리(分離) 또는 통로가 생겨 줄줄새는 인상을 주므로 좋지 않는다는 것이다.

● 자형의 유형

　　□ 國 同 我 등　　▢ 吉 圭 夏 등　　▥ 鍾 油 培 등

　　▤ 益 空 昌 등　　▥ 湘 卿 衍 등　　▤ 靈 苔 築 등

　　○ 婉 嬉 學 등　　▽ 生 必 允 등　　▽ 甲 守 午 등

　　▥ 賢 奬 醫 등　　▤ 窺 菽 등　　　▥ 爕 戀 등

　　－ 참고로 자형의 적당한 배열을 적어본다.

　　　이보성(李甫誠) ▤ □ ▥

　　　주현식(周賢植) □ ▥ ▥

　　　우상주(禹湘宙) □ ▥ ▤

- 332 -

2) 음령오행(音靈五行)

　음령오행(音靈五行)은 음오행(音五行) 또는 발음오행(發音五行)이라고도 하는데, 성명을 부를 때 소리나는 닿소리(자음: 子音 입 안에 닿아 나는 소리)를 오행의 속성으로 분류해 상생(相生)과 상극(相剋) 여부에 따라 성명의 길흉을 추론하는 것을 말한다.

● 음령오행(音靈五行) 조견표

五 行	木	火	土	金	水
音五行	ㄱ ㅋ	ㄴ ㄷ ㄹ ㅌ	ㅇ ㅎ	ㅅ ㅈ ㅊ	ㅁ ㅂ ㅍ
行音 (五音)	牙音 (어금닛소리)	舌音 (혓소리)	喉音 (목구멍소리)	齒音 (잇소리)	脣音 (입술소리)
五音 (樂)	角音 (각음)	徵音 (치음)	宮音 (궁음)	商音 (상음)	羽音 (우음)
結果 性能	有文, 貴賤	有權, 剛柔	有子, 貧富	有祿, 壽夭	有財, 智運
五味 五色	酸 靑(綠)	苦 赤	甘 黃	辛 白	鹹 黑
英語	CGKQ	DLNRT	AEHFIOUWXY	CXSZ	BFMPV

● 음령오행(音靈五行) 길흉표

木木木 ○ 立身出世格	火木木 ○ 富貴安泰格	土木木 × 虛名無實格
木木火 ○ 立身出世格	火木火 ○ 龍逢得珠格	土木火 △ 雲中之月格
木木土 △ 苦難辛苦格	火木土 △ 先苦後吉格	土木土 × 古木落葉格
木木金 × 苦難辛苦格	火木金 × 先苦後破格	土木金 × 小事難成格
木木水 ○ 成功發展格	火木水 ○ 自手成家格	土木水 × 有頭無尾格
木火木 ○ 春山花開格	火火木 ○ 日進月將格	土火木 ○ 日光春城格
木火火 ○ 古木逢春格	火火火 × 開花逢雨格	土火火 ○ 春日芳暢格
木火土 ○ 大志大業格	火火土 ○ 美麗江山格	土火土 ○ 立身出世格
木火金 × 平地風波格	火火金 × 有頭無尾格	土火金 × 苦難自成格
木火水 × 先富後貧格	火火水 × 平地風波格	土火水 × 進退兩難格
木土木 × 四顧無親格	火土木 × 先吉後苦格	土土木 × 先苦後敗格
木土火 × 骨肉相爭格	火土火 ○ 日興中天格	土土火 ○ 錦上添花格
木土土 × 速成速敗格	火土土 ○ 萬化芳暢格	土土土 △ 一慶一苦格
木土金 × 敗家亡身格	火土金 ○ 花柳長春格	土土金 ○ 古園回春格
木土水 × 古木落葉格	火土水 × 大海片舟格	土土水 × 四顧無親格
木金木 × 骨肉相爭格	火金木 × 開花風亂格	土金木 × 鳳鶴傷翼格
木金火 × 獨生歎息格	火金火 × 無主空山格	土金火 × 骨肉相爭格
木金土 △ 初失後得格	火金土 △ 先苦後吉格	土金土 ○ 日光春風格
木金金 × 不知爭論格	火金金 × 四顧無親格	土金金 ○ 幽谷回春格
木金水 × 萬事不成格	火金水 × 開花無實格	土金水 ○ 錦上有紋格
木水木 ○ 富貴雙全格	火水木 × 意外災難格	土水木 × 勞而無功格
木水火 × 速成速敗格	火水火 × 秋風落葉格	土水火 × 風波折木格
木水土 × 早起成敗格	火水土 × 錦衣夜行格	土水土 × 敗家亡身格
木水金 ○ 魚變成龍格	火水金 × 雪上加霜格	土水金 × 先貧後苦格
木水水 ○ 大富大貴格	火水水 × 病難辛苦格	土水水 × 一場春夢格

金木木 × 秋風落葉格	水木木 ○ 萬花芳暢格	
金木火 × 寒山空家格	水木火 ○ 立身揚名格	
金木土 × 心身過勞格	水木土 △ 茫茫大海格	
金木金 × 流轉失敗格	水木金 × 一吉一凶格	
金木水 × 苦痛難免格	水木水 ○ 淸風明月格	
金火木 × 欲求不滿格	水火木 × 病難辛苦格	
金火火 × 萬苦呻吟格	水火火 × 一葉片舟格	
金火土 ○ 立身揚名格	水火土 × 先貧後困格	
金火金 × 早起成敗格	水火金 × 心身波難格	
金火水 × 無主空山格	水火水 × 先無功德格	
金土木 × 平地風波格	水土木 × 風前燈火格	
金土火 ○ 古木逢春格	水土火 × 落馬失足格	
金土土 ○ 立身出世格	水土土 × 江上風波格	
金土金 ○ 意外得財格	水土金 △ 先苦後安格	
金土水 × 災變災難格	水土水 × 病難辛苦格	
金金木 × 平生病苦格	水金木 × 暗夜行人格	
金金火 × 敗家亡身格	水金火 × 開花狂風格	
金金土 ○ 大志大業格	水金土 ○ 發展成功格	
金金金 × 孤獨災難格	水金金 ○ 順風順成格	
金金水 ○ 發展向上格	水金水 ○ 魚變成龍格	
金水木 ○ 發展成功格	水水木 ○ 萬景暢花格	
金水火 × 先無功德格	水水火 × 孤獨短命格	
金水土 × 不意災難格	水水土 × 百謀不成格	
金水金 ○ 富貴功名格	水水金 ○ 春日芳暢格	
金水水 ○ 發展便安格	水水水 × 平地風波格	

※ ○대길, △반길, ×불길

3) 삼원오행(三元五行)

 삼원오행(三元五行)은 천간오행(天干五行) 수리오행(數理五行) 이라고도 하는데, 성명자를 획수에 따라 오행으로 분류해 그 오행의 배합이 상생(相生)하는지 상극(相剋)하는지에 따라 성명의 길흉을 추론하는 것이다.

가. 천간오행(天干五行)의 원리

甲乙	丙丁	戊己	庚辛	壬癸
木	火	土	金	水
1 2	3 4	5 6	7 8	9 10

 ※ 천간오행은 상생이 이상적이다. 천간오행의 상생이 어려우면 음령오행을 상생격으로 배치한다. 그리고 원형이정(元亨利貞) 4격(四格)의 수리는 모두 길격(吉格)으로 구성하는 것이 바람직하다.

나. 삼원오행(三元五行)의 구성

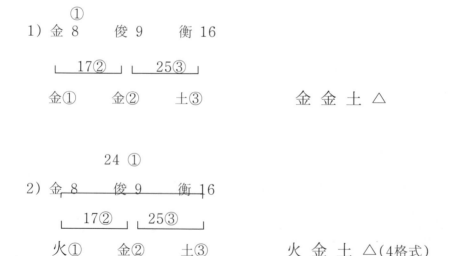

 ①
1) 金 8   俊 9   衡 16

    └── 17② ┘└── 25③ ┘

    金①   金②   土③   金 金 土 △

      24 ①
2) 金 8   俊 9   衡 16

    └── 17② ┘└── 25③ ┘

    火①   金②   土③   火 金 土 △(4格式)

 ※ 1) 의 방법은 삼재식(三才式)을 인용한 것 같으며, 2) 의 방법은 원

형이정(元亨利貞)의 4격식(格式)과 연관성이 엿보인다.

그리고 수리(數理)는 합수(合數)의 수의(數意)를 염두에 둔 방법으로 여겨진다.

이러한 삼원오행은 인정하지 않는 사람도 있으며 음령오행보다 중요하게 생각하지 않는 자도 있다. 그리고 삼원오행과 음령오행을 선택적으로 활용하기도 한다. 통계적으로 보면 아직은 삼재식(三才式) 삼원오행을 사용하는 역학자가 다소 많다고 한다.

그것은 두 오행이 만족할 정도로 길(吉)하게 작명되는 것이 어렵기 때문인 것 같다. 따라서 음령오행이 좋지 않으면 수리오행의 영향력이 반감되며, 수리오행이 나쁘더라도 음령오행이 좋은 경우에는 대체로 괜찮다는 것인가 보다.

● 삼원오행(三元五行) 길흉표

木木木　○	火木木　○	土木木　△	金木木　C	水木木　○
木木火　△	火木火　○	土木火　△	金木火　×	水木火　C
木木土　△	火木土　○	土木土　C	金木土　△	水木土　○
木木金　△	火木金　△	土木金　C	金木金　×	水木金　△
木木水　C	火木水　△	土木水　△	金木水　△	水木水　○
木火木　○	火火木　△	土火木　○	金火木　△	水火木　△
木火火　△	火火火　△	土火火　C	金火火　△	水火火　△
木火土　△	火火土　×	土火土　○	金火土　△	水火土　△
木火金　△	火火金　○	土火金　∧	金火金　×	水火金　×
木火水　△	火火水　△	土火水　∧	金火水　×	水火水　×
木土木　△	火土木　△	土土木　C	金土木　△	水土木　×
木土火　△	火土火　○	土土火　○	金土火　∧	水土火　∧
木土土　△	火土土　○	土土土　△	金土土　○	水土土　○
木土金　△	火土金　△	土土金　○	金土金　○	水土金　△
木土水　×	火土水　△	土土水　○	金土水　△	水土水　×
木金木　×	火金木　×	土金木　C	金金木　∧	水金木　△
木金火　×	火金火　×	土金火　∧	金金火　C	水金火　∧
木金土　△	火金土　△	土金土　○	金金土　△	水金土　○
木金金　△	火金金　△	土金金　C	金金金　×	水金金　○
木金水　△	火金水　△	土金水　△	金金水　△	水金水　△
木水木　△	火水木　∧	土水木　C	金水木　△	水水木　△
木水火　∧	火水火　×	土水火　×	金水火　∧	水水火　×
木水土　×	火水土　×	土水土　C	金水土　△	水水土　△
木水金　△	火水金　C	土水金　△	金水金　C	水水金　△
木水水　△	火水水　△	土水水　C	金水水　○	水水水　△

※ ○대길, △평길, C소길, △소흉, ×대흉

4) 삼재오행(三才五行)

삼재(三才)는 천인지격(天人地格)을 말하고 삼원(三元)의 1원(一元)은 지격(地格), 2원(二元)은 인격(人格), 3원(三元)은 천격(天格)을 말하니 같은 것인데 천인지격(天人地格) 외격(外格) 총격(總格)까지 5격으로 구분하는 것은 원(元)·형(亨)·이(利)·정(貞)의 4격과 대별되는 개념이다.

삼재오행(三才五行)에서는 1자 성에 태극수(太極數) 1을 더하는데 이를 가성수(假成數) 또는 허수(虛數)라고 한다. 이것은 1927년에 일본인 웅기건옹(熊崎健翁 구아자끼 겐오)이 일본식 4자 성명을 풀이하려고 고안한 방법인데 우리의 3자 성명의 성자 위에 가성수(假成數) 1을 넣는 식으로 보완 변형한 것으로 지금도 활용하는 사람이 있는 편이다.

1은 수의 시작이며 만물의 시초로 무극(无極)과 태극(太極)을 나타내는데 천지창조의 조물주를 뜻한다고 하여 천수(天數)라고도 한다. 인간은 조물주가 만들었으므로 성명 3자에 천수(天數)인 태극수(太極數)를 더하는 것인데 역(易)의 원리에 입각한 천인지(天人地) 삼재(三才)를 맞추고 원회운세(元會運世)를 맞춘 것이라 한다.

그리고 인격(人格)은 성자와 이름 첫자에서 나오고, 지격(地格)은 이름자의 합수에서 나오고, 천격(天格)은 성자에 선천수(先天數) 1을 더하여 나온다. 사람은 머리에 하늘을 이고 땅을 밟고 선 모양(天人地:대천이지戴天履地)인데 이것이 중요한 철칙이라 한다.

여기서 천격수(天格數)는 삼재(三才)의 배치에만 적용하고, 그 수리의 길흉은 운명에 직접 영향을 주지 않으므로 보지 않는다. 지격수(地格數)에 가성수 1이 포함된 경우에도 삼재(三才)의 배치에만 적용하고 가성수(假成數)가 들어가지 않은 지격수(地格數)로 운명을 감정한다. 다시 말해 수리의 길흉은 인격(人格)·지격(地格)·총격(總格) 3격만 따진다. 유독 인격(人格)이 나쁘면 흉명(凶名)으로 본다.

가. 삼재오행 구성

1字姓 2字名	1字姓 1字名	2字姓 2字名
가성 1 ⎤ 8 천격 ①(金) 이 李 7 ⎦ ⎤ 15 인격 ②(土) 창 昌 8 ⎦ ⎤ 13 지격 ③(火) 민 民 5 ⎦	가성 1 ⎤ 8 天格 (金) 이 李 7 ⎦ ⎤ 17 人格 (金) 준 峻 10 ⎦ ⎤ 11 地格 (木) 가성 1 ⎦	선 鮮 17 ⎤ 20 天格 (水) 우 于 3 ⎦ ⎤ 13 人格 (火) 진 珍 10 ⎦ ⎤ 18 地格 (金) 경 京 8 ⎦
삼재오행 : 金土火	金金木	水火金
④ 외격(6) : 土	(2) 木	(25) 土
⑤ 내격(人外格) : 土土	金木	火土
⑥ 총격(20) : 水	金	金

 내외격(內外格)으로는 대내외적인 환경인 사회운을 보고, 인격(人格)과 지격(地格)으로는 기초운인 초년운을 보고, 천격(天格)과 인격(人格)으로는 성공운을 본다.

나. 삼재(三才) 배합 길흉

  4격길수: 삼재흉(三才凶), 일시 성사되어도 끝내는 불운해짐.

  4격흉수: 삼재길(三才吉), 액을 다소 면하고 작게 이룸.

  4격길수: 삼재길(三才吉), 크게 이루고 행복을 누림.

● 삼재오행(三才五行) 길흉표

木木木 ○	火木木 ○	土木木 △	金木木 ×	水木木 ○
木木火 ○	火木火 ○	土木火 △	金木火 ×	水木火 △
木木土 ○	火木土 ○	土木土 △	金木土 ∧	水木土 ○
木木金 ×	火木金 ×	土木金 ×	金木金 ∧	水木金 ∧
木木水 ×	火木水 ∧	土木水 ×	金木水 ∧	水木水 ×
木火木 ○	火火木 ○	土火木 ○	金火木 ×	水火木 ∧
木火火 △	火火火 △	土火火 △	金火火 ×	水火火 ×
木火土 ○	火火土 ×	土火土 ○	金火土 ×	水火土 ×
木火金 ×	火火金 ×	土火金 ×	金火金 ×	水火金 ×
木火水 ×	火火水 ×	土火水 ∧	金火水 ×	水火水 ×
木土木 ×	火土木 ∧	土土木 ∧	金土木 ∧	水土木 ∧
木土火 △	火土火 ○	土土火 ○	金土火 △	水土火 ∧
木土土 ∧	火土土 ○	土土土 ○	金土土 ○	水土土 ×
木土金 ×	火土金 ∧	土土金 ○	金土金 ○	水土金 ∧
木土水 ∧	火土水 ×	土土水 ×	金土水 ∧	水土水 ∧
木金木 ∧	火金木 ×	土金木 ×	金金木 ∧	水金木 ×
木金火 ×	火金火 ×	土金火 ∧	金金火 ×	水金火 ×
木金土 ∧	火金土 ×	土金土 ○	金金土 ○	水金土 ○
木金金 ×	火金金 ×	土金金 ○	金金金 ×	水金金 ×
木金水 ×	火金水 ×	土金水 ×	金金水 ∧	水金水 ×
木水木 ○	火水木 ×	土水木 ×	金水木 ×	水水木 ∧
木水火 ×	火水火 ×	土水火 ×	金水火 ∧	水水火 ×
木水土 ×	火水土 ×	土水土 ∧	金水土 ∧	水水土 ∧
木水金 △	火水金 ∧	土水金 ×	金水金 ○	水水金 ×
木水水 △	火水水 ×	土水水 ∧	金水水 ∧	水水水 ∧

※ ○대길, △중길, ∧소흉, ×대흉

5) 수리(數理)

가. 수리(數理)

수리(數理)는 글자의 획수에 따라 생기는 것인데 모든 숫자에는 고유의 영력(靈力)과 유도암시력(誘導暗示力)이 있어 그 숫자가 발산하는 고유의 영향을 받는다.

수(數)는 우주의 본질이며 원소(元素)이기도 하다. 삼라만상은 모두 음양(靈體) 원소의 결합에 의해 생기고, 그 음양 배합수의 여하에 따라 형체·소질·능력이 다를 뿐인데, 그들 원소의 결합·교류와 관련을 가짐으로서 의의가 있는 것이므로 성명의 수리 역시 각 성명자의 합수로 그 수리의 영향력을 갈음할 수 있다.

수리의 구성은 개인의 운로에 영향을 크게 미치는 것인바, 선천명(先天命), 즉 사주 선천기국(先天器局)에 합당한 수리를 배치해야 함은 물론이다. 선천적 능력의 대소 즉 주로 재운(財運)의 강약과 관운(官運)의 왕쇠를 참작하여 강대한 운명의 소유자인지 아니면 약한 사람인가에 따라 각각 알맞은 수리와 자의(字意)의 작명을 해야 한다는 것이다.

선천명이 약한 사람에게 길수라 하여 지나치게 왕성하거나 대길한 구성으로 배합되었을 경우, 성명상의 극왕운이 개인의 운명상 버거운 짐 약마타중격(弱馬駝重格)과 같은 작용을 함으로서 마침내 감당치 못하여 불길해진다.

즉 큰 짐을 능히 질 수 있는 재목(材木)이 아님에도 그런 엄청난 외형적 혹을 얹어주면 그 무게에 압사당할 수 있다는 이치와 같은 것이다.

예를 들면 일개 촌부(村夫)에 지나지 않은 명운(命運)의 사주인데, 이름은 제갈공명(諸葛孔明)에게나 어울릴 영웅격의 이름을 지어준다면 오히려 화(禍)가 되어 그 사람의 앞길을 험난하게 할 것이다.

• 원형이정(元亨利貞) 오행 구성

1字姓1字名	1字姓 2字名	1字姓 3字名
金 8 ─ 8(利) 天 　　┐13(亨) 人 玉 5 ─ 5(元) 地 總13 貞格	姜 9 ┐16(亨) 人 　　　天(利)25 困 7 ┐23(元) 地 導 16 總32 貞格	李 7 ┐18(亨) 人 　　　天(利)18 梧 11 ┐28(元) 地 竹 6 堂 11 總35 貞格

2字姓1字名	2字姓 2字名	2字姓 3字名
諸 16 ┐31(利) 天 葛 15 ┐39(亨) 人 明 8 ─ 8地(元) 總39 貞格	乙 1 ┐5 支 4 ┐9(亨) 人 　天(利)20 文 4 ┐19(元) 地 德 15 總24 貞格	南 9 ┐19 宮 10 ┐27(亨) 人 松 8 ┐天(利)34 雪 11 ┐34(元) 地 德 15 總36 貞格

● 81수 길흉표

○대길, △반길, ×불길

획수	남자	여자	획수	남자	여자	획수	남자	여자
1	○	○	28	×	×	55	×	×
2	×	×	29	○	△	56	×	×
3	○	○	30	×	×	57	○	○
4	×	×	31	○	○	58	△	△
5	○	○	32	○	○	59	×	×
6	○	○	33	○	△	60	×	×
7	○	○	34	×	×	61	○	○
8	○	○	35	○	○	62	×	×
9	×	×	36	×	×	63	○	○
10	×	×	37	○	○	64	×	×
11	○	○	38	○	○	65	○	○
12	×	×	39	○	△	66	×	×
13	○	○	40	×	×	67	○	○
14	×	×	41	○	○	68	○	○
15	○	○	42	×	×	69	×	×
16	○	○	43	×	×	70	×	×
17	○	○	44	×	×	71	△	△
18	○	○	45	○	○	72	×	×
19	×	×	46	×	×	73	△	△
20	×	×	47	○	○	74	×	×
21	○	△	48	○	○	75	△	△
22	×	×	49	△	△	76	×	×
23	○	△	50	×	×	77	△	△
24	○	○	51	×	×	78	△	△
25	○	○	52	○	○	79	×	×
26	△	△	53	×	×	80	×	×
27	×	×	54	×	×	81	○	○

註. 81수는 하도낙서에서 파생된 이치로 길흉을 추론하는데 사용한다.
　　 81수가 넘는 경우에는 81수를 뺀 수에 의한다.(예, 90수면 9수를 본다)

나. 81수 영동력(靈動力) 발현 시기

원격(元格, 지격地格)　초명부터 18세까지　전운(前運)　1-15세

형격(亨格, 인격人格)　주로 18-36세　　　주운(主運)　16-35세

이격(利格, 외격外格)　주로 37-50세　　　부운(副運)　36-55세

정격(貞格, 총격總格)　주로 51세 이후　　후운(後運)　56세~

※ 초중노년(初中老年)으로 구분 활용하는 방법도 있는데 그 길흉 풀이가 약간 다르다.

초년운(初年運) - 성자(姓字)와 명상자(名上字)의 합수 (형격)

중년운(中年運) - 명자(名字)의 합수 (원격)

노년운(老年運) - 성명자(姓名字)의 총 합수 (정격)

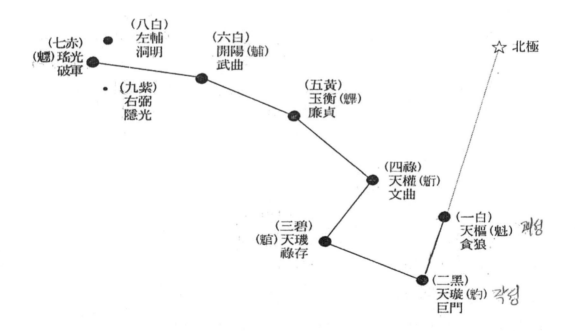

다. 곤명(坤命)

　곤명(坤命)은　여자의　여명(女命)을　말한다.　19·26·27·28·34·40
수는　고독　파괴운으로　처음부터　나쁘고,　21·23·29·33·39수는　자체적
으로는　길한　수이나　두령운(頭領運)으로　남성적인　강정과　권위의　성격이
있다고　보며,　생리사별　과부운(寡婦運)　즉　과부·독신·독수공방하거나
자신이　사망하든지　단명한다고　하여　매우　흉한　것으로　본다.

　그리고 32수는　다른　수와　조화를　이루지　못하면　색난(色難)의　우려가　있
고,　28·29수는　준과부수,　9·19·20수는　고독수라　하여　개명해야　한다고
하는　사람들도　있다.

　그러나 요즘은 교육과 교양에 따라 사교적이며 활동적으로 보기도 하니 해
석을　달리할　필요가　있다고　생각한다.　그럼에도　대개　외향적이며　억척스런
여장부로 비춰지는 경향이 있다.

　그리고 23·33·39수는　남녀를　불문하고　중복을　피해야　한다고　하니　유념
할 필요가 있다.

　그　외에　8·15·17수는　다소　강한　작용을　한다　하고,
5·6·13·15·16·25
·35수는　현모양처가　되고,　31·48수는　배필　운이　좋다　하고,
15·19·24·25수는　사교적이며　애교가　있고,　4·10·12·14·20·22수
는 외모가 좋고, 6·15·16·35수는 여자에게 좋은 수라고 한다.

　요즘 가임 여성들의 출산기피로 몇년 후에는 인구가 더 줄어든다고 하는데
만혼은　9·10·12·14·17·22·27·28·34·43수와　관계가　있다고　한
다. 실제 현장에서 작명을 하다보면 이런 수리해석 때문에 남자의 이름보다
여자의 이름을 짓기가 더 어렵다.

라. 81획의 길흉 (○길, △보통, ×흉)

1획 : 출발권위(出發權威) 태초격(太初格) ○

2획 : 분리파괴(分離破壞) 이별격(離別格) ×

3획 : 지도적인물(指導的人物) 명예격(名譽格) ○

4획 : 제사불성(諸事不成) 부정격(不定格) ×

5획 : 부귀봉록(富貴奉錄) 성공격(成功格) ○

6획 : 계승발전(繼承發展) 지성격(志成格) ○

7획 : 맹호출림(猛虎出林) 달성격(達成格) ○

8획 : 수복겸전(壽福兼全) 발달격(發達格) ○

9획 : 대재무용(大材無用) 분산격(分散格) △

10획 : 만사허망(萬事虛妄) 공허격(空虛格) ×

11획 : 중인신망(衆人信望) 신성격(新成格) ○

12획 : 박약박복(薄弱薄福) 쇠약격(衰弱格) ×

13획 : 총명지모(聰明智謀) 지달격(智達格) ○

14획 : 이산파멸(離散破滅) 파산격(破散格) ×

15획 : 군계일학(群鷄一鶴) 영도격(領導格) ○

16획 : 덕망유복(德望裕福) 재부격(財富格) ○

17획 : 명망사해(名望四海) 건창격(健暢格) ○

18획 : 부귀명달(富貴榮達) 융창격(隆昌格) ○

19획   고독비참(孤獨悲慘) 고난격(苦難格) ×

20획 : 백사실패(百事失敗) 허망격(虛妄格) ×

21획 : 두령운(頭領運) 견실격(堅實格) ○

22획 : 중도좌절(中途挫折) 야당운(野黨運) 파란격(波瀾格) ×

23획 : 일흥충천(日興衝天) 명진격(名振格) ○

24획 : 부귀영화(富貴榮華) 재물풍부(財物豊富) 입신격(立身格) ○

25획 : 지모순조(智謀順調) 안락격(安樂格) ○

26획 : 영웅풍파(英雄風波) 변괴격(變怪格) △

27획 : 대인격(大人格) 중절격(中折格) ×

28획 : 파란풍파(波瀾風波) 조난격(遭難格) ×

29획 : 권력재물(勸力財物) 풍재격(豊財格) ○

30획 : 길흉상반(吉凶相半) 부침격(浮沈格) ×

31획 : 자수성가(自手成家), 개화만발(開花滿發) 흥가격(興家格) ○

32획 : 의외득재(意外得財) 순흥격(順興格) ○

33획 : 권위충천(權威衝天) 왕성격(旺盛格) ○

34획 : 재화연속(災禍連續) 파멸격(破滅格) ×

35획 : 온유화순(溫柔和順) 태평격(太平格) ○

36획 : 영걸시비(英傑是非) 의협격(義俠格) △

37획 : 권위인덕(權威人德) 출세격(出世格) ○

38획 : 문예기예(文藝技藝) 문예격(文藝格) ○

39획 : 위세관중(威勢冠衆) 장성격(將星格) ○

40획 : 변화공허(變化空虛) 무상격(無常格) ×

41획 : 선견고명(先見告明) 고명격(高名格) ○

42획 : 파란자초(波瀾自招) 고행격(苦行格) ×

43획 : 패가망신(敗家亡身) 무존격(無存格) ×

44획 : 백전백패(百戰百敗) 패전격(敗戰格) ×

45획 : 통달사해(通達四海) 대지격(大智格) ○

46획 : 곤궁신고(困窮辛苦) 불성격(不成格) ×

47획 : 일확천금(一穫千金) 성취격(成就格) ○

48획 : 배후조종(背後操縱) 관철격(貫徹格) ○

49획 : 선가은퇴(仙家隱退) 은퇴격(隱退格) △

50획 : 공허실의(空虛失意) 부몽격(浮夢格) ×

51획 : 파란변동(波蘭變動) 성패격(盛敗格) △

52획 : 비룡승천(飛龍昇天) 약진격(躍進格) ○

53획 : 외화내빈(外華內貧) 장해격(障害格) △

54획 : 절망불구(絶望不具) 무공격(無功格) ×

55획 : 극성극쇠(極盛極衰) 미달격(未達格) △

56획 : 변전무상(變轉無常) 패망격(敗亡格) ×

57획 : 고진감래(苦盡甘來) 시래격(時來格) ○

58획 : 선흉후길(先凶後吉) 후복격(後福格) △

59획 : 의지박약(意志薄弱) 실의격(失意格) ×

60획 : 복록자실(復祿自失) 동요운(動搖運) ×

61획 : 영달격(榮達格) 부귀운(富貴運) ○

62획 : 쇠멸격(衰滅格) 고립운(孤立運) ×

63획 : 길상격(吉祥格) 순성운(順成運) ○

64획 : 고행격(苦行格) 쇠퇴운(衰退運) ×

65획 : 유덕격(有德格) 행복운(幸福運) ○

66획 : 쇠망격(衰亡格) 재액운(災厄運) ×

67획 : 형통격(亨通格) 영달운(榮達運) ○

68획 : 공명격(功名格) 흥왕운(興旺運) ○

69획 : 재난격(災難格) 정지운(停止運) ×

70획 : 적막격(寂寞格) 공허운(空虛運) ×

71획 : 발전격(發展格) 만달운(晩達運) △

72획 : 평상격(平常格) 상반운(相半運) ×

73획 : 노력격(努力格) 평길운(平吉運) △

74획 : 불우격(不遇格) 파탄운(破綻運) ×

75획 : 수분격(守分格) 평화운(平和運) ○

76획 : 선곤격(先困格) 후길운(後吉運) △

77획 : 희비격(喜悲格) 불안운(不安運) △

78획 : 만고격(萬苦格) 평길운(平吉運) ○

79획 : 궁극격(窮極格) 불신운(不信運) ×

80획 : 은둔격(隱遁格) 종말운(終末運) ×

81획 : 환원격(還元格) 대성운(大盛運) ○

● 길격수리(吉格數理) 조견표

1획성	을 乙														

성	1	1	1	1	1	1	1	1	1	1	1	1	1	1	1
명	2 5	2 14	2 15	2 22	4 12	5 2	5 10	5 12	6 1	6 10	6 17	7 10	7 16	10 5	10 6
계	8	17	18	25	17	8	16	18	8	16	24	18	24	16	17
성	1	1	1	1	1	1	1	1	1	1	1	1	1	1	1
명	10 7	10 14	10 22	12 4	12 5	12 20	14 2	15 2	16 7	17 6	17 12	17 20	20 4	20 5	20 12
계	18	25	33	17	18	33	17	18	24	24	30	38	25	26	33
성	1	1	1												
명	20 17	22 2	22 10												
계	38	25	33												

2획성	내 도 복 우 입 정 乃 刀 卜 又 入 丁														

성	2	2	2	2	2	2	2	2	2	2	2	2	2	2	2
명	1 4	1 5	1 14	1 15	1 22	3 3	3 13	4 1	4 9	4 11	4 19	5 1	5 6	5 11	5 16
계	7	8	17	18	25	8	18	7	15	17	25	8	13	18	23
성	2	2	2	2	2	2	2	2	2	2	2	2	2	2	2
명	6 5	6 9	6 15	6 23	9 4	9 6	9 14	9 22	11 4	11 5	11 12	11 22	13 3	13 16	13 22
계	13	17	23	31	15	17	25	33	17	25	18	35	18	31	37
성	2	25	2	2	2	2	2	2	2	2	2	2	2	2	2
명	14 1	14 9	14 15	14 19	14 21	14 23	15 1	15 6	15 14	15 16	16 13	16 15	16 19	16 21	16 23
계	17	25	31	35	37	39	18	23	35	33	31	33	37	39	41

성	2	2	2	2	2	2	2	2	2	2	2			
명	19 4	9 14	19 16	21 14	21 16	22 1	22 9	22 11	23 6	23 14	23 16			
계	25	35	37	37	39	25	33	35	31	39	41			

3획성	간 궁 대 범 산 야 우 자 천 干 弓 大 凡 山 也 于 子 千

성	3	3	3	3	3	3	3	3	3	3	3	3	3	3	3
명	2 3	2 13	3 2	3 10	3 12	3 18	3 26	4 4	4 14	5 8	5 10	8 5	8 10	8 13	8 21
계	8	18	8	16	18	24	32	11	21	16	18	16	21	24	32
성	3	3	3	3	3	3	3	3	3	3	3	3	3	3	3
명	10 3	10 5	10 8	10 22	12 3	12 20	13 2	13 8	13 22	14 4	14 15	14 18	14 21	15 14	15 20
계	16	18	21	35	18	35	18	24	38	21	32	35	38	32	38
성	3	3	3	3	3	3	3	3	3	3					
명	18 3	18 14	18 20	20 12	20 15	20 18	21 8	21 14	22 13	26 3					
계	24	35	41	35	38	41	32	38	38	32					

4획성	개 공 공 구 근 금 두 둔 모 목 문 방 변 부 수 오 왕 우 원 介 孔 公 仇 斤 今 斗 屯 毛 木 文 方 卜 夫 水 午 王 牛 元 윤 윤 인 재 천 태 파 편 화 尹 允 仁 才 天 太 巴 片 化

성	4	4	4	4	4	4	4	4	4	4	4	4	4	4	4
명	1 2	1 12	1 20	2 1	2 9	2 11	2 19	3 4	3 14	4 3	4 7	4 9	4 13	4 17	4 21
계	7	17	25	7	15	17	25	11	21	11	15	17	21	25	29

성	4	4	4	4	4	4	4	4	4	4	4	4	4	4	4
명	7 4	7 14	9 2	9 4	9 12	9 20	11 2	11 12	11 14	11 20	12 1	12 9	12 13	12 17	12 19
계	15	25	15	17	25	33	17	27	29	35	17	25	29	33	35
성	4	4	4	4	4	4	4	4	4	4	4	4	4	4	4
명	12 21	13 4	13 12	13 20	13 22	14 3	14 7	14 11	14 17	14 19	14 21	17 4	17 12	17 14	17 20
계	37	21	29	37	39	21	25	29	35	37	39	25	33	35	41
성	4		4	4	4	4	4	4	4	4	4	4	4		
명	19 2	19 12	19 14	20 1	20 9	20 11	20 13	20 17	20 21	21 4	21 12	21 14	21 20		
계	25	35	37	25	33	35	37	41	45	29	37	39	45		

5획성	감 공 구 무 백 북 비 빙 사 석 소 신 앙 영 옥 전 점 좌 태 甘 功 丘 戊 白 北 丕 氷 史 石 召 申 央 永 玉 田 占 左 台 평 포 피 현 홍 을지 平 包 皮 玄 弘 乙支

성	5	5	5	5	5	5	5	5	5	5	5	5	5	5	5
명	1 2	1 10	1 12	2 6	2 11	2 16	3 3	3 8	3 10	3 13	6 2	6 10	6 12	6 18	8 3
계	8	16	18	13	18	23	11	16	18	21	13	21	23	29	16
성	5	5	5	5	5	5	5	5	5	5	5	5	5	5	5
명	8 8	8 10	8 16	8 24	10 1	10 3	10 6	10 8	11 2	12 1	12 6	12 12	12 17	12 20	13 3
계	21	23	29	37	16	18	21	23	18	18	23	29	34	37	21
성	5	5	5	5	5	5	5	5							
명	13 20	16 2	16 8	16 16	18 6	20 12	20 13	24 8							
계	38	23	29	37	29	37	38	37							

6획성	곡 曲	광 光	규 圭	길 吉	로 老	모 牟	미 米	박 朴	백 百	빙 氷	서 西	선 先	안 安	앙 仰	오 伍	이 伊	인 印	임 任	재 在
	전 全	주 朱	택 宅	후 后															

성	6	6	6	6	6	6	6	6	6	6	6	6	6	6	6
명	1 10	1 17	2 5	2 9	2 15	2 23	5 2	5 10	5 12	5 18	5 26	7 10	7 11	7 18	7 25
계	17	24	13	17	23	31	13	21	23	29	37	23	24	31	38
성	6	6	6	6	6	6	6	6	6	6	6	6	6	6	6
명	9 2	9 9	9 23	10 1	10 5	10 7	10 15	10 19	10 23	11 7	11 12	11 18	12 5	12 13	12 11
계	17	24	38	17	21	23	31	35	39	24	29	35	23	31	29
성	6	6	6	6	6	6	6	6	6	6	6	6	6	6	6
명	12 17	12 19	12 23	15 2	15 10	15 17	15 18	17 1	17 12	17 15	17 18	18 5	18 7	18 11	18 15
계	35	37	41	23	31	38	39	24	35	38	41	29	31	35	39
성	6	6	6	6	6	6									
명	18 17	19 10	19 12	23 9	23 10	23 12									
계	41	35	33	38	39	41									

7획성	강 江	군 君	두 杜	려 呂	리 李	리 利	보 甫	성 成	송 宋	신 辛	양 良	여 余	여 汝	연 延	오 吳	위 位	지 池	정 廷	차 車
	초 初	판 判	하 何	효 孝															

성	7	7	7	7	7	7	7	7	7	7	7	7	7	7	7
명	1 10	1 16	1 24	4 4	4 14	4 22	6 10	6 11	6 18	8 8	8 9	8 10	8 16	8 17	8 24
계	18	24	32	15	25	33	23	24	31	23	24	25	31	32	39

성	7	7	7	7	7	7	7	7	7	7	7	7	7	7	7
명	9 8	9 9	9 16	9 22	10 1	10 6	10 8	10 14	10 22	11 6	11 14	14 4	14 10	14 11	14 17
계	24	25	32	38	18	23	25	31	39	24	32	25	31	32	38
성	7	7	7	7	7	7	7	7	7	7	7	7	7	7	7
명	14 18	14 24	16 1	16 8	16 9	16 16	16 22	17 8	17 14	17 24	18 6	18 14	22 9	22 10	22 16
계	39	45	24	31	32	39	45	32	38	48	31	39	38	39	45
성	7	7	7	7											
명	24 1	24 8	24 14	24 17											
계	32	39	45	48											

8획성	경 경 계 공 구 기 김 내 림 맹 명 문 방 봉 사 사 상 석 송 京 庚 季 空 具 奇 金 奈 林 孟 明 門 房 奉 社 舍 尙 昔 松 승 승 심 악 애 야 어 장 종 주 창 채 탁 호 화 承 昇 沈 岳 艾 夜 於 長 宗 周 昌 采 卓 虎 和

성	8	8	8	8	8	8	8	8	8	8	8	8	8	8	8
명	3 5	3 10	3 13	3 21	5 3	5 8	5 10	5 16	5 24	7 8	7 9	7 10	7 16	7 17	7 24
계	16	21	24	32	16	21	23	29	37	23	24	25	31	32	39
성	8	8	8	8	8	8	8	8	8	8	8	8	8	8	8
명	8 5	8 7	8 9	8 13	8 15	8 16	8 17	8 21	8 25	9 7	9 8	9 15	9 16	10 3	10 5
계	21	23	25	29	31	32	33	37	41	24	25	32	33	21	23
성	8	8	8	8	8	8	8	8	8	8	8	8	8	8	8
명	10 7	10 13	10 15	10 21	10 27	13 3	13 8	13 10	13 16	15 8	15 9	15 10	15 16	15 18	16 5
계	25	31	33	39	45	24	29	31	37	31	32	33	39	41	29

성	8	8	8	8	8	8	8	8	8	8	8	8	8	8	8
명	16 7	16 9	16 13	16 15	16 17	16 21	17 7	17 8	17 16	21 3	21 8	21 10	21 16	23 10	23 16
계	31	33	37	39	41	45	32	33	41	32	37	39	45	41	47
성	8	8	8												
명	24 15	25 8	27 10												
계	47	41	45												

9획성	강 姜	기 紀	남 南	단 段	류 柳	사 思	삭 削	선 宣	성 星	시 施	시 柴	신 信	언 彦	영 泳	요 姚	요 要	우 禹	위 韋	유 俞
	정 貞	준 俊	초 肖	추 秋	태 泰	파 波	편 扁	표 表	하 河	함 咸	후 後								

성	9	9	9	9	9	9	9	9	9	9	9	9	9	9	9
명	2 4	2 6	2 14	2 22	4 2	4 4	4 12	4 20	6 2	6 9	6 17	6 23	7 8	7 9	7 16
계	15	17	25	33	15	17	25	33	17	24	32	38	24	25	32
성	9	9	9	9	9	9	9	9	9	9	9	9	9	9	9
명	7 22	8 7	8 8	8 15	8 16	9 6	9 14	9 20	9 23	12 4	12 12	12 20	14 2	14 9	14 15
계	38	24	25	32	33	24	32	38	41	25	33	41	25	32	38
성	9	9	9	9	9	9	9	9	9	9	9	9	9	9	9
명	15 8	15 14	15 23	15 24	16 7	16 8	16 16	16 22	20 4	20 9	20 12	22 2	22 7	22 16	23 6
계	32	38	47	48	32	33	41	47	33	38	41	33	38	47	38
성	9	9	9												
명	23 9	23 15	24 15												
계	41	47	48												

10획성

| | 강
剛 | 계
桂 | 고
高 | 골
骨 | 공
貢 | 구
俱 | 궁
宮 | 기
起 | 당
唐 | 마
馬 | 반
般 | 방
芳 | 서
徐 | 석
席 | 소
素 | 손
孫 | 수
洙 | 승
乘 | 시
時 |
| | 예
芮 | 옹
邕 | 원
袁 | 원
原 | 운
芸 | 은
殷 | 조
曹 | 진
晋 | 진
秦 | 진
眞 | 창
倉 | 하
夏 | 홍
洪 | 화
花 | 환
桓 | 후
候 | | | |

성	10	10	10	10	10	10	10	10	10	10	10	10	10	10	10
명	1 5	1 6	1 7	1 14	1 22	3 3	3 5	3 8	3 22	5 1	5 3	5 6	5 8	6 1	6 5
계	16	17	18	25	33	16	18	21	25	16	18	21	23	17	21
성	10	10	10	10	10	10	10	10	10	10	10	10	10	10	10
명	6 7	6 15	6 19	6 23	7 1	7 6	7 8	7 14	7 22	8 3	8 5	8 7	8 13	8 15	8 21
계	23	31	35	39	18	23	25	31	39	21	23	25	31	33	39
성	10	10	10	10	10	10	10	10	10	10	10	10	10	10	10
명	8 23	11 14	13 8	13 22	14 1	14 7	14 11	14 15	14 21	14 23	15 6	15 8	15 14	15 22	15 23
계	41	35	31	45	25	31	35	39	45	47	31	33	39	47	48
성	10	10	10	10	10	10	10	10	10	10	10	10	10	10	
명	19 6	19 19	21 8	21 14	21 27	22 1	22 3	22 7	22 13	22 15	23 6	23 8	23 14	25 13	
계	35	48	39	45	58	33	35	39	45	47	39	41	47	48	

11획성

| | 강
康 | 견
堅 | 국
國 | 랑
浪 | 량
梁 | 마
麻 | 매
梅 | 묘
苗 | 반
班 | 방
邦 | 범
范 | 빈
彬 | 상
常 | 설
偰 | 설
髙 | 어
魚 | 어
御 | 연
涓 | 위
尉 |
| | 이
異 | 장
張 | 장
章 | 장
將 | 조
曹 | 주
珠 | 최
崔 | 필
畢 | 표
票 | 해
海 | 형
邢 | 허
許 | 호
扈 | 호
胡 | | | | | |

성	11	11	11	11	11	11	11	11	11	11	11	11	11	11	11
명	2 4	2 5	2 22	4 2	4 14	4 20	5 2	6 7	6 12	6 18	7 6	7 14	10 14	12 6	12 12
계	17	18	35	17	29	35	18	24	29	35	24	32	35	29	35

성	11	11	11	11	11	11	11	11	11	11	11	11		
명	13 24	14 4	14 7	14 10	18 6	20 4	20 21	20 27	21 20	22 2	24 13	27 20		
계	48	29	32	35	35	35	52	58	52	35	48	58		

12획성	강 경 구 단 돈 동 민 부 빙 삼 상 선 소 손 순 순 순 순 승 안 强 景 邱 單 敦 童 閔 傅 湋 森 象 善 邵 巽 荀 淳 舜 順 勝 雁 요 운 유 일 저 정 증 지 팽 풍 필 하 황 동방 대실 소실 이선 堯 雲 庚 壹 邸 程 曾 智 彭 馮 弼 賀 黃 東方 大室 小室 以先

성	12	12	12	12	12	12	12	12	12	12	12	12	12	12	12
명	1 4	1 5	1 12	1 20	3 3	3 20	4 1	4 9	4 13	4 17	4 19	4 21	5 1	5 6	5 12
계	17	18	25	33	18	35	17	25	29	33	35	37	18	23	29
성	12	12	12	12	12	12	12	12	12	12	12	12	12	12	12
명	5 20	6 5	6 11	6 17	6 19	6 23	9 4	9 12	9 20	9 26	11 6	11 12	12 1	12 5	12 9
계	37	23	29	35	37	41	25	33	41	47	29	35	25	29	33
성	12	12	12	12	12	12	12	12	12	12	12	12	12	12	12
명	12 11	12 13	12 17	12 21	12 23	13 4	13 12	13 20	17 4	17 6	17 12	17 20	19 4	19 6	19 20
계	35	37	41	45	47	29	37	45	33	35	41	49	35	37	51
성	12	12	12	12	12	12	12	12	12	12	12	12	12		
명	20 1	20 3	20 5	20 9	20 13	20 17	20 19	21 4	21 12	23 6	23 12	25 4	26 9		
계	33	35	37	41	45	49	51	37	45	41	47	41	47		

13획성	가 賈	경 敬	금 琴	돈 頓	렴 廉	로 路	뢰 雷	목 睦	신 新	아 阿	양 楊	옹 雍	우 虞	욱 郁	자 慈	장 莊	초 楚	춘 椿	탕 湯
	사공 司空	령고 令孤	망전 岡田	소봉 小峰															

성	13	13	13	13	13	13	13	13	13	13	13	13	13	13	13
명	2/3	2/16	2/22	3/2	3/8	3/22	4/4	4/12	4/20	4/22	5/20	8/3	8/8	8/10	8/16
계	18	31	37	18	24	38	21	29	37	39	28	24	29	31	37
성	13	13	13	13	13	13	13	13	13	13	13	13	13	13	13
명	8/24	10/8	10/22	12/4	12/12	12/20	16/2	16/8	16/16	16/19	16/22	18/20	19/16	19/20	20/4
계	45	31	45	29	37	45	31	37	45	48	51	51	48	52	37
성	13	13	13	13	13	13	13	13	13						
명	20/5	20/12	20/18	20/19	22/2	22/3	22/10	22/16	24/8						
계	38	45	51	52	37	38	45	51	45						

14획성	개 蓋	견 甄	국 菊	기 箕	단 端	련 連	배 裵	봉 鳳	빈 賓	석 碩	신 愼	실 實	연 鳶	영 榮	온 溫	자 慈	제 齊	조 趙	채 菜	화 華
	공손 公孫	서문 西門																		

성	14	14	14	14	14	14	14	14	14	14	14	14	14	14	14
명	1/2	1/7	1/10	1/17	1/23	2/1	2/9	2/15	2/19	2/21	2/23	3/4	3/15	3/18	3/21
계	17	22	15	32	38	17	25	31	35	37	39	21	32	35	38
성	14	14	14	14	14	14	14	14	14	14	14	14	14	14	14
명	4/3	4/7	4/11	4/17	4/19	4/21	7/4	7/10	7/11	7/17	7/18	7/24	9/2	9/9	9/15
계	21	25	29	35	37	39	25	31	32	38	39	45	25	32	38

성	14	14	14	14	14	14	14	14	14	14	14	14	14	14	14
명	10 1	10 7	10 11	10 15	10 21	10 23	11 4	11 7	11 10	11 12	15 2	15 3	15 9	15 10	15 18
계	25	31	35	39	45	47	29	32	35	37	31	32	38	39	47
성	14	14	14	14	14	14	14	14	14	14	14	14	14	14	14
명	17 1	17 4	17 7	18 3	18 7	18 15	18 19	19 2	19 4	19 18	19 19	21 2	21 3	21 4	21 10
계	32	35	38	35	39	47	51	35	37	51	52	37	38	39	45
성	14	14	14	14											
명	23 1	23 2	23 10	24 7											
계	38	39	47	45											

15획성	가 갈 경 곽 광 구 덕 동 량 로 루 류 만 만 묵 섭 엽 탄 표
	價 葛 慶 郭 廣 歐 德 董 樑 魯 樓 劉 萬 滿 墨 葉 葉 彈 標
	한 흥 사마 장곡 중실
	漢 興 司馬 長谷 仲室

성	15	15	15	15	15	15	15	15	15	15	15	15	15	15	15
명	1 2	1 16	1 22	2 1	2 6	2 14	2 16	2 22	3 3	3 14	3 20	6 2	6 10	6 17	6 18
계	18	32	38	18	23	31	33	39	21	32	38	23	31	38	39
성	15	15	15	15	15	15	15	15	15	15	15	15	15	15	15
명	8 8	8 9	8 10	8 16	8 17	8 18	8 24	9 8	9 14	9 23	10 6	10 8	10 14	10 22	10 23
계	31	32	33	39	40	41	47	32	38	47	31	33	39	47	48
성	15	15	15	15	15	15	15	15	15	15	15	15	15	15	15
명	14 2	14 3	14 9	14 10	14 18	14 23	16 1	16 2	16 8	16 16	16 17	17 6	17 16	17 20	18 6
계	31	32	38	39	47	52	32	33	41	47	48	38	48	52	39

성	15	15	15	15	15	15	15	15	15	15				
명	18	18	20	20	22	22	22	23	23	23				
	8	14	3	17	1	2	10	9	10	14				
계	41	47	38	52	38	39	49	47	48	52				

16획성	강 개 곽 교 담 도 도 도 두 로 뢰 룡 륙 반 빙 연 예 음 전 제 疆 蓋 霍 橋 潭 道 都 陶 頭 盧 賴 陸 潘 燕 憑 豫 陰 錢 諸 진 황보 陳 皇甫

성	16	16	16	16	16	16	16	16	16	16	16	16	16	16	16
명	1	1	1	1	2	2	2	2	2	2	5	5	5	7	7
	7	15	16	22	5	13	15	19	21	23	2	8	16	1	8
계	24	32	33	39	23	31	33	37	39	41	23	29	37	24	31
성	16	16	16	16	16	16	16	16	16	16	16	16	16	16	16
명	7	7	7	7	8	8	8	8	8	8	8	9	9	9	9
	9	16	22	25	5	7	9	13	15	17	21	7	8	16	22
계	32	39	45	48	29	31	33	37	39	41	45	31	33	41	47
성	16	16	16	16	16	16	16	16	16	16	16	16	16	16	16
명	9	13	13	13	13	13	15	15	15	15	15	16	16	16	16
	23	2	8	16	19	22	1	2	8	16	17	1	5	7	9
계	48	31	37	45	48	51	32	33	39	47	48	33	37	39	41
성	16	16	16	16	16	16	16	16	16	16	16	16	16	16	16
명	16	16	16	17	17	19	19	19	19	21	21	22	22	22	22
	13	15	19	8	15	2	13	16	22	2	8	1	7	9	13
계	45	47	51	41	48	37	48	51	57	39	45	39	45	47	51
성	16	16	16	16											
명	22	23	23	25											
	19	2	9	7											
계	57	41	48	48											

17획성

	국 鞫	독 獨	둔 遯	사 謝	상 嘗	상 霜	선 鮮	손 遜	양 陽	양 襄	연 蓮	위 蔚	장 蔣	종 鍾	채 蔡	촉 燭	추 鄒	택 澤	한 韓
성	17	17	17	17	17	17	17	17	17	17	17	17	17	17	17
명	1 4	1 6	1 14	1 15	1 20	4 4	4 12	4 14	4 20	6 1	6 5	6 9	6 12	6 15	6 18
계	22	24	32	33	38	25	33	35	41	24	28	32	35	38	41
성	17	17	17	17	17	17	17	17	17	17	17	17	17	17	17
명	7 8	7 14	7 24	8 7	8 8	8 16	12 4	12 6	12 12	14 1	14 4	14 7	14 21	15 1	15 6
계	32	38	48	32	33	41	33	35	51	32	35	38	52	33	38
성	17	17	17	17	17	17	17	17	17	17	17				
명	15 16	15 20	16 1	16 8	16 15	18 6	20 1	20 4	20 15	21 14	24 7				
계	48	52	34	41	48	41	38	41	52	52	48				

18획성

	간 簡	구 瞿	동 董	안 顔	위 魏	진 鎭	추 鞦	호 鎬	강절 綱切						
성	18	18	18	18	18	18	18	18	18	18	18	18	18	18	18
명	3 3	3 14	3 20	5 6	6 5	6 7	6 11	6 15	6 17	6 23	7 6	7 14	11 6	13 20	14 3
계	34	35	41	29	29	31	35	39	41	47	31	39	35	51	35
성	18	18	18	18	18	18	18	18	18	18	18				
명	14 7	14 15	14 19	15 6	15 8	15 14	17 6	19 14	20 3	20 13	23 6				
계	39	47	51	39	41	47	41	51	41	51	47				

19획성

19획성	감 강 관 담 방 벽 설 온 정 남궁 어금 재회 鑑 疆 關 譚 龐 薛 薛 蘊 鄭 南宮 魚金 再會

성	19	19	19	19	19	19	19	19	19	19	19	19	19	19	19
명	2 4	2 14	2 16	4 2	4 12	4 14	6 7	6 10	6 12	10 6	10 19	12 4	12 6	12 20	13 16
계	25	35	37	25	35	37	32	35	37	35	48	35	37	51	48
성	19	19	19	19	19	19	19	19	19	19	19	19	19	19	19
명	13 20	14 2	14 4	14 14	14 18	14 19	16 2	16 13	16 16	16 22	18 14	18 20	19 10	19 14	19 20
계	52	35	37	47	51	52	37	48	51	57	51	57	48	52	58
성	19	19	19	19	19	19									
명	19 22	20 12	20 13	20 18	20 19	22 16									
계	60	51	51	57	58	57									

20획성

20획성	라 석 엄 선우 하후 羅 釋 嚴 鮮于 夏候

성	20	20	20	20	20	20	20	20	20	20	20	20	20	20	20
명	1 4	1 12	1 17	3 12	3 15	3 18	4 1	4 9	4 11	4 13	4 17	4 21	5 12	5 13	5 27
계	25	33	38	35	38	41	25	33	35	37	41	45	37	38	52
성	20	20	20	20	20	20	20	20	20	20	20	20	20	20	20
명	9 4	9 9	9 12	11 4	11 21	12 1	12 3	12 5	12 9	12 13	12 17	12 19	13 4	13 5	13 12
계	33	38	41	35	52	33	35	37	41	45	49	51	37	38	45

성	20	20	20	20	20	20	20	20	20	20	20	20	20	20	20
명	13 18	13 19	15 3	15 17	17 1	17 4	17 12	17 15	17 21	18 3	18 13	18 19	19 12	19 13	19 18
계	51	52	38	52	38	41	49	52	58	41	51	57	51	52	57
성	20	20	20												
명	19 19	21 4	21 11												
계	58	45	52												

21획성	고 등 추 학 부 정 顧 藤 鄹 鶴 負 鼎

성	21	21	21	21	21	21	21	21	21	21	21	21	21	21	21
명	2 4	2 6	2 9	2 14	2 16	3 8	3 14	3 24	4 2	4 4	4 12	4 14	4 20	6 2	6 10
계	27	29	32	37	39	32	38	48	27	29	37	39	45	29	37
성	21	21	21	21	21	21	21	21	21	21	21	21	21	21	21
명	6 11	6 12	6 18	8 3	8 8	8 9	8 10	8 16	9 2	9 8	9 18	10 6	10 8	10 14	10 17
계	38	39	45	32	37	38	39	45	32	38	48	37	39	45	48
성	21	21	21	21	21	21	21	21	21	21	21	21	21	21	21
명	11 6	11 16	11 20	12 4	12 6	12 12	14 2	14 3	14 4	14 10	14 17	16 2	16 8	16 11	17 10
계	38	48	52	37	39	45	37	38	39	45	52	39	45	48	48
성	21	21	21	21	21	21	21	21	21						
명	17 14	17 20	18 6	18 9	20 4	20 11	20 17	24 3	27 10						
계	52	58	45	48	45	52	58	48	58						

22획성	공 권 로 소 습 은 부정
	龔 權 蘆 蘇 襲 隱 負鼎

성	22	22	22	22	22	22	22	22	22	22	22	22	22	22	22
명	1 2	1 10	1 15	1 16	2 1	2 9	2 11	2 13	2 15	2 21	2 23	3 10	3 13	7 9	7 10
계	25	33	38	39	25	33	35	37	39	45	47	35	38	38	39
성	22	22	22	22	22	22	22	22	22	22	22	22	22	22	22
명	7 16	9 2	9 7	9 14	9 16	9 26	10 1	10 3	10 7	10 13	10 15	10 25	11 2	13 2	13 4
계	45	33	38	45	47	57	33	35	39	45	47	57	35	37	39
성	22	22	22	22	22	22	22	22	22	22	22	22	22	22	
명	13 3	13 10	13 16	15 1	15 2	15 10	16 1	16 7	16 9	16 13	16 19	19 16	21 2	23 2	
계	38	45	51	38	39	47	39	45	47	51	57	57	45	47	

25획성	독고
	獨孤

성	25	25	25	25	25	25	25	25	25	25	25	25	25	25	25
명	4 4	4 12	6 7	6 10	7 6	7 16	8 8	10 6	10 13	10 22	12 4	12 20	13 10	13 20	16 7
계	33	41	38	41	38	48	41	41	48	57	41	57	48	58	48
성	25	25	25	25											
명	16 16	20 12	20 13	22 10											
계	57	51	58	57											

31획성	제갈 諸葛

성	31	31	31	31	31	31	31	31	31	31	31	31	31	31	31
명	1 6	1 16	1 20	2 4	2 6	2 14	4 2	4 4	4 17	4 20	6 2	6 10	7 10	7 14	8 8
계	38	48	52	37	39	47	37	39	52	55	39	47	48	52	47
성	31	31	31	31	31	31	31	31	31	31	31	31			
명	10 6	10 7	14 2	14 7	16 1	16 16	16 21	17 4	17 20	20 1	20 4	20 17			
계	47	48	47	52	48	63	68	52	68	52	55	68			

마. 일반 작명법 예시

일반적인 작명에는 음양(陰陽), 음령오행(音靈五行), 수리(數理) 그리고 삼원오행(三元五行) 또는 삼재오행(三才五行)만을 활용한다. 삼재오행(三才五行)은 같은 부류이기는 하나 내용이 매우 복잡하다.

건명(乾命), 계미생(癸未生)

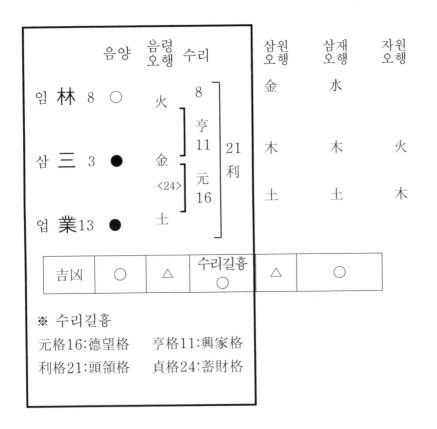

※ 기본 작명법을 근간으로 하는 사람들은 다른 방법들은 무시하면서, 자신의 방   법이 통계적으로도 적중율이 높다고 자부하는 경우가 많다.

2장. 일반 역상법(易象法)

역상(易象)은 주역(周易)의 괘상(卦象)을 말하는데 성명학에서 활용할 때는 대개 성명 3자의 총획수를 8로 나누어 나머지 수로 상괘(上卦)를 삼고, 성자를 제외한 이름 2자의 합수를 8로 나누어 나머지 수로 하괘(下卦)를 삼는다.

1. 선천복희(先天伏羲) 8괘

1	2	3	4	5	6	7	8
天	澤	火	雷	風	水	山	地
乾	兌	離	震	巽	坎	艮	坤
☰	☱	☲	☳	☴	☵	☶	☷
건	태	리	진	손	감	간	곤

예를 들어 박정희 전 대통령의 경우 박(朴, 6획) 정(正, 5획) 희(熙, 13획)는 총획수 24를 8로 나누면 상괘(上卦)는 8이 되고, 이름자의 합수 18을 8로 나누면 하괘(下卦)는 2가 된다. 따라서 82가 되어 지택림괘(地澤臨卦)에 해당한다. 이처럼 괘상(卦象)은 성자가 6획(朴·安·朱·印·吉·牟 등), 14획(趙·裵·愼·連·西門 등), 22획(權·蘇·邊 등)인 경우와 같이 6에 순차적으로 8괘의 8을 가산한 성자와 같음을 알 수 있다. 따라서 6, 14, 22획성은 64괘 중 8괘(同人 隋 鼎 解 漸 比 大畜 臨)에만 해당한다.

〔주역상경(周易上經)〕

1. 중천건 (重天乾)	2. 중지곤 (重地坤)	3. 수뢰둔 (水雷屯)	4. 산수몽 (山水蒙)	5. 수천수 (水天需)	6. 천수송 (天水訟)
7. 지수사 (地水師)	8. 수지비 (水地比)	9. 풍천소축 (風天小畜)	10. 천택리 (天澤履)	11. 지천태 (地天泰)	12. 천지비 (天地否)
13. 천화동인 (天火同人)	14. 화천대유 (火天大有)	15. 지산겸 (地山謙)	16. 뇌지예 (雷地豫)	17. 택뢰수 (澤雷隨)	18. 산풍고 (山風蠱)
19. 지택림 (地澤臨)	20. 풍지관 (風地觀)	21. 화뢰서합 (火雷噬嗑)	22. 산화비 (山火賁)	23. 산지박 (山地剝)	24. 지뢰복 (地雷復)
25. 천뢰무망 (天雷无妄)	26. 산천대축 (山天大畜)	27. 산뢰이 (山雷頤)	28. 택풍대과 (澤風大過)	29. 중수감 (重水坎)	30. 중화리 (重火離)

〔주역하경(周易下經)〕

31. 택산함 (澤山咸)	32. 뇌풍항 (雷風恒)	33. 천산둔 (天山遯)	34. 뇌천대장 (雷天大壯)	35. 화지진 (火地晉)	36. 지화명이 (地火明夷)
37. 풍화가인 (風火家人)	38. 화택규 (火澤睽)	39. 수산건 (水山蹇)	40. 뇌수해 (雷水解)	41. 산택손 (山澤損)	42. 풍뢰익 (風雷益)
43. 택천쾌 (澤天夬)	44. 천풍구 (天風姤)	45. 택지췌 (澤地萃)	46. 지풍승 (地風升)	47. 택수곤 (澤水困)	48. 수풍정 (水風井)
49. 택화혁 (澤火革)	50. 화풍정 (火風鼎)	51. 중뢰진 (重雷震)	52. 중산간 (重山艮)	53. 풍산점 (風山漸)	54. 뇌택귀매 (雷澤歸妹)
55. 뇌화풍 (雷火豊)	56. 화산려 (火山旅)	57. 중풍손 (重風巽)	58. 중택태 (重澤兌)	59. 풍수환 (風水渙)	60. 수택절 (水澤節)
61. 풍택중부 (風澤中孚)	62. 뇌산소과 (雷山小過)	63. 수화기제 (水火旣濟)	64. 화수미제 (火水未濟)		

• 64괘 괘번괘명(卦番卦名) 조견표

상괘 하괘	1	2	3	4	5	6	7	8
1	11 重天乾 중천건	21 澤天夬 택천쾌	31 火天大有 화천대유	41 雷天大壯 뇌천대장	51 風天小畜 풍천소축	61 水天需 수천수	71 山天大畜 산천대축	81 地天泰 지천태
2	12 天澤履 천택리	22 重澤兌 중택태	32 火澤睽 화택규	42 雷澤歸妹 뇌택귀매	52 風澤中孚 풍택중부	62 水澤節 수택절	72 山澤損 산택손	82 地澤臨 지택림
3	13 天火同人 천화동인	23 澤火革 택화혁	33 重火離 중화리	43 雷火豊 뇌화풍	53 風火家人 풍화가인	63 水火旣濟 수화기제	73 山火賁 산화비	83 地火明夷 지화명이
4	14 天雷无妄 천뢰무망	24 澤雷隨 택뢰수	34 火雷噬嗑 화뢰서합	44 重雷震 중뢰진	54 風雷盆 풍뢰익	64 水雷屯 수뢰둔	74 山雷頤 산뢰이	84 地雷復 지뢰복
5	15 天風姤 천풍구	25 澤風大過 택풍대과	35 火風鼎 화풍정	45 雷風恒 뇌풍항	55 重風巽 중풍손	65 水風井 수풍정	75 山風蠱 산풍고	85 地風升 지풍승
6	16 天水訟 천수송	26 澤水困 택수곤	36 火水未濟 화수미제	46 雷水解 뇌수해	56 風水渙 풍수환	66 重水坎 중수감	76 山水蒙 산수몽	86 地水師 지수사
7	17 天山遯 천산돈	27 澤山咸 택산함	37 火山旅 화산여	47 雷山小過 뇌산소과	57 風山漸 풍산점	67 水山蹇 수산건	77 重山艮 중산간	87 地山謙 지산겸
8	18 天地否 천지비	28 澤地萃 택지취	38 火地晋 화지진	48 雷地豫 뇌지예	58 風地觀 풍지관	68 水地比 수지비	78 山地剝 산지박	88 重地坤 중지곤

● 작명 역상(易象) 조견표

성명총수 ＼ 성획수	1,9,17	2,10,18	3,11,19	4,12,20
1,9,17,25,33,41,49,57	×天地否	×天山遯	△天水訟	△天風姤
2,10,18,26,34,42,50,58	□澤天夬	□澤地萃	□澤山咸	×澤水困
3,11,19,27,35,43,51,59	×火澤睽	○火天大有	□火地晋	×火山旅
4,12,20,28,36,44,52,60	□雷火豊	△雷澤歸妹	□雷天大壯	○雷地豫
5,13,21,29,37,45,53,61	○風雷益	□風火家人	□風澤中孚	△風天小畜
6,14,22,30,38,46,54,62	□水風井	△水雷屯	□水火既濟	□水澤節
7,15,23,31,39,47,55,63	△山水蒙	△山風蠱	□山雷頤	□山火賁
8,16,24,32,40,48,56,64	○地山謙	□地水師	○地風升	□地雷復
성명총수 ＼ 성획수	5,13,21	6,14,22	7,15,23	8,16,24
1,9,17,25,33,41,49,57	△天雷无妄	○天火同人	□天澤履	□重天乾
2,10,18,26,34,42,50,58	△澤風大過	□澤雷隨	□澤火革	○重澤兌
3,11,19,27,35,43,51,59	□火水未濟	○火風鼎	△火雷噬嗑	△重火離
4,12,20,28,36,44,52,60	△雷山小過	○雷水解	□雷風恒	△重雷震
5,13,21,29,37,45,53,61	□風地觀	□風山漸	△風水渙	□重風巽
6,14,22,30,38,46,54,62	□水天需	○水地比	×水山蹇	×重水坎
7,15,23,31,39,47,55,63	□山澤損	□山天大畜	×山地剝	□重山艮
8,16,24,32,40,48,56,64	△地火明夷	□地澤臨	○地天泰	□重地坤

※ ○ 대길　□ 상길　△중길　× 불길

2. 64괘의 상의(象意)와 괘의(卦意)

1) 건(乾): 천(天)

11 중천건(重天乾): 하늘, 강건하다.

12 천택리(天澤履): 밟는다, 실천한다, 처하지 않는다.

13 천화동인(天火同人): 남과 같이 한다, 남의 도움을 받는다.

14 천뢰무망(天雷无妄): 재앙, 자연의 법칙에 순응한다.

15 천풍구(天風姤): 우연히 만난다, 뜻밖의 사건이 생긴다.

16 천수송(天水訟): 송사가 생긴다, 친하지 않다, 시비를 가릴 일이 생긴다.

17 천산돈(天山遯): 달아난다, 멀리한다, 피한다, 물러난다.

18 천지비(天地否): 막힌다, 비색하다, 천지상교.

2) 택(澤): 태(兌)

21 택천쾌(澤天夬): 결단한다, 단안을 내린다.

22 중택태(重澤兌): 연못, 기쁘다. 나타난다, 말조심 해야 한다.

23 택화혁(澤火革): 옛것을 버린다, 개혁, 변혁, 혁명.

24 택뢰수(澤雷隨): 남의 의견을 따른다, 본 받는다.

25 택풍대과(澤風大過): 지나치다, 너무하다, 심하다, 전도된다.

26 택수곤(澤水困): 만난다. 곤고하다, 따분하다, 가로막힌다.
                    4대난괘(四大難卦).

27 택산함(澤山咸): 느낀다, 깨닫다, 감상적이다, 빠르다.

28 택지취(澤地萃): 모여든다, 무성하다, 많다.

3) 리(離): 화(火)

31 화천대유(火天大有): 많이 갖는다, 대중적이다.

32 화택규(火澤睽): 밖, 불화, 뜻이 맞지 않는다.

33 중화리(重火離): 불, 불꽃, 타오르는 태양, 정열, 오른다.

34 화뢰서합(火雷噬嗑): 씹는다, 소화를 잘 시킨다, 먹는 것.

35 화풍정(火風鼎): 솥, 안정, 협력, 기초가 튼튼하다, 새로운 것을 얻는다.

36 화수미제(火水未濟): 남자의 궁극, 아직 이루어지지 않는다, 부족하다.

37 화산려(火山旅): 나그네, 안성하지 못하고 허둥댄다.

38 화지진(火地晋): 낮, 나아간다, 발전한다.

4) 진(震): 뇌(雷)

41 뇌천대장(雷天大壯): 건강하다, 장하다, 왕성하다, 그친다.

42 뇌택귀매(雷澤歸妹): 여자의 끝, 중매한다, 시집간다, 절차없이 결혼한 여자

43 뇌화풍(雷火豊): 풍만, 풍족, 풍년, 만월, 연고가 많다.

44 중뢰진(重雷震): 우뢰, 울린다, 일어난다, 공포, 실속없이 소리만 크다.

45 뇌풍항(雷風恒): 한결같다, 오래간다.

46 뇌수해(雷水解): 모든 일이 잘 풀린다, 원만하다.

47 뇌산소과(雷山小過): 과실, 조금 지나치다, 정도를 약간 벗어난다.

48 뇌지예(雷地豫): 미리 한다, 사전에 방지한다, 게으르다.

5) 손(巽): 풍(風)

51 풍천소축(風天小畜): 조금 망설인다, 적다, 조금 저축한다.

52 풍택중부(風澤中孚): 성실, 신의, 매사에 충실히 하다.

53 풍화가인(風火家人): 가족, 사소한 일에도 조심한다.

54 풍뢰익(風雷益): 이익, 공적인 이익.

55 중풍손(重風巽): 바람, 바람처럼 흔들리기 쉽다, 엎어진다, 안정되지 못한다.

56 풍수환(風水渙): 바뀐다, 떠난다, 밖으로 발산한다.

57 풍산점(風山漸): 점차 나아진다, 앞으로 나아간다.

58 풍지관(風地觀): 밝게 비친다, 살핀다, 탐색, 주거나 구한다.

6) 감(坎): 수(水)

61 수천수(水天需): 아직 이르다, 기다린다, 연고가 없다, 기쁘다.

62 수택절(水澤節): 절제, 절도, 절약, 그친다.

63 수화기제(水火旣濟): 이미 만사가 이루어졌다, 정하다, 앞으로 어둠이 올
기미가 보인다.

64 수뢰둔(水雷屯): 나타나다, 막히다, 장애가 많다.4대난괘 (四大難卦)

65 수풍정(水風井): 우물, 통한다, 남한테 혜택을 입히는 일에 대길.

66 중수감(重水坎): 물, 거듭 빠진다, 내린다, 4대난괘(四大難卦)

67 수산건(水山蹇): 절름발이, 어렵다, 험한 산과 깊은 물이 앞을 가린다.
4대난괘(四大難卦).

68 수지비(水地比): 친근하다, 즐겁다, 인화단결해야 한다.

7) 간(艮): 산(山)

71 산천대축(山天大畜): 때, 많이 저축한다, 앞날을 대비한다.

72 산택손(山澤損): 희사, 봉사, 투자, 나중에 이익이 된다.

73 산화비(山火賁): 아름답다, 장식하다, 무색이다, 겉치레.

74 산뢰이(山雷頤): 올바름을 기른다, 말과 음식을 조심하라.

75 산풍고(山風蠱): 썩은 음식, 병들다, 벌레먹다, 닦는다, 일.

76 산수몽(山水蒙): 어리다, 어둡다, 잡되다, 장래를 위해 덕을 기른다.

77 중산간(重山艮): 산, 그친다, 동요하지 않고 진지하게 일을 처리한다.

78 산지박(山地剝): 벗긴다, 깎는다, 갉아먹는다, 떨어진다, 실패하기 직전.

8) 곤(坤): 지(地)

81 지천태(地天泰): 태평하다, 안정되고 편안하다, 천지불교.

82 지택림(地澤臨): 군림, 임기응변, 주거나 구한다.

83 지화명이(地火明夷): 밝음을 깨뜨린다, 상한다, 거짓이 참된것을 어지럽힌다.

84 지뢰복(地雷復): 다시 되돌아 본다, 회복한다.

85 지풍승(地風升): 올라간다, 정진한다, 오지 않는다.

86 지수사(地水師): 집단, 군대 지휘자, 윗사람의 고충, 근심.

87 지산겸(地山謙): 겸손, 양보, 자중해야 한다.

88 중지곤(重坤地): 땅, 유순, 인내, 순리에 따르면 대성한다.

3장. 주역(周易) 작명법(作名法)

성명을 주역팔괘(周易八卦)에 맞춰야 정확한 판단을 할 수 있고, 이러한 주역의 괘상을 활용한 귀중한 이름으로 행복한 일생을 살아가길 바란다고 하였다.

1. 작괘(作卦)

예) 박(朴) 정(正) 희(熙)

정격(貞格) 88 제지(除之) 상괘(上卦) ⇒ 24÷ 8 = 8

원격(元格) 88 제지(除之) 하괘(下卦) ⇒ 18÷ 8 = 2

반드시 필획(筆劃)을 사용해야 하고,

무엇보다 사주의 주체인 일진(日辰)은 육효(六爻)를 주재하므로 일진(日辰)에 맞는 괘를 먼저 뽑는 것이 중요하다, 수십 년 동안 현장에서 수만 명의 사주와 궁합을 본 결과 성명에서 수리나 오행은 극히 미미한 작용을 하고(10%) 나머지(90%)는 획수를 계산할 때 원획(原劃: 본부수획本部首劃)에 의하지만 주역작명법에서는 반드시 필획(실획實劃)을 사용하는데 이의 비중(比重)을 크게 본 것이다.

앞에서 예를 든 박朴(6) 정正(5) 희熙(13)의 경우 총획수 24를 8로 나누어 나머지 8을 상괘(上卦)로 하고, 이름만의 합수 18을 8로 나누어 나머지 2를 (下卦)로 하여 82(숫자로 표시한 괘) 지택림괘(地澤臨卦)로 일반 역상법(易象法)과 동일하게 나온다. 그러나 삼수변(氵)과 손수변(扌) 4획 등은 원획(原劃)이지만 필획(筆劃)은 3획이라는 것을 명심해야 한다.

2. 작명 예

건명(乾名), 1917년생(丁巳生)

박 朴 8
정 正 5
희 熙 13 } 18÷8…② 하괘(下卦) 2 태택(兌 澤)

82 지택림괘(地澤臨卦) > ○

합 24÷ 8…⑧ 상괘(上卦) 8 곤지(坤 地)

孫 酉 財 亥 兄 丑	䷒	應	앞의 주역작명조견표를 보면 지택림괘(地澤臨卦)는 고딕체로 길괘(○)이다. ① 갑진순(甲辰旬) ✕ 60갑자 갑진순의 갑진 을사 병오 정미 무신 기유 경술 신해 임자 계축일생에 들어 있으면 공망(空亡)이 되어 재난 상해 횡액 단명 등으로 쓰지 않고,
兄 丑 官 卯 父 巳	䷒	世	② 갑일생(甲日生) ✕ 갑일(갑자 갑술 갑신 갑오 갑진 갑인)은 묘(卯 2爻, 세世)의 양인(羊刃)이 되어 형벌 살상 재난 장애 등으로 쓰지 않는다.

※ 또 하나, 겁살(劫煞)도 재난, 상해, 횡액, 단명 등으로 쓰지 않는다.

　위 지택림괘(地澤臨卦)에서 박정희 전 대통령은 정사생(丁巳生)으로 겁살 인(寅)은 해당하지 않는다. 필자가 공망(空亡), 양인(羊刃)은 주역 역상조견표의 ○표의 괘명하단에 육갑순, 생일간을 부호 ✕로 표시하였다. 겁살은 생년(生年) 생일(生日)을 대조한다.

3. 제살(諸煞)

● 공망(空亡) : 허무 이별 무인연 부실 유체무록 유화무실

● 순별공망(旬別空亡)

旬 列	六 十 甲 子(日辰)										空 亡
甲子旬	甲子	乙丑	丙寅	丁卯	戊辰	己巳	庚午	辛未	壬申	癸酉	戌 亥
甲戌旬	甲戌	乙亥	丙子	丁丑	戊寅	己卯	庚辰	辛巳	壬午	癸未	辛 酉
甲申旬	甲申	乙酉	丙戌	丁亥	戊子	己丑	庚寅	辛卯	壬辰	癸巳	午 未
甲午旬	甲午	乙未	丙申	丁酉	戊戌	己亥	庚子	辛丑	壬寅	癸卯	辰 巳
甲辰旬	甲辰	乙巳	丙午	丁未	戊申	己酉	庚戌	辛亥	壬子	癸丑	寅 卯
甲寅旬	甲寅	乙卯	丙辰	丁巳	戊午	己未	庚申	辛酉	壬戌	癸亥	子 丑

● 겁살(劫煞):
천재지변. 교통사고. 재난. 상해. 횡액. 불구. 단명. 조실부모. 상부상처 등

신자진(申子辰) - 사(巳)   사유축(巳酉丑) - 인(寅)

인오술(寅午戌) - 해(亥)   해묘미(亥卯未) - 신(申)

● 양인(羊刃)
형별. 살상, 재난. 객사. 유혈. 횡포. 장애 등

국권. 권력. 무력으로 형별 등을 받는 악살(惡殺)

지도자. 주동자. 열사. 직업군인. 경찰. 형무관 등은 길하다.

甲	乙	丙	丁	戊	己	庚	辛	壬	癸
卯	辰	午	未	午	未	酉	戌	子	丑

● 주역작명(周易作名) 조견표

1,9,17획성	2,10,18획성	3,11,19획성	4,12,20획성
天地否	天山遯	天水訟	天風姤
○ 澤 天 夬 甲戌旬, 庚日生×	○ 澤 地 萃 甲午旬, 申子辰日생×	澤山咸	澤水困
火澤睽	○ 火 天 大 有 甲午旬, 乙日生×	○ 火 地 晋 甲申旬日生×	火山旅
○ 雷 火 豊 甲戌旬, 亥卯未日生×	雷澤歸妹	○ 雷 天 大 壯 甲申旬, 丙日生×	○ 雷 地 豫 甲申旬日生×
○ 風 雷 益 甲午旬,乙日生×	風火家人	風澤中孚	風天小畜
水風井	水雷屯	水火旣濟	水澤節
山水蒙	山風蠱	山雷頣	山火賁
地山謙	地水師	○ 地 風 升 甲寅旬日生×	○ 地 雷 復 甲寅旬 壬日生×
5,13,21	6,14,22	7,15,23	8,16,24
○ 天 雷 无 妄 甲申旬, 丙戌日生×	○ 天 火 同 人 甲子旬, 寅午戌日生×	天澤履	重天乾
澤風大過	澤雷隨	澤火革	○ 重 澤 兌 甲申旬日生×
火水未濟	○ 火 風 鼎 甲子旬, 寅午戌日生×	○ 火 雷 噬 嗑 甲申旬日生×	○ 重 火 離 甲午旬, 申子辰日生×
雷山小過	○ 雷 水 解 甲午旬, 壬乙日生×	○ 雷 風 恒 甲戌旬, 庚日生×	重雷震
風地觀	○ 風 山 漸 甲戌旬日生×	風水渙	○ 重 風 巽 甲辰旬, 甲日生×
○ 水 天 需 甲戌旬, 亥卯未日生×	○ 水 地 比 甲辰旬, 甲日生×	水山蹇	重水坎
山澤損	○ 山 天 大 畜 甲辰旬日生×	山地剝	重山艮
地火明夷	○ 地 澤 臨 甲辰旬, 甲日生×	○ 地 天 泰 甲午旬, 乙日生×	○ 重 地 坤 甲戌旬, 庚日生×

※ 고딕체는 길괘(○표)이나 일진(日辰, 六甲旬)으로 본다. 공망(空亡)이나
  양인(羊刃)에 해당하면 허무. 이별. 단명. 형벌. 사고 등을 암시하므로 쓰지
  않는다는 표시(×)이다.

● 64卦의 세응납갑표(世應納甲表)

	下乾卦	下兌卦	下離卦	下震卦	下巽卦	下坎卦	下艮卦	下坤卦
上乾卦	重天乾 父戌(世) 兄申 官午 父辰(應) 財寅 孫子	天澤履 兄戌 孫申(世) 父午 兄丑(應) 官卯 父巳	天火同人 孫戌(應) 財申 兄午 官亥(世) 孫丑 父卯	天雷無妄 財戌 官申 孫午(世) 財辰 兄寅 父子(應)	天風姤 父戌 兄申 官午(應) 兄酉 孫亥 父丑(世)	天水訟 孫戌 財申 兄午(世) 兄午 孫辰 父寅(應)	天山遯 父戌 兄申(應) 官午 兄申 官午(世) 父辰	天地否 父戌(應) 兄申 官午 財卯(世) 官巳 父未
上兌卦	澤天夬 兄未 孫酉(世) 財亥 兄辰(應) 官寅 財子	重澤兌 父未(世) 兄酉 孫亥 父丑(應) 財卯 官巳	澤火革 官未 父酉 兄亥(世) 兄亥 官丑 孫卯(應)	澤雷隨 財未(應) 官酉 父亥 財辰(世) 兄寅 父子	澤風大過 財未 官酉 父亥(世) 官酉 父亥 財丑(應)	澤水困 父未 兄酉 孫亥(應) 官午 父辰 財寅(世)	澤山咸 父未(應) 兄酉 孫亥 兄申(世) 官午 父辰	澤地萃 父未 兄酉(應) 孫亥 財卯 官巳(世) 父未
上離卦	火天大有 官巳(應) 父未 兄酉 父辰(世) 財寅 孫子	火澤睽 父巳 兄未 孫酉(世) 兄丑 官卯 父巳(應)	重火離 兄巳(世) 孫未 財酉 官亥(應) 孫丑 父卯	火雷噬嗑 孫巳 財未(世) 官酉 財辰 兄寅(應) 父子	火風鼎 兄巳 孫未(應) 財酉 財酉 官亥(世) 孫丑	火水未濟 兄巳(應) 孫未 財酉 兄午(世) 孫辰 父寅	火山旅 兄巳 孫未 財酉(應) 財申 兄午 孫辰(世)	火地晉 官巳 父未 兄酉(世) 財卯 官巳 父未(應)
上震卦	雷天大壯 兄戌 孫申 父午(世) 兄辰 官寅 財子(應)	雷澤歸妹 父戌(應) 兄申 官午 父丑(世) 財卯 官巳	雷火豐 官戌 父申 財午(世) 兄亥 官丑 孫卯(應)	重雷震 財戌(世) 官申 孫午 財辰(應) 兄寅 父子	雷風恆 財戌(應) 官申 孫午 官酉(世) 父亥 財丑	雷水解 財戌 官申(應) 孫午 孫午 財辰(世) 兄寅	雷山小過 父戌 兄申 官午(世) 兄申 官午 父辰(應)	雷地豫 財戌 官申 孫午(應) 兄卯 孫巳 財未(世)

易經六十四卦 納甲裝卦表

上卦 ＼ 下卦	下乾卦	下兌卦	下離卦	下震卦	下巽卦	下坎卦	下艮卦	下坤卦
上巽卦	巽風天 **風天小畜** 兄卯｜ 孫巳｜ 財未‖ 應 財辰｜ 兄寅｜ 父子｜ 世	艮山土 **風澤中孚** 官卯｜ 父巳｜ 兄未‖ 世 兄丑‖ 官卯｜ 父巳｜ 應	巽風木 **風火家人** 兄卯｜ 孫巳｜ 應 財未‖ 父亥｜ 財丑‖ 世 兄卯｜	巽風木 **風雷益** 兄卯｜ 應 孫巳｜ 財未‖ 財辰‖ 世 兄寅‖ 父子｜	巽風木 **重風巽** 兄卯｜ 世 孫巳｜ 財未‖ 官酉｜ 應 父亥｜ 財丑‖	離火火 **風水渙** 父卯｜ 兄巳｜ 世 孫未‖ 兄午‖ 孫辰｜ 應 父寅‖	艮山土 **風山漸** 官卯｜ 應 父巳｜ 兄未‖ 孫申｜ 世 父午‖ 兄辰‖	乾天金 **風地觀** 財卯｜ 官巳｜ 父未‖ 世 財卯‖ 官巳‖ 父未‖ 應
上坎卦	坤地土 **水天需** 財子‖ 兄戌｜ 孫申‖ 世 兄辰｜ 官寅｜ 財子｜ 應	坎水水 **水澤節** 兄子‖ 官戌｜ 父申‖ 應 官丑‖ 孫卯｜ 財巳｜ 世	坎水水 **水火既濟** 兄子‖ 應 官戌｜ 父申‖ 兄亥｜ 世 官丑‖ 孫卯｜	坎水水 **水雷屯** 兄子‖ 官戌｜ 應 父申‖ 官辰‖ 孫寅‖ 世 兄子｜	震雷水 **水風井** 父子‖ 財戌｜ 世 官申‖ 官酉｜ 父亥｜ 應 財丑‖	坎水水 **重水坎** 兄子‖ 世 官戌｜ 父申‖ 財午‖ 應 官辰｜ 孫寅‖	兌澤金 **水山蹇** 孫子‖ 父戌｜ 兄申‖ 世 兄申｜ 官午‖ 父辰‖ 應	坤地土 **水地比** 財子‖ 應 兄戌｜ 孫申‖ 官卯‖ 世 父巳‖ 兄未‖
上艮卦	艮山土 **山天大畜** 官寅｜ 財子‖ 應 兄戌‖ 兄辰｜ 官寅｜ 世 財子｜	艮山土 **山澤損** 官寅｜ 應 財子‖ 兄戌‖ 兄丑‖ 世 官卯｜ 父巳｜	艮山土 **山火賁** 官寅｜ 財子‖ 兄戌‖ 應 財亥｜ 兄丑‖ 官卯｜ 世	巽風木 **山雷頤** 兄寅｜ 父子‖ 財戌‖ 世 財辰‖ 兄寅‖ 父子｜ 應	震雷木 **山風蠱** 兄寅｜ 應 父子‖ 財戌‖ 官酉｜ 世 父亥｜ 財丑‖	離火火 **山水蒙** 父寅｜ 官子‖ 孫戌‖ 世 兄午‖ 孫辰｜ 父寅‖ 應	艮山土 **重山艮** 官寅｜ 世 財子‖ 兄戌‖ 孫申｜ 應 父午‖ 兄辰‖	乾天金 **山地剝** 財寅｜ 孫子‖ 世 父戌‖ 財卯‖ 官巳‖ 應 父未‖
上坤卦	坤地土 **地天泰** 孫酉‖ 應 財亥‖ 兄丑‖ 兄辰｜ 世 官寅｜ 財子｜	坤地土 **地澤臨** 孫酉‖ 財亥‖ 應 兄丑‖ 兄丑‖ 官卯｜ 世 父巳｜	坎水水 **地火明夷** 父酉‖ 兄亥‖ 官丑‖ 世 兄亥｜ 官丑‖ 孫卯｜ 應	坤地土 **地雷復** 孫酉‖ 財亥‖ 兄丑‖ 應 兄辰‖ 官寅‖ 財子｜ 世	震雷木 **地風升** 官酉‖ 父亥‖ 財丑‖ 世 官酉｜ 父亥｜ 財丑‖ 應	坎水水 **地水師** 父酉‖ 應 兄亥‖ 官丑‖ 財午‖ 世 官辰｜ 孫寅‖	兌澤金 **地山謙** 兄酉‖ 孫亥‖ 世 父丑‖ 兄申｜ 官午‖ 應 父辰‖	坤地土 **重地坤** 孫酉‖ 世 財亥‖ 兄丑‖ 官卯‖ 應 父巳‖ 兄未‖

（線符：｜＝陽爻、‖＝陰爻）

4장. 주자식(朱子式) 해명법(解名法)

주자식 해명법(朱子式解名法)은 이름 첫자의 획수를 88로 제지(除之)하여 상괘(上卦)로 삼고, 이름 다음자를 같은 방법으로 해서 하괘(下卦)로 삼아 길흉을 4자성어로 간단히 풀이한 것을 말한다.

● 주자식해명(朱子式解名) 길흉표

一一	始見貧困 終賴榮貴 △	一二	枯木逢春 終見開花 ○	一三	天顔好聲 英雄優遊 ○
一四	木馬行時 終成財利 ○	一五	身退九級 花落空房 ×	一六	愁心不解 爭訟不利 ×
一七	寂寞空山 逶迤高臥 ×	一八	愁見春夢 終無風景 ×	二一	暗裏衣冠 身成名利 ○
二三	碧玉琅玕 舟行江亭 ○	二三	二十年光 有似飄風 ×	二四	安身守義 名譽新風 ○
二五	雎鳩獨鳴 日食五粥 ×	二六	有求逢折 霜緣漸潤 ×	二七	屑缺調談 左漏右塞 ×
二八	有君寵保 賞賜無雙 ○	三一	日更月新 壽福綿綿 ○	三二	木火無緣 血深如塵 ×
三三	枝動不靜 謹身之務 △	三四	修竹榮長 香蓮開新 ○	三五	聰明文章 風雲有光 ○
三六	十年臥病 終身不差 ×	三七	二十光景 風雲淡蕩 ×	三八	第一金榜 俊夫餘慶 ○
四一	風雲新來 雪氣騰天 △	四二	糊口城門 低頭心事 ×	四三	一振金聲 陰谷暖氣 ○
四四	雍容自得 優遊度日 ○	四五	有財無功 終得不亨 △	四六	長秩千人 仁聲自聞 ○

四七	五鬼滿林 向人弔問 ×	四八	才超貌美 事事生新 ○	五一	含脣切齒 千恨未伸 ×
五二	太行大路 三月奄行 △	五三	琴瑟淸音 一家爭春 ○	五四	家門千里 刑到便留 ×
五五	不願事事 老物興降 △	五六	花落無實 狂風更放 ×	五七	右脚已折 左目亦盲 ×
五八	大成千人 仁吉四海 ○	六一	枯木逢春 千里有光 ○	六二	薰風吹軒 子孫縉紳 ○
六三	風生保位 巨川舟楫 ○	六四	若非英雄 壽福不期 △	六五	身安保居 風塵不侵 ○
六六	重遭險坂 魂魄驚散 ×	六七	有魚無鱗 有財無功 △	六八	紫府背依 天恩自得 ○
七一	老龍得雲 食前方丈 ○	七二	老龍無聲 江邊垂淚 ×	七三	靑鳥無春 花盖無風 ×
七四	柳枝街道 山月徘徊 ×	七五	身有疾病 墻有寇賊 ×	七六	射之眉間 賣少空房 ×
七七	朝后折桂 零落飄風 △	七八	一入刑門 有何壽福 ×	八一	多高榜籍 紫府文章 ○
八二	鳳雛麟閣 光被日月 ○	八三	江上起樓 心適自閑 ○	八四	飄零東西 暮年得病 ×
八五	才學一枝 道德文章 ○	八六	初稼平地 山頭與齊 ○	八七	立身揚名 文章變換 ○
八八	淸香滿堂 帝傍揚名 ○				

※ ○ 대길　△중길　×불길

한자를 아는 사람은 오히려 쉽게 활용할 수 있을 것이다. 일반적으로 길한 괘인데도 흉한 경우가 있는데 이 방법의 특성으로 보면 될 것 같다.

곡획(曲劃)을 적용하여 후반생(後半生)으로 나누어 보기도 한다.

1. 주자식 해명법의 64괘 운세풀이

1. 1. 중건천(重乾天)

시견빈곤 종뢰영귀(始見貧困 終賴榮貴)

초년에는 빈곤해도 차츰 발전해 마침내는 영귀하리라.

1. 2. 천택리(天澤履)

고목봉춘 종견개화(枯木逢春 終見開花)

마른 나무가 봄을 만났으니 꽃을 피우리라.

1. 3. 천화동인(天火同人)

천안호성 영웅우유(天顔好聲 英雄優遊)

임금의 얼굴에 좋은 말씀이니 영웅이 여유롭게 세월을 즐기리라.

1. 4. 천뢰무망(天雷无妄)

목마행시 종성재리(木馬行時 終成財利)

목마가 때때로 다니는 격이니 재물과 이익을 이루리라.

1. 5. 천풍구(天風姤)

신퇴구급 화락공방(身退九級 花落空房)

직위나 관직에서 떨어지고 부부간에 이별수가 있으리라.

1. 6. 천수송(天水訟)

수심불해 쟁송불리(愁心不解 爭訟不利)

근심이 떠나지 않고 송사가 일어나며 남과 가족간에 불화하리라.

1. 7. 천산돈(天山遯)

적막공산 위이고와(寂寞空山 逶迤高臥)

적막한 산 중에서 할 일없이 누워 엎치락 뒤치락하리라.

1. 8. 천지비(天地否)

수견춘몽 종무풍경(愁見春夢 終無風景)

봄 꿈에 근심하는 격이니 끝까지 좋은 일이 없으리라.

2. 1. 택천쾌(澤天夬)

암리의관 신성명리(暗裏衣冠 身成名利)

남모르게 출세하여 공명을 떨치리라.

2. 2. 중택태(重澤兌)

벽옥랑간 주행강정(碧玉琅杆 舟行江亭)

좋은 정자에 앉아 즐기고 경치 좋은 강물에 배를 띄우며 한가롭게 보내리라.

2. 3. 택화혁(澤火革)

이십년광 유사표풍(二十年光 有似飄風)

20여 성상을 헛되이 아까운 세월만 보내리라.

2. 4. 택뢰수(澤雷隨)

안신수의 명예신풍(安身守義 名譽新風)

분수를 알고 의로운 일을 지키니 명예를 새롭게 떨치리라.

2. 5. 택풍대과(澤風大過)

저구독명 일식오죽(雎鳩獨鳴 日食五粥)

원앙새가 홀로 우니 날마다 다섯 가지 죽을 먹는 격으로 빈궁하다는 뜻이다.

2. 6. 택수곤(澤水困)

유구봉절 상연점윤(有求逢折 霜綠漸潤)

구하려다 실패하니 서릿발 같은 고통이 점점 더하리라.

2. 7. 택산함(澤山咸)

순결조담 좌루우건(脣缺調談 左漏右蹇)

언청이가 말을 제대로 하려고 하나 뜻대로 되지 않는 격이로다.

2. 8. 택지취(澤地萃)

유군총보 상사무쌍(有君寵保 賞賜無雙)

임금의 총애와 보호가 있으니 상 받는 일이 무궁하리라.

3. 1. 화천대유(火天大有)

일경월신 수복면면(日更月新 壽福綿綿)

날로 새롭고 달로 발전하니 수복이 무궁하리라.

3. 2. 화택규(火澤睽)

목화무연 혈심여진(木火無緣 血深如塵)

좋은 인연과 때를 만나지 못하니 피맺힌 한을 풀지 못하리라.

3. 3. 중화리(重火離)

지동부정 근신지무(枝動不靜 謹身之務)

나뭇가지가 흔들리니 몸을 조심하고 부지런히 노력하라.

3. 4. 화뢰서합(火雷噬嗑)

수죽영장 향연개신(修竹榮長 香蓮開新)

대를 가꾸어 영화롭게 자라니 향기로운 연꽃도 새롭게 피우리라.

3. 5. 화풍정(火風鼎)

총명문장 풍운유광(聰明文章 風雲有光)

총명하며 문장이 뛰어나니 과거에 급제하여 영화를 누리리라.

3. 6. 화수미제(火水未濟)

십년와병 종신불차(十年臥病 終身不差)

10년이나 병으로 누워 있으니 평생 차도를 보지 못하는 격이로다.

3. 7. 화산여(火山旅)

이십광경 풍운담탕(二十光景 風雲淡蕩)

나이 스물에 이곳 저곳을 방랑하며 풍상을 겪으리라.

3. 8. 화지진(火地晋)

제일금방 준부여경(第一金榜 俊夫餘慶)

제일 높은 시험에 장원하니 준수한 대장부의 앞날에 경사뿐이로다.

4. 1. 뇌천대장(雷天大壯)

풍운신래 설기등천(風雲新來 雪氣騰天)

풍운이 새롭게 이르니 눈발의 기운이 하늘에 사무치리라.

4. 2. 뇌택귀매(雷澤歸妹)

호구성문 저두심사(糊口城門 低頭心事)

성문을 다니며 입에 풀칠하니 머리를 굽실거리며 사는 신세로다.

4. 3. 뇌화풍(雷火風)

일진금성 음곡난기(一振金聲 陰谷暖氣)

한 번 쇳소리를 떨치니 그늘진 골짜기에도 따뜻한 기운이 감도리라.

4. 4. 중뢰진(重雷震)

옹용자득 우유도일(雍容自得 優遊度日)

화평한 얼굴로 만족하니 한가롭고 편안하게 보내리라.

4. 5. 뇌풍항(雷風恒)

유재무공 종득불형(有財無功 終得不亨)

재물은 있으나 공덕이 없으니 늦도록 좋지 않으리라.

4. 6. 뇌수해(雷水解)

장질천인 인성자문(長秩千人 仁聲自聞)

오래 가는 녹봉 천인 중에 윗사람이 되니 어질다는 덕망의 소리를
자연히 들으리라.

4. 7. 뇌산소과(雷山小過)

오귀만림 향인조문(五鬼滿林 向人弔問)

숲에 오귀가 득실거리는 격이니 사람이 죽어 조문객을 받으리라.

4. 8. 뇌지예(雷地豫)

재초모미 사사생신(才超貌美 事事生新)

재주가 출중하고 용모가 아름다우니 일마다 좋은 일이 새롭게 생기리라.

5. 1. 풍천소축(風天小畜)

함순절치 천한미신(含脣切齒 千恨未伸)

입술을 물고 이를 갈며 노력해도 한을 풀지 못하리라.

5. 2. 풍택중부(風澤中孚)

태행대로 삼월엄행(太行大路 三月奄行)

태산의 높은 길을 3월에 걸어가는 격이니 힘들고 보람된 일을 시작하리라.

5. 3. 풍화가인(風火家人)

금슬청음 일가쟁춘(琴瑟淸音 一家爭春)

부부금슬이 좋고 좋으니 가정이 화목하리라.

5. 4. 풍뢰익(風雷益)

가문천리 형도편유(家門千里 刑到便留)

집안 곳곳에 형액이 이르러 떠나갈 줄을 모르리라.

5. 5. 중풍손(重風巽)

불원사사 노물흥강(不願事事 老物興降)

원하지 않는 일이 귀찮게 생겼다 없어졌다 하리라.

5. 6. 풍수환(風水渙)

화락무실 광풍경방(花落無實 狂風更放)

꽃이 떨어지고 열매도 없고 광풍이 다시 몰아치리라.

5. 7. 풍산점(風山漸)

우각이절 좌목역맹(右脚已折 左目亦盲)

이미 오른발이 잘렸는데 왼쪽 눈마저 멀게 되리라.

5. 8. 풍지관(風地觀)

대성천인 인길사해(大成千人 仁吉四海)

천인이 대성하니 사해가 어질고 길하리라.

6. 1. 수천수(水天需)

고목봉춘 천리유광(枯木逢春 千里有光)

고목이 봄을 만난 격이니 천리에 광채가 빛나리라.

6. 2. 수택절(水澤節)

훈풍취헌 자손진신(薰風吹軒 子孫縉紳)

가정에 훈훈한 바람이 불어오니 자손이 모두 벼슬을 하리라.

6. 3. 수화기제(水火旣濟)

풍생보위 거천주즙(風生保位 巨川舟楫)

바람이 불어도 지위를 보전하고 큰 강물에 임하여 돛단배를 얻으리라.

6. 4. 수뢰둔(水雷屯)

약비영웅 수복불기(若非英雄 壽福不期)

만일 영웅이 아니면 수복을 기약하기 어렵도다.

6. 5. 수풍정(水風井)

신안보거 풍진불침(身安保居 風塵不侵)

몸을 편안하게 보전하면 풍진이 침노하지 못하리라.

6. 6. 중수감(重水坎)

중조험판 혼백경산(重遭險坂 魂魄驚散)

거듭 험한 등판길을 만나 혼백마저 놀라 흩어지리라.

6. 7. 수산건(水山蹇)

유어무린 유재무공(有魚無鱗 有財無功)

물고기가 비늘이 없는 격이니 재물은 있으나 공이 없도다.

6. 8. 수지비(水地比)

자부배의 천은자득(紫府背衣 天恩自得)

대궐에서 관복을 입는 격이니 임금의 은혜를 입으리라.

7. 1. 산천대축(山天大畜)

노룡득운 식전방장(老龍得雲 食前方丈)

늙은 용이 구름을 얻는 격이요 식전방장 격이다.

7. 2. 산택손(山澤損)

노룡무성 강변수루(老龍無聲 江邊垂淚)

강가에서 늙은 용이 소리없이 눈물만 흘리는 격이로다.

7. 3. 산화비(山火賁)

청조무춘 화개무풍(靑鳥無春 華盖無風)

청조가 봄을 만나지 못해 화개에 바람이 없는 격이니 실속이 없으리라.

7. 4. 산뢰이(山雷頤)

유지가도 산월배회(柳枝街道 山月徘徊)

버들가지 길에 산 달이 지려는 격이니 주색을 좋아하고 나쁜 운이 다가오리라.

7. 5. 산풍고(山風蠱)

신유질병 장유구적(身有疾病 墻有寇賊)

몸에 질병이 따르고 도둑이 담장을 기웃거리는 격이다.

7. 6. 산수몽(山水蒙)

사지미간 매소공방(射之眉間 賣少空房)

눈썹 사이로 쏘아 빈 방에서 젊음을 팔리라.

7. 7. 중산간(重山艮)

조후절계 영락표풍(朝后折桂 零落飄風)

아침 뒤에 계수나무를 꺾으니 바람에 떨어져 나부끼리라.

7. 8. 산지박(山地剝)

일입형문 유하수복(一入刑門 有何壽福)

감옥에 들어가는 격이니 어찌 수복을 누리겠는가.

8. 1. 지천태(地天泰)

다고방적 자부문장(名高榜籍 紫府文章)

과거보는 방에 이름이 높이 붙고 대궐에서 문장으로 종사하리라.

8. 2. 지택림(地澤臨)

봉추린각 광피일월(鳳雛麟閣 光被日月)

봉황이 날아오고 기린이 나오니 광채가 일월처럼 찬란하리라.

8. 3. 지화명이(地火明夷)

강상기루 심적자한(江上起樓 心適自閑)

강상에 누각을 짓고 거처하는 격이니 일이 뜻대로 풀리고 심신이 한가로우리라.

8. 4. 지뢰복(地雷復)

표령동서 모년득병(飄零東西 暮年得病)

동서로 떠돌다가 만년에는 병을 얻으리라.

8. 5. 지풍승(地風升)

재학일지 도덕문장(才學一枝 道德文章)

재주와 학문이 모두 뛰어나고 도덕과 문장을 겸하리라.

8. 6. 지수사(地水師)

초가평지 산두여제(初稼平地 山頭與齊)

평지에 심은 것이 산머리에 가지런하게 되리라.

8. 7. 지산겸(地山謙)

입신양명 문장변환(立身揚名 文章變換)

문장이 뛰어나니 출세하여 이름을 떨치리라.

8. 8. 중지곤(重地坤)

청향만당 제방양명(淸香滿堂 帝傍揚名)

집안에 맑은 향기가 가득하니 임금이 있는 곳까지 이름을 떨치리라.

5장. 곡획((曲劃) 작명법(作名法)

곡획작명법(曲劃作名法)이란 생년의 간지(干支)별로 정해진 선천생수(先天生數)에 성명의 필획수와 곡획수를 더한 총수에 따른 길흉을 4언절구로 풀이하였다. (60~147).

• 생년별 선천생수+성명 정획수+성명 곡획수=총합수

• 선천생수(先天生數)조견표

甲子 42	甲戌 48	甲申 37	甲午 34	甲辰 56	甲寅 38
乙丑 40	乙亥 42	乙酉 33	乙未 46	乙巳 52	乙卯 40
丙寅 46	丙子 44	丙戌 36	丙申 44	丙午 38	丙辰 32
丁卯 32	丁丑 38	丁亥 46	丁酉 42	丁未 46	丁巳 41
戊辰 34	戊寅 36	戊子 48	戊戌 55	戊申 44	戊午 30
己巳 37	己卯 34	己丑 55	己亥 30	己酉 41	己未 32
庚午 48	庚辰 43	庚寅 57	庚子 44	庚戌 32	庚申 46
辛未 43	辛巳 41	辛卯 59	辛丑 38	辛亥 30	辛酉 35
壬申 51	壬午 30	壬辰 52	壬寅 41	壬子 59	壬戌 37
癸酉 53	癸未 35	癸巳 32	癸卯 35	癸丑 44	癸亥 40

1. 작수(作數) 예

	현(玄)		철(哲)		
필획수	5	+	10	=	15
곡획수	7	+	12	=	19

(壬午生선천생수)30+(필획수)15+(곡획수)19 = 64 수리둔괘(水履屯卦)

　　　64 ⇒ 일생다복(一生多福)○○○

생년의 간지(干支)에 따른 선천생수(先天生數: 예를 들어 甲子生은 42)에 성명의 필획수(正劃數)와 곡획수(曲劃數)를 합한 총수를 아래의 곡획작명 길흉표에서 찾아 길흉을 본다. 그리고 성명이 같아도 생년이 다르면 길흉도 다르다. 이러한 구별성과 개별성이 곡획작명법(曲劃作名法)의 특장점이다.

● 곡획작명(曲劃作名) 길흉표

곡획법(曲劃法)=선천생수(先天生數)+필획수(筆劃數)+곡획수(曲劃數)

吉凶 數	吉凶		吉凶 數	吉凶		吉凶 數	吉凶	
	略言	初中末		略言	初中末		略言	初中末
60	富至石崇	○○○	71	一生辛苦	×××	82	早晩財旺	○○○
61	久免必敗	○××	72	壽富可期	○○○	83	運在末年	××○
62	先困後達	×○○	73	去去高山	×××	84	寶劍藏匣	○○○
63	前程有害	×××	74	金錢有餘	○○○	85	過風孤棹	×××
64	一生多福	○○○	75	孤身多苦	×××	86	福祿綿綿	○○○
65	運在末年	××○	76	萬事能權	○○○	87	前程險惡	×××
66	和樂百年	○○○	77	累見風霜	×××	88	手握四海	○○○
67	外無人服	×××	78	中後大通	×○○	89	富貴兼全	○○○
68	貴中兼富	○○○	79	一生孤單	×××	90	一身辛苦	×××
69	未久必敗	○××	80	名振四方	○○○	91	仁情四海	○○○
70	祿福綿綿	○○○	81	遇過風霜	×××	92	未久貧苦	○××

吉凶 數	吉凶 略言	初中末	吉凶 數	吉凶 略言	初中末	吉凶 數	吉凶 略言	初中末
93	乃積乃倉	○○○	112	富貴榮華	○○○	131	一身孤獨	×××
94	祖業有小	○××	113	終身無亨	×××	132	先困後達	×○○
95	貴中兼富	○○○	114	中末多福	×○○	133	一身無依	×××
96	可知窮困	×××	115	風霜重重	×××	134	保身保家	○○○
97	名振一世	○○○	116	福祿重重	○○○	135	前程無望	×××
98	一生辛苦	×××	117	一生孤單	×××	136	一生安樂	○○○
99	一生亨吉	○○○	118	衣祿無憂	○○○	137	前程難望	×××
100	何論壽福	×××	119	風霜重重	×××	138	晚年多福	×○○
101	先困後達	×○○	120	子孫盛大	○○○	139	晚無依身	×××
102	六親無德	×××	121	晚無糊口	○××	140	壽富可知	○○○
103	安過一生	○○○	122	手握四海	○○○	141	先吉後凶	○××
104	百日無光	×××	123	去去高山	×××	142	末年多福	×○○
105	財祿可知	○○○	124	文章可知	○○○	143	運在末年	××○
106	壽福綿綿	○○○	125	風霜許多	×××	144	一生多福	○○○
107	一身無依	×××	126	多智多辯	○○○	145	四顧無親	×××
108	揚名後世	○○○	127	有何壽福	×××	146	終身安樂	○○○
109	左右相侵	×××	128	富至千石	○○○	147	白日無光	×××
110	文章可知	○○○	129	終無財亨	×××			
111	一身孤獨	×××	130	富貴兼全	○○○			

※ 이 표는 활용하기 쉽도록 성명 획수별 해설을 필자가 대표문구로 요약
하고, 초·중·노년의 운세를 대길○, 중길△, 불길× 로 표시하였다.

6장. 대수론(代數論)

1. 대수(代數)

- 전운(前運): 명상자 획수 ⇒ 대(代)   명하자 획수 ⇒ 수(數)
                    ⇒ 30세까지 운
- 후운(後運): 성자 획수 ⇒ 대(代)   이름자 총획수 ⇒ 수(數)
                    ⇒ 31세 이후 운

  유년기에는 부모 밑에서 이름 2자만을 사용하다가 자립하면서 성명 3자를 사용하므로 이런 간명법이 된 것이다.

< 예 >

예) 8대 ┌ 金김 8   · 전운(前運) : 10대의 7수를 본다.
                            재물운, 수명운, 아내운, 자손운이 모두 길하나
17수 │ 容용 10→10대   결혼은 늦게 하는 것이 좋다.(大富, 壽, 晩, 多子)

         佑우 7→ 7수 · 후운(後運) : 8대 17수를 본다.
                            재물운, 수명운, 아내운, 자손운이 모두 길하다.
                            (富, 壽, 吉, 好)

2. 대수별 운 구분

재물운: 거부, 대부, 부, 보(보통), 빈, 흉 6단계로 구분.
수명운: 장수, 수, 보(보통), 단, 흉 5단계로 구분.
아내운: 대길, 길, 양(양처), 만(만혼), 상(상처), 흉 6단계로 구분.
자손운: 대호, 보(보통) 다자, ○자, 무자 흉 6단계로 구분.

  다음의 대수운조견표(代數運早見表)는 쉽게 찾아 활용할 수 있도록 필자가 만든 것이다.

● 대수운(代數運) 조견표

재물운, 수명운, 아내운, 자손운, 비고 순

	1代		2代		3代
1	普 壽 吉 好	1	富 壽 吉 多子	1	普 平吉 吉 一,二子 政治吉
2	普 壽 晚 大好	2	普 短 凶 一,二子	2	富 短 喪 好
3	富 短 晚 好	3	富 壽 吉 好 半官半民職	3	富 平吉 吉 好
4	普 壽 吉 一子 官職吉	4	富 壽 吉 好	4	富 平吉 吉 好
5	富 長壽 凶 大好	5	富 短 凶 一子	5	富 平吉 吉 好
6	富 壽 晚 好	6	富 壽 吉 好	6	普 短 凶 凶
7	富 壽 晚 好	7	富 壽 凶 好	7	貧 短 凶 凶
8	富 短 兩 好	8	普 壽 吉 二,三子	8	富 平吉 吉 好
9	普 壽 晚 好	9	富 壽 吉 好	9	普 平吉 吉 一,二子
10	富 壽 凶 好	10	普 短 凶 二子	10	普 平吉 凶 二,三子
11	普 短 晚 好	11	普 壽 吉 好	11	普 短 晚 好
12	富 壽 吉 二子	12	富 壽 吉 好 陰陽不交凶	12	富 平吉 吉 好
13	貧 壽 凶 無子	13	凶 普 凶 一,二子	13	富 平吉 吉 好
14	巨富 壽 晚 大好	14	富 壽 吉 好 陰陽不交凶	14	普 短 吉 一,二子
15	富 壽 晚 二,三子	15	巨富 壽 吉 多子	15	普 短 吉 凶
16	富 壽 兩 多子	16	富 壽 吉 好	16	普 平吉 凶 凶
17	富 壽 吉 好	17	凶 壽 晚 多子	17	普 平吉 吉 一,二子
18	貧 短 凶 凶	18	凶 短 凶 一無子	18	普 短 凶 多子
19	貧 短 晚 好	19	凶 壽 晚 好 官職吉	19	普 短 吉 多子
20	富 壽 吉 好	20	富 壽 吉 好	20	富 壽 兩 三子
21	凶 短 吉 多子	21	富 壽 吉 好 官職吉	21	普 壽 吉 二,三子
22	富 壽 晚 好	22	凶 短 凶 一無子 農業吉	22	普 短 吉 好
23	富 壽 晚 好	23	富 壽 吉 多子 事業吉	23	貧 凶 凶 凶 政治吉
24	富 壽 晚 好	24	普 壽 吉 二,三子	24	普 短 吉 好
25	凶 短 凶 凶	25	普 短 吉 好	25	普 壽 吉 一,二子 軍人政治
26	普 短 吉 好 官職發展	26	凶 凶 凶 凶 政治家吉	26	普 壽 吉 好 官職出世
		27	普 壽 吉 好	27	普 壽 吉 好 官職大吉
		28	富 壽 吉 好	28	普 壽 吉 好 事業好
		29	富 壽 吉 二,三子 軍職吉	29	富 平吉 吉 一,二子
		30	富 壽 吉 好 陰陽不交凶	30	普 壽 吉 好 軍大成
		31	富 平吉 吉 好 事業吉	31	貧 凶 凶 凶
		32	普 平吉 吉 好	32	富 壽 吉 好
		33	普 平吉 吉 好 三遷大吉	33	富 壽 吉 一,二子
		34	普 平吉 兩 一,二子	34	普 壽 兩 二,三子
		35	普 平吉 吉 好	35	普 壽 吉 好
		36	富 平吉 吉 好	36	富 壽 吉 多子
		37	普 平吉 吉 好		
		38	普 短 吉 好		
		39	普 平吉 吉 多子 事業吉		

	4代		5代		6代
1	富 壽 吉 二,三子 軍政始	1	富 長壽 晚 好 官職	1	富 長壽 吉 好 事業大成
2	富 壽 吉 好	2	普 長壽 晚 一,二子	2	富 壽 吉 好
3	富 壽 吉 好	3	巨富 長壽 吉 多子	3	富 壽 吉 好
4	富 長壽 吉 多子	4	貧 短 凶 凶 官職不吉	4	貧 短 凶 凶 數理好吉
5	富 長壽 吉 多子	5	普 壽 吉 好	5	普 壽 凶 凶
6	普 普 凶 好	6	普 壽 兩 好 陰陽不交凶	6	貧 短 凶 凶
7	普 壽 晚 二子	7	貧 凶 凶 凶	7	富 壽 吉 好
8	普 短 凶 二子	8	巨富 壽 吉 多 官職名振	8	普 壽 凶 好
9	富 長壽 吉 好	9	普 壽 晚 二,三子	9	富 壽 吉 好
10	普 普 晚 一,二子	10	普 壽 晚 二子 他鄕利吉	10	富 壽 吉 好
11	富 壽 吉 二子	11	富 壽 吉 多子 事業大吉	11	富 壽 吉 好 事業大成
12	富 壽 吉 好	12	普 壽 凶 一,二子	12	巨富 壽 兩 好 有才無功
13	富 長壽 吉 多子	13	富 壽 吉 多子	13	普 凶 凶 一子
14	富 壽 兩 多子	14	貧 短 凶 凶 不意災難	14	貧 短 凶 凶
15	貧 短 吉 凶	15	貧 短 凶 凶	15	富 壽 吉 好
16	普 壽 兩 二子	16	巨富 長壽 吉 大好 名振後悔	16	普 凶 凶 好 夫婦離別
17	普 壽 吉 一,二子	17	普 壽 晚 好 數理凶吉	17	巨富 壽 吉 好 事業大成
18	普 短 吉 凶	18	普 壽 吉 二子	18	富 壽 吉 好
19	富 長壽 吉 好	19	富 長壽 吉 好 事業大成	19	富 壽 吉 好
20	富 長壽 吉 好	20	普 壽 吉 二子	20	貧 短 兩 凶 軍人出世
21	富 壽 吉 多子	21	普 壽 吉 好	21	貧 短 凶 凶 官職成功
22	普 短 兩凶好	22	普 短 凶 凶	22	普 短 兩 一,二子
23	普 短 吉 二子	23	貧 凶 兩 一子 軍人出世	23	富 壽 吉 好
24	普 短 兩 二子	24	巨富 長壽 吉 好 官職名振	24	普 短 兩 好
25	富 壽 吉 好	25	普 普 吉 好 三遷大吉	25	大富 壽 吉 好
26	普 壽 吉 一,二子 官職吉	26	普 壽 吉 好	26	富 壽 吉 好
27	富 壽 吉 好 官職吉	27	普 壽 吉 好 事業大成	27	大富 壽 吉 好
28	富 壽 吉 多子 事業吉	28	富 短 兩 一子 早別難養	28	普 短 兩 好
29	富 壽 吉 多子	29	普 壽 吉 好	29	普 凶 凶 凶
30	普 短 兩 好 軍人大吉	30	富 壽 吉 好	30	貧 凶 凶 凶
31	普 短 吉 一,二子	31	普 短 凶 凶 軍人政治	31	富 壽 吉 好
32	富 壽 吉 好	32	富 長壽 吉 好	32	普 壽 兩 好
33	富 壽 吉 好	33	富 壽 吉 大好	33	富 長壽 吉 好
34	富 長壽 吉 好	34	普 壽 吉 二子	34	普 壽 吉 好
35	普 短 吉 好	35	富 壽 吉 好 陰陽不交凶	35	富 長壽 吉 好
		36	普 壽 吉 好	36	凶 短 凶 凶
		37	普 壽 吉 好	37	凶 短 凶 凶 官職大吉
		38	普 短 兩 凶 財上風波	38	普 短 吉 一,二子
		39	普 凶 兩 凶 〃	39	富 長壽 吉 好
		40	富 壽 吉 多 事業成市	40	普 壽 吉 好

	7代		8代		9代
1	富長壽吉二子 事業大吉	1	富長壽吉 好	1	普 壽 晚 好
2	富 壽 晚 好 離別短命	2	富 壽 吉 二子	2	普 壽 凶 好官職大吉
3	貧 壽 吉好官職不利	3	貧 短 凶 二子, 一時吉後凶	3	普 短 晚 凶有才
4	富 壽 吉一; 二子官職大吉	4	普病苦晚一; 二子	4	普 壽 吉一; 二子
5	普 壽 晚 好	5	普 壽 吉 二子官職名振	5	富 短 凶 凶農商業吉
6	普 壽 吉 二子	6	普 短 凶 一子	6	普 壽 晚 多子
7	普 長壽 晚 好	7	富 壽 晚 好	7	富 短 晚二; 三子陰陽不交凶
8	普 短 凶 凶官職不利	8	富 壽 吉 多子	8	貧 壽 凶 多子 離別短命
9	大富壽吉 好 事業大吉	9	富 壽 凶 多子; 官職大吉	9	富 壽 吉 好
10	大富壽晚 好 離別短命	10	富長壽吉 好	10	貧 凶 凶 凶官職不吉
11	普 短 凶 凶官職不利	11	普 短 凶 凶	11	普 短 晚 二子
12	普 壽 晚一; 二子官職吉	12	普 短 吉一; 二子	12	富 壽 吉 好
13	普 短 晚一; 二子	13	普 壽 吉 多子	13	貧 短 凶 凶官職大吉
14	普 壽 吉一; 二子	14	普 壽 凶 凶 事業大吉	14	富 壽 凶 多子
15	富長壽吉 好	15	富 壽 吉 二子	15	富 壽 晚 好
16	貧 凶 凶 凶	16	大富壽 兩 多子 事業大成	16	富 壽 晚 好
17	富 壽 吉 好 事業大吉	17	富 壽 吉 好	17	普 壽 凶 好軍人大吉
18	富 壽 兩 多子	18	普 壽 吉二; 三子	18	貧 短 凶 好 離別短命
19	富 壽 凶 凶軍人政治	19	普 短 凶 一子先天半吉	19	貧 壽 晚 好
20	普 短 凶一; 二子	20	普 壽 吉 二子	20	富 壽 吉 好
21	普 短 兩 好	21	富長壽吉多子官職大吉	21	富長壽凶多子官職大吉
22	普 壽 吉 二子	22	富 壽 凶 三子 妖怪無孫	22	富 壽 兩 多子
23	富 壽 吉 好	23	巨富長壽凶好 事業大吉	23	普 短 吉 凶陰陽交不利
24	普 壽 吉 好妖怪	24	富 壽 兩 多子 事業中吉	24	巨富壽吉 多子 事業官職
25	富長壽吉 好	25	普 壽 吉一; 二子; 官職吉	25	普 壽 吉 好
26	富長壽吉 好	26	普 壽 吉 好軍人, 政治	26	普 壽 吉 好
27	普 短 兩 凶官職不利	27	富長壽吉 好	27	普 短 兩 好官職不利
28	富 壽 吉 好	28	普 短 吉一; 二子	28	富 壽 吉一; 二子官職吉
29	大富壽吉 好軍人政治	29	富 壽 吉 凶	29	富 壽 吉 大好官職吉
30	富 壽 吉 好	30	富 壽 吉一; 二子	30	富長壽吉 好 事業大吉
31	富 壽 吉 好	31	大富壽 吉 好 事業大吉	31	普 短 凶 凶
32	普 壽 吉 凶陰陽不交凶	32	富 壽 吉 多子	32	富 壽 吉 多子 事業不利
33	富長壽吉二子	33	富 壽 吉 好	33	普 壽 吉 大好
34	富長壽吉 好	34	普 壽 吉 好	34	普 壽 吉多子官職不利
35	普 短 凶 二子	35	普 短 凶 二子	35	普 壽 吉 好人德無事業不利
36	富長壽吉 好	36	普 短 凶 二子	36	富 壽 吉一; 二子
37	普 壽 吉 好	37	富 壽 吉 好	37	富長壽吉 大好
38	富 壽 吉 二子	38	普 壽 吉 凶	38	富 壽 吉 多子
39	富 壽 吉 好 事業大吉	39	大富壽吉 二子	39	普 壽 吉一; 二子
40	普 壽 吉 好	40	富 壽 吉 多子	40	富長壽吉好 財에 風波

재물운, 수명운, 아내운, 자손운, 비고 순

	10代		11代		12代
1	富 壽 吉 多子	1	富長 壽 吉 好	1	富長 壽 吉 好
2	普 短 凶 一;二子 水厄有	2	普 壽 凶 好 官職大吉	2	普 普 晚 一,二子
3	普 壽 吉 三子 技術職職	3	普 短 晚 多子 東奔西走	3	富長 壽 吉 好 官職大吉
4	富 壽 吉 二三子 陽厄凶	4	富 壽 吉 二,三子	4	富長 壽 吉 好 事業大吉
5	富 壽 喪 二子 官職有才	5	富 壽 晚 凶 官職吉	5	富 壽 吉 多子
6	普 壽 吉 好	6	普 壽 晚 二子	6	富 壽 兩 好 軍人政治
7	大富 壽 晚 多子 事業大吉	7	貧 凶 凶 凶	7	普 凶 凶 凶
8	富長 壽 吉 好	8	普 壽 吉 二子	8	普 短 凶 二子
9	富 壽 吉 好 奇禍數回	9	富 壽 吉 多子 軍人政治	9	普 壽 吉 好
10	普 短 凶 二子 官職有才	10	富長 壽 凶 好	10	普 短 兩 二子
11	富 壽 晚 二,三子 官職有才	11	普 短 晚 多子	11	富 壽 晚 好 官職不利
12	富長 壽 吉 好	12	富 壽 吉 多子 官職吉	12	大富 壽 吉 好
13	富 短 喪 二子 官職吉	13	富 壽 吉 一;二子	13	富 壽 吉 二子 後運吉
14	富 壽 吉 好 事業吉	14	普 短 凶 好	14	普 普 凶 好 軍人大吉
15	巨富 壽 晚 多子 事業吉	15	貧 凶 凶 凶 官職不成	15	貧 短 凶 凶
16	富長 壽 兩 好 軍人政治	16	普 壽 吉 好 陰陽不交吉	16	普 短 兩 二子 農業政治
17	富 壽 吉 凶	17	富 壽 晚 一;二子	17	富 壽 吉 好
18	貧 短 凶 二子	18	普 壽 凶 二,三子	18	普 壽 兩 一;二子 官職吉
19	富 壽 晚 好	19	普 壽 吉 多子	19	富 壽 吉 二子 官職名振
20	富長 壽 吉 好 官運大吉	20	富長 壽 吉 大好	20	富 壽 兩 好
21	大富 壽 吉 好	21	普 短 凶 凶 官職不利	21	富 壽 吉 多子
22	富長 壽 吉 好 陰陽不交凶	22	普 短 吉 二,三子	22	普 普 兩 好 軍人政治
23	富 壽 吉 大好	23	貧 凶 凶 凶 官職不成	23	普 短 凶 好 病苦愁心
24	富長 壽 吉 好	24	富長 壽 吉 好	24	普 短 凶 二子 陰陽不交吉
25	富 壽 吉 多子 奇禍數回	25	富 壽 吉 多子 軍人政治	25	富 壽 吉 普
26	普 短 凶 二子 水厄吉	26	普 壽 吉 好	26	富 壽 吉 好
27	普 壽 吉 好 官職不吉	27	普 長壽 吉 多子 東奔西走	27	富長 壽 吉 好 官職名振
28	富長 壽 吉 好 事業大吉	28	富 壽 吉 多子	28	大富 壽 吉 大好
29	普 壽 吉 多子 官職大成	29	普 短 晚 二子	29	富 壽 吉 好
30	貧 短 吉 好	30	普 短 吉 好	30	普 壽 兩 好 軍人政治
31	富長 壽 吉 好 商業大吉	31	貧 凶 凶 凶 母事不成	31	貧 短 凶 凶
32	普 壽 吉 好	32	普 壽 吉 好	32	普 短 凶 凶
33	富 壽 吉 多子	33	富長 壽 吉 一;二子	33	富普 吉 好
34	富 短 凶 二子 水厄吉	34	富 壽 吉 大好	34	普 壽 吉 好
35	富 壽 吉 好 官職大吉	35	富 壽 吉 好 多難多苦	35	富 壽 吉 好
36	巨富 壽 吉 好	36	富 壽 吉 好	36	富長 壽 吉 好
37	富長 壽 吉 好 軍人政治	37	普 長壽 吉 一;二子	37	普 壽 吉 好
38	普 壽 吉 好	38	普 短 吉 凶	38	普 短 兩 好
39	富 壽 吉 好	39	貧 短 吉 好	39	貧 短 凶 凶
40	普 短 凶 好	40	富長 壽 吉 好 事業大吉	40	普 普 兩 二子

13代		14代		15代	
1	普 壽 晚 好	1	富 壽 吉 好 事業大吉	1	大富 壽 吉 好
2	富 壽 晚 一二子 利在他鄕	2	富 長 壽 吉 好	2	富 壽 凶 好 妻離別吉
3	富 長壽 吉 多子	3	富 壽 吉 好	3	普 短 凶 凶
4	普 壽 晚 二,三子 好化獸吉	4	普 壽 兩 凶	4	普 短 晚 凶 陰陽相交吉
5	富 普 吉 多子 農商業吉	5	貧 凶 凶 凶 每事不成	5	普 短 凶 好
6	貧 短 凶 凶	6	貧 短 凶 凶	6	普 壽 吉 一,二子
7	貧 凶 凶 凶	7	普 壽 吉 凶	7	富 壽 吉 好
8	富 壽 吉 多子 官職大吉	8	普 短 凶 普	8	貧 短 凶 凶 刑職不利
9	普 短 凶 二,三子	9	普 壽 吉 好 每事大吉	9	富 壽 吉 好 事業大吉
10	富 壽 晚 一,二子	10	大富 壽 吉 大好	10	富 壽 晚 好 官職不利
11	富 壽 吉 多子 事業	11	富 壽 吉 好	11	普 短 凶 凶 軍人政治
12	普 短 凶 好 陰陽相合吉	12	貧 短 凶 凶 陰陽相交吉	12	普 短 晚 一二子 中折運
13	普 短 晚 普 政治不利	13	貧 短 晚 二子 官職吉	13	普 壽 晚 好 英雄之象
14	富 短 兩 凶 事業風波	14	貧 短 凶 凶 軍人政治	14	富 壽 吉 好
15	貧 短 凶 凶	15	富 壽 吉 好	15	富 長壽 吉 好
16	巨富 長壽 吉 好 官職業吉	16	普 短 凶 好 官職大吉	16	普 短 凶 凶 後天大吉
17	普 壽 晚 好 官職吉	17	富 壽 吉 大好	17	富 壽 吉 好 陰陽交不利
18	普 壽 吉 好 利在他鄕	18	富 長壽 吉 好 陰陽交吉	18	富 壽 兩 一,二子
19	富 壽 吉 多子 名振四海	19	富 壽 吉 好	19	貧 短 凶 凶
20	普 壽 吉 二子	20	普 短 凶 凶	20	富 壽 吉 一,二子
21	普 壽 吉 好	21	普 短 凶 一,二子 官職不居	21	普 普 吉 好
22	富 短 兩 多子	22	普 短 兩 二子 軍人政治	22	普 壽 吉 大好
23	普 凶 凶 凶 陰陽交吉	23	富 壽 吉 好	23	大富 壽 吉 好
24	富 長壽 吉 多子 事業官職	24	普 短 兩 好	24	富 壽 吉 好
25	普 壽 吉 好	25	富 壽 吉 一子	25	普 壽 吉 二子
26	普 壽 吉 大好 奇蹟有	26	富 壽 吉 大好	26	富 長壽 兩 二子
27	大富 壽 吉 好 事業大吉	27	普 短 兩 普	27	貧 凶 凶 凶 官職不利
28	普 壽 兩 凶	28	貧 短 兩 凶	28	普 壽 吉 一,二子
29	普 壽 大吉 好	29	貧 短 凶 凶 每事不成	29	普 短 吉 好 陰陽交不利
30	貧 短 凶 凶	30	貧 短 凶 凶	30	普 壽 吉 好
31	貧 凶 凶 凶 我損傷吉	31	富 壽 吉 好	31	富 長壽 吉 好
32	巨富 長壽 吉 好 名振四海	32	富 壽 兩 好	32	普 壽 吉 好
33	普 短 吉 好 官職不利	33	富 長壽 吉 好 事業大吉	33	富 壽 大吉 好
34	普 壽 吉 二子	34	富 壽 吉 好	34	普 普 兩 一,二子
35	富 壽 大吉 好 陰陽交吉	35	富 壽 吉 好		
36	普 壽 兩 一,二子 財產風波	36	普 短 凶 凶		
37	普 壽 吉 好	37	普 短 凶 二子 官外不利		
38	富 短 兩 好	38	富 長壽 吉 二子 蹇足		
39	富 壽 吉 好 事業大吉	39	富 壽 吉 二子		
40	普 壽 大吉 好	40	普 短 兩 好		

	16代		17代		18代
1	富 壽 凶 多子	1	富長 壽 吉 好 六龍爭珠格	1	富 壽 吉 好
2	富 壽 吉 好	2	貧 短 凶 凶 官職不利	2	普 短 凶 一;二子 枇桔
3	普 短 凶 二子	3	普 凶 凶 二,三子 有才	3	普 壽 晚 好 官職機械職
4	普 短 吉 二子	4	富 壽 晚 二子 官職大吉	4	富 壽 吉 好
5	普 壽 吉 好 官職名振	5	普 短 凶 凶 官職名振	5	普 短 喪 一;二子 妻無利諭
6	普 短 兩 一子	6	富 壽 晚 多	6	富 壽 吉 好
7	大富 壽 吉 好 事業大吉	7	富 壽 晚 一;二子 平數不吉	7	大富 壽 吉 好
8	大富 壽 兩 好 事業大吉	8	富 壽 兩 多子 財物風波	8	富 壽 晚 好
9	富 壽 晚 好 官職大吉	9	普 短 凶 好 政治不利	9	普 壽 吉 多子 官職遷
10	普 壽 吉 好	10	普 短 凶 凶 官職不利	10	普 短 凶 一;二子 軍政治不利
11	普 短 凶 一;二子	11	普 短 兩 好 軍人政治	11	富 壽 晚 好 官職人吉
12	普 短 凶 二子 政治病愁	12	富 壽 吉 二子	12	富 壽 吉 好
13	富 壽 吉 多子 官職吉	13	貧 短 喪 凶	13	普 短 喪 一;二子
14	普 壽 凶 凶	14	富 壽 晚 好	14	富 壽 吉 好
15	富 壽 吉 好 晚婚大吉	15	富長 壽 吉 好	15	大富長 壽 吉 多子
16	大富 壽 兩 多 事業大吉	16	富 壽 兩 好	16	普 壽 吉 好
17	富 壽 吉 好 官職名振	17	大富 壽 兩 多子	17	富 壽 吉 多子 大振名利
18	普 壽 吉 好	18	富 壽 普 好	18	普 短 兩一;二子 軍政治不利
19	富 壽 普 好	19	普 壽 凶 好	19	普 普 吉 好
20	普 壽 吉 好 官職之象	20	富 壽 吉 好	20	富 壽 吉 好
21	富 壽 吉 凶	21	貧 短 喪 凶 官職名振	21	富 壽 吉 好 名振四海
22	富 壽 兩 普	22	富 壽 兩 好	22	普 壽 吉 二子
23	大富 壽 吉 好	23	普 短 兩 凶	23	富長 壽 吉 好 事業大吉
24	富 短 兩 多	24	富 壽 兩 多子 妻無利	24	普 壽 吉 二子
25	富 壽 吉 好 官職大吉	25	普 壽 吉 好	25	普長 壽 吉 好 奇蹟遷
26	富 壽 吉 好	26	普 短 兩 好	26	普 壽 兩一;二子
27	貧 短 凶 凶	27	普 短 吉 二子	27	普 壽 吉 好 官職大吉
28	普 短 吉 二子	28	富 壽 吉 二子 官職吉	28	大富 壽 吉 好 事業大吉
29	普 壽 吉 多子	29	富 壽 吉 多子 官職名振	29	普 壽 大吉 好 軍人政治
30	富 壽 吉 凶 陰陽不交利	30	富 普 普 好 陰陽不交利	30	富 壽 吉 好
31	大富 壽 吉 好 事業大吉	31	普 短 吉 凶	31	富 壽 吉 好
32	富 壽 吉 多子	32	普 短 兩 多子	32	普 壽 吉 一;二子
33	富長 壽 吉 好	33	普 壽 吉 好	33	富長 壽 大吉 多子
34	富 壽 吉 二子	34	富 壽 吉 好	34	普 壽 吉 一;二子
35	富 壽 大吉 好	35	富 壽 吉 好 官職吉人德無	35	普 壽 吉 好
36	富 壽 吉 二子				
37	富 短 吉 好				
38	富長 壽 吉 好				
39	大富 壽 吉 好				

19代		20代		21代	
1	富 壽 晚 一子 陰陽交凶	1	富 壽 吉 好	1	普 短 晚 二，三子 官職吉
2	富 壽 凶 好 官職文術	2	貧 壽 晚 二子	2	普 壽 吉 二子
3	普 短 吉 好	3	富 壽 吉 好 官職大吉	3	大富 壽 吉 二子 名振四海
4	富 壽 吉 普 官職大吉	4	大富 普 吉 好	4	富 壽 兩 好 姓孔堂吉
5	富長 壽 吉 一，二子	5	富 壽 吉 好 斷機憶滅	5	富 壽 吉 多子
6	普 壽 晚 好	6	富 壽 吉 好	6	普 短 凶 凶 螳螂窺路
7	普 壽 凶 凶	7	貧 壽 凶 凶	7	貧 短 凶 凶
8	普 壽 吉 多子 財物風波	8	貧長 壽 兩 二子	8	富 壽 吉 好
9	富 壽 吉 好	9	富 壽 吉 好	9	普 壽 吉 好
10	普 壽 凶 好	10	富 壽 晚 二，三子 官職吉	10	普 壽 吉 二子
11	凶 壽 吉 好	11	富 壽 吉 好 官職吉	11	大富 壽 吉 好
12	富 壽 吉 好	12	富長 壽 吉 好 陰陽交吉	12	富 壽 吉 好
13	富 壽 吉 大好	13	大富 壽 吉 好	13	普 壽 吉 好
14	富長 壽 大吉 好	14	富 壽 兩 好	14	普長 壽 兩 好 財物風波
15	貧 壽 吉 好	15	富長 壽 兩 大好	15	凶 短 喪 凶
16	貧 短 凶 凶	16	富 壽 兩 好	16	大富長 壽 吉 多子 名振四海
17	富 壽 吉 好	17	貧 壽 吉 好	17	富 壽 吉 好 有才
18	大富 壽 吉 好	18	富 壽 吉 好	18	富 壽 吉 二子
19	富 壽 吉 好 東西走	19	普 壽 吉 好	19	大富 壽 吉 大好
20	富 壽 吉 好 官職吉	20	富 壽 吉 好	20	貧 壽 吉 好
21	普 短 吉 凶 有才	21	大富 壽 吉 好	21	貧 普 晚 一，二子 利他鄉
22	普 壽 大吉 好 不成嘆息	22	富 壽 兩 好	22	貧 普 兩 凶 財産亂
23	貧 短 凶 凶 官職不成	23	貧 短 兩 二子	23	凶 短 凶 凶 每年不成
24	富 壽 吉 好	24	貧長 壽 兩 二子	24	大富 壽 吉 多子 名振四海
25	富 壽 吉 一，二子	25	富 壽 吉 好	25	貧 壽 兩 晚 好
26	富長 壽 吉 好 官職吉	26	普 壽 吉 二子	26	富 壽 吉 好 利他鄉
27	大富 壽 吉 多子	27	富 壽 吉 好	27	大富長 壽 吉 多子
28	富 壽 吉 好	28	富 壽 吉 好	28	貧 普 凶 凶 千里有光
29	富 壽 吉 好	29	富 壽 吉 多子		
30	富 凶 普 凶	30	貧 壽 兩 好		
31	貧 凶 凶 凶 事業不利	31	貧長 壽 兩 凶		
32	富 壽 吉 好	32	貧 壽 兩 二子		
33	富 壽 吉 好	33	普 壽 吉 好		
34	凶 短 吉 凶	34	貧長 壽 兩 好		
35	富 壽 凶 好	35	富 壽 吉 好		
		36	大富 壽 吉 好		

22代		23代			
1	巨富 壽 吉 好 事業大成	1	大富 壽 吉 好 諸業大興		
2	富 壽 吉 好	2	大富 壽 晩 好		
3	富 壽 吉 好	3	貧 長壽 凶 凶 軍政治不利		
4	普 短 兩 多子 英雄格	4	貧 長壽 晩 凶 官職大吉		
5	貧 凶 凶 凶	5	貧 普 吉 好 病苦愁心		
6	普 短 凶 二子	6	富 壽 吉 二子 官職大吉		
7	富 壽 吉 好	7	富 壽 吉 好		
8	普 壽 吉 好 陰陽校不利	8	貧 長壽 凶 凶 刑厄不吉		
9	富 壽 吉 好	9	富 壽 吉 好 事業大吉		
10	富 壽 吉 好	10	大富 壽 晩 好 每事不吉		
11	富 壽 吉 好	11	貧 短 凶 凶		
12	富 短 兩 好	12	富 壽 吉 好 官職大吉		
13	普 短 凶 二子 官職不利	13	富 壽 吉 好 有始無終		
14	普 短 凶 二子	14	貧 壽 吉 好		
15	普 壽 吉 好	15	大富 壽 吉 好 事業大吉		
16	普 壽 凶 好 陰陽校不利	16	貧 長壽 凶 凶 不吉		
17	大富 壽 吉 好	17	貧 壽 吉 好		
18	富 壽 吉 好	18	富 壽 兩 晩 好		
19	大富 壽 吉 好 事業大吉	19	貧 長壽 凶 凶		
20	普 長壽 兩 好	20	貧 長壽 晩 凶		
21	貧 壽 凶 凶	21	富 壽 兩 好		
22	貧 壽 凶 凶				
23	富 壽 吉 好				
24	富 壽 兩 好				
25	富 壽 吉 好 事業發展				
26	富 壽 吉 好				
27	富 壽 吉 好				
28	貧 壽 吉 好				
29	貧 長壽 凶 一子				
30	貧 普 兩 一, 二子				
31	富 壽 吉 好				
32	富 壽 吉 好				
33	富 壽 吉 好				
34	大富 壽 吉 好				
35	富 壽 吉 好				
36	貧 長壽 凶 一;二子				

7장. 황극책수법(皇極策數法)

예) 지천태괘(地天泰卦)

양효(陽爻)의 1爻는 36策　　36× 3=108

음효(陰爻)의 1爻는 24策　　24× 3=72　　　) 180

● 64괘별 착종수(錯綜數)

乾 216	履 204	同人 204	无妄 192	姤 204	訟 192	遯 192	否 180
夬 204	兌 192	革 192	隨 180	大過 192	困 180	咸 180	萃 168
大有 204	睽 192	離 192	噬嗑 180	鼎 192	未濟 180	旅 180	晋 168
大壯 192	歸妹 180	豊 180	震 168	恒 180	解 168	小過 168	豫 156
小畜 204	中孚 192	家人 192	益 180	巽 192	渙 180	漸 180	觀 168
需 192	節 180	旣濟 180	屯 168	井 180	坎 168	蹇 168	比 156
大畜 192	損 180	賁 180	頤 168	蠱 180	蒙 168	艮 168	剝 156
泰 180	臨 168	明夷 168	復 156	升 168	師 156	謙 156	坤 144

1. 작괘(作卦)

성자+명상자 합수 88제지　⇒ 상괘(上卦)

성명자 합수 88제지　⇒ 하괘(下卦),

성명자 합수 66제지　⇒ 동효(動爻)

$$\frac{17}{\div 8}$$

하괘 1

金　8
化　6　）
七　3

14÷8=6 감수(坎水) ⇒상괘(上卦)
　　본괘(本卦) : 수천수괘(水天需卦)

17÷6=5효동(爻動)
　　지괘(之卦) : 지천태괘(地天泰卦)

※ 글자획은 반드시 곡획(曲劃)에 의한다.

2. 황극책수(皇極策數)

착종수(錯綜數) - 원수(原數 : 피승수被乘數)

내괘(內卦)동시　괘수(卦數) 10위 동효수 단(單)

상괘수(上卦數)+하괘수(下卦數)+효수(爻數)=

□□□□(원회운세元會運世)

외괘(外卦)동시　효수(爻數) 10위 괘수 단(單)

5위 수시(數時) 기위(基位) 감(減, 萬단위 제외)

※ 384괘효의 원문 원회운세표(4언절구)를 종합하여 필자가 부호로 길흉 표시함.

예1) 지천태(地天泰)　3효동(爻動)인 경우

태괘(泰卦) 착종수 180 3효동(爻動)-내괘동(內卦動)

천괘(天卦) 10위 효수(爻數)3=13　180× 13=2340

2340+180(착종수)+8(상괘지上卦地)+1(하괘천下卦天)+3(동효

수)=2532 황극책수(皇極策數, 원회운세元會運世)

예2) 지천태(地天泰) 5효동(爻動)인 경우

180 × 58(5효동수 10위　지괘수地卦數 8)=10440

10440 + 180 + 8 + 1 + 5(동효수動爻數)=10634 → 0634

- 공수(空數: 천 단위 숫자 4개 중에서 0이 되는 것)

　원수(元數: 천 단위) - 일생 두서가 없고 가산 패괴(敗壞).

　회수(會數: 백 단위) - 형제가 분리하여 고독무의지상(孤獨無依之象).

　운수(運數: 십 단위) - 자신이 매우 불길함.

　세수(世數: 단 단위) - 자손의 부가 있는 상.

운(運)은 자기이고 세(世)는 본인에 해당하니 세(世)가 운(運)을 생하면 설기(洩氣)되고, 세(世)가 운(運)을 극(剋)하면 평길하고 비화되어도 평길하다. 원회운세(元會運世)는 성명자의 길흉풀이(4언절구) 외에도 만상의 변화가 나타난다.

● 원회운세(元會運世) 조견표

重天乾(11)		天風姤(15)		天山遯(17)		天地否(18)		風地觀(58)	
111	2595 ○	151	0615 ×	171	3833 △	181	4770 ×	581	3790 ×
112	2812 ○	152	0820 ×	172	4026 ×	182	4951 △	582	3959 ×
113	3029 ×	153	1025 ×	173	4219 ○	183	5132 △	583	4128 △
114	9078 ×	154	8578 △	174	8076 ×	184	7573 ○	584	7745 △
115	1239 ×	155	0619 ×	175	9997 △	185	9374 △	585	9426 ×
116	3400 ×	156	2660 ×	176	1918 ○	186	1175 ×	586	1107 ×

火山旅(37)		山地剝(78)		火地晋(38)		火天大有(31)		重水坎(66)	
371	2971 ×	781	2808 ×	381	3788 ○	311	2453 ×	661	0429 ×
372	3152 △	782	2965 △	382	3957 ○	312	2658 △	662	0598 △
373	3333 △	783	3122 ○	383	4126 ×	313	2863 △	663	0767 ×
374	7934 △	784	7507 ×	384	7407 ×	314	8984 △	664	7912 △
375	9735 ×	785	9068 ×	385	9088 ×	315	1025 ×	665	9593 △
376	1536 ×	786	0629 △	386	0769 ×	316	3066 △	666	1274 ×

水澤節(62)		水雷屯(64)		水火旣濟(63)		澤火革(23)		雷火豊(43)	
621	3969 ○	641	7067 ×	631	5770 ×	231	6150 ×	431	5768 △
622	4150 ×	642	7236 △	632	5951 △	232	6343 ×	432	5949 △
623	4331 ○	643	7405 ×	633	6132 ○	233	6536 ○	433	6130 △
624	8472 △	644	7910 ×	634	8473 ○	234	8265 ×	434	8111 ○
625	0273 △	645	9591 △	635	0274 ×	235	0186 ×	435	9912 ○
626	2074 ×	646	1272 ○	636	2075 ×	236	2107 ×	436	1713 ×

地火明夷(83)		地水師(86)		重山艮(77)		山火賁(73)		山天大畜(71)	
831	5388 ×	861	9687 △	771	2111 ×	731	5771 △	711	2313 ×
832	5557 ×	862	9844 △	772	2280 ×	732	5952 ○	712	2506 ×
833	5726 ×	863	0001 ×	773	2449 ○	733	6133 ○	713	2699 ○
834	8247 △	864	7662 △	774	8082 ×	734	8654 ×	714	9228 ○
835	9928 △	865	9223 △	775	9763 △	735	0455 △	715	1149 ○
836	1609 ×	866	0784 △	776	1444 ○	736	2256 ○	716	3070 ×

山澤損(72)		火澤睽(32)		天澤履(12)		風澤中孚(52)		風山漸(57)	
721	3970 ×	321	4230 ×	121	4492 ○	521	4232 △	571	2973 ○
722	4151 ×	322	4423 ○	122	4697 △	522	4425 △	572	3154 △
723	4332 △	323	4616 △	123	4902 ×	523	4618 △	573	3335 ×
724	8653 ×	324	8457 △	124	8575 △	524	8843 △	574	8296 ×
725	0454 ×	325	0378 ×	125	0616 △	525	0764 ×	575	0097 ×
726	2255 ×	326	2299 ○	126	2657 ○	526	2685 ×	576	1898 ×

重雷震(44)		雷地豫(48)		雷水解(46)		雷風恒(45)		地風升(85)	
441	7065 ×	481	2805 ×	461	0427 ×	451	9370 ×	851	8750 △
442	7234 ×	482	2962 ○	462	0596 △	452	9551 ○	852	8919 ○
443	7403 ×	483	3119 ○	463	0765 ×	453	9732 ×	853	9088 ×
444	7572 △	484	7036 ×	464	7574 ○	454	8113 ×	854	8249 ○
445	9253 ×	485	8597 △	465	9255 △	455	9914 ○	855	9930 ×
446	0934 ×	486	0158 △	466	0936 △	456	1715 ×	856	1611 △

水風井(65)		澤風大過(25)		澤雷隨(24)		重風巽(55)		風天小畜(51)	
651	9372 ○	251	9992 ○	241	7567 △	551	9995 ○	511	2455 ○
652	9553 ○	252	0185 △	242	7748 ×	552	0188 △	512	2660 △
653	9734 ×	253	0378 △	243	7929 △	553	0381 △	513	2865 △
654	8475 △	254	8267 ×	244	7750 △	554	8846 △	514	9394 ×
655	0276 △	255	0188 ×	245	9551 ○	555	0787 ×	515	1435 ×
656	2077 ×	256	2109 ×	246	1352 ○	556	2688 ○	516	3476 △

風火家人(53)		風雷益(54)		天雷无妄(14)		火雷噬嗑(34)		山雷頤(74)	
531	6153 ×	541	7570 △	141	8070 △	341	7568 △	741	7068 ×
532	6346 ×	542	7751 ○	142	8263 △	342	7749 △	742	7237 ×
533	6539 ×	543	7932 △	143	8456 ○	343	7930 △	743	7406 ×
534	8844 ×	544	8293 △	144	8073 △	344	7931 △	744	8079 ×
535	0765 ×	545	0094 ×	145	9994 △	345	9732 ×	745	9760 ×
536	2686 △	546	1895 ○	146	1915 △	346	1533 ×	746	1441 ○

山風蠱(75)		重火離(33)		火風鼎(35)		火水未濟(36)		山水蒙(76)	
751	9373 ○	331	6151 ×	351	9993 ×	361	1170 ×	761	0430 ×
752	9554 ×	332	6344 ×	352	0186 △	362	1351 ×	762	0599 ×
753	9735 ×	333	6537 ×	353	0379 ×	363	1532 ×	763	0768 ×
754	8656 ×	334	8458 ×	354	8460 ×	364	7933 ×	764	8081 ○
755	0457 ○	335	0379 △	355	0381 △	365	9734 △	765	9762 △
756	2258 ×	336	2306 ×	356	2302 ×	366	1535 △	766	1443 ○

風水渙(56)		天水訟(16)		天火同人(13)		重地坤(88)		地雷復(84)	
561	1172 ×	161	1912 ○	131	6533 △	881	1825 ○	841	6565 ×
562	1353 ×	162	2105 ×	132	6738 ○	882	1970 ×	842	7722 △
563	1534 ×	163	2298 ×	133	6943 △	883	2115 ×	843	6879 ○
564	8295 ○	164	8075 ×	134	8576 ×	884	7076 ×	844	7660 ×
565	0096 ×	165	9996 △	135	0617 ×	885	8517 ×	845	9221 ×
566	1897 ×	166	1917 ○	136	2658 ×	886	9958 ○	846	0782 △

地澤臨(82)		地天泰(81)		雷天大壯(41)		澤天夬(21)		水天需(61)	
821	3707 ×	811	2170 ×	411	2310 ×	211	2452 ○	611	2312 ×
822	3876 ○	812	2351 ×	412	2503 ×	212	2657 ○	612	2505 ×
823	4045 ×	813	2532 ×	413	2696 ×	213	2862 ×	613	2698 ×
824	8246 △	814	8833 ×	414	8649 ○	214	8779 △	614	9035 ×
825	9927 △	815	0634 △	415	0570 ×	215	0820 ×	615	0956 △
826	1608 ×	816	2435 △	416	2491 ○	216	2861 ○	616	2877 △

水地比(68)		重澤兌(22)		澤水困(26)		澤地萃(28)		澤山咸(27)	
681	2807 ×	221	4229 △	261	1169 ○	281	3789 ○	271	2970 ×
682	2964 ○	222	4422 ×	262	1350 ×	282	3956 △	272	3151 △
683	3121 ×	223	4615 ×	263	1531 △	283	4125 ×	273	3332 ○
684	7350 △	224	8264 ○	264	7752 ○	284	7238 ○	274	7753 △
685	8911 △	225	0185 △	265	9553 ×	285	8919 ○	275	9554 △
686	0472 ×	226	2106 ×	266	1354 ×	286	0600 ×	276	1355 ×

水山蹇(67)		地山謙(87)		雷山小過(47)		雷澤歸妹(42)			
671	2110 ×	871	1248 △	471	2108 ×	421	3967 △		
672	2279 ×	872	1405 ×	472	2277 ×	422	4148 ×		
673	2448 ×	873	1562 ×	473	2446 ○	423	4329 ×		
674	7913 ○	874	7663 ×	474	7575 ×	424	8110 ×		
675	9594 ○	875	9224 ×	475	9256 △	425	9911 ○		
676	1275 ×	876	0785 ×	476	0937 ×	426	1712 ×		

8장. 선후천(先後天) 역상법(易象法)

역상(易象)으로 작명하는 방법은 여러 가지가 있으나 그 중 선후천역상법(先後天易象法)은 매우 중요한 위치에 있다. 앞에서 언급한 일반역상법은 일본식 4자 성명에 쓰던 것으로 우리의 일반적인 3자 성명에 그대로 적용하는 것은 적당하지 않다거나, 작명역상속견표에서도 알 수 있듯이 성씨별로 64괘 중 8괘에 국한되는 것을 모순으로 지적하는 사람도 있다.

선후천역상법은 선천수(先天數 : 실획實劃, 필획筆劃)와 후천수(後天數: 곡획曲劃)를 한자 획수로 함께 사용하는데 아직은 세상에 알려지지 않은 비법으로 강호제현의 활용을 기대한다.

선후천역상법은 은사(恩師)이신 지관(知冠) 송충석(宋忠錫) 선생이 연구창안하여 40여 년 검증한 특유의 비법으로 몇몇 제자들만 알고 있다가 처음으로 세상에 공개하는 것이다.

1. 작괘법(作卦法)

	先天數 (正劃)	後天數 (曲劃)
7 송 宋 8		
8 충 忠 10		
24 (16 석 錫 19		
	31	37

성명 선천수 정획(正劃)합수 88除 －상괘(上卦)
성명 후천수 곡획(曲劃)합수 88除 －하괘(下卦)
이름자 선천수 합수 66除 －동효(動爻)
※외자 이름은 성명 선천수의 합

성명 선천합수 31÷8=3…7 간산(艮山: 상괘)
성명 후천합수 37÷8=4…5 손풍(巽風 : 하괘)
　평생괘 － 산풍고괘(山風蠱卦)
이름자 선천합수 24÷6=4…6爻動(동효動爻)
　본괘(本卦) ⟹ 산풍고괘(山風蠱卦)
　지괘(之卦) ⟹ 지풍승괘(地風升卦)

2. 대상(大象)

- 6년 또는 9년의 기간 (사주의 대운大運과 비슷)
- 대상기간 : 양효(陽爻) 9년, 음효(陰爻) 6년

선천괘 산택손괘초효 先天卦 山澤損卦初爻	721	후천괘 수산건괘4효 後天卦 水山蹇卦四爻	674
▬ 37-45세		▬▬ 61-66세	
▬▬ 31-36세		▬ 52-60세	
▬▬ 25-30세		● ▬▬ 46-51세	
▬▬ 19-24세		▬ 79-87세	
▬ 10-18세		▬▬ 73-78세	
● ▬ 1- 9세		▬▬ 67-72세	

※ ●는 동효(動爻, 원당元堂) 표시이고, 최고 나이의 경우는 선천순양괘(先天純陽卦: 9× 6=54)와 후천 일음오양괘(陰五陽卦: 9× 5+6)의 경우와 같이 105세가 된다.

위에서 양효(陽爻: ▬)일 때 9년을 주기로 하고, 음효(陰爻: ▬▬)일 때 6년을 주기로 하여 대상(大象)이라 하는데 사주의 대운(大運)과 같다. 선천괘(平生卦) 산택손(山澤損)의 초효 1세부터 시작하여 상효에서 45세로 끝나면 46세부터는 후천괘 수산건(水山蹇)의 4효에서 시작하며 87세까지 소관함을 알 수 있다.

선천에서 후천으로 바뀔 때 상괘가 하괘로 하괘가 상괘로 이동하는 것을 착종괘(錯綜卦)라 하는데 선천의 초효 왼쪽 원당(元堂) ●은 음양이 바뀜을 알 수 있다. 선후천 모두 원당(元堂)부터 시작하고, 선천괘(平生卦)수의 연한이 끝난 뒤에 후천괘로 넘어간다.

3. 괘상(卦象) 활용

1) 괘(卦)의 정위(正位)와 정응(正應)

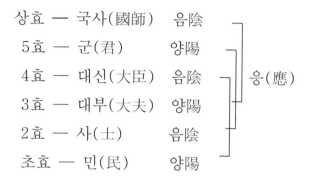

상효 — 국사(國師)   음陰
5효 — 군(君)   양陽
4효 — 대신(大臣)   음陰   응(應)
3효 — 대부(大夫)   양陽
2효 — 사(士)   음陰
초효 — 민(民)   양陽

※ 보통 위길(位吉)이라 하면 중정(中正)인 2효 5효를 얻는 경우를 말한다.

　10점으로 환산하면 상효 초효 2점, 5효 2효 10점, 4효 8점, 3효 6점으로 본다.

2) 정대(正對)와 반대(反對)

정대(正對)		반대(反對)	
상착, 배합(相錯, 配合)		종괘, 도전(綜卦, 到轉)	
(山地剝)	(澤天夬)	(山地剝)	(地雷復)
산지박	택천쾌	산지박	지뢰복

※ 원괘(元卦, 평생괘平生卦, 선천괘先天卦) 및 후천괘(後天卦)가 정대 또는 반대괘가 되면 불길하다 그러나 무엇보다 큰 변화가 생겨 길흉이 크게 작동한다고 보아야 한다.

3) 다른 변괘(變卦)

基本卦(元卦) → 山地剝(산지박)

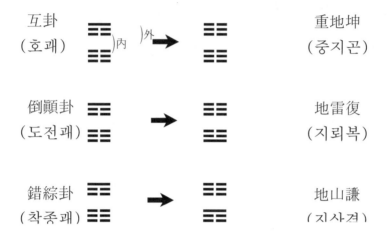

互卦 (호괘)	)內)外 →	重地坤 (중지곤)
倒顚卦 (도전괘)	→	地雷復 (지뢰복)
錯綜卦 (착종괘)	→	地山謙 (지사겸)

※ 위의 卦象(괘상)들은 本卦(본괘)의 卦意(괘의, 내용)를 들어내는 형상이다.
특히 互卦(호괘)의 활용이 크며 중요한 것이다.

4. 원기(元氣)

　원기(元氣)란 주역을 상수화(象數化)한 하락이수(河洛理數)에 의한 인간사의 길흉을 판단할 때 신비스러움을 더해주는 고차원적인 분야이다. 원기(元氣)는 선천적인 기운으로 나를 돕는 상서로운 기운을 말하는데 관록성(官祿星), 고명성(誥命星), 귀인성(貴人星)을 말한다.

　원기(元氣)는 선천적인 기운이므로 주로 부모를 비롯해 윗사람이나 선배나 직장상사가 도와주는 것이다, 천간(天干)으로 얻은 천원기(天元氣)는 아버지 계통이나 남자의 도움을 받고, 지지(地支)로 얻은 지원기(地元氣)는 어머니 계통이나 여자의 도움을 받는다고 한다.

　화공(化工) 역시 원기(元氣)와 더불어 나를 돕는 기운이라고 이해하면 된다.

다만 원기(元氣)가 윗사람의 도움이라면 화공(化工)은 동등하거나 아랫사람의 도움이란 것이 다르다. 예를 들어 원기(元氣)인 진(震: ☳)이 하나 있는데 반원기(反元氣)인 손(巽: ☴)이 있으면 손(巽) 기운의 방해가 있지만 진(震)의 기운으로 버틴다고 보면 되는데 반원기만 있을 때와는 다른 것이다.

● 팔괘(八卦)와 원기(元氣)

卦名	乾	兌	離	震	巽	坎	艮	坤
元氣 化工	☰	☱	☲	☳	☴	☵	☶	☷
卦名	坤	艮	坎	巽	震	離	兌	乾
反元氣 反化工	☷	☶	☵	☴	☳	☲	☱	☰

天干	甲壬	乙癸	丙	丁	戊	己	庚	辛
地支	戌亥	未申	丑寅	酉	子	午	卯	辰巳
元氣(卦)	乾 ☰	坤 ☷	艮 ☶	兌 ☱	坎 ☵	離 ☲	震 ☳	巽 ☴

生年干支	원기(元氣)		반원기(反元氣)	
	八卦	吉凶	八卦	吉凶
甲壬 戌亥	乾	富貴 名譽 官祿	坤	貧賤, 剋父母 妻子
乙癸 未申	坤		乾	貧, 短命, 喜中在憂
丙 丑寅	艮		兌	종기, 암, 暗昧
丁 酉	兌		艮	순치有欠, 更加反對死
戊 子	坎		離	눈병, 봉사
己 午	離		坎	啞, 聾耳
庚 卯	震		巽	痼疾, 손과 팔뚝病
辛 辰巳	巽		震	跛(절름발이)

● 생년별 원기표(元氣表)

甲子 乾,坎	乙丑 坤,艮	丙寅 艮	丁卯 兌,震	戊辰 坎,巽	己巳 離,巽	庚午 震,離	辛未 巽,坤	壬申 乾,坤	癸酉 坤,兌
甲戌 乾	乙亥 坤,乾	丙子 艮,坎	丁丑 兌,艮	戊寅 坎,艮	己卯 離,震	庚辰 震,巽	辛巳 巽	壬午 乾,離	癸未 坤
甲申 乾,坤	乙酉 坤,兌	丙戌 艮,乾	丁亥 兌,乾	戊子 坎	己丑 離,艮	庚寅 震,艮	辛卯 巽,震	壬辰 乾,巽	癸巳 坤,巽
甲午 乾,離	乙未 坤	丙申 艮,坤	丁酉 兌	戊戌 坎,乾	己亥 離,乾	庚子 震,坎	辛丑 巽,艮	壬寅 乾,艮	癸卯 坤,震
甲辰 乾,巽	乙巳 坤,巽	丙午 艮,離	丁未 兌,坤	戊申 坎,坤	己酉 離,兌	庚戌 震,乾	辛亥 巽,乾	壬子 乾,坎	癸丑 坤,艮
甲寅 乾,艮	乙卯 坤,震	丙辰 艮,巽	丁巳 兌,巽	戊午 坎,離	己未 離,坤	庚申 震,坤	辛酉 巽,兌	壬戌 乾	癸亥 坤,乾

※ 원기(元氣)에 납음(納音)까지 얻으면 더 좋다고 한다.예를 들어 천화동인괘(天火同人卦)를 얻은 경오생(庚午生)의 납음오행(納音五行) 노방토(路傍土)는 동인(同人) 하괘의 리(離)가 노방토(路傍土)의 토(土)를 화생토(火生土)로 생하기 때문이다.

5. 선후천괘(先後天卦) 연령 변화도

일, 십, 백 단위로 표시했는데 백 자리수는 상괘(上卦), 십 자리수는 하괘(下卦), 일 자리수는 원당효(元堂爻)이다.

先天卦	後天卦	변경나이	先天卦	後天卦	변경나이	先天卦	後天卦	변경나이	先天卦	後天卦	변경나이
111	514	55세	146	423	49세	185	832	46세	244	461	46세
112	315	55세	151	114	52세	186	823	46세	245	442	46세
113	216	55세	152	715	52세	211	524	52세	246	413	46세
114	151	55세	153	616	52세	212	325	52세	251	124	49세
115	132	55세	154	551	52세	213	226	52세	252	725	49세
116	123	55세	155	532	52세	214	161	52세	253	626	49세
121	614	52세	156	523	52세	215	142	52세	254	561	49세
122	415	52세	161	214	49세	216	113	52세	255	542	49세
123	116	52세	162	815	49세	221	624	49세	256	513	49세
124	251	52세	163	516	49세	222	425	49세	261	224	46세
125	232	52세	164	651	49세	223	126	49세	262	825	46세
126	223	52세	165	632	49세	224	261	49세	263	526	46세
131	714	52세	166	623	49세	225	242	49세	264	661	46세
132	115	52세	171	314	49세	226	213	49세	265	642	46세
133	416	52세	172	515	49세	231	724	49세	266	613	46세
134	351	52세	173	816	49세	232	125	49세	271	324	46세
135	332	52세	174	751	49세	233	426	49세	272	525	46세
136	323	52세	175	732	49세	234	361	49세	273	826	46세
141	841	49세	176	723	49세	235	342	49세	274	761	46세
142	215	49세	181	414	46세	236	313	49세	275	742	46세
143	316	49세	182	615	46세	241	824	46세	276	713	46세
144	451	49세	183	716	46세	242	225	46세	281	424	43세
145	432	49세	184	851	46세	243	326	46세	282	625	43세

先天卦	後天卦	변경나이	先天卦	後天卦	변경나이	先天卦	後天卦	변경나이	先天卦	後天卦	변경나이
283	736	43세	371	334	46세	455	522	46세	543	356	46세
284	861	43세	372	535	46세	456	533	46세	544	411	46세
285	842	43세	373	836	46세	461	244	43세	545	472	46세
286	813	43세	374	771	46세	462	845	43세	546	463	46세
311	534	52세	375	712	46세	463	546	43세	551	154	49세
312	335	52세	376	743	46세	464	681	43세	552	735	49세
313	236	52세	381	434	43세	465	622	43세	553	656	49세
314	171	52세	382	635	43세	466	633	43세	554	511	49세
315	112	52세	383	736	43세	471	344	43세	555	572	49세
316	143	52세	384	871	43세	472	545	43세	556	563	49세
321	634	49세	385	812	43세	473	846	43세	561	254	46세
322	435	49세	386	843	43세	474	781	43세	562	855	46세
323	136	49세	411	544	49세	475	722	43세	563	556	46세
324	271	49세	412	345	49세	476	733	43세	564	611	46세
325	212	49세	413	246	49세	481	444	40세	565	672	46세
326	242	49세	414	181	49세	482	645	40세	566	663	46세
331	734	49세	415	122	49세	483	746	40세	571	354	46세
332	135	49세	416	133	49세	484	881	40세	572	555	46세
333	436	49세	421	644	46세	485	822	40세	573	856	46세
334	371	49세	422	445	46세	486	833	40세	574	711	46세
335	312	49세	423	145	46세	511	554	52세	575	772	46세
336	343	49세	424	281	46세	512	355	52세	576	763	46세
341	834	46세	425	222	46세	513	256	52세	581	454	43세
342	235	46세	426	233	46세	514	111	52세	582	655	43세
343	336	46세	431	744	46세	515	172	52세	583	756	43세
344	471	46세	432	145	46세	516	163	52세	584	811	43세
345	412	46세	433	446	46세	521	654	49세	585	872	43세
346	443	46세	434	381	46세	522	455	49세	586	863	43세
351	134	49세	435	322	46세	523	156	49세	611	564	49세
352	735	49세	436	333	46세	524	211	49세	612	365	49세
353	636	49세	441	844	43세	525	272	49세	613	266	49세
354	571	49세	442	245	43세	526	263	49세	614	121	49세
355	512	49세	443	346	43세	531	754	49세	615	182	49세
356	543	49세	444	481	43세	532	155	49세	616	153	49세
361	234	46세	445	422	43세	533	456	49세	621	664	46세
362	835	46세	446	433	43세	534	311	49세	622	465	46세
363	536	46세	451	144	46세	535	372	49세	623	166	46세
364	671	46세	452	745	46세	536	363	49세	624	221	46세
365	612	46세	453	646	46세	541	854	46세	625	282	46세
366	643	46세	454	581	46세	542	255	46세	626	253	46세

先天卦	後天卦	변경나이	先天卦	後天卦	변경나이	先天卦	後天卦	변경나이	先天卦	後天卦	변경나이
631	764	46세	684	821	40세	761	274	43세	834	341	43세
632	165	46세	685	882	40세	762	875	43세	835	362	43세
633	466	46세	686	853	40세	763	576	43세	836	373	43세
634	321	46세	711	574	49세	764	631	43세	841	884	40세
635	382	45세	712	375	49세	765	872	43세	842	285	40세
636	353	46세	713	276	49세	766	683	43세	843	386	40세
641	864	43세	714	131	49세	771	374	43세	844	441	40세
642	265	43세	715	152	49세	772	575	43세	845	462	40세
643	366	43세	716	183	49세	773	876	43세	846	473	40세
644	421	43세	721	674	46세	774	731	43세	851	184	43세
645	482	43세	722	475	46세	775	752	43세	852	785	43세
646	453	43세	723	176	46세	776	783	43세	853	686	43세
651	164	46세	724	231	46세	781	474	40세	854	541	43세
652	765	46세	725	252	46세	782	675	40세	855	562	43세
653	666	46세	726	283	46세	783	776	40세	856	573	43세
654	521	46세	731	774	46세	784	831	40세	861	284	40세
655	582	46세	732	175	46세	785	852	40세	862	885	40세
656	553	46세	733	476	46세	786	883	40세	863	586	40세
661	264	43세	734	331	46세	811	584	46세	864	641	40세
662	865	43세	735	352	46세	812	385	46세	865	662	40세
663	566	43세	736	383	46세	813	286	46세	866	673	40세
664	621	43세	741	874	43세	814	141	46세	871	384	40세
665	682	43세	742	275	43세	815	162	46세	872	585	40세
666	653	43세	743	376	43세	816	173	46세	873	886	40세
671	364	43세	744	431	43세	821	684	43세	874	741	40세
672	565	43세	745	452	43세	822	485	43세	875	762	40세
673	966	43세	746	483	43세	823	186	43세	876	773	40세
674	721	43세	751	174	46세	824	241	43세	881	484	37세
675	782	43세	752	775	46세	825	262	43세	882	685	37세
676	753	43세	753	676	46세	826	273	43세	883	786	37세
681	464	40세	754	531	46세	831	784	43세	884	841	37세
682	665	40세	755	552	46세	832	185	43세	885	862	37세
683	766	40세	756	583	46세	833	486	43세	886	873	37세

※ 앞 예의 선후천괘 및 대상에서 선천괘 산택손의 초효동은 숫자로 721인데 후천괘는 수산건괘 4효동으로 674이며 46세부터 시작했음을 위표 음영표시한 721, 674, 46세와 같이 본다. 괘의 변화와 대상을 확정하기 전에 착오를 발견 할 수 있다.

6. 64괘상(卦象)과 길흉

Ⓑ 1. 중천건(重天乾) : 천행건(天行健), 하늘의 흐름이 건장함.

Ⓐ 2. 중지곤(重地坤) : 지세(地勢), 땅의 형세.

Ⓓ 3. 수뢰둔(水雷屯) : 운뢰(震雷), 구름과 우뢰.

Ⓔ 4. 산수몽(山水蒙) : 산하출천(山下出泉), 산 아래서 나오는 샘.

Ⓒ 5. 수천수(水天需) : 운상어천(雲上於天), 하늘로 오르는 구름.

Ⓔ 6. 천수송(天水訟) : 천여수위행(天與水違行), 하늘과 물이 어긋남.

Ⓒ 7. 지수사(地水師) : 지중유수(地中有水), 땅 가운데 있는 물.

Ⓑ 8. 수지비(水地比) : 지상유수(地上有水), 땅 위에 있는 물.

Ⓓ 9. 풍천소축(風天小畜) : 풍행천상(風行天上), 천상에 흐르는 바람.

Ⓓ 10. 천택리(天澤履) : 상천하택(上天下澤), 위는 하늘 아래는 연못.

Ⓐ 11. 지천태(地天泰) : 천지교(天地交), 하늘과 땅이 통함.

Ⓕ 12. 천지비(天地否) : 천지부교(天地不交), 하늘과 땅이 통하지 않음.

Ⓐ 13. 천화동인(天火同人) : 천여화(天與火), 하늘과 불이 함께함.

Ⓐ 14. 화천대유(火天大有) : 화재천상(火在天上), 중천에 오르는 태양.

Ⓑ 15. 지산겸(地山謙) : 지중유산(地中有山), 땅에 있는 산.

Ⓑ 16. 뇌지예(雷地豫) : 뇌출지분(雷出地奮), 땅에서 나오는 우뢰.

Ⓒ 17. 택뇌수(澤雷隨) : 택중유뢰(澤中有雷), 못 속에 있는 우뢰.

Ⓔ 18. 산풍고(山風蠱) : 산하유풍(山下有風), 산 아래 있는 바람.

Ⓑ 19. 지택림(地澤臨) : 택상유지(澤上有地), 못 위에 있는 땅.

Ⓑ 20. 풍지관(風地觀) : 풍행지상(風行地上), 땅 위에 바람이 흐름.

Ⓒ 21. 화뢰서합(火雷噬嗑) : 뇌전(雷電), 우뢰와 번개

Ⓑ 22. 산화비(山火賁) : 산하유화(山下有火), 산 아래 있는 불.

Ⓕ 23. 산지박(山地剝) : 산부어지(山附於地), 땅에 붙은 산.

Ⓐ 24. 지뢰복(地雷復) : 뇌재지중(雷在地中), 땅에 있는 우레.

ⓒ 25. 천뢰무망(天雷无妄) : 천하뇌행물여(天下雷行物與), 사물이 없음.

Ⓐ 26. 산천대축(山天大畜) : 천재산중(天在山中), 하늘에 있는 산.

Ⓓ 27. 산뢰이(山雷頤) : 산하유뢰(山下有雷), 산 아래 있는 우뢰.

ⓒ 28. 택풍대과(澤風大過) : 택멸목(澤滅木), 못이 나무를 멸함.

Ⓕ 29. 중수감(重水坎) : 수천지습(水洊至習), 물이 거듭 이름.

Ⓓ 30. 중화리(重火離) : 명우작(明雨作), 밝은 것이 비를 만듦.

Ⓑ 31. 택산함(澤山咸) : 산상유택(山上有澤), 산 위에 있는 못.

Ⓑ 32. 뇌풍항(雷風恒) : 뇌풍(雷風), 우뢰와 바람.

Ⓕ 33. 천산돈(天山遯) : 천하유산(天下有山), 하늘 아래 있는 산.

ⓒ 34. 뇌천대장(雷天大壯) : 뇌재천상(雷在天上), 하늘 위에 있는 우뢰.

Ⓑ 35. 화지진(火地晋) : 명출지상(明出地上), 땅 위로 밝은 것이 나옴.

Ⓓ 36. 지화명이(地火明夷) : 명입지중(明入地中), 땅 속으로 밝은 것이 들어감.

ⓒ 37. 풍화가인(風火家人) : 풍자화출(風自火出), 불에서 나오는 바람.

Ⓔ 38. 화택규(火澤睽) : 상화하택(上火下澤), 위에는 불 아래는 물.

Ⓕ 39. 수산건(水山蹇) : 산상유수(山上有水), 산 위에 있는 물.

Ⓐ 40. 뇌수해(雷水解) : 뇌우작(雷雨作), 우뢰와 비가 일어남.

Ⓑ 41. 산택손(山澤損) : 산하유택(山下有澤), 산 아래 있는 못.

Ⓐ 42. 풍뇌익(風雷益) : 풍뇌(風雷), 바람과 우뢰.

ⓒ 43. 택천쾌(澤天夬) : 택상여천(澤上於天), 연못이 하늘로 오름.

Ⓔ 44. 천풍구(天風姤) : 천하유풍(天下有風), 천하에 바람이 있음.

Ⓐ 45. 택지취(澤地萃) : 택상여지(澤上於地), 땅 위에 있는 연못.

Ⓐ 46. 지풍승(地風升) : 지중생목(地中生木), 땅 속에서 나오는 나무.

Ⓕ 47. 택수곤(澤水困) : 택무수(澤无水), 못에 물이 없음.

Ⓑ 48. 수풍정(水風井) : 목상유수(木上有水), 나무 위에 있는 물.

Ⓑ 49. 택화혁(澤火革) : 택중유화(澤中有火), 못에 있는 불.

Ⓐ 50. 화풍정(火風鼎) : 목상유화(木上有火), 나무 위에 있는 불.

Ⓓ 51. 중뇌진(重雷震) : 천뇌(洊雷), 우뢰가 거듭함.

Ⓓ 52. 중산간(重山艮) : 겸산(兼山), 산이 겹침.

Ⓑ 53. 풍산점(風山漸) : 산상유목(山上有木), 산 위에 있는 나무.

Ⓔ 54. 뇌택귀매(雷澤歸昧) : 택상유뢰(澤上有雷), 연못 위에 있는 우뢰.

Ⓑ 55. 뇌화풍(雷火豊) : 뇌전개지(雷電皆至), 우뢰와 번개가 모두 이름.

Ⓔ 56. 화산여(火山旅) : 산상유화(山上有火), 산 위에 불이 있음.

Ⓑ 57. 중풍손(重風巽) : 수풍(隨風), 바람이 바람을 따름.

Ⓐ 58. 중택태(重澤兌) : 여택(麗澤), 걸린 못.

Ⓔ 59. 풍수환(風水渙) : 풍행수상(風行水上), 물 위로 바람이 흐름.

Ⓓ 60. 수택절(水澤節) : 택상유수(澤上有水), 못 위에 물이 있음.

Ⓓ 61. 풍택중부(風澤中孚) : 택상유풍(澤上有風), 못 위에 바람이 있음.

Ⓓ 62. 뇌산소과(雷山小過) : 산상유뢰(山上有雷), 산 위에 우뢰가 있음.

Ⓒ 63. 수화기제(水火旣濟) : 수재화상(水在火上), 불 위에 물이 있음.

Ⓐ 64. 화수미제(火水未濟) : 화재수상(火在水上), 물 위에 불이 있음.

　각 괘 앞의 숫자는 괘의 순서(괘순卦順)로 공자님의 『십익(十翼)』 중 「서괘전(序卦傳)」에서 배열과 이유를 설명한 것을 인용한 것이고, 숫자 앞의 A~F는 64괘의 길흉을 필자가 상념적으로나마 제시한 것으로 괘마다 그 뜻을 이해하는데 도움이 될 것이다.

　괘별로 괘상(卦象)에 관한 단구(單句)는 주역(周易)의 상전(象傳)인데 이는 괘(卦)마다 괘상을 설명한 공자님의 말씀(曰)이다.

　그리고 대길 13, 중길 16, 평길 10, 반길 11, 소길 8, 불길 6가지로 64괘를 구분해 본 것일뿐 어느 누구도 정형적인 분류는 불가능하니 양해해주기 바란다. 괘의 길흉은 그렇다 치고 효의 길흉은 간단하나마 다음의 주역효사(周易爻辭) 길흉표에 의할 수 있다.

● 주역효사(周易爻辭) 길흉표

하락이수(河洛理數) CD에 의함, 20점 중 평가점수

卦	初爻	二爻	三爻	四爻	五爻	上爻	卦	初爻	二爻	三爻	四爻	五爻	上爻
乾	11104	11218	11312	11416	11520	11604	遯	17108	17216	17312	17410	17520	17616
坤	88106	88220	88312	88408	88520	88608	大壯	41104	41216	41306	41420	41512	41606
屯	64120	64212	64308	64416	64512	64604	晋	38108	38216	38316	38406	38520	38614
蒙	76112	76216	76304	76404	76516	76614	明夷	83112	83216	83312	83416	83512	83602
需	61112	61216	61304	61412	61520	61616	家人	53116	53218	53312	53412	53520	53620
訟	16112	16212	16312	16414	16520	16606	睽	32114	32216	32312	32416	32520	32614
師	86112	86220	86304	86412	86516	86618	蹇	67112	67210	67312	67416	67516	67616
比	68116	68220	68302	68416	68520	68604	解	46116	46220	46304	46408	46516	46620
小畜	51116	51220	51304	51412	51520	51604	損	72116	72212	72316	72416	72520	72620
履	12116	12212	12304	12412	12512	12620	益	54118	54220	54314	54420	54520	54604
泰	81116	81220	81312	81408	81520	81604	夬	21104	21212	21308	21404	21516	21604
否	18112	18208	18308	18416	18520	18616	姤	15112	15216	15306	15408	15520	15612
同人	13112	13212	13304	13412	13516	13612	萃	28108	28220	28308	28416	28514	28604
大有	31112	31220	31314	31412	31516	31620	升	85120	85218	85320	85416	85520	85608
謙	87116	87216	87320	87416	87520	87614	困	26104	26214	26308	26412	26516	26604
豫	48108	48216	48304	48420	48512	48604	井	65108	65212	65312	65416	65520	65620
隨	24116	24208	24316	24412	24514	24610	革	23112	23216	23312	23406	23520	23616
蠱	75112	75218	75312	75408	75520	75612	鼎	35118	35214	35314	35406	35520	35620
臨	82120	82220	82308	82416	82520	82618	震	44116	44212	44308	44408	44512	44604
觀	58108	58212	58312	58420	58520	58614	艮	77104	77210	77314	77414	77518	77620
噬嗑	34108	34208	34308	34418	34518	34618	漸	57112	57216	57304	57412	57518	57620
賁	73110	73214	73316	73404	73520	73616	歸妹	42118	42212	42308	42412	42520	42604
剝	78104	78204	78310	78404	78516	78616	豊	43116	43212	43306	43414	43520	43604
復	84120	84218	84312	84416	84520	84608	旅	37108	37216	37304	37412	37520	37604
无妄	14118	14218	14312	14414	14520	14608	巽	55112	55216	55308	55416	55508	55614
大畜	71108	71208	71316	71420	71520	71620	兌	22114	22220	22308	22416	22508	22614
頤	74106	74204	74304	74416	74516	74620	渙	56116	56216	56316	56420	56520	56616
大過	25116	25220	25304	25416	25512	25604	節	62112	62204	62308	62420	62520	62608
坎	66104	66212	66304	66414	66516	66604	中孚	52116	52220	52312	52414	52520	52612
離	33106	33220	33306	33404	33510	33616	小過	47112	47216	47304	47412	47512	47604
咸	27112	27208	27312	27412	27512	27612	旣濟	63108	63214	63312	63414	63512	63608
恒	45104	45214	45304	45408	45512	45608	未濟	36108	36214	36312	36406	36520	36616

※ 5개 숫자 중 1·2번은 괘 이름, 3번은 효 번호, 4·5번은 점수 배열임

7. 선후천(先後天) 역상법(易象法) 검증 실례

만물의 영장인 사람으로 태어나 처음 받는 선물은 이름이다. 이름은 한평생을 반복해서 부르는 지구상에서 가장 짧은 영혼의 소리라고 한다.

좋은 이름은 선천적인 운명인 사주팔자를 보완 중화시켜 피흉추길(避凶趨吉)하고 개조 개척하여 좋은 운세로 개운(開運)하고, 나쁜 이름은 일생을 암담한 불행의 길로 유도하는 암시력을 지닌다. 타고난 숙명은 어느 누구도 피하거나 바꾸지 못하지만 오직 유일하게 이름으로만 운명을 바꿀 가능성이 충분하다. 우리가 알만한 인물들의 이름을 보면 개명한 경우가 많다.

이스라엘 ← 야곱(창 32:28)

베드로 ← 시몬(요한 1:42)

나폴레옹 보나 파르트 ← 나플레오네드. 부오나파르트

이승만(李承晚) ← 이승용(李承龍) <19세에 개명>

김대중(金大中) ← 김대중(金大仲)

다음은 박정희, 노무현, 전 대통령의 성명을 주역의 작명비법인 선후천역상법(先後天易象法)으로 검증을 겸하여 풀어보기로 한다.

1) 박정희(朴正熙) 전 대통령

● 건명(乾命), 1917(丁巳)년 음력 9월 30일 인(寅)시 생

先天數 (正劃)		後天數 (曲劃)		作卦		
土 6	朴	6	水		上卦	선천수 24÷8=8곤지(坤地)
					下卦	후천수 30÷8=6감수(坎水)
木 5	正	5	金		動爻	이름선천수 합 18÷6=6爻動
				卦象	本卦	지수사괘(地水師卦)
金 13	熙	19	土		之卦	산수몽괘(山水蒙卦)
(삼원)24		30(발음)			互卦	지뢰복괘(地雷復卦)

선천괘 지수사괘 상효동 866
先天卦 地水師卦 上爻動

1才		6才	地
34		39	곤삼절
28		33	(坤三絶)

22		27	水
13		21	감중련
7		12	(坎中連)

후천괘 수산건괘 3효동 673
後天卦 水山蹇卦 三爻動

64		69	水
55		63	감중련
49		54	(坎中連)

40		48	山
76		81	간상련
70		75	(艮上連)

먼저 평생괘(선천괘)인 지수사괘(地水師卦)는 군통솔 장수의 뜻이 있는데 고인은 대장까지 지낸 군인이며 지도자였으니 전적으로 부합된다.

지수사괘(地水師卦) 상효(上爻: 動爻)에 대한 효사(爻辭)를 보면"대군(大君)이 유명(有名)이니 개국승가(開國承家)에 소인물용(小人物用)"이라고 되어 있다.

이는 대군(大君)이 명령을 둠이니 나라를 열고 집을 이으메 소인은 쓰지 말라는 뜻이다. 여기서 대군(大君) 유명(有名)은 임금의 명령이며 승전 후에 논공행상(論功行賞)을 한다는 뜻이고, 개국승가(開國承家)에 소인물용(小人物用)은 개국공신은 제후에 봉하고 경대부는 승가(承家)도 하되 소인은 정치에 무능하니 쓰지 말라는 뜻이다.

이에 대해 공자는"대군유명(大君有名)은 이정공야(以正功也)요, 소인물용(小人物用)은 필란방야(必亂邦也)"라고 하였다. 대군의 명령이 있다는 것은 공을 바르게 한다는 뜻이고, 소인을 정치에 등용말라는 것은 소인은 반드시 나라를 어지럽힌다는 뜻이다.

한마디로 쿠테타를 일으켜 나라를 세우고 공로가 많은 소인 측근들을 중용했다가 나라가 거덜나고 배신까지 당했으니 이보다 더 정확하게 적중할 수는 없는 일이다.

연령대별로 보면 49~54세의 대상(大象: 사주의 대운과 비슷)은 택산함괘(澤山咸卦)로 정사생(丁巳生)인 고인에게는 원기(元氣)에 해당하는 태(兌)와 손(巽)이 들어 있어 일생일대의 호운이라고 볼 수 있으나 다음 55~63세의 대상은 지산겸괘(地山謙卦)로 좋은 괘이나 반원기(反元氣)인 간(艮)이 들어 있는 등 결코 길운이라 보기 어려운데 결국 63세인 1979년 10월 29일인 병인일(丙寅日)에 운명하였다.

2) 노무현(盧武鉉) 전 대통령

● 건명(乾命) 1946년(丙戌) 9월 1일생

先天數 (正劃)		後天數 (曲劃)		作 卦	上卦	선천수 37÷8=5손풍(巽風)
土 16	盧	20 火			下卦	후천수 44÷8=4진뢰(震雷)
火 8	武	9 水			動爻	이름선천수 합 21÷6=3爻動
木 13	鉉	15 土		卦 象	本卦	풍뢰익괘(風雷益卦)
					之卦	풍화가인괘(風火家人卦)
(삼원)37		44(발음)			互卦	산지박괘(山地剝卦)

선천괘(風雷益 3효동) 543   후천괘(火風鼎 6효동) 356

22		30	風	46 ●		54	火	
13		21	(巽下節))	88		93	(離虛中)	
7		12		79		87		
1才 ●		6	雷	70		78	風	
40		45	(震下連)	61		69	(巽下節)	
31		39		55		60		

유년별 괘효(卦爻) 변화

61세(2006년) 화풍정괘 252	62세(2007년) 천풍구괘 155	63세(2008년) 천산돈괘 172	64세(2009년) 천지비괘 183
	●		
●		●	●

병술생(丙戌生)의 천지원기(天地元氣)는 간괘(艮卦)와 건괘(乾卦)이고, 원기

상반(元氣相反)은 태괘(兌卦)와 곤괘(坤卦)이다. 후천괘(後天卦) 화풍정(火風鼎)은 아주 좋은 괘이고, 호괘(互卦)에 지원기(地元氣) 건(乾)이 들어 있다.

연령대별로 보면 55~60세는 대상(大象)이 화천대유괘(火天大有卦)이니 괘도 최고로 좋을 뿐 아니라 병(丙)이 이화(離火)와 같으니 일생 중에서 가장 좋은 시기로 볼 수 있다.

61~69세는 대상(大象)은 화산여괘(火山旅卦)로 하괘(下卦) 간(艮)은 천원기(天元氣)이나 상호괘(上互卦) 태(兌)는 반원기(反元氣)이다. 화산여괘(火山旅卦)는 나그네, 방랑인, 길손님 등을 나타낸다.

서괘전(序卦傳)에서는 "풍자(豊者)는 대야(大也)니 궁대자(窮大者) 필실기거(必失其居)라. 고로 수지이여(受之以旅)하고"라 하였다. 이 말은 지나치게 크면 반드시 거처하는 바를 잃는 때가 있으므로 풍괘(豊卦) 다음에 여괘(旅卦)를 두었다 했고, 전체의 괘로는 64괘 중 56번째가 된다.

사람은 술시(戌時) 반인 22시 30분경에 취침해 인시(寅時) 반인 6시 30분경에 일어나니 술해자축인시(戌亥子丑寅時)까지 대략 8시간 동안 수면을 취한다.

원회운세(元會運世)에도 56절 86,184년이 지난 이후에 잠자는 시간 같은 없어지는 시기가 있다 했는가?

2008년인 63세는 천산돈괘(天山遯卦)로 상괘(上卦)와 상호괘(上互卦)에 지원기(地元氣)가 되었던 것이 2009년 64세가 되자 천지비괘(天地否卦)로 하괘(下卦)는 곤괘(坤卦)가 되어 원기 건을 반대했고, 63세에서 하괘(下卦) 천원기(天元氣)이던 간괘(艮卦)에서 변동했음은 운로의 큰 변화조짐이라 할 수 있다.

2009년 64세의 천지비괘(天地否卦) 3효동의 효사(爻辭)는 "육삼(六三)은 포수(包羞)로다"이다. 이는 육삼효는 포장한 것이 부끄러운 일 뿐이라고 풀이한다.

또 소상(小象)에서 포수(包羞)는 위부당야(位不當也)라고 했는데 이는 포수라는 것은 위(位)가 마땅하지 않기 때문이다. 이미 실위(失位)하고 부중(不中)해서 위부당(位不當)함을 말한 것이다.

육삼은 부중부정위한 자리이며 비괘(否卦)의 전성기로 불선(不善)의 극치이다. 내괘(內卦)의 음효들 즉 소인들이 궁중에서 온갖 불선한 짓을 많이 저질렀다. 또한 육삼은 인도상 할 수 없는 것을 하려다가 이루지 못했으니 부끄러움을 알고 있는 비지비인(否之匪人) 인 것이다.

외호괘(外互卦)가 손하절(巽下絶)로 손(巽)은 입야(入也)라고 했으니 숨어들어 간다는 뜻이 나오고, 내호괘(內互卦)가 간상련(艮上連)이니 간(艮)은 쥐가 되니 소인으로 부끄러운 짓을 한 것이 나오며, 육삼이 변하면 천산돈(天山遯)이니 도망가 숨어야 한다는 뜻이 나온다.

그리고 하락이수(河洛理數)에서는"사주와도 조화되지 않을 때는 능히 도를 지켜가지 못하고 궁극에서 넘치는데 범법자나 죄인이 되기 쉽다"했고, 또한 년운(年運)에는"이효(괘효번호 183)를 만나면 벼슬한 사람이면 휴직을 고하게 되고, 선비라면 욕을 방지해야 하며, 보통사람은 시비나 소송이 요란할 것이므로 미리 예방하지 않으면 안 된다"라고 했다.

그 분의 강직함이 만인이 지켜보는 가운데 검찰에서 상론(尙論)되는 범법(犯法)에 대한 수치(羞恥)를 이겨내지 못하고 참담한 비극을 연출하고 말았다. 전두환 전 대통령이 "꿋꿋하게 버티지"라고 했다는데……. 이름이 운명과 운로에 끼치는 영향력이 이처럼 신비로운 것임을 유념해야 한다.

참고문헌

·綜合易理（宋忠錫 編譯）

·河洛理數（宋忠錫 編譯）

·人名用漢字表（宋忠錫 編譯）

·五行漢字典（權勢埈 編譯）

·人名用漢字 8,142字（신상훈 외 編著）

·人名用漢字 辭典（任性智 編著）

·周易作名法（李尙昱 著）

·四柱와 姓名學（金于齊 著）

·作名學大全（嚴台文 著）

·좋은이름과 만족한 성생활（趙勇學 著）

·姓名大典（曺鳳佑 著）

·姓名學全書（朴眞永 編著）

쉽게 푼 역학(개정판)
쉽게 배워 적용할 수 있는 생활역학서 !
이 책에서는 좀더 많은 사람들이 역학의 근본인 우주의 오묘한 진리와 법칙을 깨달아 보다 나은 삶을 영위하는데 도움이 될 수 있도록 가장 쉬운 언어와 가장 쉬운 방법으로 풀이했다. 역학계의 대가 김봉준 선생의 역작이다.
신비한 동양철학 71 | 백우 김봉준 저 | 568면 | 30,000원 | 신국판

사주명리학 핵심
맥을 잡아야 모든 것이 보인다
이 책은 잡다한 설명을 배제하고 명리학자에게 도움이 될 비법들만을 모아 엮었기 때문에 초심자가 이해하기에는 다소 어려운 부분도 있겠지만 기초를 튼튼히 한 다음 정독한다면 충분히 이해할 것이다. 신살만 늘어놓으며 감정하는 사이비가 되지말기를 바란다.
신비한 동양철학 19 | 도관 박흥식 저 | 502면 | 20,000원 | 신국판

물상활용비법
물상을 활용하여 오행의 흐름을 파악한다
이 책은 물상을 통하여 오행의 흐름을 파악하고 운명을 감정하는 방법을 연구한 책이다. 추명학의 해법을 연구하고 운명을 추리하여 오행에서 분류되는 물질의 운명 줄거리를 물상의 기물로 나들이 하는 활용법을 주제로 했다. 팔자풀이 및 운명해설에 관한 명리감정법의 체계를 세우는데 목적을 두고 초점을 맞추었다.
신비한 동양철학 31 | 해주 이학성 저 | 446면 | 34,000원 | 신국판

신수대전
흉함을 피하고 길함을 부르는 방법
신수는 대부분 주역과 사주추명학에 근거한다. 수많은 학설 중 몇 가지를 보면 사주명리, 자미두수, 관상, 점성학, 구성학, 육효, 토정비결, 매화역수, 대정수, 초씨역림, 황극책수, 하락리수, 범위수, 월영도, 현무발서, 철판신수, 육임신과, 기문둔갑, 태을신수 등이다. 역학에 정통한 고사가 아니면 추단하기 어려우므로 누구나 신수를 볼 수 있도록 몇 가지를 정리했다.
신비한 동양철학 62 | 도관 박흥식 편저 | 528면 | 36,000원 | 신국판 양장

정법사주
운명판단의 첩경을 이루는 책
이 책은 사주추명학을 연구하고자 하는 분들에게 심오한 주역의 이해를 돕고자 하는 의도에서 시작되었다. 음양오행의 상생 상극에서부터 육친법과 신살법을 기초로 하여 격국과 용신 그리고 유년판단법을 활용하여 운명판단에 첩경이 될 수 있도록 했고 추리응용과 운명감정의 실례를 하나하나 들어가면서 독학과 강의용 겸용으로 엮었다.
신비한 동양철학 49 | 원각 김구현 저 | 424면 | 26,000원 | 신국판 양장

내가 보고 내가 바꾸는 DIY사주
내가 보고 내가 바꾸는 사주비결
기존의 책들과는 달리 한 사람의 사주를 체계적으로 도표화시켜 한 눈에 파악할 수 있고, DIY라는 책 제목에서 말하듯이 개운하는 방법을 제시한다. 초심자는 물론 전문가도 자신의 이론을 새롭게 재조명해 볼 수 있는 케이스 스터디 북이다.
신비한 동양철학 39 | 석오 전광 저 | 338면 | 16,000원 | 신국판

인터뷰 사주학
쉽고 재미있는 인터뷰 사주학
얼마전만 해도 사주학을 취급하면 미신을 다루는 부류로 취급되었다. 그러나 지금은 하루가 다르게 이 학문을 공부하는 사람들이 폭증하고 있는 것으로 보인다. 젊은 층에서 사주카페니 사주방이니 사주동아리니 하는 것들이 만들어지고 그 모임이 활발하게 움직이고 있다는 점이 그것을 증명해준다. 그뿐 아니라 대학원에는 역학교수들이 점차로 증가하고 있다.
신비한 동양철학 70 | 글갈 정대엽 편저 | 426면 | 16,000원 | 신국판

사주특강
자평진전과 적천수의 재해석
이 책은 『자평진전』과 『적천수』를 근간으로 명리학의 폭넓은 가치를 인식하고, 실전에서 유용한 기반을 다지는데 중점을 두고 썼다. 일찍이 『자평진전』을 교과서로 삼고, 『적천수』로 보완하라는 서낙오의 말에 깊이 공감한다.

신비한 동양철학 68 │ 청월 박상의 편저 │ 440면 │ 25,000원 │ 신국판

참역학은 이렇게 쉬운 것이다
음양오행의 이론으로 이루어진 참역학서
수학공식이 아무리 어렵다고 해도 1, 2, 3, 4, 5, 6, 7, 8, 9, 0의 10개의 숫자로 이루어졌듯이 사주도 음양과 오행으로 이루어졌을 뿐이다. 그러니 용신과 격국이라는 무거운 짐을 벗어버리고 음양오행의 법칙과 진리만 정확하게 파악하면 된다. 사주는 음양오행의 변화일 뿐이고 용신과 격국은 사주를 감정하는 한 가지 방법에 지나지 않는다.

신비한 동양철학 24 │ 청암 박재현 저 │ 328면 │ 16,000원 │ 신국판

사주에 모든 길이 있다
사주를 알면 운명이 보인다!
사주를 간명하는데 조금이라도 도움이 됐으면 하는 바람에서 이 책을 썼다. 간명의 근간인 오행의 왕쇠강약을 세분하고, 대운과 세운, 세운과 월운의 연관성과, 십신과 여러 살이 미치는 암시와, 십이운성으로 세운을 판단하는 법을 설명했다.

신비한 동양철학 65 │ 정담 선사 편저 │ 294면 │ 26,000원 │ 신국판 양장

왕초보 내 사주
초보 입문용 역학서
이 책은 역학을 너무 어렵게 생각하는 초보자들에게 조금이나마 도움을 주고자 쉽게 엮으려고 노력했다. 이 책을 숙지한 후 역학(易學)의 5대 원서인 『적천수(滴天髓)』, 『궁통보감(窮通寶鑑)』, 『명리정종(命理正宗)』, 『연해자평(淵海子平)』, 『삼명통회(三命通會)』에 접근한다면 훨씬 쉽게 터득할 수 있을 것이다. 이 책들은 저자가 이미 편역하여 삼한출판사에서 출간한 것도 있고, 앞으로 모두 갖출 것이니 많이 활용하기 바란다.

신비한 동양철학 84 │ 역산 김찬동 편저 │ 278면 │ 19,000원 │ 신국판

명리학연구
체계적인 명확한 이론
이 책은 명리학 연구에 핵심적인 내용만을 모아 하나의 독립된 장을 만들었다. 명리학은 분야가 넓어 공부를 하다보면 주변에 머무르는 경우가 많아, 주요 내용을 잃고 헤매는 경우가 많다. 그러므로 뼈대를 잡는 것이 중요한데, 여기서는 「17장. 명리대요」에 핵심 내용만을 모아 학문의 체계를 잡는데 용이하게 하였다.

신비한 동양철학 59 │ 권중주 저 │ 562면 │ 29,000원 │ 신국판 양장

말하는 역학
신수를 묻는 사람 앞에서 술술 말문이 열린다
그토록 어렵다는 사주통변술을 쉽고 흥미롭게 고담과 덕담을 곁들여 사실적으로 생동감 있게 통변했다. 길흉을 어떻게 표현하느냐에 따라 상담자의 정곡을 찔러 핵심을 끌어내 정답을 내리는 것이 통변술이다.역학계의 대가 김봉준 선생의 역작.

신비한 동양철학 11 │ 백우 김봉준 저 │ 576면 │ 26,000원 │ 신국판 양장

통변술해법
가닥가닥 풀어내는 역학의 비법
이 책은 역학과 상대에 대해 머리로는 다 알면서도 밖으로 표출되지 않아 어려움을 겪는 사람들을 위한 실습서다. 특히 실명감정과 이론강의로 나누어 역학의 진리를 설명하여 초보자도 쉽게 이해할 수 있다. 역학계의 대가 김봉준 선생의 역서인 「알기쉬운 해설·말하는 역학」이 나온 후 후편을 써달라는 열화같은 요구에 못이겨 내놓은 바로 그 책이다.

신비한 동양철학 21 │ 백우 김봉준 저 │ 392면 │ 36,000원 │ 신국판

술술 읽다보면 통달하는 사주학
술술 읽다보면 나도 어느새 도사

당신은 당신 마음대로 모든 일이 이루어지던가. 지금까지 누구의 명령을 받지 않고 내 맘대로 살아왔다고, 운명 따위는 믿지 않는다고, 운명에 매달리지 않는다고 말하는 사람들이 많다. 그러나 우주법칙을 모르기 때문에 하는 소리다.

신비한 동양철학 28 │ 조철현 저 │ 368면 │ 16,000원 │ 신국판

사주학
5대 원서의 핵심과 실용

이 책은 사주학을 체계적으로 공부하려는 학도들을 위해서 꼭 알아두어야 할 내용들과 용어들을 수록하는데 중점을 두었다. 이 학문을 공부하려고 많은 사람들이 필자를 찾아왔을 깨 여러 가지 질문을 던져보면 거의 기초지식이 시원치 않음을 보았다. 따라서 용어를 포함한 제반지식을 골고루 습득해야 빠른 시일 내에 소기의 목적을 달성할 수 있을 것이다.

신비한 동양철학 66 │ 글갈 정대엽 저 │ 778면 │ 46,000원 │ 신국판 양장

명인재
신기한 사주판단 비법

이 책은 오행보다는 주로 살을 이용하는 비법을 담았다. 시중에 나온 책들을 보면 살에 대해 설명은 많이 하면서도 실제 응용에서는 무시하고 있다. 이것은 살을 알면서도 응용할 줄 모르기 때문이다. 그러나 이 책에서는 살의 활용방법을 완전히 터득해, 어떤 살과 어떤 살이 합하면 어떻게 작용하는지를 자세하게 설명하였다.

신비한 동양철학 43 │ 원공선사 저 │ 332면 │ 19,000원 │ 신국판 양장

명리학 │ 재미있는 우리사주
사주 세우는 방법부터 용어해설 까지!!

몇 년 전 『사주에 모든 길이 있다』가 나온 후 선배 제현들께서 알찬 내용의 책다운 책을 접했다는 찬사를 받았다. 그러나 사주의 작성법을 설명하지 않아 독자들에게 많은 질타를 받고 뒤늦게 이 책 을 출판하기로 결심했다. 이 책은 한글만 알면 누구나 역학과 가까워질 수 있도록 사주 세우는 방법부터 실제간명, 용어해설에 이르기까지 분야별로 엮었다.

신비한 동양철학 74 │ 정담 선사 편저 │ 368면 │ 19,000원 │ 신국판

사주비기
역학으로 보는 역대 대통령들이 나오는 이치!!

이 책에서는 고서의 이론을 근간으로 하여 근대의 사주들을 임상하여, 적중도에 의구심이 가는 이론들은 과감하게 탈피하고 통용될 수 있는 이론만을 수용했다. 따라서 기존 역학서의 아쉬운 부분들을 충족시키며 일반인도 열정만 있으면 누구나 자신의 운명을 감정하고 피흉취길할 수 있는 생활지침서로 활용할 수 있을 것이다.

신비한 동양철학 79 │ 청월 박상의 편저 │ 456면 │ 19,000원 │ 신국판

사주학의 활용법
가장 실질적인 역학서

우리가 생소한 지방을 여행할 때 제대로 된 지도가 있다면 편리하고 큰 도움이 되듯이 역학이란 이와같은 인생의 길잡이다. 예측불허의 인생을 살아가는데 올바른 안내자나 그 무엇이 있다면 그 이상 마음 든든하고 큰 재산은 없을 것이다.

신비한 동양철학 17 │ 학선 류래웅 저 │ 358면 │ 15,000원 │ 신국판

명리실무
명리학의 총 정리서

명리학(命理學)은 오랜 세월 많은 철인(哲人)들에 의하여 전승 발전되어 왔고, 지금도 수많은 사람이 임상과 연구에 임하고 있으며, 몇몇 대학에 학과도 개설되어 체계적인 교육을 하고 있다. 그러나 아직도 실무에서 활용할 수 있는 책이 부족한 상황이기 때문에 나름대로 현장에서 필요한 이론들을 정리해 보았다. 초학자는 물론 역학계에 종사하는 사람들에게 큰 도움이 될 것이라고 믿는다.

신비한 동양철학 94 │ 박흥식 편저 │ 920면 │ 39,000원 │ 신국판

사주 속으로
역학서의 고전들로 입증하며 쉽고 자세하게 푼 책

십 년 동안 역학계에 종사하면서 나름대로는 실전과 이론에서 최선을 다했다고 자부한다. 역학원의 비좁은 공간에서도 항상 후학을 생각하는 마음으로 역학에 대한 배움의 장을 마련하고자 노력한 것도 사실이다. 이 책을 역학으로 이름을 알리고 역학으로 생활하면서 조금이나마 역학계에 이바지할 것이 없을까라는 고민의 산물이라 생각해주기 바란다.

신비한 동양철학 95 | 김상회 편저 | 429면 | 15,000원 | 신국판

사주학의 방정식
알기 쉽게 풀어놓은 가장 실질적인 역서

이 책은 종전의 어려웠던 사주풀이의 응용과 한문을 쉬운 방법으로 터득하는데 목적을 두었고, 역학이 무엇인가를 알리고자 하는데 있다. 세인들은 역학자를 남의 운명이나 풀이하는 점쟁이로 알지만 잘못된 생각이다. 역학은 우주의 근본이며 기의 학문이기 때문에 역학을 이해하지 못하고서는 우리 인생살이 또한 정확하게 해석할 수 없는 고차원의 학문이다.

신비한 동양철학 18 | 김용오 저 | 192면 | 16,000원 | 신국판

오행상극설과 진화론
인간과 인생을 떠난 천리란 있을 수 없다

과학이 현대를 설정하여 설명하고 있으나 원리는 동양철학에도 있기에 그 양면을 밝히고자 노력했다. 우주에서 일어나는 모든 일을 과학으로 설명될 수는 없다. 비과학적이라고 하기보다는 과학이 따라오지 못한다고 설명하는 것이 더 솔직하고 옳은 표현일 것이다. 특히 과학분야에 종사하는 신의사가 저술했다는데 더 큰 화제가 되고 있다.

신비한 동양철학 5 | 김태진 저 | 222면 | 15,000원 | 신국판

스스로 공부하게 하는 방법과 천부적 적성
내 아이를 성공시키고 싶은 부모들에게

자녀를 성공시키고 싶은 마음은 누구나 같겠지만 가난한 집 아이가 좋은 성적을 내기는 매우 어렵고, 원하는 학교에 들어가기도 어렵다. 그러나 실망하기에는 아직 이르다. 내 아이가 훌륭하게 성장해 아름답고 멋진 삶을 살아가는 방법을 소개한다.

신비한 동양철학 85 | 청암 박재현 지음 | 176면 | 14,000원 | 신국판

진짜부적 가짜부적
부적의 실체와 정확한 제작방법

인쇄부적에서 가짜부적에 이르기까지 많게는 몇백만원에 팔리고 있다는 보도를 종종 듣는다. 그러나 부적은 정확한 제작방법에 따라 자신의 용도에 맞게 스스로 만들어 사용하면 훨씬 더 좋은 효과를 얻을 수 있다. 이 책은 중국에서 정통부적을 연구한 국내유일의 동양오술학자가 밝힌 부적의 실체와 정확한 제작방법을 소개하고 있다.

신비한 동양철학 7 | 오상익 저 | 322면 | 20,000원 | 신국판

수명비결
주민등록번호 13자로 숙명의 정체를 밝힌다

우리는 지금 무수히 많은 숫자의 거미줄에 매달려 허우적거리며 살아가고 있다. 1분 ·1초가 생사를 가름하고, 1등·2등이 인생을 좌우하며, 1급·2급이 신분을 구분하는 세상이다. 이 책은 수명리학으로 13자의 주민등록번호로 명예, 재산, 건강, 수명, 애정, 자녀운 등을 미리 읽어본다.

신비한 동양철학 14 | 장충한 저 | 308면 | 15,000원 | 신국판

진짜궁합 가짜궁합
남녀궁합의 새로운 충격

중국에서 연구한 국내유일의 동양오술학자가 우리나라 역술가들의 궁합법이 잘못되었다는 것을 학술적으로 분석·비평하고, 전적과 사례연구를 통하여 궁합의 실체와 타당성을 분석했다. 합리적인 「자미두수궁합법」과 「남녀궁합」 및 출생시간을 몰라 궁합을 못보는 사람들을 위하여 「지문으로 보는 궁합법」 등을 공개하고 있다.

신비한 동양철학 8 | 오상익 저 | 414면 | 15,000원 | 신국판

주역육효 해설방법(상·하)
한 번만 읽으면 주역을 활용할 수 있는 책

이 책은 주역을 해설한 것으로, 될 수 있는 한 여러 가지 사설을 덧붙이지 않고, 주역을 공부하고 활용하는데 필요한 요건만을 기록했다. 따라서 주역의 근원이나 하도낙서, 음양오행에 대해서도 많은 설명을 자제했다. 다만 누구나 이 책을 한 번 읽어서 주역을 이해하고 활용할 수 있도록 하는데 중점을 두었다.

신비한 동양철학 38 │ 원공선사 저 │ 상 810면·하 798면 │ 각 29,000원 │ 신국판

쉽게 푼 주역
귀신도 탄복한다는 주역을 쉽고 재미있게 풀어놓은 책

주역이라는 말 한마디면 귀신도 기겁을 하고 놀라 자빠진다는데, 운수와 일진이 문제가 될까. 8×8=64괘라는 주역을 한 괘에 23개씩의 회답으로 해설하여 1472괘의 신비한 해답을 수록했다. 당신이 당면한 문제라면 무엇이든 해결할 수 있는 열쇠가 이 한 권의 책 속에 있다.

신비한 동양철학 10 │ 정도명 저 │ 284면 │ 16,000원 │ 신국판

나침반 │ 어디로 갈까요
주역의 기본원리를 통달할 수 있는 책

이 책에서는 기본괘와 변화와 기본괘가 어떤 괘로 변했을 경우 일어날 수 있는 내용들을 설명하여 주역의 변화에 대한 이해를 돕는데 주력하였다. 그러나 그런 내용을 구분할 수 있는 방법을 전부 다 설명할 수는 없기에 뒷장에 간단하게설명하였고, 다른 책들과 설명의 차이점도 기록하였으니 참작하여 본다면 조금이나마 도움이 될 것이다.

신비한 동양철학 67 │ 원공선사 편저 │ 800면 │ 39,000원 │ 신국판

완성 주역비결 │ 주역 토정비결
반쪽으로 전해오는 토정비결을 완전하게 해설

지금 시중에 나와 있는 토정비결에 대한 책들은 옛날부터 내려오는 완전한 비결이 아니라 반쪽의 책이다. 그러나 반쪽이라고 말하는 사람은 없다. 그것은 주역의 원리를 모르기 때문이다. 그래서 늦은 감이 없지 않으나 앞으로 수많은 세월을 생각해서 완전한 해설판을 내놓기로 했다.

신비한 동양철학 92 │ 원공선사 편저 │ 396면 │ 16,000원 │ 신국판

육효대전
정확한 해설과 다양한 활용법

동양고전 중에서도 가장 대표적인 것이 주역이다. 주역은 옛사람들이 자연을 거울삼아 생활을 영위해 나가는 처세에 관한 지혜를 무한히 내포하고, 피흉추길하는 얼과 슬기가 함축된 점서인 동시에 수양·과학서요 철학·종교서라고 할 수 있다.

신비한 동양철학 37 │ 도관 박흥식 편저 │ 608면 │ 26,000원 │ 신국판

육효점 정론
육효학의 정수

이 책은 주역의 원전소개와 상수역법의 꽃으로 발전한 경방학을 같이 실어 독자들의 호기심을 충족시키는데 중점을 두었습니다. 주역의 원전으로 인화의 처세술을 터득하고, 어떤 사안의 답은 육효법을 탐독하여 찾으시기 바랍니다.

신비한 동양철학 80 │ 효명 최인영 편역 │ 396면 │ 29,000원 │ 신국판

육효학 총론
육효학의 핵심만을 정확하고 알기 쉽게 정리

육효는 갑자기 문제가 생겨 난감한 경우에 명쾌한 답을 찾을 수 있는 학문이다. 그러나 시중에 나와 있는 책들이 대부분 원서를 그대로 번역해 놓은 것이라 전문가인 필자가 보기에도 지루하며 어렵다는 느낌이 들었다. 그래서 보다 쉽게 공부할 수 있도록 이 책을 출간하게 되었다.

신비한 동양철학 89 │ 김도희 편저 │ 174쪽 │ 26,000원 │ 신국판

기문둔갑 비급대성
기문의 정수
기문둔갑은 천문지리·인사명리·법술병법 등에 영험한 술수로 예로부터 은밀하게 특권층에만 전승되었다. 그러나 아쉽게도 기문을 공부하려는 이들에게 도움이 될만한 책이 거의 없다. 필자는 이 점이 안타까워 천견박식함을 돌아보지 않고 감히 책을 내게 되었다. 한 권에 기문학을 다 표현할 수는 없지만 이 책을 사다리 삼아 저 높은 경지로 올라간다면 제갈공명과 같은 지혜를 발휘할 수 있을 것이다.
신비한 동양철학 86 │ 도관 박흥식 편저 │ 725면 │ 39,000원 │ 신국판

기문둔갑옥경
가장 권위있고 우수한 학문
우리나라의 기문역사는 장구하나 상세한 문헌은 전무한 상태라 이 책을 발간하였다. 기문둔갑은 천문지리는 물론 인사명리 등 제반사에 관한 길흉을 판단함에 있어서 가장 우수한 학문이며 병법과 법술방면으로도 특징과 장점이 있다. 초학자는 포국편을 열심히 익혀 설국을 자유자재로 할 수 있도록 하고, 개인의 이익보다는 보국안민에 일조하기 바란다.
신비한 동양철학 32 │ 도관 박흥식 저 │ 674면 │ 46,000원 │ 사륙배판

오늘의 토정비결
일년 신수와 죽느냐 사느냐를 알려주는 예언서
역산비결은 일년신수를 보는 역학서이다. 당년의 신수만 본다는 것은 토정비결과 비슷하나 토정비결은 토정 선생께서 사람들에게 용기와 희망을 주기 위함이 목적이어서 다소 허황되고 과장된 부분이 많다. 그러나 역산비결은 재미로 보는 신수가 아니라, 죽느냐 사느냐를 알려주는 예언서이이니 재미로 보는 토정비결과는 차원이 다르다.
신비한 동양철학 72 │ 역산 김찬동 편저 │ 304면 │ 16,000원 │ 신국판

國運 │ 나라의 운세
역으로 풀어본 우리나라의 운명과 방향
아무리 서구사상의 파고가 높다하기로 오천 년을 한결같이 가꾸며 살아온 백두의 혼이 와르르 무너지는 지경에 왔어도 누구하나 입을 열어 말하는 사람이 없으니 답답하다. 불확실한 내일에 대한 해답을 이 책은 명쾌하게 제시하고 있다.
신비한 동양철학 22 │ 백우 김봉준 저 │ 290면 │ 16,000원 │ 신국판

남사고의 마지막 예언
이 책으로 격암유록에 대한 논란이 끝나기 바란다
감히 이 책을 21세기의 성경이라고 말한다. 〈격암유록〉은 섭리가 우리민족에게 준 위대한 복음서이며, 선물이며, 꿈이며, 인류의 희망이다. 이 책에서는 〈격암유록〉이 전하고자 하는 바를 주제별로 정리하여 문답식으로 풀어갔다. 이 책으로 〈격암유록〉에 대한 논란은 끝나기 바란다.
신비한 동양철학 29 │ 석정 박순용 저 │ 276면 │ 19,000원 │ 신국판

원토정비결
반쪽으로만 전해오는 토정비결의 완전한 해설판
지금 시중에 나와 있는 토정비결에 대한 책들을 보면 옛날부터 내려오는 완전한 비결이 아니라 반면의 책이다. 그러나 반면이라고 말하는 사람이 없다. 그것은 주역의 원리를 모르기 때문이다. 따라서 늦은 감이 없지 않으나 앞으로의 수많은 세월을 생각하면서 완전한 해설본을 내놓았다.
신비한 동양철학 53 │ 원공선사 저 │ 396면 │ 24,000원 │ 신국판 양장

나의 천운 │ 운세찾기
몽골정통 토정비결
이 책은 역학계의 대가 김봉준 선생이 몽공토정비결을 우리의 인습과 체질에 맞게 엮은 것이다. 운의 흐름을 알리고자 호운과 쇠운을 강조하고, 현재의 나를 조명하고 판단할 수 있도록 했다. 모쪼록 생활서나 안내서로 활용하기 바란다.
신비한 동양철학 12 │ 백우 김봉준 저 │ 308면 │ 11,000원 │ 신국판

역점 | 우리나라 전통 행운찾기
쉽게 쓴 64괘 역점 보는 법
주역이 점치는 책에만 불과했다면 벌써 그 존재가 없어졌을 것이다. 그러나 오랫동안 많은 학자가 연구를 계속해왔고, 그 속에서 자연과학과 형이상학적인 우주론과 인생론을 밝혀, 정치·경제·사회 등 여러 방면에서 인간의 생활에 응용해왔고, 삶의 지침서로써 그 역할을 했다. 이 책은 한 번만 읽으면 누구나 역점가가 될 수 있으니 생활에 도움이 되길 바란다.
신비한 동양철학 57 | 문명상 편저 | 382면 | 26,000원 | 신국판 양장

이렇게 하면 좋은 운이 온다
한 가정에 한 권씩 놓아두고 볼만한 책
좋은 운을 부르는 방법은 방위·색상·수리·년운·월운·날짜·시간·궁합·이름·직업·물건·보석·맛·과일·기운·마을·가축·성격 등을 정확하게 파악하여 자신에게 길한 것은 취하고 흉한 것은 피하면 된다. 이 책의 저자는 신학대학을 졸업하고 역학계에 입문했다는 특별한 이력을 갖고 있기 때문에 더 많은 화제가 되고 있다.
신비한 동양철학 27 | 역산 김찬동 저 | 434면 | 16,000원 | 신국판

운을 잡으세요 | 改運秘法
염력강화로 삶의 문제를 해결한다!
행복과 불행은 누가 주는 것이 아니라 자기 사신이 만든다고 할 수 있다. 한 마디로 말해 의지의 힘, 즉 염력이 운명을 바꾸는 것이다. 이 책에서는 이러한 염력을 강화시켜 삶에서 일어나는 문제를 해결하는 방법을 알려준다. 누구나 가벼운 마음으로 읽고 실천한다면 반드시 목적을 이룰 수 있을 것이다.
신비한 동양철학 76 | 역산 김찬동 편저 | 272면 | 10,000원 | 신국판

복을 부르는방법
나쁜 운을 좋은 운으로 바꾸는 비결
개운하는 방법은 여러 가지이나, 이 책의 비법은 축원문을 독송하는 것이다. 독송이란 소리내 읽는다는 뜻이다. 사람의 말에는 기운이 있는데, 이 기운은 자신에게 돌아온다. 좋은 말을 하면 좋은 기운이 돌아오고, 나쁜 말을 하면 나쁜 기운이 돌아온다. 이 책은 누구나 어디서나 쉽게 비용을 들이지 않고 좋은 운을 부를 수 있는 방법을 실었다.
신비한 동양철학 69 | 역산 김찬동 편저 | 194면 | 11,000원 | 신국판

천직 | 사주팔자로 찾은 나의 직업
천직을 찾으면 역경없이 탄탄하게 성공할 수 있다
잘 되겠지 하는 막연한 생각으로 의욕만 갖고 도전하는 것과 나에게 맞는 직종은 무엇이고 때는 언제인가를 알고 도전하는 것은 근본적으로 다르고, 결과도 다르다. 만일 의욕만으로 팔자에도 없는 사업을 시작했다고 하자, 결과는 불을 보듯 뻔하다. 그러므로 이런 때일수록 침착과 냉정을 찾아 내 그릇부터 알고, 생활에 대처하는 지혜로움을 발휘해야 한다.
신비한 동양철학 34 | 백우 김봉준 저 | 376면 | 19,000원 | 신국판

운세십진법 | 本大路
운명을 알고 대처하는 것은 현대인의 지혜다
타고난 운명은 분명히 있다. 그러니 자신의 운명을 알고 대처한다면 비록 운명을 바꿀 수는 없지만 향상시킬 수 있다. 이것이 사주학을 알아야 하는 이유다. 이 책에서는 자신이 타고난 숙명과 앞으로 펼쳐질 운명행로를 찾을 수 있도록 운명의 기초를 초연하게 설명하고 있다.
신비한 동양철학 1 | 백우 김봉준 저 | 364면 | 16,000원 | 신국판

성명학 | 바로 이 이름
사주의 운기와 조화를 고려한 이름짓기
사람은 누구나 타고난 운명이 있다. 숙명인 사주팔자는 선천운이고, 성명은 후천운이 되는 것으로 이름을 지을 때는 타고난 운기와의 조화를 고려해야 한다. 따라서 역학에 대한 깊은 이해가 선행함은 지극히 당연하다. 부연하면 작명의 근본은 타고난 사주에 운기를 종합적으로 분석하여 부족한 점을 보강하고 결점을 개선한다는 큰 뜻이 있다고 할 수 있다.
신비한 동양철학 75 | 정담 선사 편저 | 488면 | 24,000원 | 신국판

작명 백과사전
36가지 이름짓는 방법과 선후천 역상법 수록

이름은 나를 대표하는 생명체이므로 몸은 세상을 떠날지라도 영원히 남는다. 성명운의 유도력은 후천적으로 가공 인수되는 후존적 수기로써 조성 운화되는 작용력이 있다. 선천수기의 운기력이 50%이면 후천수기도의 운기력도50%이다. 이와 같이 성명운의 작용은 운로에 불가결한조건일 뿐 아니라, 선천명운의 범위에서 기능을 충분히 할 수 있다.

신비한 동양철학 81 │ 임삼업 편저 │ 송충석 감수 │ 730면 │ 36,000원 │ 사륙배판

작명해명
누구나 쉽게 활용할 수 있는 체계적인 작명법

일반적인 성명학으로는 알 수 없는 한자이름, 한글이름, 영문이름, 예명, 회사명, 상호, 상품명 등의 작명방법을 여러 사례를 들어 체계적으로 분석하여 누구나 쉽게 배워서 활용할 수 있도록 서술했다.

신비한 동양철학 26 │ 도관 박흥식 저 │ 518면 │ 19,000원 │ 신국판

역산성명학
이름은 제2의 자신이다

이름에는 각각 고유의 뜻과 기운이 있어 그 기운이 성격을 만들고 그 성격이 운명을 만든다. 나쁜 이름은 부르면 부를수록 불행을 부르고 좋은 이름은 부르면 부를수록 행복을 부른다. 만일 이름이 거지같다면 아무리 운세를 잘 만나도 밥을 좀더 많이 얻어 먹을 수 있을 뿐이다. 저자는 신학대학을 졸업하고 역학계에 입문한 특별한 이력으로 많은 화제가 된다.

신비한 동양철학 25 │ 역산 김찬동 저 │ 456면 │ 26,000원 │ 신국판

작명정론
이름으로 보는 역대 대통령이 나오는 이치

사주팔자가 네 기둥으로 세워진 집이라면 이름은 그 집을 대표하는 문패라고 할 수 있다. 따라서 이름을 지을 때는 사주의 격에 맞추어야 한다. 사주 그릇이 작은 사람이 원대한 뜻의 이름을 쓰면 감당하지 못할 시련을 자초하게 되고 오히려 이름값을 못할 수 있다. 즉 분수에 맞는 이름으로 작명해야 하기 때문에 사주의 올바른 분석이 필요하다.

신비한 동양철학 77 │ 청월 박상의 편저 │ 430면 │ 19,000원 │ 신국판

음파메세지 (氣)성명학
새로운 시대에 맞는 새로운 성명학

지금까지의 모든 성명학은 모순의 극치를 이룬다. 그러나 이제 새 시대에 맞는 음파메세지(氣) 성명학이 나왔으니 복을 계속 부르는 이름을 지어 사랑하는 자녀가 행복하고 아름다운 삶을 살아갈 수 있도록 하는데 도움이 되었으면 한다.

신비한 동양철학 51 │ 청암 박재현 저 │ 626면 │ 39,000원 │ 신국판 양장

아호연구
여러 가지 작호법과 실제 예 모음

필자는 오래 전부터 작명을 연구했다. 그러나 시중에 나와 있는 책에는 대부분 아호에 관해서는 전혀 언급하지 않았다. 그래서 아호에 관심이 있어도 자료를 구하지 못하는 분들을 위해 이 책을 내게 되었다. 아호를 짓는 것은 그리 대단하거나 복잡하지 않으니 이 책을 처음부터 끝까지 착실히 공부한다면 누구나 좋은 아호를 지어 쓸 수 있을 것이라고 생각한다.

신비한 동양철학 87 │ 임삼업 편저 │ 308면 │ 26,000원 │ 신국판

한글이미지 성명학
이름감정서

이 책은 본인의 이름은 물론 사랑하는 가족 그리고 가까운 친척이나 친구들의 이름까지도 좋은지 나쁜지 알아볼 수 있도록 지금까지 나와 있는 모든 성명학을 토대로 하여 썼다. 감언이설이나 협박성 감명에 흔들리지 않고 확실한 이름풀이를 볼 수 있을 것이다. 그리고 아름답고 멋진 삶을 살아갈 수 있는 이름을 짓는 방법도 상세하게 제시하였다.

신비한 동양철학 93 │ 청암 박재현 지음 │ 287면 │ 10,000원 │ 신국판

비법 작명기술
복과 성공을 함께 하려면
이 책은 성명의 발음오행이나 이름의 획수를 근간으로 하는 실제 이용이 가장 많은 기본 작명법을 서술하고, 주역의 괘상으로 풀어 길흉을 판단하는 역상법 5가지와 그외 중요한 작명법 5가지를 합하여 「보배로운 10가지 이름 짓는 방법」을 실었다. 특히 작명비법인 선후천역상법은 성명의 원획에 의존하는 작명법과 달리 정획과 곡획을 사용해 주역 상수학을 대표하는 하락이수를 쓰고, 육효가 들어가 응험률을 높였다.
신비한 동양철학 96 │ 임삼업 편저 │ 370면 │ 30,000원 │ 사륙배판

올바른 작명법
소중한 이름, 알고 짓자!
세상 부모들에게 가장 소중한 것이 뭐냐고 물으면 자녀라고 할 것이다. 그런데 왜 평생을 좌우할 이름을 함부로 짓는가. 이름이 얼마나 소중한지, 이름의 오행작용이 일생을 어떻게 좌우하는지 모르기 때문이다.
신비한 동양철학 61 │ 이정재 저 │ 352면 │ 19,000원 │ 신국판

호(雅號)책
아호 짓는 방법과 역대 유명인사의 아호, 인명용 한자 수록
필자는 오래 전부터 작명연구에 열중했으나 내부분의 작명책에는 아호에 관해서는 전혀 언급하지 않고, 간혹 거론했어도 몇 줄 정도의 뜻풀이에 불과하거나 일반작명법에 준한다는 암시만 풍기며 끝을 맺었다. 따라서 필자가 참고한 문헌도 적었음을 인정한다. 아호에 관심이 있어도 자료를 구하지 못하는 현실에 착안하여 필자 나름대로 각고 끝에 본서를 펴냈다.
신비한 동양철학 97 │ 임삼업 편저 │ 390면 │ 20,000원 │ 신국판

관상오행
한국인의 특성에 맞는 관상법
좋은 관상인 것 같으나 실제로는 나쁘거나 좋은 관상이 아닌데도 잘 사는 사람이 왕왕있어 관상법 연구에 흥미를 잃는 경우가 있다. 이것은 중국의 관상법만을 익히고 우리의 독특한 환경적인 특징을 소홀히 다루었기 때문이다. 이에 우리 한국인에게 알맞는 관상법을 연구하여 누구나 관상을 쉽게 알아보고 해석할 수 있도록 자세하게 풀어놓았다.
신비한 동양철학 20 │ 송파 정상기 저 │ 284면 │ 12,000원 │ 신국판

정본 관상과 손금
바로 알고 사람을 사귑시다
이 책은 관상과 손금은 인생을 행복하게 만든다는 관점에서 다루었다. 그야말로 관상과 손금의 혁명이라고 할 수 있다. 여러분도 관상과 손금을 통한 예지력으로 인생의 참주인이 되기 바란다. 용기를 불어넣어 주고 행복을 찾게 하는 것이 참다운 관상과 손금술이다. 이 책이 일상사에 고민하는 분들에게 해결방법을 제시해 줄 것이다.
신비한 동양철학 42 │ 지창룡 감수 │ 332면 │ 16,000원 │ 신국판

이런 사원이 좋습니다
사원선발 면접지침
사회가 다양해지면서 인력관리의 전문화와 인력수급이 기업주의 애로사항이 되었다. 필자는 그동안 많은 기업의 사원선발 면접시험에 참여했는데 기업주들이 모두 면접지침에 관한 책이 있으면 좋겠다는 것이다. 그래서 경험한 사례를 참작해 이 책을 내니 좋은 사원을 선발하는데 많은 도움이 될 것이라고 믿는다.
신비한 동양철학 90 │ 정도명 지음 │ 274면 │ 19,000원 │ 신국판

핵심 관상과 손금
사람을 볼 줄 아는 안목과 지혜를 알려주는 책
오늘과 내일을 예측할 수 없을만큼 복잡하게 펼쳐지는 현실에서 살아남기 위해서는 사람을 볼줄 아는 안목과 지혜가 필요하다. 시중에 관상학에 대한 책들이 많이 나와있지만 너무 형이상학적이라 전문가도 이해하기 어렵다. 이 책에서는 누구라도 쉽게 보고 이해할 수 있도록 핵심만을 파악해서 설명했다.
신비한 동양철학 54 │ 백우 김봉준 저 │ 188면 │ 14,000원 │ 사륙판 양장

완벽 사주와 관상
우리의 삶과 관계 있는 사실적 관계로만 설명한 책

이 책은 우리의 삶과 관계 있는 사실적 관계로만 역을 설명하고, 역에 대한 관심과 흥미를 갖게 하고자 관상학을 추록했다. 여기에 추록된 관상학은 시중에서 흔하게 볼 수 있는 상법이 아니라 생활상법, 즉 삶의 지식과 상식을 드리고자 했다.

신비한 동양철학 55 │ 김봉준·유오준 공저 │ 530면 │ 36,000원 │ 신국판 양장

사람을 보는 지혜
관상학의 초보에서 실용까지

현자는 하늘이 준 명을 알고 있기에 부귀에 연연하지 않는다. 사람은 마음을 다스리는 심명이 있다. 마음의 명은 자신만이 소통하는 유일한 우주의 무형의 에너지이기 때문에 잠시도 잊으면 안된다. 관상학은 사람의 상으로 이런 마음을 살피는 학문이니 잘 이해하여 보다 나은 삶을 삶을 영위할 수 있도록 노력해야 한다.

신비한 동양철학 73 │ 이부길 편저 │ 510면 │ 20,000원 │ 신국판

한눈에 보는 손금
논리정연하며 바로미터적인 지침서

이 책은 수상학의 연원을 초월해서 동서합일의 이론으로 집필했다. 그야말로 논리정연한 수상학을 정리하였다. 그래서 운명적, 철학적, 동양적, 심리학적인 면을 예증과 방편에 이르기까지 상세하게 기술했다. 이 책은 수상학이라기 보다 바로미터적인 지침서 역할을 해줄 것이다. 독자 여러분의 꾸준한 연구와 더불어 인생성공의 지침서가 될 수 있을 것이다.

신비한 동양철학 52 │ 정도명 저 │ 432면 │ 24,000원 │ 신국판 양장

이런 집에 살아야 잘 풀린다
운이 트이는 좋은 집 알아보는 비결

한마디로 운이 트이는 집을 갖고 싶은 것은 모두의 꿈일 것이다. 50평이니 60평이니 하며 평수에 구애받지 않고 가족이 평온하게 생활할 수 있고 나날이 발전할 수 있는 그런 집이 있다면 얼마나 좋을까? 그런 소망에 한 걸음이라도 가까워지려면 막연하게 운만 기대하고 있어서는 안 된다. 좋은 집을 가지려면 그만한 노력이 있어야 한다.

신비한 동양철학 64 │ 강현술·박흥식 감수 │ 270면 │ 16,000원 │ 신국판

점포, 이렇게 하면 부자됩니다
부자되는 점포, 보는 방법과 만드는 방법

사업의 성공과 실패는 어떤 사업장에서 어떤 품목으로 어떤 사람들과 거래하느냐에 따라 판가름난다. 그리고 사업을 성공시키려면 반드시 몇 가지 문제를 살펴야 하는데 무작정 사업을 시작하여 실패하는 사람들이 많다. 그래서 이 책에서는 이러한 문제와 방법들을 조목조목 기술하여 누구나 성공하도록 도움을 주는데 주력하였다.

신비한 동양철학 88 │ 김도희 편저 │ 177면 │ 26,000원 │ 신국판

쉽게 푼 풍수
현장에서 활용하는 풍수지리법

산도는 매우 광범위하고, 현장에서 알아보기 힘들다. 더구나 지금은 수목이 울창해 소조산 정상에 올라가도 나무에 가려 국세를 파악하는데 애를 먹는다. 따라서 사진을 첨부하니 많은 활용하기 바란다. 물론 결록에 있고 산도가 눈에 익은 것은 혈 사진과 함께 소개하였다. 이 책을 열심히 정독하면서 답산하면 혈을 알아보고 용산도 할 수 있을 것이다.

신비한 동양철학 60 │ 전항수·주장관 편저 │ 378면 │ 26,000원 │ 신국판

음택양택
현세의 운·내세의 운

이 책에서는 음양택명당의 조건이나 기타 여러 가지를 설명하여 산 자와 죽은 자의 행복한 집을 만들 수 있도록 했다. 특히 죽은 자의 집인 음택명당은 자리를 옳게 잡으면 꾸준히 생기를 발하여 흥하나, 그렇지 않으면 큰 피해를 당하니 돈보다도 행·불행의 근원인 음양택명당에 관심을 기울여야 한다.

신비한 동양철학 63 │ 전항수·주장관 지음 │ 392면 │ 29,000원 │ 신국판

용의 혈 │ 풍수지리 실기 100선
실전에서 실감나게 적용하는 풍수의 길잡이

이 책은 풍수지리 문헌인 만두산법서, 명산론, 금랑경 등을 이해하기 쉽도록 주제별로 간추려 설명했으며, 풍수지리학을 쉽게 접근하여 공부하고, 실전에 활용하여 실감나게 적용할 수 있도록 하는데 역점을 두었다.

신비한 동양철학 30 │ 호산 윤재우 저 │ 534면 │ 29,000원 │ 신국판

현장 지리풍수
현장감을 살린 지리풍수법

풍수를 업으로 삼는 사람들이 진가를 분별할 줄 모르면서 많은 법을 알았다고 자부하며 뽐낸다. 그리고는 재물에 눈이 어두워 불길한 산을 길하다 하고, 선하지 못한 물을 선하다 한다. 이는 분수 밖의 것을 바라기 때문이다. 마음가짐을 바로 하고 고대 원전에 공력을 바치면서 산간을 실사하며 적공을 쏟으면 정교롭고 세밀한 경지를 얻을 수 있을 것이다.

신비한 동양철학 48 │ 전항수·주관장 편저 │ 434면 │ 36,000원 │ 신국판 양장

찾기 쉬운 명당
실전에서 활용할 수 있는 책

가능하면 쉽게 풀어 실전에 도움이 되도록 했다. 특히 풍수지리에서 방향측정에 필수인 패철 사용과 나경 9층을 각 층별로 설명했다. 그리고 이 책에 수록된 도설, 즉 오성도, 명신도, 명당 형세도 내거수 명당도, 지각형세도, 용의 과협출맥도, 사대혈형 와겸유돌 형세도 등은 국립중앙도서관에 소장된 문헌자료인 만산도단, 만산영도, 이석당 은민산도의 원본을 참조했다.

신비한 동양철학 44 │ 호산 윤재우 저 │ 386면 │ 19,000원 │ 신국판 양장

해몽정본
꿈의 모든 것

시중에 꿈해몽에 관한 책은 많지만 막상 내가 꾼 꿈을 해몽을 하려고 하면 어디다 대입시켜야 할지 모르는 경우가 많았을 것이다. 그러나 최대한으로 많은 예를 들었고, 찾기 쉽고 명료하게 만들었기 때문에 해몽을 하는데 어려움이 없을 것이다. 한집에 한권씩 두고 보면서 나쁜 꿈은 예방하고 좋은 꿈을 좋은 일로 연결시킨다면 생활에 많은 도움이 될 것이다.

신비한 동양철학 36 │ 청암 박재현 저 │ 766면 │ 19,000원 │ 신국판

해몽 │ 해몽법
해몽법을 알기 쉽게 설명한 책

인생은 꿈이 예지한 시간적 한계에서 점점 소멸되어 가는 현존물이기 때문에 반드시 꿈의 뜻을 따라야 한다. 이것은 꿈을 먹고 살아가는 인간 즉 태몽의 끝장면인 죽음을 향해 달려가고 있는 인간이기 때문이다. 꿈은 우리의 삶을 이끌어가는 이정표와도 같기에 똑바로 가도록 노력해야 한다.

신비한 동양철학 50 │ 김종일 저 │ 552면 │ 26,000원 │ 신국판 양장

명리용어와 시결음미
명리학의 어려운 용어와 숙어를 쉽게 풀이한 책

명리학을 연구하는 이들은 기초공부가 끝나면 자연스럽게 훌륭하다고 평가하는 고전의 이론을 접하게 된다. 그러나 시결과 용어와 숙어는 어려운 한자로만 되어 있어 대다수가 선뜻 탐독과 음미에 취미를 잃는다. 그래서 누구나 어려움 없이 쉽게 읽고 깊이 있게 음미할 수 있도록 원문에 한글로 발음을 달고 어려운 용어와 숙어에 해석을 달아 이 책을 내게 되었다.

신비한 동양철학 103 │ 원각 김구현 편저 │300면 │ 25,000원 │ 신국판

완벽 만세력
착각하기 쉬운 서머타임 2도 인쇄

시중에 많은 종류의 만세력이 나와있지만 이 책은 단순한 만세력이 아니라 완벽한 만세경전으로 만세력 보는 법 등을 실었기 때문에 처음 대하는 사람이라도 쉽게 볼 수 있도록 편집되었다. 또한 부록편에는 사주명리학, 신살종합해설, 결혼과 이사택일 및 이사방향, 길흉보는 법, 우주천기와 한국의 역사 등을 수록했다.

신비한 동양철학 99 │ 백우 김봉준 저 │ 316면 │ 24,000원 │ 사륙배판

정본 | 완벽 만세력
착각하기 쉬운 서머타임 2도인쇄
시중에 많은 종류의 만세력이 있지만 이 책은 단순한 만세력이 아니라 완벽한 만세경전이다. 그리고 만세력 보는 법 등을 실었기 때문에 처음 대하는 사람이라도 쉽게 볼 수 있다. 또 부록편에는 사주명리학, 신살 종합해설, 결혼과 이사 택일, 이사 방향, 길흉보는 법, 우주의 천기와 우리나라 역사 등을 수록하였다.
신비한 동양철학 99 | 김봉준 편저 | 316면 | 20,000원 | 사륙배판

원심수기 통증예방 관리비법
쉽게 배워 적용할 수 있는 통증관리법
『원심수기 통증예방 관리비법』은 4차원의 건강관리법으로 질병이 악화되는 것을 예방하여 건강한 몸을 유지하는데 그 목적이 있다. 시중의 수기요법과 비슷하나 특장점은 힘이 들지 않아 어린아이부터 노인까지 누구나 시술할 수 있고, 배우고 적용하는 과정이 쉽고 간단하며, 시술 장소나 도구가 필요 없으니 언제 어디서나 시술할 수 있다.
신비한 동양철학 78 | 원공 선사 저 | 288면 | 16,000원 | 신국판

운명으로 본 나의 질병과 건강
타고난 건강상태와 질병에 대한 대비책
이 책은 국내 유일의 동양오술학자가 사주학과 정통명리학의 양대산맥을 이루는 자미두수 이론으로 임상실험을 거쳐 작성한 자료다. 따라서 명리학을 응용한 최초의 완벽한 의학서로 질병을 예방하고 치료하는데 활용하면 최고의 의사가 될 것이다. 또한 예방의학적인 차원에서 건강을 유지하는데 훌륭한 지침서로 현대의학의 새로운 장을 여는 계기가 될 것이다.
신비한 동양철학 9 | 오상익 저 | 474면 | 26,000원 | 신국판

서체자전
해서를 기본으로 전서, 예서, 행서, 초서를 연습할 수 있는 책
한자는 오랜 옛날부터 우리 생활과 뗄 수 없음에도 잘 몰라 불편을 겪는 사람들이 많아 이 책을 내게 되었다. 이 책에서는 해서를 기본으로 각 글자마다 전서, 예서, 행서, 초서 순으로 배열하여 독자가 필요한 것을 찾아 연습하기 쉽도록 하였다.
신비한 동양철학 98 | 편집부 편 | 273면 | 16,000원 | 사륙배판

모든 질병에서 해방을 1·2
건강실용서
우리나라는 아주 오랜 옛날부터 건강과 관련한 약재들이 산천에 널려 있었고, 우리 민족은 그 약재들을 슬기롭게 이용하며 나름대로 건강하게 살아왔다. 그러나 오늘날 현대의학에 밀려 외면당하며 사라지게 되었다. 이에 옛날부터 내려오는 의학서적인 『기사회생』과 『단방심편』을 바탕으로 민가에서 활용했던 민간요법들을 정리하고, 현대에 개발된 약재들이나 시술방법들을 정리했다.
신비한 동양철학 102 | 원공 선사 편저 |1권 448면·2권 416면 | 각 29,000원 | 신국판

참역학은 이렇게 쉬운 것이다② ─ 완결편
역학을 활용하는 방법을 정리한 책
『참역학은 이렇게 쉬운 것이다』에서 미처 쓰지 못한 사주를 활용하는 방법을 정리한다는 의미에서 다시 이 책을 내게 되었다. 전문가든 비전문가든 이 책이 사주라는 학문을 이해하는 데 도움이 되고, 사주에 있는 가장 좋은 길을 찾아 행복하게 살았으면 합니다. 특히 사주상담을 업으로 하는 분들도 참고해서 상담자들이 행복하게 살도록 도와주었으면 한다.
신비한 동양철학 104 | 청암 박재현 편저 | 330면 | 23,000원 | 신국판

인명용 한자사전
한권으로 작명까지 OK
이 책은 인명용 한자의 사전적 쓰임이 본분이지만 일반적으로 통용되는 기본적인 것 외에 7가지를 간추려 여러 권의 작명책을 대신했기에 이 한 권만으로 작명에 관한 모든 것을 충족하고도 남을 것이다. 그리고 작명하는데 한자에 관해서는 다양하게 활용할 수 있도록 하였고, 일반적인 한자자전의 용도까지 충분히 겸비하도록 하였다.
신비한 동양철학 105 | 임삼업 편저 | 336면 | 24,000원 | 신국판

바로 내 사주
행복한 인생을 만들어 갈 수 있는 방법을 소개하는 책

역학이란 본래 어려운 학문이다. 수십 년을 공부해도 터득하기 어려운 학문이라 많은 사람이 중간에 포기하는 일이 많다. 기존의 당사주 책도 수백 년 동안 그 명맥을 유지해왔으나 적중률이 매우 낮아 일반인들에게 신뢰를 많이 받지 못했다. 그래서 지금까지 30여 년 동안 공부하며 터득한 비법을 토대로 이 책을 내게 되었다. 물론 어느 역학책도 백 퍼센트 정확하다고 장담할 수는 없다. 이 책도 백 퍼센트 적중률을 목표로 했으나 적어도 80% 이상은 적중할 것이라고 자부한다.

신비한 동양철학 106 | 김찬동 편저 | 242면 | 20,000원 | 신국판

주역타로64
인간사 주역괘 풀이

타로카드는 서양 상류사회의 생활상을 담은 그림으로 되어 있다. 그 속에는 자연과 인간이 겪을 수 있는 경험과 역사가 압축되어 있다. 이러한 타로카드를 점(占) 목적으로 사용하는 것인데, 주역타로64점은 주역의 64괘를 64매의 타로카드에 담아 점도구로 사용한다. 64괘는 우주의 모든 형상과 형태의 끊임없는 변화의 원리로 나타난 것이다. 그리고 주역타로는 일반 타로의 공통적인 스토리와는 다른 점이 많으나 그 기본 이론은 같다. 주역타로의 추상적이며 미진한 정보에 더해 인간사에 대한 주역괘풀이를 보탰으니 주역타로64를 점 도구로 활용하는 데 도움이 되었으면 한다.

신비한 동양철학 107 | 임삼업 편저 | 387면 | 39,000원 | 사륙배판

주역 평생운 비록
상수역의 하락이수를 활용한 비결

하락이수의 평생운, 대상운, 유년운, 월운은 주역의 표상인 괘효의 숫자로 기록했고, 그 해석 설명은 원문에 50,000여 한자 사언시구로 구성되어 간혹 어려운 글자, 흔히 쓰지 않는 낯선 글자, 주역의 괘효사를 인용한 것도 있어 한문 문장의 해석은 녹녹치 않은 것이어서 원문 한자 부분은 제외시키고 한글 해석만을 수록했다.

신비한 동양철학 109 | 경의제 임삼업 편저 | 872면 | 49,000원 | 사륙배판

사주 감정요결
세운을 판단하는 방법

사주를 간명하는 데 조금이라도 도움이 되었으면 하는 마음에서 『정법사주』에 이어 이 책을 내게 되었다. 여기서는 사주를 간명하는 데 근간이 되는 오행의 왕쇠강약을 세분해서 설명하고, 대운과 세운, 세운과 월운의 연관성과 십신과 여러 살이 운명에 미치는 암시와 십이운성으로 세운을 판단하는 방법을 설명했다.

신비한 동양철학 110 | 원각 김구현 편저 | 338면 | 36,000원 | 신국판

명리정종 정설(1·2)
명리정종의 완결판

이 책의 원서인 명리정종(命理正宗)은 중국 명대의 신봉(神峰) 장남(張楠) 선생이 저술한 명리서(命理書)다. 명리학(命理學)의 5대 원서는 어느 것 하나 귀하지 않은 것이 없지만 명리정종(命理正宗)은 연해자평(淵海子平)을 깊이 분석하며 비판한 것이 특징이다. 따라서 초학자는 연해자평(淵海子平)을 공부한 후 이 책을 공부하는 것이 좋다.

신비한 동양철학 108 | 역산 김찬동 편역 | 648/400면 | 49,000/39,000원 | 신국판

팔자소관
역학의 대조인 하락(河洛)에서 우주와 사람의 운명이 변하는 원리를 정리한 책

이 책은 역학의 대조인 하락(河洛)에서 우주가 변화는 원리를 정리한 것으로, 이는 만물의 근본과 인간의 운명은 한 치의 오차도 없이 맞물려 돌아간다는 내용을 담았다. 이는 즉 우리가 생활 속에서 흔하게 쓰는 "팔자 못 고친다", "팔자소관이다", "팔자 탓이다" 등등 많은 말로 팔자를 뛰어넘을 수 없다고 하는데, 이는 마지막 체념의 말인가 하여 이 책의 제목도 『팔자소관』으로 했으며, 이를 증명하는 데 주력했다. 운(運)은 시간이요 명(命)은 공간이다. 이를 주제로 누구나 알기 쉽고 이해하기 쉽도록 쓴 글이니 필독을 권하는 바다.

신비한 동양철학 111 | 김봉준·안남걸 공저 | 292면 | 30,000원 | 신국판

실용 인명한자 작명
수준높은 작명과 감명에 손색이 없는 국내 유일의 실용 인명한자 작명

이 책은 이름에 부적당(不適當) 부적정(不適正) 부적절(不適切) 불부합(不符合) 부적격(不適格)한 한자는 한곁에 두고, 작명상 실용적인 한자 4,250자를 인명 한자로 삼았다. 인명 한자마다 구체적인 명세[明細. 음령·천간오행·동속자·한자 부수·세 종류(원획·실획·곡획)의 획수 자원오행]를 붙였다. 인명 한자 외의 한자를 포함한 8,142자는 음별로 작성한 인명용 한자표에 한 자마다 원획(原劃)을 넣어 음가(音價)와 성명에 사용하는 원획을 한눈에 볼 수 있게 하여 성명 한자의 길수리를 구성하는 데 편리하게 하였다.

신비한 동양철학 112 │ 임삼업 편저 │ 448면 │ 49,000원 │ 사륙배판